CONCOURS CADRE DE SANTÉ

NOUVELLE ÉDITION, REVUE ET AUGMENTÉE

Badia JABRANE

Ouvrage dirigé par Laurence BRUNEL

GROUPE Studyrama

Le groupe Studyrama, partenaire de votre avenir.

En tant qu'acteur référent du monde de l'orientation et de l'aide à la réussite aux examens et aux concours, notre vocation est de vous accompagner et de vous conseiller tout au long de votre parcours étudiant et professionnel.

Convaincus que la formation est la clé de votre employabilité, nous avons créé un écosystème pertinent pour vous aider dans les décisions déterminantes pour votre avenir.

- Chaque année, nos 140 salons permettent à plus de 500 000 jeunes de trouver la formation et l'établissement qui les mèneront vers la réussite.
- 4,5 millions de lycéens, étudiants et professionnels trouvent chaque mois, sur nos sites web et applis, les réponses à leurs questions grâce à des contenus d'experts sur l'orientation, la formation, les révisions, l'évolution de carrière, l'efficacité professionnelle...
- Nos ouvrages, rédigés par les meilleurs spécialistes, facilitent le choix d'orientation de nos lecteurs et apportent un soutien efficace dans la préparation des concours et des examens.
- Le service d'accompagnement sur-mesure de notre réseau de conseillers d'orientation tonavenir.net guide des milliers de jeunes afin qu'ils trouvent la voie du succès.

Notre démarche est fondée sur trois objectifs majeurs : fournir une information de qualité et actualisée, créer les rencontres décisives pour votre évolution et vous offrir les meilleurs conseils d'experts et services personnalisés.

Et comme c'est ensemble que nous avançons, nous sommes à votre écoute permanente pour optimiser nos produits et nos offres, afin d'être le partenaire de votre avenir à chaque étape de votre vie !

Pour découvrir l'univers de Studyrama :
Le site référent de l'orientation : studyrama.com
L'agenda de nos 140 salons : studyrama.com/salons
Nos conseillers d'orientation dans toute la France : tonavenir.net
Nos maisons d'édition : librairie.studyrama.com

Pour nous contacter : info@studyrama.com

Devenir cadre de santé est une décision qui demande à être questionnée et analysée. Pourquoi souhaiter devenir cadre de santé aujourd'hui ? Est-ce parce que la profession actuelle devient difficile et/ou routinière ? Parce que cette fonction de cadre de santé va permettre d'œuvrer vers des problématiques de soins qui ne sont pas actuellement entendues par la hiérarchie ? Parce que les autres professionnels vous trouvent des capacités pour devenir cadre de santé ? Autant de questions qu'il est indispensable d'aborder pour ne pas se tromper de projet professionnel.

Le projet de devenir cadre de santé doit être l'aboutissement d'une vraie maturation professionnelle et d'une expérience pratique auprès des usagers de la santé. Devenir cadre de santé implique d'investir progressivement ses compétences et ses connaissances du soin pour œuvrer dans l'intérêt du patient en conciliant les attentes des tutelles, de l'institution, de l'équipe médicale et celles de l'équipe pluridisciplinaire. Être cadre de santé, c'est avoir une position d'intermédiaire, de traducteur et d'interprète des décisions de la hiérarchie à l'équipe ; mais c'est aussi incarner l'autorité en expliquant les réformes et les décisions d'en haut, même si elles sont jugées insensées.

Le candidat devra principalement se questionner sur sa trajectoire professionnelle, ses compétences acquises, ses capacités à s'investir dans une formation qui demande une réelle implication personnelle en temps et en argent pour réussir ce projet.

Le concours d'entrée dans les instituts de formation des cadres de santé (IFCS) peut se préparer seul ou en s'inscrivant à une préparation concours. Cet accompagnement pédagogique est organisé par certains IFCS et il peut être pris en charge financièrement par l'employeur.

Nous allons dans cet ouvrage vous présenter ce qu'est la fonction de cadre de santé, les modalités des épreuves de sélection, le contenu de la formation délivrée dans les IFCS ainsi que des fiches de culture générale regroupant des thèmes indispensables à connaître pour réussir ce concours.

Pour vous aider à vous préparer aux épreuves, nous avons souhaité faire de cet ouvrage un support d'aide méthodologique pour vous permettre de réussir l'épreuve d'admissibilité avec des exercices guidés et expliqués ainsi que celle de l'épreuve d'admission avec des conseils et des fiches d'aide à la construction du projet professionnel. De plus, nous avons inclus dans cet ouvrage des fiches de cours sur des notions sanitaires et sociales, prérequis indispensables pour le concours et la formation de cadre de santé.

Cet ouvrage peut être utilisé en complément d'une préparation au concours dans un IFCS.

LE MÉTIER DE CADRE DE SANTÉ

PARTIE I

Le candidat souhaitant s'orienter vers une carrière de cadre de santé doit avoir à l'esprit que le système sanitaire et social français est en perpétuel changement. En effet, différents facteurs tant au niveau de la société que du monde sanitaire vont influencer les pratiques de l'encadrement. Le cadre de santé devra savoir anticiper, amorcer et accompagner ces changements dans des logiques parfois antinomiques.

Nous pourrions distinguer trois types de facteurs qui interviennent sur l'environnement sanitaire et social français :

- le facteur économique :

- la maîtrise des dépenses de santé,
- la tarification à l'activité (T2A) avec la cotation des actes,
- l'adéquation entre activités et ressources,
- les indicateurs d'activité du service (DMS : durée moyenne de séjour, taux d'occupation des lits...),
- la recherche d'efficience des soins ;

- le facteur social et culturel :

- le chômage, la précarité, le vieillissement de la population qui vont impacter sur la prise en charge du patient,
- la dimension éthique du soin avec la formation des professionnels sur la réflexion et l'accompagnement du patient et son entourage,
- le décloisonnement de l'hôpital avec la ville : travail en réseau pour une continuité des soins ;

- le facteur juridique :

- la place de l'usager comme partenaire de soins avec la loi du 4 mars 2002, et aussi comme représentant d'associations d'usagers,
- les directives de la Haute Autorité de santé (HAS) pour la formalisation de procédures de soins en lien avec la démarche qualité et la gestion des risques,
- la loi relative à l'organisation et la transformation du système de santé « Ma santé 2022 » qui entend décloisonner le système de santé français avec un financement plus pertinent, une organisation des soins de proximité plus coopérative ainsi qu'une formation et un mode d'exercice professionnel plus adaptés et diversifiés.

Pour assumer son rôle d'encadrement, le cadre devra donc tenir compte de tous ces facteurs pour donner du sens à sa pratique et ainsi mieux adapter ses actions aux missions qui lui sont confiées. Avant de développer ces différentes missions, nous allons retracer l'évolution du métier de cadre de santé.

1 | ÉVOLUTION DU MÉTIER DE CADRE DE SANTÉ

Les premières écoles de formation au métier de cadre ont vu le jour à partir de 1951. Progressivement, des diplômes vont certifier la fonction d'infirmière surveillante par le certificat d'aptitude à la fonction d'infirmière surveillante (CAFIS) et celui d'infirmière monitrice par le certificat d'aptitude à la fonction d'infirmière monitrice (CAFIM). Le 7 août 1973 apparaît le certificat d'infirmière de santé publique (CISP). Ce n'est que le 4 octobre 1975 qu'apparaît le certificat unique de cadre infirmier (CCI) qui va supprimer tous les autres certificats précédents, en instaurant une formation théorique et pratique sur neuf mois. Il faudra ensuite attendre le décret du 18 août 1995 pour voir apparaître le diplôme d'État de cadre de santé commun à 13 professions paramédicales, avec une définition des missions du cadre de santé.

2 | MISSIONS DU CADRE DE SANTÉ

Le cadre de santé issu des secteurs de soins et des services médico-techniques assure diverses missions comme :

- l'animation et la formation des équipes de soins qu'il encadre ainsi que la gestion du personnel, des matériels et des finances des unités où il est affecté ;
- la participation à la réalisation du projet d'établissement et de services qu'il encadre ;
- la mise en œuvre des programmes d'amélioration et d'évaluation de la qualité des soins délivrés aux usagers ;
- la formation ou même la direction dans un institut de formation des praticiens paramédicaux.

Nous avons rattaché ces missions à six fonctions principales du cadre de santé en secteur de soins médico-techniques ou en secteur de formation. Il est indispensable d'avoir en tête ces différentes fonctions car elles seront à mobiliser lors de l'épreuve écrite. En effet, dans certaines consignes d'IFCS, il est demandé au candidat de faire le lien entre la thèse de l'auteur et les fonctions de cadre de santé pour évaluer sa capacité d'implication et de projection dans cette nouvelle fonction de cadre de santé. Nous vous conseillons, lors des exercices d'entraînement et des sujets d'annales, d'utiliser ces fonctions de cadre de santé pour orienter votre réflexion.

NOTE D'INFORMATION

Nous avons synthétisé ces différentes fonctions du cadre dans une fiche mnémotechnique que vous trouverez à la fin de cet ouvrage. Elle constitue aussi un support pour vous aider à construire votre projet professionnel.

Nous vous rappelons que ces fonctions ne seront pas développées dans cet ouvrage car elles demandent à être questionnées et travaillées par chaque étudiant en cohérence avec son projet professionnel et avec le projet pédagogique de l'IFCS où il suivra sa formation.

SIX FONCTIONS POUR LE CADRE DE SANTÉ EN SECTEUR DE SOINS ET MÉDICO-TECHNIQUES

Le cadre de santé en secteur de soins et médico-techniques assume globalement six fonctions avec des activités diverses. Nous les avons synthétisées dans le tableau ci-après en donnant des exemples d'activités. Ces différents éléments vous aideront à répondre à la question du commentaire de texte pour expliciter votre implication ou vous aider à vous projeter dans cette nouvelle fonction.

6 FONCTIONS	EXEMPLES D'ACTIVITÉS DU CADRE DE SANTÉ EN SECTEUR DE SOINS
1. Organisation et coordination de l'activité paramédicale	• Organise avec l'équipe les activités du service. • Définit avec l'équipe la répartition des tâches par plage horaire. • Détermine les priorités, répartit les activités de soins et contrôle leur réalisation. • Évalue la charge de travail et détermine le ratio personnel/lit. • Définit et accompagne les projets de service en cohérence avec le projet institutionnel.
2. Qualité et gestion des risques	• Évalue la qualité des soins (audits, questionnaire de satisfaction de la patientèle). • Impulse une culture du risque chez les soignants et du signalement des événements indésirables. • Participe à la gestion des risques des soins en contribuant à la cartographie des risques *a priori* et *a posteriori* (analyse des événements indésirables). • Conçoit, formalise et adapte des procédures/protocoles/modes opératoires/consignes relatives à son domaine de compétence.
3. Management, animation et communication	• Diffuse les informations institutionnelles et s'assure de leur compréhension par l'équipe. • Gère les situations de conflits dans l'équipe et définit avec celle-ci les valeurs professionnelles de l'unité. • Recrute le personnel paramédical. • Assure l'accueil des nouveaux agents et met en place des supports d'aide à l'intégration. • Met en place des lieux d'expression pour le personnel au sein du service (temps dédié aux échanges entre équipe et cadre de santé) et aussi dans les instances hospitalières (comité de lutte contre la douleur, comité d'éthique...). • Crée des supports de communication et d'information en intra (journal interne) et extra-hospitalier (participation du personnel à des colloques ou forum des métiers).

6 FONCTIONS	EXEMPLES D'ACTIVITÉS DU CADRE DE SANTÉ EN SECTEUR DE SOINS
4. Formation et pédagogie	• Assure les évaluations professionnelles du personnel paramédical. • Réalise et propose des programmes de formation interne en fonction des besoins du personnel. • Assure la veille documentaire pour permettre à l'équipe paramédicale d'actualiser ses connaissances (Actu soins, Hospimédia, Haute Autorité de santé, Agence nationale de l'évaluation sociale et médico-sociale...). • Met en place des supports pour l'intégration des stagiaires et pour l'acquisition de compétences. • Organise des séances de formation du personnel aux nouvelles technologies et au nouveau matériel acquis (contact de représentants de laboratoires pour former sur des nouveaux outils comme les *Patient Controlled Analgesia* : antalgie autocontrôlée). • Participe à la définition du plan de formation du personnel du service.
5. Gestion des ressources matérielles et financières	• Assure la commande de matériel et la gestion des stocks en fonction de la dotation définie. • Veille et contrôle l'entretien des locaux du service. • Effectue le bilan annuel d'activités du service. • Fait participer l'équipe dans le choix des équipements. • Effectue des tableaux de bord sur l'évolution de l'activité du service et des coûts.
6. Clinique	• En partenariat avec l'équipe de soins et médicale, identifie les problèmes de santé des patients accueillis. • Met en place des lieux d'échanges avec l'équipe pour associer le patient et son entourage au projet de soins (réunion interdisciplinaire en soins palliatifs, synthèse clinique de patients...). • Aide l'équipe à l'analyse des problématiques de prise en charge de patients. • Travaille avec le service social et le réseau ville pour organiser le retour à domicile des patients et ainsi assurer la continuité et la qualité des soins. • Encourage et aide l'équipe à la recherche de soins innovants.

Nous vous rappelons que ces fonctions et les activités ne sont pas exhaustives car les cadres de santé peuvent être amenés à assumer d'autres activités plus spécifiques en lien avec leur lieu d'exercice ou selon les indications de leur fiche de poste. Toutes les activités de cadre de santé sont sous la responsabilité d'un supérieur hiérarchique direct qui peut être un cadre supérieur de santé, un directeur de soins ou un directeur.

Tout comme le cadre de santé en secteur de soins, le cadre en secteur de formation est amené à assumer principalement six fonctions que nous vous présentons dans le tableau suivant. Pour illustrer chaque fonction, nous vous donnons des exemples d'activités qui pourront vous aider à construire votre réflexion sur votre conception de la fonction de cadre de santé formateur ou vous aider à faire le lien avec votre activité professionnelle actuelle.

SIX FONCTIONS POUR LE CADRE DE SANTÉ EN SECTEUR DE FORMATION

6 FONCTIONS	EXEMPLES D'ACTIVITÉS DU CADRE DE SANTÉ EN SECTEUR DE FORMATION
1. Conception et animation des cours	• Conçoit, formalise et réactualise en équipe le projet pédagogique de l'institut. • Construit les différents projets de formation. • Effectue des actions de formation initiales et continues. • Consulte les intervenants extérieurs sur les contenus de formation en tenant compte du dispositif pédagogique de l'institut. • Encadre et guide les étudiants dans leur apprentissage. • Participe à la recherche sur l'évolution des métiers.
2. Évaluation du dispositif de formation	• Pour chaque module de formation, construit des outils et des critères d'évaluation. • Effectue les évaluations formatives des étudiants (bilan de formation avec les étudiants). • Participe avec l'équipe pédagogique à l'évaluation de la formation délivrée aux étudiants (questionnaire de fin de formation, réajustement des modules de formation en fonction des attentes des étudiants et dans le respect du décret encadrant la formation...). • Évalue les offres de stages en concertation avec les services de soins. • Guide les tuteurs des unités de soins dans l'encadrement des étudiants.

6 FONCTIONS	EXEMPLES D'ACTIVITÉS DU CADRE DE SANTÉ EN SECTEUR DE FORMATION
3. Communication et recherche en pédagogie	• Relaye et explique les informations de la direction et des tutelles aux étudiants. • Participation active aux réunions pédagogiques. • Met tout en œuvre pour réactualiser ses connaissances professionnelles. • Accueille et participe au tutorat des nouveaux formateurs. • Assure l'encadrement des étudiants cadres de santé. • Incite les étudiants à promouvoir leur recherche de fin de formation dans les congrès et forums. • Participe à la recherche sur la pédagogie.
4. Accompagnement pédagogique	• Effectue régulièrement le suivi des étudiants dans leur apprentissage. • Aide les étudiants à la réflexion sur leur conception du soin. • Aide l'étudiant à la définition d'objectifs de stage personnels. • Aide et suit l'étudiant dans son travail de recherche (définition de la problématique, choix des concepts, des outils...). • Aide les professionnels dans l'encadrement personnalisé des étudiants (définition d'une charte d'encadrement, livret d'accueil des stagiaires...).
5. Gestion et organisation	• Définit et planifie les enseignements, les stages et les évaluations. • Gère l'alternance entre centre de formation et stages. • Participe à la gestion des dossiers scolaires des étudiants et à la gestion du matériel pédagogique. • Recrute des intervenants adaptés pour les modules d'enseignement. • Assure la gestion des absences des étudiants. • Respecte et applique les instructions financières relatives aux actions de formation. • Réalise et partage le bilan d'activité de l'année scolaire avec l'équipe pédagogique.
6. Clinique et recherche	• Effectue les exploitations de stage des étudiants. • Aide à l'analyse des situations de soins vécues par les étudiants (aide à la réflexion, au cheminement sur la conception de la profession et les définitions de la maladie, de la santé...). • Implique les professionnels de terrain à participer aux séances d'échanges avec les étudiants sur différents thèmes (soins palliatifs, fin de vie...).

Après cette précision sur les fonctions du cadre de santé, nous pouvons maintenant détailler les modalités des deux épreuves de sélection que vous devez réussir si vous souhaitez intégrer la formation de cadre de santé.

LES MODALITÉS DES ÉPREUVES DE SÉLECTION

PARTIE II

Les épreuves de sélection du concours sont réglementées par l'arrêté du 18 août 1995 relatif au diplôme de cadre de santé, actualisé par l'arrêté du 15 mars 2010 en regard de la création des ARS. Elles comportent une épreuve écrite d'admissibilité et une épreuve orale d'admission.

1 | ÉPREUVES DU CONCOURS SELON L'ARRÊTÉ DU 18 AOÛT 1995 RELATIF AU DIPLÔME DE CADRE DE SANTÉ

TROIS CONDITIONS REQUISES POUR ÊTRE ADMIS EN FORMATION DANS UN IFCS

Selon l'article 4 de l'arrêté du 18 août 1995 modifié par l'arrêté du 15 mars 2010, les candidats autorisés à intégrer un IFCS doivent :

- être titulaires d'un diplôme, certificat ou autre titre permettant d'exercer la profession d'audioprothésiste, de diététicien, d'ergothérapeute, d'infirmier de tous secteurs, de manipulateur en électroradiologie médicale, de masseur-kinésithérapeute, d'opticien-lunetier, d'orthophoniste, d'orthoptiste, de pédicure-podologue, de préparateur en pharmacie, de psychomotricien ou de technicien de laboratoire d'analyses de biologie médicale ;
- avoir exercé pendant au moins quatre ans à temps plein ou une durée de quatre ans d'équivalent temps plein au 31 janvier de l'année des épreuves de sélection ;
- avoir subi avec succès les épreuves de sélection organisées par chaque institut sous le contrôle du directeur de l'agence régionale de santé.

À ces trois critères, il faut ajouter qu'il n'y a pas de condition d'âge pour se présenter à ce concours.

NOTE D'INFORMATION

Il est rappelé à chaque candidat qu'il est indispensable qu'il connaisse le référentiel de compétences de son métier de base, comme, par exemple, pour l'infirmier : l'importante réforme décrite dans l'arrêté du 31 juillet 2009 relatif au diplôme d'État d'infirmier dans laquelle il est question de « *compétences* », de « *raisonnement* » et de « *démarche clinique, de portfolio de l'étudiant* ».

Vous retrouverez, dans la partie IV de cet ouvrage, une fiche de cours détaillée sur ce référentiel infirmier ainsi que d'autres fiches traitant de thèmes qui sont des prérequis indispensables pour aborder les épreuves de sélection.

LISTE DES IFCS

Tous les IFCS (instituts de formation des cadres de santé) ne forment pas tous les professionnels paramédicaux. Il est indispensable de bien s'informer sur les métiers paramédicaux acceptés dans chaque IFCS.

RÉGION	ADRESSE
Auvergne-Rhône-Alpes	IFCS de la région Auvergne 1, boulevard Winston Churchill 63000 Clermont-Ferrand Tél. : 04 73 75 13 52
	IFCS du centre hospitalier universitaire de Grenoble 175, avenue centrale 38400 Saint-Martin-d'Hères Tél. : 04 57 04 12 74
	IFCS du territoire lyonnais Centre hospitalier Le Vinatier 95, boulevard Pinel 69678 Bron Tél. : 04 37 91 55 55
	IFCS du centre hospitalier universitaire de Saint-Étienne Pavillon 16, hôpital de Bellevue 25, boulevard Pasteur 42100 Saint-Étienne Tél. : 04 77 12 78 17
Bourgogne-Franche-Comté	IFCS du centre hospitalier universitaire de Dijon 10, boulevard Maréchal de Lattre de Tassigny 21000 Dijon Tél. : 03 80 29 33 67
	IFPS du centre hospitalier universitaire de Besançon 44, chemin du Sanatorium 25000 Besançon Tél. : 03 81 41 50 10

Bretagne	IFCS du centre hospitalier universitaire de Brest Centre de formation hôpital de la Cavale-Blanche Boulevard Tanguy-Prigent 29200 Brest Tél. : 02 30 33 77 34
	IFCS du centre hospitalier universitaire de Rennes 2, rue Henri-Le-Guilloux 35033 Rennes Tél. : 02 99 28 93 07
Centre-Val de Loire	IFCS du centre hospitalier régional universitaire de Tours 37044 Tours Tél. : 02 47 47 47 47
Grand Est	IFCS des hôpitaux universitaires de Strasbourg 1, rue David Richard 67000 Strasbourg Tél. : 03 88 11 55 80
	IFCS du centre hospitalier universitaire de Reims 45, rue Cognacq-Jay 51100 Reims Tél. : 03 26 78 75 01
	IFCS du centre psychothérapique de Nancy Tour Marcel Brot 1er étage Rue Joseph Cugnot 54000 Nancy Tél. : 03 83 92 51 46

Hauts-de-France	IFCS de Lille Site humanicité 2, rue Theodore Monod 59160 Lille Tél. : 03 28 36 10 10
	IFCS du centre hospitalier régional universitaire de Lille Institut Gernez Rieux 2, rue du docteur Schweitzer 59000 Lille Tél. : 03 20 44 60 75
	IFCS du centre hospitalier universitaire d'Amiens Site Sud - entrée secondaire 30, avenue de la Croix Jourdain 80054 Amiens Tél. : 03 22 45 59 90
	IFCS de la Croix-Rouge française Site de Bois-Larris Avenue Jacqueline-Mallet 60260 Lamorlaye Tél. : 03 44 67 11 30

Ile-de-France	IFCS de Ville Évrard 202, avenue Jean Jaures 93330 Neuilly-sur-Marne Tél. : 01 43 09 31 96
	IFCS de l'AP-HP Campus Picpus 33, boulevard de Picpus 75012 Paris Tél. : 01 40 27 19 10
	IFCS du centre hospitalier Sainte-Anne 1, rue Cabanis 75014 Paris Tél. : 01 45 65 80 00
	IFCS de la Croix-Rouge française 98, rue Didot 75014 Paris Tél. : 01 84 83 10 20
	IFCS de l'école supérieure Montsouris 2, rue Antoine Etex 94000 Créteil Tél. : 01 58 42 46 20
Normandie	IFCS de Caen 2, rue des Rochambelles 14032 Caen Tél. : 02 31 56 83 29
	IFCS du centre hospitalier universitaire de Rouen 14, rue du Pr. Stewart 76000 Rouen Tél. : 02 32 88 85 45

Nouvelle-Aquitaine	IFCS du centre hospitalier universitaire de Bordeaux Institut Xavier-Arnozan Avenue du Haut-Lévêque 33600 Pessac Tél. : 05 57 62 30 70
	IFCS du centre hospitalier spécialisé Charles-Perrens 121, rue de la Béchade 33076 Bordeaux Tél. : 05 56 56 34 34
	IFCS du centre hospitalier de Pau 145, avenue de Buros 64046 Pau Tél. : 05 59 92 49 30
	IFCS du centre hospitalier universitaire de Limoges Rue Henri de Bournazel 87000 Limoges Tél. : 05 55 05 69 52
	IFCS du centre hospitalier universitaire de Poitiers 2, rue de la Milétrie 86021 Poitiers Tél : 05 49 44 44 21
Occitanie	IFCS du centre hospitalier universitaire de Montpellier 1146, avenue du Père Soulas 34295 Montpellier Tél. : 04 67 33 88 70
	IFCS du centre hospitalier universitaire de Toulouse 330, avenue de Grande-Bretagne 31059 Toulouse Tél. : 05 61 32 40 40
Pays de la Loire	IFCS du centre hospitalier universitaire d'Angers 4, rue Larrey 49033 Angers Tél. : 02 41 35 36 08
	IFCS du centre hospitalier universitaire de Nantes 50, route de St Sébastien 44200 Nantes Tél. : 02 40 84 68 23

Provence-Alpes-Côte d'Azur	IFCS du GCSPA 109, avenue du Petit Barthélémy 13100 Aix-en-Provence Tél. : 04 42 16 16 61
	IFCS du centre hospitalier universitaire de Marseille IRFSS Houphouët Boigny 416, chemin de la Madrague-Ville 13015 Marseille Tél. : 04 91 38 00 00
	IFCS de la Croix-Rouge française et du centre hospitalier universitaire de Nice 17, avenue Cap de Croix 06100 Nice Tél. : 04 93 53 68 68

DATES DES CONCOURS

D'après l'arrêté du 18 août 1995 relatif au diplôme de cadre de santé, article 8 (1er alinéa), modifié par l'arrêté du 16 août 1999, les épreuves de sélection ont lieu entre le 1er mars et le 15 juin de l'année de la rentrée dans les instituts. Un dossier d'inscription est à retirer auprès des IFCS de son choix. Une convocation écrite est envoyée 15 jours avant au candidat si le dossier est conforme et complet. Il faut être vigilant aux dates limites de dépôt des dossiers de candidature. Tous les ans, un arrêté du préfet fixe la date de clôture des inscriptions (entre le 2 janvier et le 15 février de l'année des épreuves de sélection) et la date des concours pour la région (entre le 1er mars et le 15 juin de l'année de la rentrée dans l'institut).

NOTE D'INFORMATION

Les candidats domiciliés dans les départements ou territoires d'outre-mer peuvent demander à subir sur place l'épreuve d'admissibilité pour l'institut de leur choix. Cette demande est faite au directeur de l'institut choisi qui apprécie l'opportunité d'organiser sur place cette épreuve, en liaison avec le directeur général de l'agence régionale de santé ou la haute autorité territoriale concernée.

CANDIDATS PRÉSENTANT UN HANDICAP

Dans chaque institut de formation, les candidats aux épreuves d'admission présentant un handicap peuvent déposer une demande d'aménagement des épreuves. Ils adressent leur demande à l'un des médecins désignés par la commission des droits et de l'autonomie des personnes handicapées et en informent les instituts de formation. Le directeur de l'institut met en œuvre les mesures d'aménagement préconisées (article 9 bis arrêté le 18 août 1995).

DEUX ÉPREUVES DE SÉLECTION

Le concours se constitue de deux épreuves :

• une épreuve d'admissibilité, écrite et anonyme, d'une durée de quatre heures, notée sur 20. Il s'agit d'une analyse et d'un commentaire de texte sur un sujet d'ordre sanitaire et social. Pour cette épreuve écrite, une double correction est assurée. L'admissibilité est déclarée pour les candidats ayant obtenu une note égale ou supérieure à 10 sur 20 ;

• une épreuve d'admission orale à partir d'un dossier rédigé par le candidat, notée sur 20 points et dont l'évaluation est assurée par un jury de trois professionnels.

NOTE D'INFORMATION

Selon les IFCS, ce dossier d'admission doit être remis dans les huit jours suivant les résultats de l'admissibilité. Il est donc recommandé de ne pas attendre d'être admissible pour le constituer, mais de le réaliser en même temps que votre préparation à l'épreuve écrite. De plus, le fait de constituer ce dossier parallèlement à l'épreuve écrite vous permet de mieux mûrir votre expérience professionnelle et vous donne ainsi des ressources et des arguments tirés de votre expérience professionnelle pour appuyer votre commentaire de texte.

2| COMPOSITION DU DOSSIER D'INSCRIPTION AU CONCOURS

La constitution de ce dossier d'inscription est la première phase d'entrée dans le parcours administratif que suscite ce concours. En effet, ce dossier doit être accompagné de nombreuses pièces administratives copiées (cf. article 6 du décret du 18 août 1995). Nous vous donnons la liste de ces pièces mais vous devez vous référer aux IFCS de votre choix pour connaître la liste des documents à produire.

Au dossier d'inscription, vous devez joindre les pièces suivantes :

- une lettre manuscrite à l'attention du directeur de l'IFCS de... ;
- un *curriculum vitae* précisant notamment les expériences professionnelles du candidat ;
- une pièce d'identité copiée recto et verso (carte d'identité, titre de séjour, passeport) ;
- une photocopie du ou des diplôme(s) professionnel(s) faisant apparaître la date d'enregistrement à l'ARS, obligatoire pour les infirmiers et les manipulateurs d'électroradiologie médicale, ainsi que la copie des diplômes professionnels de spécialités et du dernier diplôme scolaire ou universitaire ;
- une attestation de l'employeur ou des employeurs justifiant des quatre années d'exercice professionnel (au 31 janvier de l'année des épreuves de sélection) mentionnées à l'article 4 de l'arrêté du 18 août 1995 ;
- ou pour le secteur libéral : un certificat d'identification établi par la ou les caisses primaires d'assurance maladie du secteur de leur exercice, et tous autres documents permettant de justifier des modes d'exercice ;
- un certificat médical d'un médecin agréé (contacter l'agence régionale de santé pour avoir la liste des médecins agréés) qui atteste de l'aptitude physique et l'absence de contre-indication à suivre la formation, que le candidat est à jour des vaccinations obligatoires prévues par l'article L. 10 du code de la santé publique ;
- une attestation de prise en charge ou de demande de prise en charge des frais de scolarité par l'employeur ou l'organisme de financement concerné ;
- ou un engagement sur l'honneur du candidat de régler les frais de scolarité ;
- une enveloppe autocollante, portant vos coordonnées ;
- le règlement par chèque des frais de dossier et de sélection ;
- deux photographies d'identité.

Il est important que ce dossier soit complet et accompagné des pièces demandées et du règlement des frais de sélection et de dossier sous peine de voir la demande d'inscription rejetée.

NOTE D'INFORMATION

Le montant des frais de sélection se situe entre 85 et 170 euros selon les IFCS. Les frais de formation se situent autour de 10 500 euros avec des frais d'inscription universitaires d'environ 265 euros[1].

1. Selon le statut de l'étudiant : si celui-ci est pris en charge au titre de la promotion professionnelle ou par tout autre organisme (OPCA, Pôle emploi...) : environ 10 500 euros ; si étudiant en financement personnel : environ 8 500 euros.

3 | RÉSULTATS D'ADMISSION

Les résultats sont annoncés au cours de la troisième semaine de décembre ou fin juin en fonction de la date de rentrée. Le jury est constitué selon la liste suivante.
1° Le directeur de l'institut ou son représentant président ;
2° un professionnel, issu de l'une des professions pour lesquelles l'institut de formation des cadres de santé est agréé, titulaire de l'un des titres visés au 3° de l'article 2 de l'arrêté du 18 août 1995, enseignant depuis au moins trois ans dans un institut de formation des cadres de santé ou dans tout autre établissement agréé pour la formation préparant à l'un des diplômes, certificats ou autres titres permettant d'exercer l'une des professions visées au 1° de l'article 4 de l'arrêté du 18 août 1995 ;
3° un professionnel, issu de l'une des professions pour lesquelles l'institut de formation des cadres de santé est agréé, titulaire de l'un des titres visés au 3° de l'article 2 de l'arrêté du 18 août 1995, exerçant depuis au moins trois ans des fonctions d'encadrement dans un service ;
4° un directeur d'hôpital ;
5° un médecin hospitalier ;
6° un enseignant relevant du ministère chargé de l'enseignement supérieur.
Les membres du jury ne doivent pas tous exercer leurs fonctions au sein du même établissement hospitalier ou, en ce qui concerne l'Assistance publique - hôpitaux de Paris, du même hôpital ou groupe hospitalier. L'un au moins des deux professionnels mentionnés au 2° et au 3° ci-dessus doit appartenir à la même profession que le candidat.
Après délibération, ce jury d'admission arrête les listes principales et complémentaires pour chaque profession selon le nombre de places ouvertes initialement au concours.

La note finale est la somme de la note d'admissibilité et de la note d'admission. Ne peuvent être déclarés admis que les candidats dont la note finale est égale ou supérieure à 20 sur 40, sans que la note d'admission soit inférieure à 10 sur 20.

VALIDITÉ DES RÉSULTATS AUX ÉPREUVES D'ADMISSION (ARTICLE 9 DE L'ARRÊTÉ DU 18 AOÛT 1995) ET REPORTS ÉVENTUELS

Les résultats d'admission ne sont valables que pour l'année scolaire pour laquelle les épreuves ont été organisées par les IFCS. Les candidats admis doivent adresser un courrier à la direction de l'IFCS pour confirmer leur décision d'entreprendre la scolarité à la rentrée suivante ou leur désistement de la liste d'admission.

NOTE D'INFORMATION

Normalement, une date limite est fixée par les IFCS pour recenser les souhaits des candidats admis. Passée cette date fixée, le candidat sera présumé avoir renoncé à son admission et sa place sera proposée au candidat inscrit en rang utile sur la liste complémentaire.

Les reports éventuels sont soumis à l'accord de la direction de l'IFCS pour les cas suivants dans la limite d'une année :

- un départ au service national ;
- un congé de maternité, un congé d'adoption ;
- un congé pour garde d'un enfant de moins de quatre ans ;
- en cas d'accident ou maladie après avis du conseil technique de l'IFCS.

De plus, il est admis un report d'une année renouvelable une fois en cas de rejet de demande d'accès à la formation professionnelle ou à la promotion sociale, de rejet de demande de congé de formation ou de rejet de demande de mise en disponibilité. Les femmes interrompant leurs études pour un congé de maternité peuvent reprendre leurs études l'année suivante. Les enseignements théoriques et les stages déjà effectués leur restent acquis. Cette possibilité est également donnée, après avis du conseil technique, aux étudiants interrompant leurs études pour des motifs exceptionnels.

Dans tous les cas, il est conseillé de contacter directement la direction de l'IFCS pour soumettre vos doléances.

Cette présentation détaillée des épreuves de sélection nous permet maintenant de préciser le contenu de la formation de cadre de santé au sein d'un IFCS.

LA FORMATION DE CADRE DE SANTÉ

PARTIE III

La formation est fixée à l'article 10 du décret du 18 août 1995, modifié par un arrêté du 15 mars 2010, relatif au diplôme de cadre de santé. Dans ce décret, la formation de cadre de santé est fixée à 42 semaines dont une semaine de congés. Cette formation permet à l'étudiant d'acquérir des compétences pour deux fonctions : celle de l'encadrement (cadre de proximité) par la pratique de la fonction d'animation et de gestion des équipes ; et celle de la formation (cadre formateur) par l'acquisition de concepts et de savoirs pédagogiques et pratiques, et en favorisant leur application à leur domaine professionnel.

Le dispositif de formation des IFCS vise à permettre à tous les étudiants d'acquérir une culture et un langage communs afin d'enrichir les relations de travail et les coopérations entre les nombreuses catégories professionnelles, indispensables à la cohérence des prestations. Ce projet pédagogique est rendu possible par l'interaction des apports théoriques, des stages, des travaux dirigés avec les projets individuels de formation de chaque étudiant.

La formation s'adresse à des professionnels possédant une expérience technique confirmée et des aptitudes à la prise de responsabilités d'encadrement. Elle les prépare à assumer pleinement ces dernières dans l'exercice de leurs futures fonctions, notamment par l'étude des outils techniques et d'évaluation propres à chaque filière professionnelle.

NOTE D'INFORMATION

La date de rentrée est fixée chaque année par le directeur de l'institut entre le 1er et le 15 septembre.

1 | CONTENU DE LA FORMATION CADRE DE SANTÉ

Parallèlement à tous les apports théoriques, le travail personnel de recherche et de documentation et le travail de groupe seront notamment utilisés au maximum afin de respecter, de favoriser et de développer l'autonomie et la créativité des étudiants. Les stages devront leur permettre un apprentissage pratique et approfondi de leurs fonctions de cadre par une application concrète et un transfert à leur domaine d'exercice professionnel.

Pour aller plus loin : pour télécharger le référentiel d'activités et de compétences cadre de santé : www.syndicat-infirmier.com/cadre-de-sante-referentiels-d.html

Le cursus repose sur six modules qui sont présentés dans le tableau ci-après.

MODULES	INTITULÉ	DURÉE	MODALITÉS D'ÉVALUATION
Module 1	Initiation à la fonction de cadre	• 3 semaines d'enseignement théorique • 3 semaines de stage hors secteur sanitaire (dans le domaine de l'industrie, tertiaire). Exemple : dans les hypermarchés...	Par les formateurs de l'IFCS et les professionnels exerçant des responsabilités d'encadrement dans le service d'accueil du stagiaire.
Module 2	Santé publique	3 semaines d'enseignement théorique	Par les formateurs de l'IFCS et les professionnels exerçant des responsabilités d'encadrement dans le service d'accueil du stagiaire.
Module 3	Analyse des pratiques et initiation à la recherche	3 semaines d'enseignement théorique	Jury composé du directeur de mémoire, choisi par l'équipe enseignante en concertation avec l'étudiant, et d'une personne choisie en raison de sa compétence. L'un au moins des membres du jury doit appartenir à la même profession que le candidat.

MODULES	INTITULÉ	DURÉE	MODALITÉS D'ÉVALUATION
Module 4	Fonction d'encadrement	• 5 semaines d'enseignement théorique et 4 semaines de stage en établissement sanitaire ou social Ou • 6 semaines d'enseignement théorique et 3 semaines de stage en établissement sanitaire ou social.	Par les formateurs de l'IFCS et les professionnels exerçant des responsabilités d'encadrement dans le service d'accueil du stagiaire.
Module 5	Fonction de formation	• 5 semaines d'enseignement théorique et 4 semaines de stage en établissement de formation sanitaire ou social Ou • 6 semaines d'enseignement théorique et 3 semaines de stage en établissement de formation sanitaire ou social.	Par les formateurs de l'IFCS et les professionnels exerçant des responsabilités d'encadrement dans le service d'accueil du stagiaire.
Module 6	Approfondissement des fonctions d'encadrement et de formation professionnelle	• 5 semaines d'enseignement théorique réparties de la façon suivante : - soit 5 semaines d'approfondissement du module 4 - soit 5 semaines d'approfondissement du module 5 - soit 3 semaines d'approfondissement du module 4 et 2 semaines d'approfondissement du module 2 - soit 3 semaines d'approfondissement du module 5 et 2 semaines d'approfondissement du module 2 • 4 semaines de stage soit en établissement sanitaire ou social, soit en établissement de formation, soit en structure de santé publique.	Jury composé du directeur de mémoire, choisi par l'équipe enseignante en concertation avec l'étudiant, et d'une personne choisie en raison de sa compétence. L'un au moins des membres du jury doit appartenir à la même profession que le candidat.

Pour valider un module, l'étudiant doit obtenir une note moyenne égale ou supérieure à 10 sur 20. Pour les étudiants n'ayant pas validé un ou plusieurs de ces modules, une nouvelle série d'évaluations est organisée par l'institut.

Nous allons détailler chaque module de formation en donnant le contenu et les objectifs de ce module. Pour plus de détails, vous pouvez consulter le site suivant : www.legifrance.gouv.fr

MODULE 1 : INITIATION À LA FONCTION DE CADRE (90 HEURES)

Objectifs principaux

- Définir et comprendre en début de formation le rôle et la place de l'encadrement dans l'environnement en tenant compte des aspects psychologiques, sociologiques, économiques, législatifs et réglementaires.

- Identifier le rôle et les missions du cadre et découvrir les modes de management utilisés, notamment dans les institutions sanitaires et sociales et les entreprises.

- Développer ses aptitudes à communiquer efficacement.

- Appréhender les différentes phases du processus permettant d'intégrer la dimension éthique dans la prise de décision. Adapter et enrichir son projet professionnel.

Apports théoriques

Les notions étudiées portent sur les domaines de la psychologie, sociologie, communication, économie et finances publiques, droit ainsi que la fonction de cadre (l'histoire et l'évolution de la fonction, le cadre et la fonction d'encadrement, les missions, fonctions et rôles de l'encadrement).

MODULE 2 : SANTÉ PUBLIQUE (90 HEURES)

Objectifs principaux

- Acquérir à partir de son domaine professionnel une approche interprofessionnelle et pluridisciplinaire des problèmes de santé.

- Être capable de concevoir, élaborer, mettre en œuvre et évaluer des démarches et projets de santé publique.

- Appréhender l'organisation du secteur sanitaire et social.

Apports théoriques

Ils incluent des données générales en santé publique ainsi que la politique de santé publique et ses moyens (la protection sociale et la solidarité, les organismes de santé publique, l'organisation sanitaire et sociale et l'évaluation des politiques de santé publique).

MODULE 3 : ANALYSE DES PRATIQUES ET INITIATION À LA RECHERCHE (90 HEURES)

Objectifs principaux

- Appréhender la démarche professionnelle au travers de ses pratiques et savoirs.

- Appréhender les concepts de recherche et maîtriser les méthodologies et outils de la recherche.

- Être capable de réaliser une démarche de recherche appliquée au domaine professionnel.

- Être capable de conduire l'analyse d'une situation de travail à l'aide de cadres conceptuels préétablis.

- Être capable de conduire l'analyse critique d'une publication.

Apports théoriques

Ils comportent des références théoriques, la méthodologie et les outils de l'analyse des pratiques et de la recherche, des bases théoriques et cliniques de l'analyse des pratiques professionnelles et de la recherche appliquée et l'éthique (législation et réglementation, Conseil national d'éthique, Commission nationale informatique et liberté).

MODULE 4 : FONCTION D'ENCADREMENT (150 OU 180 HEURES)

Objectifs principaux

- Déterminer la place et le rôle du cadre dans l'institution sanitaire ou sociale.
- Organiser, animer et coordonner le travail d'équipe.
- Favoriser la motivation et encourager les projets professionnels.
- Anticiper les évolutions de son environnement immédiat au plan technique, humain, juridique, économique.
- Programmer et coordonner les activités de sa filière professionnelle en fonction des objectifs et des ressources.
- Évaluer la qualité des prestations en relation avec les besoins des usagers.

Apports théoriques

Ils comportent le cadre législatif et réglementaire du secteur sanitaire et social, le management, l'organisation et les conditions de travail, l'organisation et l'évaluation des activités professionnelles et la gestion économique et financière des établissements de santé.

MODULE 5 : FONCTION DE FORMATION (150 OU 180 HEURES)

Objectifs principaux

- Maîtriser les méthodes et les techniques pédagogiques.
- Identifier les besoins en formation des étudiants et du personnel, mettre en œuvre les actions de formation nécessaires.
- Participer à la formation des étudiants et du personnel.
- Organiser les conditions de réussite de la formation.

- Évaluer les résultats.

- Acquérir les outils de gestion financière et matérielle des actions de formation.

Apports théoriques

Les notions théoriques portent sur le cadre législatif et réglementaire de la formation, la pédagogie, l'organisation et les dispositifs de formation et l'organisation et l'évaluation des systèmes pédagogiques.

MODULE 6 : APPROFONDISSEMENT DES FONCTIONS D'ENCADREMENT ET DE FORMATION PROFESSIONNELS (150 HEURES)

Ce module est obligatoirement effectué en fin de formation.

Objectifs principaux

- Approfondir les connaissances acquises au cours de la formation.

- Perfectionner les pratiques de la fonction que l'étudiant souhaite exercer, à partir de sa famille professionnelle d'origine.

- Actualiser les connaissances et analyser l'impact des évolutions techniques et fondamentales intervenues dans le domaine de sa filière professionnelle.

En fonction du choix du candidat, ce module sera axé sur la fonction de formation ou sur la fonction d'encadrement, avec ou sans complément en santé publique.

Approfondissements possibles

- Approfondissement de la fonction d'encadrement (analyse et perspectives d'évolution des métiers, coopérations et interactions des métiers...).

- Approfondissement de la fonction de formation (responsabilités et particularités des cadres formateurs, législation et réglementation européenne de la formation des professions...).

- Approfondissement du module santé publique (législation et réglementation européenne de santé publique, références et programmes prioritaires européens et internationaux...).

STAGES

D'une durée totale de 13 ou 15 semaines, soit 130 ou 150 demi-journées, selon le projet pédagogique de l'institut, ils peuvent être effectués en continu ou en discontinu et doivent être organisés en cohérence avec les enseignements théoriques. Les stages peuvent avoir lieu en France ou à l'étranger. L'institut s'assure de leur valeur pédagogique.

Ces six modules de formation peuvent être suivis selon deux cursus de formation : en continu (parcours standard sur 10 mois) ou en discontinu (21 mois sur deux années scolaires) sans excéder la limite de quatre années scolaires.

2| DEUX CURSUS DE FORMATION

La durée totale de la formation préparant au diplôme de cadre de santé est de 42 semaines dont une semaine de congés. La formation est de 35 heures par semaine, soit 1 470 heures au total. La formation est délivrée sous forme d'enseignement théorique, de stages et de travail personnel. Elle peut s'effectuer selon les IFCS sur un cursus continu et/ou discontinu.

CURSUS CONTINU

C'est le dispositif le plus classique dans tous les IFCS. Il se déroule sur une année scolaire, soit 10 mois. Ce type de cursus présente des avantages et des inconvénients.

Avantages

- Il permet une prise de distance et ainsi une rupture par rapport à son activité habituelle.

- Il permet une immersion dans un but de formation.

- Il permet la réflexion sur la concrétisation du projet professionnel.

- Il permet à l'établissement de santé financeur d'avoir un cadre de santé formé en moins d'une année.

Inconvénients

- Cela demande au cadre nouvellement diplômé d'être opérationnel immédiatement à un poste qu'il a quitté pendant une année. Toutefois certains établissements de santé assurent un tutorat pour accompagner les cadres nouvellement diplômés.

- L'étudiant doit être capable de s'investir sur toute une année.

CURSUS DISCONTINU

Selon les IFCS, le cursus de la formation cadre de santé peut aussi se réaliser en discontinu, c'est-à-dire sur 21 mois (deux années scolaires) alternant temps de formation et retour sur son terrain professionnel. Tout comme l'autre cursus, il a des avantages et aussi des inconvénients.

Avantages

• Il permet au candidat d'acquérir des savoirs qui sont immédiatement mis en œuvre sur le terrain professionnel, lui permettant ainsi d'acquérir progressivement des savoir-être et des savoir-faire.

• Le candidat fait l'apprentissage de l'adaptabilité, capacité indispensable pour la fonction cadre de santé.

• Il permet la posture réflexive sur la pratique de l'étudiant.

• Il facilite l'appropriation d'une nouvelle fonction en étant accompagné par l'IFCS sur deux ans.

• Il permet la maturation du travail de recherche.

• Il permet la continuité de l'activité professionnelle et le maintien d'un rythme de vie personnel acceptable.

Inconvénients

• Ce dispositif demande un investissement tant sur le terrain de formation que sur le terrain professionnel. Le candidat doit accepter de concilier sa position d'étudiant et celle de professionnel sur le terrain en tant que « faisant fonction de cadre de santé » dans un service.

• Pour l'établissement de santé financeur, cela représente une grande période d'absence qui peut être problématique pour l'encadrement des unités de soins.

La formation de cadre de santé est depuis quelques années renforcée par des enseignements universitaires qui permettent aux étudiants d'obtenir parallèlement au diplôme de cadre de santé un diplôme de master 1 (60 ECTS : European Credit Transfer System).

3| PARTENARIAT UNIVERSITAIRE

Depuis quelques années, la plupart des IFCS se rapprochent du monde universitaire à travers des partenariats de formation pour permettre aux étudiants de suivre, en même temps que le diplôme cadre de santé, un diplôme universitaire. Chaque IFCS a un partenariat avec une université avoisinante : les diplômes universitaires préparés peuvent être par exemple, un master 1 avec 60 ECTS en sciences de l'éducation, spécialité recherche en éducation et formation, ou encore un master 1 professionnel (60 ECTS) en management des établissements, services et organisations de santé.

Les candidats sont invités à questionner le projet pédagogique des IFCS de leur choix pour connaître les orientations universitaires de l'IFCS.

Comme nous l'avons souligné au début de cette partie, la formation de cadre de santé représente un coût financier. Il existe différents modes de financement mais les candidats doivent, avant de s'orienter vers ce projet, s'assurer qu'une prise en charge financière leur est accessible sous peine de devoir régler eux-mêmes les frais de formation à l'IFCS.

4| FINANCEMENT DE LA FORMATION

Le coût de la formation se situe autour de 8 500 à 11 000 euros selon les IFCS. Selon votre statut salarial et celui de votre institution, vous pouvez prétendre à une prise en charge financière de la formation et de vos frais de déplacements.

POUR LES SALARIÉS DE LA FONCTION PUBLIQUE HOSPITALIÈRE (FPH)

Vous avez la possibilité de solliciter auprès de la direction de votre établissement une prise en charge au titre de la formation professionnelle. Il est aussi possible de s'adresser à l'Agence nationale pour la formation permanente du personnel hospitalier (ANFH) pour un congé de formation professionnelle (CFP) : vous pouvez consulter le site suivant : www.anfh.asso.fr

L'ANFH est l'organisme paritaire collecteur agréé (OPCA) de la fonction publique hospitalière. Agréée par le ministère de la Santé, l'association collecte et gère les fonds consacrés au financement du plan de formation (2,1 % de la masse salariale), des congés de formation professionnelle (CFP), des congés pour VAE et des congés pour bilan de compétences (0,2 % de la masse salariale), des études promotionnelles (0,6 %) et à la formation professionnelle des travailleurs handicapés pris en charge par les ESAT (4,8 %).

En complément de la gestion des fonds, l'ANFH propose à ses adhérents un ensemble de services visant à les accompagner dans la gestion de la formation, des compétences et des métiers : veille, information, offre de formation, outils méthodologiques, supports de communication...

POUR LES SALARIÉS DU SECTEUR PRIVÉ

Le candidat a la possibilité de mobiliser son compte personnel de formation (CFP) auprès d'organismes tels que :

- l'UNIFAF : c'est un organisme paritaire collecteur agréé par l'État (OPCA) pour collecter et gérer les fonds de la formation professionnelle continue des entreprises de la branche professionnelle sanitaire, sociale et médico-sociale, privée à but non lucratif. Vous pouvez consulter le site en suivant le lien : www.sante-travail-unifaf.fr
- l'Uniformation : c'est un organisme paritaire collecteur agréé par l'État (OPCA) pour collecter et gérer les fonds de la formation professionnelle continue des entreprises de la branche professionnelle de l'économie sociale : associations, coopératives, mutuelles... Vous pouvez consulter le site en suivant le lien : www.uniformation.fr

• le FONGECIF : c'est un organisme paritaire géré par les organisations représentatives des employeurs et des salariés. Il est l'organisme interprofessionnel compétent pour les salariés du secteur privé, quelle que soit la taille des entreprises y compris les entreprises de moins de 10 salariés non assujetties à la contribution légale au titre du congé individuel de formation. Vous pouvez consulter le site en suivant le lien : www.fongecif.com

Dans tous les cas, vous devez contacter le bureau des ressources humaines de votre institution qui saura vous renseigner sur les possibilités de prises en charge. De plus, certains établissements de soins fixent un nombre limité de concours. Il est donc conseillé de se renseigner avant de s'inscrire aux concours.

POUR LES DEMANDEURS D'EMPLOI

Vous avez la possibilité de solliciter une aide auprès d'organismes publics, notamment au niveau de la région (conseil régional) ou du Pôle emploi.

POUR LES AUTRES CANDIDATS : L'AUTOFINANCEMENT

Certains candidats ne pouvant pas prétendre à une prise en charge financière de cette formation pour de multiples raisons, peuvent contracter un prêt bancaire, mais vous devez savoir que si vous réussissez les épreuves de sélection et que vous êtes admis, vous devez déclarer sur l'honneur que vous réglerez les frais de formation à l'IFCS.

Après votre formation de cadre de santé, vous avez la possibilité soit de travailler directement, soit de poursuivre des études.

5 | PERSPECTIVES DE CARRIÈRE

La carrière se déroule soit dans la fonction hospitalière publique ou territoriale, soit dans des établissements de soins privés (à but lucratif ou non lucratif), soit dans certains secteurs de prévention (médecine scolaire, médecine du travail).

Le cadre de santé peut ensuite s'orienter vers la fonction de :
- cadre de santé supérieur : accessible par concours professionnel ouvert dans chaque établissement aux cadres de santé qui comptent au moins trois ans de services effectifs dans le grade de cadre de santé (fonction publique hospitalière) ou le grade de surveillant (secteur privé) ;
- ou directeur de soins : filière infirmière, filière rééducation, filière médico-technique. Fonction accessible après un concours de sélection et une formation d'une année qui fait alterner des sessions de formation théorique (neuf mois) et des stages sur le terrain (trois mois) dans l'établissement d'affectation. Les directeurs de soins sont membres de l'équipe de direction. Selon leur filière, ils peuvent être amenés à exercer diverses fonctions : coordination générale des activités de soins, direction d'un service de soins infirmiers, direction des activités de rééducation, direction des activités médico-techniques, direction d'un institut de formation (professions paramédicales ou cadres de santé), fonctions de conseiller technique ou pédagogique à l'échelon régional, voire national.

Pour ce dernier grade de directeur de soins, les concours sont organisés chaque année par le ministère de la Santé sur la base d'un nombre de places défini. Ils sont ouverts :
- pour 10 % des places offertes, aux candidats issus du secteur privé, titulaires d'un diplôme de cadre de santé et ayant exercé au moins dix ans dont cinq en tant que cadres (concours externe) ;
- et pour 90 % des places offertes, aux candidats issus du secteur public, cadres de santé en fonction depuis au moins cinq ans.

Ces concours de directeur de soins comprennent trois épreuves :
- rédaction d'une note de synthèse sur un dossier spécifique à chaque filière ;
- rédaction sur un sujet de santé publique ;
- entretien portant sur l'expérience professionnelle et les questions d'actualité de santé publique.

FICHES THÉMATIQUES SANITAIRES ET SOCIALES

PARTIE IV

Dans ce chapitre, nous avons réuni 16 fiches sur les notions sanitaires et sociales de base que doit connaître tout candidat souhaitant s'orienter vers le métier de cadre de santé. Les données portent tant sur le domaine réglementaire et juridique que sur le domaine sanitaire et social français. Il est essentiel, lors de la préparation du concours, d'y consacrer suffisamment de temps pour acquérir des notions théoriques et mieux comprendre les enjeux actuels des problématiques sanitaires et sociales.

Pour compléter ces connaissances théoriques, il est recommandé de lire toutes sortes de revues professionnelles comme *Soins cadres*, *Objectif soins*, *Sciences humaines* : les textes qui sont présentés à l'épreuve écrite sont souvent tirés de ces titres. Vous trouverez à la fin de ce livre une bibliographie détaillée des ouvrages et sites internet à consulter.

FICHE N° 1 : CADRE RÉGLEMENTAIRE DES MÉTIERS PARAMÉDICAUX

Chaque candidat préparant le concours cadre de santé doit connaître les textes officiels définissant son propre exercice professionnel.

MÉTIER	TEXTE RÉGLEMENTAIRE
Audioprothésiste	Décret n° 2001-620 du 10 juillet 2001 relatif au programme d'enseignement, à l'organisation du stage en audioprothèse et aux épreuves de l'examen en vue du diplôme d'État d'audioprothésiste. Modifié le 21 août 2013 (www.legifrance.gouv.fr).
Diététicien	Loi 2007-127 du 30 janvier 2007 art. 14-I *Journal officiel* du 1er février 2007 qui a modifié les articles L. 4371-1 à L. 4371-6 et L. 4372-1 à L. 4372-2 du code de la santé publique (www.legifrance.gouv.fr).
Ergothérapeute	Arrêté du 5 juillet 2010 relatif au diplôme d'État d'ergothérapeute (www.legifrance.gouv.fr).
Infirmier	Arrêté du 31 juillet 2009 relatif au diplôme d'État d'infirmier (www.legifrance.gouv.fr) modifié au 20 janvier 2020 (cf. fiche n° 2).
Manipulateur en électroradiologie médicale	Arrêté du 14 juin 2012 relatif au diplôme d'État de manipulateur d'électroradiologie médicale (www.legifrance.gouv.f).
Masseur-kinésithérapeute	Arrêté du 23 mai 2011 relatif aux études préparatoires et au diplôme d'État de masseur-kinésithérapeute. Modifié le 5 septembre 2015 (www.legifrance.gouv.fr).
Opticien-lunetier	Décret n° 2007-553 du 13 avril 2007 relatif aux conditions d'adaptation de la prescription médicale initiale de verres correcteurs dans le cadre d'un renouvellement et aux règles d'exercice de la profession d'opticien-lunetier modifié le 17 octobre 2016 (www.legifrance.gouv.f).
Orthophoniste	Décret n° 2002-721 du 2 mai 2002 relatif aux actes professionnels et à l'exercice de la profession d'orthophoniste, modifié le 8 août 2004 (www.legifrance.gouv.fr).
Orthoptiste	Décret n° 2011-746 du 27 juin 2011 (www.legifrance.gouv.fr).
Pédicure-podologue	Décret n° 2012-848 du 2 juillet 2012 relatif au diplôme d'État de pédicure-podologue (www.legifrance.gouv.fr).

MÉTIER	TEXTE RÉGLEMENTAIRE
Préparateur en pharmacie	Arrêté du 25 août 2010 modifiant l'arrêté du 10 septembre 1997 relatif au brevet professionnel de préparateur en pharmacie (www.legifrance.gouv.fr).
Psychomotricien	Décret n° 2011-746 du 27 juin 2011 modifié le 24 décembre 2017 (www.legifrance.gouv.fr).
Technicien de laboratoire d'analyses de biologie médicale	Arrêté du 1er juin 2004 relatif au titre professionnel de technicien(ne) de laboratoire modifié le 30 novembre 2014 (www.legifrance.gouv.fr).

Il est recommandé de parcourir les textes réglementant le métier des autres partenaires professionnels comme les aides-soignants, auxiliaires de puériculture mais aussi les médecins ou sages-femmes (code de déontologie).

FICHE N° 2 : ARRÊTÉ DU 31 JUILLET 2009 RELATIF AU DIPLÔME D'ÉTAT INFIRMIER, MODIFIÉ AU 20 JANVIER 2020, ET SES ANNEXES

DÉFINITION DU MÉTIER D'INFIRMIER

Évaluer l'état de santé d'une personne et analyser les situations de soins ; concevoir et définir des projets de soins personnalisés ; planifier des soins, les prodiguer et les évaluer ; mettre en œuvre des traitements. Les infirmiers dispensent des soins de nature préventive, curative ou palliative, visant à promouvoir, maintenir et restaurer la santé, ils contribuent à l'éducation à la santé et à l'accompagnement des personnes ou des groupes dans leur parcours de soins en lien avec leur projet de vie. Les infirmiers interviennent dans le cadre d'une équipe pluri-professionnelle, dans des structures et à domicile, de manière autonome et en collaboration.

LE CODE DE DEONTOLOGIE INFIRMIER

Plus de 70 ans après les autres professions de santé (médecins, sages-femmes), les infirmiers disposent d'un code de déontologie qui cadre les règles de leur exercice professionnel. Il a été publié au *Journal officiel* le 25 novembre 2016 : décret n° 2016-1605 du 25 novembre 2016 portant code de déontologie des infirmiers.

Jusqu'à cette date, l'exercice infirmier était basé sur les règles professionnelles du décret de 1993, articles R. 4312-1 et suivants du code de la santé publique. Ce décret du 25 novembre 2016 affirme l'autonomie infirmière et met l'accent sur plusieurs axes :

- les devoirs généraux des infirmiers ;
- les droits des patients (intérêt du patient, information du patient, transparence des tarifs...) ;
- les devoirs entre confrères et membres des autres professions de santé ;
- les modalités d'exercice de la profession (champ de compétences élargies, autonomie dans l'application d'une prescription médicale et possibilité de réaliser ses propres prescriptions...) ;
- les règles relatives aux différents modes d'exercice (règles relatives à la confraternité, l'entraide...).

Chaque infirmier inscrit à l'ordre infirmier devra signer ce code.

ACCÈS A LA FORMATION EN SOINS INFIRMIERS

Depuis janvier 2019, l'accès à la formation en soins infirmiers n'est plus soumis à un concours. Tous les élèves en classe de terminale doivent désormais passer obligatoirement par la plate-forme Parcoursup pour formuler leurs vœux pour la formation en soins infirmiers permettant de candidater pour tel ou tel IFSI. Cela est également de mise pour tous les candidats titulaires d'un diplôme du baccalauréat ou en reconversion professionnelle qui souhaitent s'inscrire à une formation en soins infirmiers.
Toutefois, les candidats n'ayant pas le baccalauréat et justifiant de 3 années d'activité professionnelle doivent satisfaire à une épreuve de sélection écrite et orale.

APPRENTISSAGE POUR ACQUÉRIR DIX COMPÉTENCES

CINQ COMPÉTENCES « CŒUR DE MÉTIER »	CINQ COMPÉTENCES « TRANSVERSES »
Évaluer une situation clinique et établir un diagnostic dans le domaine des soins infirmiers	Communiquer et conduire une relation dans un contexte de soins
Concevoir et conduire un projet de soins infirmiers	Analyser la qualité des soins et améliorer sa pratique professionnelle
Accompagner une personne dans la réalisation de ses soins quotidiens	Rechercher et traiter des données professionnelles et scientifiques
Mettre en œuvre des actions à visée diagnostique et thérapeutique	Organiser et coordonner des interventions soignantes
Initier et mettre en œuvre des soins éducatifs et préventifs	Informer et former des professionnels et des personnes en formation

OBJECTIFS ET PRINCIPES DE LA FORMATION

Les objectifs concourent à :
- répondre aux besoins de santé ;
- professionnaliser le parcours des étudiants (construction progressive de ses compétences) ;
- l'autonomisation, la responsabilisation et la réflexivité de l'étudiant (analyse des situations et mise en œuvre d'interventions adaptées) ;
- la mise en place d'un portfolio de l'étudiant (outil de suivi de l'étudiant) ;
- et développer une éthique professionnelle.

« *Exercés au raisonnement clinique et à la réflexion critique, les professionnels ainsi formés seront compétents, capables d'intégrer plus rapidement de nouveaux savoirs et sauront s'adapter à des situations variées.* »

Les principes de la formation sont au nombre de trois :
- comprendre : l'étudiant acquiert les savoirs et savoir-faire nécessaires à la compréhension des situations ;
- agir : l'étudiant mobilise les savoirs et acquiert la capacité d'agir et d'évaluer son action ;
- transférer : l'étudiant conceptualise et acquiert la capacité de transposer ses acquis dans des situations nouvelles.

Ces principes sont enseignés par la posture réflexive et suivis grâce au portfolio de l'étudiant.

DURÉE DE LA FORMATION

ENSEIGNEMENTS THÉORIQUES	ENSEIGNEMENTS PRATIQUES	TRAVAIL PERSONNEL	TRAVAUX DIRIGÉS, SUIVI PÉDAGOGIQUE
1 800 heures	2 100 heures	900 heures	300 heures
Total : 5 100 heures sur 6 semestres, soit 3 ans			

SYSTÈME LMD (LICENCE-MASTER-DOCTORAT)

Le système de notation universitaire permet l'attribution de crédits conformément au système européen de transferts de crédits « European Credits Transfert System » (ECTS). Chaque semestre de formation permet d'acquérir 30 ECTS. Le diplôme d'État d'infirmier valide l'obtention de 180 crédits européens.

Pour aller plus loin : www.legifrance.gouv.fr

FICHE N° 3 : TEXTES LÉGISLATIFS RELATIFS AUX DROITS DES USAGERS DE LA SANTÉ

Le candidat doit connaître les différents textes législatifs référencés ci-après ainsi que leurs dates de parution. Ces éléments théoriques classés chronologiquement permettront au candidat de mieux appréhender les textes lors de l'épreuve écrite. Pour chaque contenu réglementaire, nous avons synthétisé les idées principales à retenir.

26 août 1789	La Déclaration des droits de l'homme et du citoyen.
1946	Le droit à la protection de la santé. Il est reconnu par le préambule de la Constitution.
1948	La Déclaration universelle des droits de l'homme.
1950	La Convention européenne des droits de l'homme ou Convention de sauvegarde des droits de l'homme et des libertés fondamentales.
4 novembre 1966	La Déclaration des principes de la coopération culturelle internationale, proclamée par la Conférence générale de l'Organisation des Nations unies pour l'éducation, la science et la culture (UNESCO).
14 janvier 1974	Décret n° 74-27 relatif aux règles de fonctionnement des centres hospitaliers et des hôpitaux locaux. La charte du malade hospitalisé : concept du malade « objet de soins » au malade « sujet de soins ».
1983	Déclaration de principe sur la prestation de soins aux patients souffrant de douleurs chroniques violentes en phase terminale de maladie - AMM (Association médicale mondiale).
13 décembre 1985	La Déclaration sur les droits de l'homme des personnes qui ne possèdent pas la nationalité du pays dans lequel elles vivent. Elle a été adoptée par l'assemblée générale dans sa résolution 47/144.
6 mai 1995	La circulaire DGS/DH/95 n° 22 relative aux droits des patients hospitalisés : la charte du patient hospitalisé.
4 avril 1997	La convention sur les droits de l'homme et la biomédecine.
9 juin 1999	La loi n° 99-477 sur le droit à l'accès aux soins palliatifs.
25 juin 1999	Conseil de l'Europe : adoption d'une résolution contre l'euthanasie et en faveur des soins palliatifs.
2000	La charte européenne des droits fondamentaux.
19 février 2002	Circulaire DHOS/O 2/DGS/SD 5 D n° 2002 relative à l'organisation des soins palliatifs et de l'accompagnement (non parue au *JO*), en application de la loi n° 99-477 du 9 juin 1999, visant à garantir le droit à l'accès aux soins palliatifs.

4 mars 2002	Loi n° 2002-303 relative aux droits des malades et à la qualité du système de santé : consentement du patient, droits fondamentaux des personnes, désignation de la personne de confiance, participation des usagers au fonctionnement du système de santé et mise en place d'un dispositif de conciliation et de règlement amiable des accidents médicaux et des infections nosocomiales, en reconnaissant au patient la possibilité d'être indemnisé des dommages non liés à une faute.
6 août 2004	La loi relative à la bioéthique.
9 août 2004	La loi relative à la politique de santé publique : la participation des usagers aux politiques publiques de santé et la création de la Commission nationale d'agrément des associations.
24-25 novembre 2004	Conférence de consensus : la liberté d'aller et venir dans les établissements sanitaires et médico-sociaux, et l'obligation de soins et de sécurité.
22 avril 2005	La loi de Leonetti relative aux droits des malades et à la fin de vie : droit de refus du patient d'être soigné, organisation des situations particulières des personnes en fin de vie et des personnes hors d'état d'exprimer leur volonté ; notion de directives anticipées.
17 décembre 2008	La loi n° 2008-1330 de financement de la Sécurité sociale (article 67) qui met en place un dispositif de règlement amiable des victimes du virus de l'hépatite C d'origine transfusionnelle.
21 juillet 2009	La loi n° 2009-879 portant réforme de l'hôpital et relative aux patients, à la santé et aux territoires (HPST) : garantir un égal accès des personnes à des soins sûrs et de qualité, faciliter et rendre plus lisible le parcours de soins en créant des passerelles entre la prise en charge des patients en ville et à l'hôpital, la prévention et le secteur médico-social ; la lutte contre toute forme de discrimination susceptible d'entacher l'égalité d'accès aux soins : à travers le dispositif d'encadrement des dépassements d'honoraires par les médecins, d'une part, et la lutte contre le refus de soigner que des professionnels de santé opposent à certaines personnes malades, d'autre part.
5 janvier 2010	La loi n° 2010-2 relative à la reconnaissance et à l'indemnisation des victimes des essais nucléaires français qui crée une possibilité d'indemnisation amiable des victimes de dommages résultant des essais nucléaires français.
26 janvier 2016	Loi de modernisation de notre système de santé : l'action de groupe en santé, le droit à l'oubli pour les anciens malades du cancer et de pathologies lourdes, la suppression du délai de réflexion pour l'IVG ou encore le renforcement de la transparence sur les liens d'intérêt entre industries et professionnels de santé.

2 février 2016	La loi n° 2016-87 du 2 février 2016, loi Claeys-Leonetti, a créé de nouveaux droits en faveur des personnes malades et des personnes en fin de vie, en plus de clarifier les conditions de l'arrêt des traitements au titre du refus de l'obstination déraisonnable. Elle instaure notamment un droit à la sédation profonde et continue jusqu'au décès pour les personnes dont le pronostic vital est engagé à court terme. Les directives anticipées deviennent l'expression privilégiée de la volonté du patient hors d'état de le faire et s'imposent désormais aux médecins. Cette évolution de la loi qui concerne les directives anticipées et qui porte sur leur opposabilité à l'égard du médecin est la plus significative.

DATES	TEXTES LÉGISLATIFS CONCERNANT LES DROITS DES ENFANTS DANS LE SYSTÈME SANITAIRE
1er août 1983	Circulaire n° 83-24 relative à l'hospitalisation des enfants.
1988	Charte de l'enfant hospitalisé : le droit aux meilleurs soins possibles est un droit fondamental, particulièrement pour les enfants (UNESCO).
20 novembre 1989	Convention internationale des droits de l'enfant par l'ONU : les droits de l'enfant sont exprimés clairement.
25 janvier 1996	Convention européenne sur l'exercice du droit des enfants : protection de l'intérêt de l'enfant.
17 juin 1998	Loi n° 98-468 relative à la prévention et à la répression des infractions sexuelles ainsi qu'à la protection des mineurs.
6 mars 2000	Loi n° 2000-196 instituant un défenseur des enfants, autorité indépendante.
4 mars 2002	Loi n° 2002-305 relative à l'autorité parentale.
2 janvier 2004	Loi n° 2004-1 relative à l'accueil et à la protection de l'enfance.
28 octobre 2004	Circulaire relative à l'élaboration de schémas régionaux d'organisation sanitaire de l'enfant et de l'adolescent et à l'organisation de l'accueil et l'hébergement de l'enfant et de ses parents, de la prise en charge de la douleur.

FICHE N° 4 : POLITIQUE ET PROGRAMMES DE SANTÉ PUBLIQUE

Pour aller plus loin : www.sante.gouv.fr

La notion de santé publique est apparue progressivement en France. Elle est devenue une préoccupation majeure dès l'instant où les problématiques de santé s'accroissaient.

DÉFINITION DE LA SANTÉ

Pour l'Organisation mondiale de la santé, un état de bien-être

La première définition a été donnée en 1946 par l'Organisation mondiale de la santé (OMS) : « *La santé est un état de complet bien-être physique, mental et social, et ne consiste pas seulement en une absence de maladie ou d'infirmité.* » Ainsi, l'OMS traduit la santé comme le bien-être de tout individu, c'est-à-dire la satisfaction de ses besoins fondamentaux et l'accomplissement de ses capacités physiques, intellectuelles et spirituelles.

Selon Abraham Maslow et Virginia Henderson, la satisfaction des besoins

Dans le prolongement de la définition de l'OMS, la pyramide d'Abraham Maslow (psychologue américain, 1916-1972) hiérarchise les différents besoins de l'être humain qui appartiennent à quatre sphères : physiologique, psychologique, sociologique et spirituelle. Il distingue ainsi ces besoins en cinq niveaux.

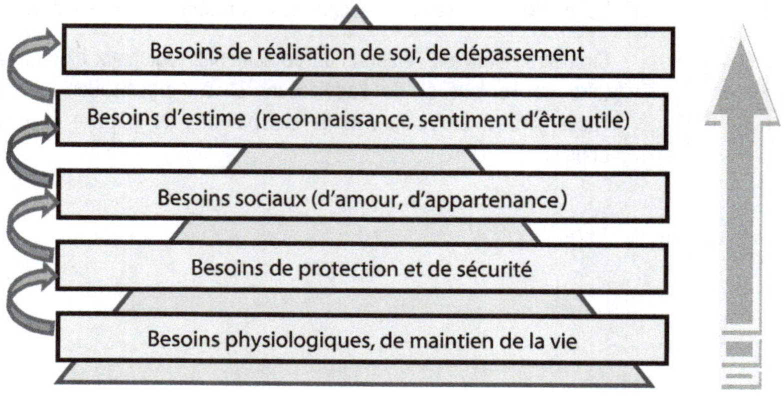

Il considère que l'individu ne peut passer à un besoin d'ordre supérieur que quand le besoin de niveau immédiatement inférieur est satisfait.

Virginia Henderson, pour définir sa conception du rôle infirmier, a identifié 14 besoins fondamentaux. C'est la satisfaction de tous ces besoins qui permet à l'individu d'être indépendant. Les besoins fondamentaux définis par Virginia Henderson entrent dans les cinq catégories de Maslow car chaque besoin est dépendant de facteurs physiologiques, psychologiques, sociaux ou culturels.

DÉFINITION DE LA SANTÉ PUBLIQUE

La santé publique reprend toutes les notions explicitées ci-avant et s'appuie sur différentes disciplines comme les sciences humaines et biomédicales. L'OMS la définit comme « *la science et l'art de prévenir les maladies, de prolonger la vie et d'améliorer la santé et la vitalité mentale et physique des individus, par le moyen d'une action collective concertée visant à : assainir le milieu ; lutter contre les maladies ; enseigner les règles d'hygiène personnelle ; organiser des services médicaux et infirmiers en vue d'un diagnostic précoce et du traitement préventif des maladies ; mettre en œuvre des mesures sociales propres à assurer à chaque membre de la collectivité un niveau de vie compatible avec le maintien de la santé* ».

Au travers de cette définition, la notion de soins de santé primaire apparaît. Les soins de santé primaire consistent à mettre en œuvre des techniques simples, de technologie peu coûteuse, permettant de diagnostiquer et de traiter la plupart des pathologies. Ils associent des actions de promotion de la santé, de prévention aux activités de restauration de la santé. Ils reposent sur un esprit d'auto-responsabilité et d'auto-détermination des individus avec comme objectif principal l'accès aux soins pour tous.

PRINCIPE DE SANTÉ PUBLIQUE DANS LES TEXTES RÉGLEMENTAIRES

Le principe de santé publique est apparu dans de nombreux textes réglementaires dont les principaux à retenir sont :

- le préambule de la Constitution du 27 octobre 1946 consacre le fait que la protection de la santé est un devoir de l'État : « *La nation assure à l'individu et à la famille les conditions nécessaires à leur développement. Elle garantit à tous, notamment à l'enfant, à la mère et au vieux travailleur, la protection de la santé, de la sécurité matérielle, le repos et les loisirs. Tout être humain, qui en raison de son âge, de son état physique ou mental, de la situation économique se trouve dans l'incapacité de travailler a le droit d'obtenir de la collectivité des moyens convenables à l'existence* » ;

- la loi du 4 mars 2002 relative aux droits des malades et à la qualité du système de santé : respect des libertés du patient, notion d'usager, démocratie sanitaire, accès direct au dossier médical, consentement du patient, qualité du système de santé, solidarité envers les personnes handicapées... ;
- la loi n° 2004-806 du 9 août 2004, relative à la politique de santé publique : elle est la deuxième loi après celle de 1902 qui avait concerné la politique de vaccination. Cette loi de 2004 prévoit que « *la politique de santé publique concerne [...] l'identification et la réduction des risques éventuels pour la santé liés à des facteurs d'environnement et des conditions de travail, de transport, d'alimentation ou de consommation de produits et de services susceptibles de l'altérer* », c'est-à-dire qu'elle vise à réduire la mortalité prématurée (avant 60 ans), la lutte contre les inégalités de santé, l'amélioration de la qualité de vie des personnes en situation de handicap ou de perte d'autonomie ;
- la loi n° 2007-294 du 5 mars 2007 relative à la préparation du système de santé à des menaces sanitaires de grande ampleur ;
- la loi hôpital patients santé territoire (HPST) du 21 juillet 2009 avec comme objectif l'organisation de l'offre de soins, accessible à tous et répondant aux besoins de santé. Elle comporte quatre volets : la modernisation des établissements hospitaliers de santé, l'accès pour tous à des soins de qualité, la prévention et santé publique et l'organisation territoriale du système de santé avec la création des agences régionales de santé (ARS). Cette loi sera développée dans la fiche n° 6 ;
- la loi de modernisation de notre système de santé promulguée le 26 janvier 2016 qui fait de la prévention le socle du système de santé. Elle entend garantir l'accès aux soins et créer de nouveaux droits pour les patients. Nous développerons cette loi dans la fiche n° 10.
- Enfin, la loi relative à l'organisation et la transformation du système de santé, « Ma santé 2022 », s'inscrit dans le cadre plus large de la stratégie nationale de santé (SNS), qui fixe le cadre de la politique de santé du gouvernement pour le quinquennat 2017-2022. L'objectif affiché de la stratégie de transformation du système de santé (STSS) est de décloisonner le système de santé français avec un financement plus pertinent, une organisation des soins de proximité plus coopérative ainsi qu'une formation et un mode d'exercice professionnel plus adaptés et diversifiés. Nous développerons cette loi dans la fiche n° 15.

LA POLITIQUE DE SANTÉ PUBLIQUE

Pour aller plus loin : www.legifrance.gouv.fr

Elle est définie à l'article L. 1411-1 de la loi n° 2004-806 du 9 août 2004 où il est explicité que la nation définit sa politique de santé selon des objectifs pluriannuels. La détermination de ces objectifs, la conception des plans, des actions et des programmes de santé mis en œuvre pour les atteindre ainsi que l'évaluation de cette politique relèvent de la responsabilité de l'État.

La politique de santé publique concerne dix domaines principaux :
1° la surveillance et l'observation de l'état de santé de la population et de ses déterminants ;
2° la lutte contre les épidémies ;
3° la prévention des maladies, des traumatismes et des incapacités ;
4° l'amélioration de l'état de santé de la population et de la qualité de vie des personnes malades, handicapées et des personnes dépendantes ;
5° l'information et l'éducation à la santé de la population et l'organisation de débats publics sur les questions de santé et de risques sanitaires ;
6° l'identification et la réduction des risques éventuels pour la santé liés à des facteurs d'environnement et des conditions de travail, de transport, d'alimentation ou de consommation de produits et de services susceptibles de l'altérer ;
7° la réduction des inégalités de santé, par la promotion de la santé, par le développement de l'accès aux soins et aux diagnostics sur l'ensemble du territoire ;
8° la qualité et la sécurité des soins et des produits de santé ;
9° l'organisation du système de santé et sa capacité à répondre aux besoins de prévention et de prise en charge des maladies et handicaps ;
10° la démographie des professions de santé.

L'accès à la prévention et aux soins des populations fragilisées constitue un objectif prioritaire de la politique de santé. Les programmes de santé publique mis en œuvre par l'État ainsi que par les collectivités territoriales et les organismes d'assurance maladie prennent en compte les difficultés spécifiques des populations fragilisées.

La loi définit tous les cinq ans les objectifs de la politique de santé publique. À cette fin, le gouvernement précise, dans un rapport annexé au projet de loi, les objectifs de sa politique et les principaux plans d'action qu'il entend mettre en œuvre.

Ce rapport s'appuie sur un rapport d'analyse des problèmes de santé de la population et des facteurs susceptibles de l'influencer, établi par le Haut Conseil de la santé publique, qui propose des objectifs quantifiés en vue d'améliorer l'état de santé de la population. Le rapport établi par le Haut Conseil de la santé publique dresse notamment un état des inégalités socioprofessionnelles et des disparités géographiques quant aux problèmes de santé. Il précise les moyens spécifiques à mettre en œuvre le cas échéant pour permettre aux personnes handicapées de bénéficier pleinement des plans d'action.

La mise en œuvre de cette loi et des programmes de santé qui précisent son application est suivie annuellement et évaluée tous les cinq ans. Elle peut à tout moment faire l'objet d'une évaluation globale ou partielle par l'Office parlementaire d'évaluation des politiques de santé. À cette loi d'août 2004, succéderont en 2009 la loi HPST (cf. fiche n° 6), en 2016 la loi de modernisation de notre système de santé (cf. fiche n° 10) et en 2019 la loi relative à l'organisation et la transformation du système de santé (cf. fiche n° 15).

MESURES DU PLAN NATIONAL DE SANTÉ PUBLIQUE 2019

Objectif principal

Permettre aux Français de « naître, grandir, vivre et vieillir en bonne santé » : lutte contre les addictions, éducation, sport, dépistage, vaccination, qualité de l'air. Il concerne toutes les étapes de la vie car les risques et les environnements changent avec le temps.

Mesures

• Mieux prévenir les consommations à risque pendant la grossesse (alcoolisme pendant la grossesse) ;
• prévenir les risques auditifs chez les jeunes (lancement d'une campagne nationale de sensibilisation et repérage des troubles auditifs chez les jeunes de 15 à 16 ans) ;
• expérimenter le « Pass préservatif » pour les moins de 25 ans (mise en place d'une carte donnant un accès gratuit à des préservatifs) ;
• rembourser directement les aides à l'arrêt du tabac (cette mesure remplace le forfait d'aide au sevrage de 150 euros par an actuellement en place. Cela permet de lever les freins liés à l'avance de frais systématique et d'avoir le même tarif pour un produit sur tout le territoire) ;
• introduire un programme national de dépistage organisé pour le cancer du col de l'utérus (pris en charge à 100 % pour toutes les femmes n'ayant pas réalisé de frottis dans les 3 dernières années) ;
• généraliser la vaccination antigrippale par les pharmaciens d'officines (lancé depuis octobre 2019).

Pour aller plus loin : dossier « Priorité prévention : rester en bonne santé tout au long de sa vie » : https://solidarites-sante.gouv.fr/IMG/pdf/plan_national_de_sante_publique__psnp.pdf
« *La prévention doit devenir centrale dans toutes les actions qui visent à améliorer la santé de nos concitoyens* », Édouard Philippe.

LISTE DES PLANS ET PROGRAMMES NATIONAUX DE SANTÉ PUBLIQUE À CE JOUR

Soins primaires – accessibilité

- 2017 : plan national d'accès territorial aux soins

Pathologies – prises en charge

- 2014-2019 : plan cancer III
- 2014-2019 : plan maladies neuro dégénératives suite aux deux plans « Alzheimer et maladies apparentées » (2008-2012) et « Parkinson » (2011-2014)
- 2015-2020 : programme national d'actions pour améliorer l'accès à l'IVG
- 2017-2021 : plan greffe n° 3
- 2017-2021 : plan pour la procréation, l'embryologie et la génétique humaines
- 2018-2022 : stratégie nationale pour l'autisme au sein des troubles du neuro-développement (TND)

Qualité – securité

- 2015 : programme national d'actions de prévention des infections associées aux soins
- 2015-2019 : plan national d'action de promotion des médicaments génériques

Prévention – promotion santé

- 2014-2019 : programme national de réduction du tabagisme
- 2014-2020 : plan d'action de l'Union européenne contre l'obésité infantile
- 2015 : plan national d'actions de prévention de la perte d'autonomie
- 2016 : plan de rénovation de la politique vaccinale, en lien avec la concertation citoyenne et le programme national d'amélioration de la politique vaccinale de 2012-2017
- 2016-2020 : plan santé au travail n° 3
- 2017-2021 : programme national nutrition santé n° 4
- 2017-2030 : stratégie nationale de santé sexuelle

Santé environnement

- 2006 : plan anti-dissémination du chikungunya et de la dengue en métropole
- 2014 : programme d'actions bon usage des benzodiazépines
- 2014 : stratégie nationale sur les perturbateurs endocriniens
- 2016 : plan anti-dissémination des arboviroses
- 2016-2020 : plan national d'adaptation au changement climatique n° 2
- 2016-2021 : plan national des micropolluants dans l'eau
- 2016-2021 : plan national de surveillance de la qualité de l'air
- 2016-2021 : plan de réduction des émissions de polluants atmosphériques

Populations

- 2013 : plan pluriannuel contre la pauvreté et pour l'inclusion sociale
- 2015 : PNVE – plan national de vie étudiante
- 2017 : stratégie (nationale) santé des personnes placées sous main de justice, « PPSMJ »

Ces plans de santé publique mettent en exergue les problématiques propres à une pathologie, une population ou un mode de prise en charge afin de structurer et de renforcer les réponses qui doivent y être apportées. Ils sont élaborés et mis en œuvre conjointement par plusieurs directions du ministère chargé des solidarités et de la santé. Ces plans de santé publique ont pour la plupart un caractère pluriannuel.

Les plans de santé publique apportent des leviers d'amélioration reposant parfois sur la création de dispositifs nouveaux mais surtout sur des changements de pratiques professionnelles et organisationnelles. En effet, ces plans sont intégrés dans la plupart des dispositifs pédagogiques des instituts de formation paramédicale. Ainsi, ces plans de santé publique doivent notamment permettre aux professionnels de santé de s'adapter aux nouveaux enjeux : apparition de nouvelles pathologies, évolution épidémiologique (cancers, VIH, tuberculose...), changements démographiques de notre société (vieillissement de la population française) et transfert de technologies.

Pour aller plus loin : *Livre des plans de santé publique*, mai 2011 :
www.sante.gouv.fr/IMG/pdf/LDP_2011_BD.pdf

CONSEILS AUX CANDIDATS

Cette fiche est à travailler en lien avec la fiche n° 5 « Le système sanitaire français » et la fiche n° 6 « la loi HPST », la fiche n °10 « loi de modernisation de notre système de santé » et la fiche n° 15 « loi d'organisation et de transformation de notre système de santé, Ma santé 2022 ».

FICHE N° 5 : LE SYSTÈME SANITAIRE FRANÇAIS

Le système sanitaire français est piloté par l'État aidé des services centraux (ministère des Solidarités et de la Santé appuyé de ses directions et de certaines institutions ou agences). Les trois missions principales des services centraux sont de fixer les grandes orientations, élaborer les réglementations et coordonner. Ce pilotage est réparti au niveau national et au niveau régional.

AU NIVEAU NATIONAL

Le ministère des Solidarités et de la Santé

Sur le plan national, le ministère chargé des solidarités et de la santé intervient au nom de l'État sur le système de santé. Il est tenu par Olivier Véran. Dans ce même ministère, il y a 2 secrétaires d'État :

- Brigitte Bourguignon est ministre déléguée en charge de l'autonomie auprès du ministre des Solidarités et de la Santé, depuis le 6 juillet 2020.
- Adrien Taquet est secrétaire d'État en charge de l'enfance et des familles auprès du ministre des Solidarités et de la Santé, depuis le 26 juillet 2020.

Dans ce ministère, nous pouvons citer quatre directions ayant chacune des missions spécifiques dans le pilotage du système sanitaire.

La direction générale de la santé (DGS)

Elle prépare la politique de santé publique définie à l'article L. 1411-1 de la loi n° 2004-806 du 9 août 2004 et contribue à sa mise en œuvre en liaison avec les autres directions et services du ministère chargé de la santé et des autres départements ministériels compétents ainsi qu'avec l'appui des établissements ou organismes qui en dépendent.

Ces missions sont de protéger les personnes des menaces pesant sur leur santé (champ de la sécurité sanitaire) à travers la gestion des risques sanitaires, la gestion des alertes, des urgences sanitaires et la préparation aux menaces, la contribution à la qualité et à la sécurité ainsi qu'à un égal accès à ce système. De plus, la DGS œuvre pour l'amélioration de l'état de santé général de la population, la diminution de la mortalité et de la morbidité.

La direction générale de l'offre de soins (DGOS)

Elle s'est substituée depuis le 16 mars 2010 à la direction de l'hospitalisation et de l'organisation des soins (DHOS). Sa compétence s'étend à l'organisation de l'ensemble de l'offre de soins, des établissements de santé publics, privés, et de la médecine de ville (approche globale de l'offre de soins intégrant aussi bien la ville que l'hôpital). Elle a trois objectifs :

- promouvoir une approche globale de l'offre de soins ;
- assurer une réponse adaptée aux besoins de prise en charge des patients et des usagers ;
- garantir l'efficience et la qualité de l'offre de soins dans le respect de l'objectif national des dépenses d'assurance maladie (ONDAM).

La direction de la Sécurité sociale (DSS)

La DSS est rattachée à deux ministres : la ministre des Solidarités et de la Santé et le ministre de l'Action et des Comptes publics. Elle est le trait d'union entre le ministère et les caisses nationales de Sécurité sociale. Sa mission générale est d'assurer l'adéquation des prestations de Sécurité sociale avec les besoins de la population, tout en veillant à l'équilibre financier de ses ressources. Elle élabore et met en œuvre les politiques relatives à la couverture des risques vieillesse, maladie, famille et accident du travail. Elle participe également à la surveillance des organismes de protection complémentaire et de la mutualité.

La direction générale de la cohésion sociale (DGCS)

Elle a pour mission de concevoir, piloter et évaluer les politiques publiques de solidarité, de développement social et de promotion de l'égalité, afin de favoriser la cohésion sociale et le soutien à l'autonomie des personnes. La DGCS gère 4 programmes budgétaires et assure la préparation et le suivi de l'objectif national des dépenses d'assurance maladie (ONDAM) pour le secteur médico-social.

Elle pilote 2 politiques publiques transversales :

- financement des établissements et services sociaux et médico-sociaux ;
- définition du cadre d'intervention des professionnels du travail social et de l'intervention sociale.

La direction de l'action sociale, de l'enfance et de la santé (DASES)

Elle élabore, coordonne et met en œuvre les politiques d'intervention sociale, médico-sociale et de solidarité. Sa politique est ciblée sur les personnes en difficulté sociale, les enfants et les adultes handicapés, les personnes âgées ainsi que les familles, les enfants et les adolescents.

Les structures d'appui national

L'État s'appuie sur des institutions nationales qui vont participer à l'élaboration et la mise en œuvre de la politique nationale de santé publique. Les principales sont :

• le Haut Conseil de la santé publique (HCSP) qui contribue à la définition des objectifs pluriannuels de santé publique, fournit aux pouvoirs publics, en liaison avec les agences sanitaires, l'expertise nécessaire à la gestion des risques sanitaires ainsi qu'à la conception et à l'évaluation des politiques et stratégies de prévention et de sécurité sanitaire. Il donne aux pouvoirs publics des réflexions prospectives et des conseils sur les questions de santé publique ;

• la Conférence nationale de santé (CNS) qui est le lieu des concertations des orientations politiques. Elle analyse les besoins de santé de la population pour proposer des plans ou programmes pour l'amélioration du système de santé en France. Elle élabore annuellement un rapport sur les droits des usagers ;

• le Comité national de santé publique (CNSP) qui coordonne l'action des différents départements ministériels en matière de sécurité sanitaire et de prévention. Il analyse les événements susceptibles d'affecter la santé de la population. Enfin, il contribue à l'élaboration de la politique du gouvernement dans les domaines de la sécurité sanitaire et de la prévention, et en examine les conditions de financement. Il est présidé par le ministre chargé des solidarités et de la santé ;

• les deux agences de sécurité sanitaire assumant des missions larges :

- l'Institut national de veille sanitaire (InVS) qui est chargé de la surveillance et de l'observation permanente de l'état de santé de la population, de l'alerte sanitaire et contribue à la gestion des situations de crise sanitaire,
- l'Institut national de prévention et d'éducation pour la santé (INPES) qui exerce une fonction d'expertise et de conseils en matière d'éducation et de promotion pour la santé. Il assure aussi le développement de l'éducation pour la santé et l'éducation thérapeutique ;

• les agences assurant principalement des missions de veille scientifique, d'analyse et d'évaluation des risques dans leur domaine :

- l'Agence nationale de sécurité du médicament et des produits de santé (ANSM), ex-AFSSAPS (Agence française de la sécurité sanitaire des produits de santé) qui évalue et contrôle les produits de santé destinés à l'homme (médicaments, produits sanguins, cosmétiques et d'hygiène corporelle). Elle assure et coordonne la vigilance sanitaire pour alerter en cas de risque pour la santé publique,
- l'Agence de la biomédecine (ABM),
- l'Établissement français du sang (EFS),
- l'Agence nationale de sécurité sanitaire de l'alimentation, de l'environnement et du travail (ANSES),
- l'Institut de radioprotection et de sûreté nucléaire (IRSN) ;

• les structures sur lesquelles s'appuient les administrations centrales du ministère et en particulier la DGS :
- l'Établissement de préparation et de réponse aux urgences sanitaires (EPRUS),
- l'Institut national de la santé et de la recherche médicale (INSERM),
- l'Institut national du cancer (INCa) ;
• l'agence indépendante : la Haute Autorité de santé (HAS) qui a trois missions principales : l'évaluation (de la qualité de la prise en charge des usagers, des pratiques professionnelles et du remboursement des dispositifs médicaux et des actes professionnels par l'assurance maladie), l'élaboration de guides de recommandations sur les bonnes pratiques professionnelles et de bons usages des soins, et la certification des établissements de santé.

AU NIVEAU RÉGIONAL

Ce pilotage est assuré principalement par les agences régionales de santé (ARS).

Définition

Créées par la loi HPST du 21 juillet 2009, les ARS représentent des entités régionales uniques du service public de la santé. Ce sont des établissements publics d'État autonomes au niveau administratif et financier. Elles assurent le pilotage régional du système de santé en se substituant à sept organismes qui ont disparu aujourd'hui :
• l'agence régionale de l'hospitalisation (ARH) ;
• la direction régionale des affaires sanitaires et sociales (DRASS) ;
• la direction départementale des affaires sanitaires et sociales (DDASS) ;
• l'union régionale des caisses d'assurance maladie (URCAM) ;
• le groupement régional de santé publique (GRSP) ;
• la mission régionale de santé (MRS) ;
• la caisse régionale d'assurance maladie (CRAM) pour certaines missions.

Cette réforme a été mise en place pour permettre un décloisonnement entre les différents secteurs : hospitalier, médico-social et ambulatoire. L'objectif des ARS est de mener un pilotage régional simplifié en responsabilisant les acteurs régionaux. Cette approche régionale permet de mieux s'adapter aux contextes locaux et de maîtriser les risques et les dépenses d'un territoire de santé.

Champs de compétences des ARS

Les compétences réunies dans une même structure autorisent une approche globale de la santé, une plus grande cohérence des réponses et des parcours pour les patients et les personnes en situation de perte d'autonomie.

Le champ d'intervention des ARS touche à sept domaines principaux :

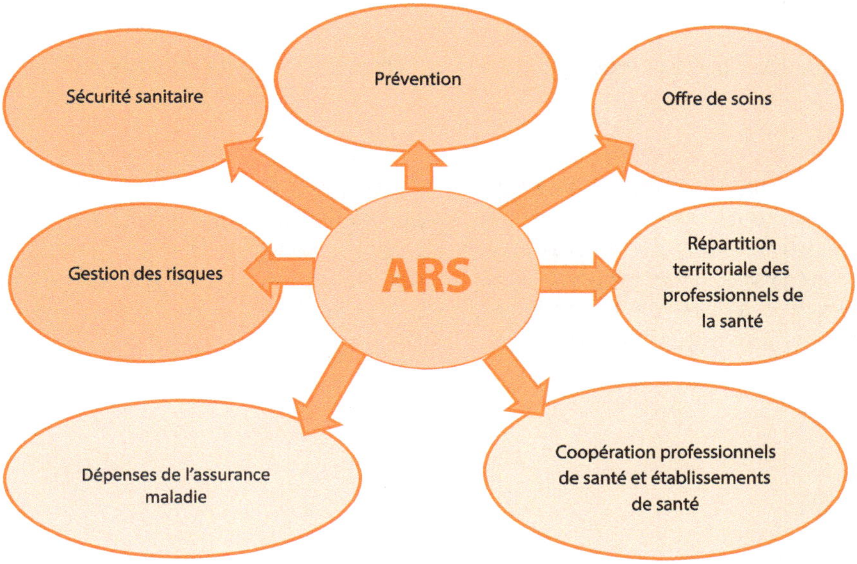

Gouvernance des ARS

Les ARS sont sous la tutelle du ministère des Solidarités et de la Santé pour mettre en œuvre au niveau d'une région la politique nationale de la santé en tenant compte de ses spécificités. Chaque agence régionale de santé est constituée de trois instances :

• la conférence régionale de la santé et de l'autonomie (CRSA) qui a un avis consultatif. Elle est composée de plusieurs collèges au sein desquels seront représentés les collectivités territoriales, les usagers et associations œuvrant dans les domaines de compétence de l'ARS, les conférences de territoire, les organisations représentatives des salariés, des employeurs et des professions indépendantes, les professionnels du système de santé, les organismes gestionnaires des établissements et services de santé et médico-sociaux et les organismes de protection sociale ;

• les deux commissions de coordination des politiques publiques de santé associant les services de l'État, les collectivités territoriales et leurs groupements, et les organismes de Sécurité sociale. Une première commission est chargée de la prévention, de la santé scolaire, de la santé au travail et de la protection maternelle et infantile. La seconde commission est dédiée au secteur médico-social.

L'organisation de chaque ARS s'appuie sur un projet régional de santé (PRS) qui permet d'avoir une vision plus large de la santé. Il est valable cinq ans.

Le PRS sera développé à la fiche n° 6 dans la loi hôpital patients santé territoire (HPST).

EN RÉSUMÉ

Les ARS assurent la coordination de tous les soins prodigués dans une région, veillent à une gestion cohérente des ressources et garantissent un accès égal à une prise en charge de qualité. Elles adaptent les politiques nationales à leurs contextes régionaux, par le biais de programmes régionaux de santé (PRS), composés de schémas régionaux de prévention, de schémas régionaux d'organisation des soins (SROS) de ville et hospitaliers, ainsi que de schémas médico-sociaux pour les personnes âgées ou dépendantes.

Gouvernance des agences régionales de santé

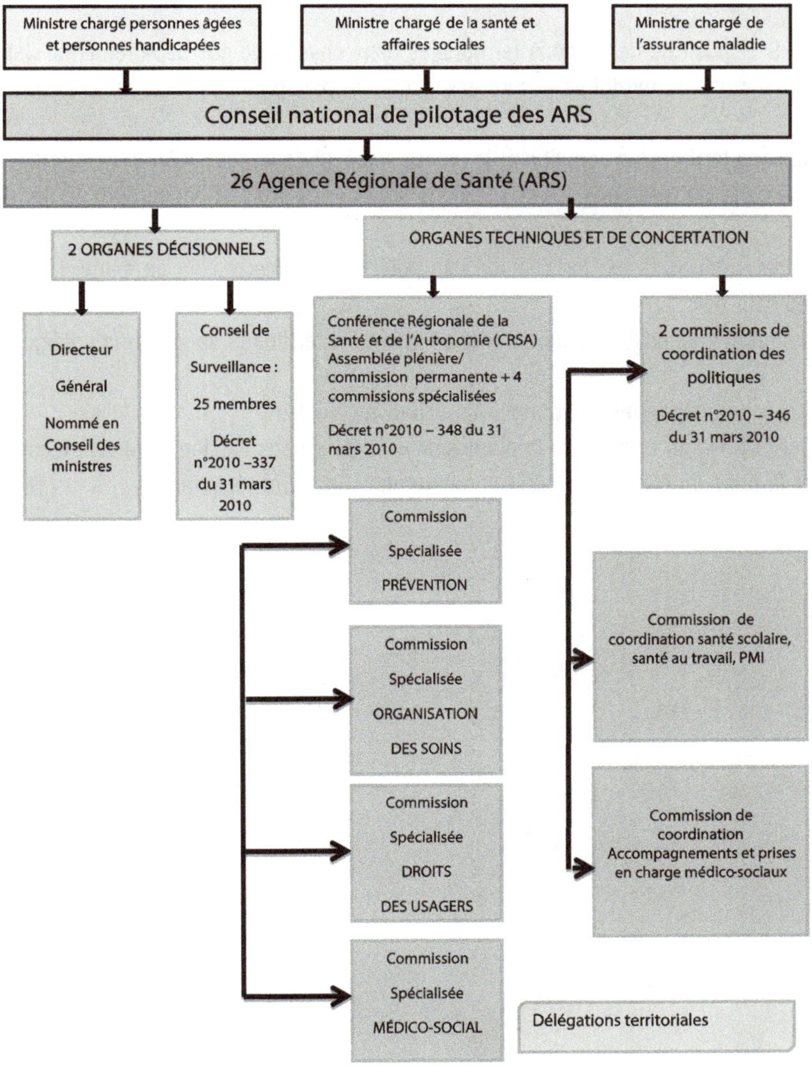

(Schéma réalisé à partir des données : www.ars.sante.fr)

AU NIVEAU DÉPARTEMENTAL, LES DÉLÉGATIONS TERRITORIALES

Chaque ARS dispose de délégations territoriales dans chacun de ses départements. Cette organisation ancrée dans les territoires assure une action au plus près des besoins de la population.

Les délégations territoriales constituent le réseau régional de chaque ARS et permettent l'ancrage de l'agence dans les territoires. Leurs missions sont la proximité et l'animation territoriale.

Elles sont garantes de la territorialisation des politiques et des projets de santé. Leurs missions principales sont de :

- mettre en œuvre dans les territoires (départements et territoires de santé) la politique régionale de santé ;
- susciter, accompagner et coordonner les initiatives locales ;
- favoriser la prise en compte de la dimension « santé » dans l'action collective locale ;
- faciliter la prise en compte des enjeux locaux dans le cadre régional.

FICHE N° 6 : LA LOI HÔPITAL PATIENTS SANTÉ TERRITOIRE (HPST)

Pour aller plus loin : www.sante.gouv

La loi hôpital patients santé territoires portant réforme de l'hôpital et relative aux patients, à la santé et aux territoires a été promulguée le 21 juillet 2009 et publiée au *Journal officiel* du 22 juillet 2009. Cette loi est un projet d'organisation sanitaire et non de financement. Elle doit permettre de mettre en place une offre de soins graduée de qualité, accessible à tous, satisfaisant à l'ensemble des besoins de santé.

La loi HPST institue une territorialisation des politiques de santé et porte une réforme globale qui doit permettre aux institutions et structures de s'adapter aux nouveaux besoins de la population. L'Agence nationale d'appui à la performance (ANAP) des établissements de santé et médico-sociaux a été créée par la loi HPST. Son rôle est d'accompagner les professionnels du secteur de la santé et du médico-social dans leurs projets. Cette loi HPST est constituée de 4 titres (et 133 articles, 310 textes d'application, dont 8 ordonnances). Nous allons reprendre chaque titre avec les idées principales à retenir.

TITRE 1 : « LA MODERNISATION DES ÉTABLISSEMENTS DE SANTÉ »

Ce chapitre a pour objet de redéfinir les missions de service public des établissements : la loi signe la fin du clivage entre les secteurs hospitaliers publics et privés. Dorénavant, l'ensemble des établissements de santé pourra assurer les missions de service public, dès lors qu'ils répondent à un cahier des charges précis. L'attribution de ces missions se fera donc à la carte, sur la base du volontariat, et sur décision de l'agence régionale de santé. De plus, l'organisation interne de l'hôpital est abordée (nouvelles gouvernances avec les instances et leurs acteurs, les principes des pôles d'activité clinique et médico-technique, la qualité et la gestion des risques des soins, et les modalités d'organisation et de gestion des ressources humaines). Les établissements sont également invités à apporter plus de transparence quant à la qualité et à la sécurité de la prise en charge du patient.

La gouvernance de l'hôpital public sera abordée dans la fiche n° 7 : « Le service public hospitalier ».

TITRE 2 : « L'AMÉLIORATION DE L'ACCÈS À DES SOINS DE QUALITÉ »

Ce titre, porté par la direction de l'hospitalisation et de l'organisation des soins (DHOS) et par la direction de la Sécurité sociale (DSS), a pour objet d'optimiser l'accès de tous à des soins de qualité, sur l'ensemble du territoire, tout en respectant la liberté d'installation des professionnels libéraux. L'organisation de l'offre de soins se fait en fonction des niveaux de recours et des besoins de santé au niveau des schémas régionaux d'organisation des soins (SROS).

De plus, dans ce chapitre, il est souligné le rôle pivot du médecin généraliste en matière de soins de premier recours et de participation à la permanence des soins. La formation médicale continue, devenue « développement professionnel continu » (DPC), est recentrée sur l'évaluation des pratiques professionnelles.

La notion de DPC sera abordée dans la fiche n° 13 : « Législation concernant la formation professionnelle continue (FPC) ».

TITRE 3 : « LA PRÉVENTION ET LA SANTÉ PUBLIQUE »

Ce titre, porté par la direction générale de la santé (DGS), vise les maladies chroniques et les cancers : la prévention de leurs principaux facteurs de risque (alcool, tabac) ainsi que celle de leurs complications et de leurs rechutes, par l'éducation thérapeutique du patient. Il érige celle-ci pour la première fois en une politique nationale. Plusieurs autres mesures prioritaires ont été prises en faveur de la protection de la santé environnementale, des femmes et de certaines populations vulnérables, ainsi que pour la lutte contre l'obésité. Les deux mesures principales sont l'éducation thérapeutique du patient comme priorité nationale et l'interdiction et/ou l'encadrement de la vente d'alcool et de tabac, pour protéger les plus jeunes.

TITRE 4 : « L'ORGANISATION TERRITORIALE DU SYSTÈME DE SANTÉ »

Ce titre, porté par le secrétaire général des ministères sociaux, a principalement pour objet de créer les agences régionales de santé (ARS), nouvelles autorités responsables du pilotage du système de santé en région, qui permettront une organisation mieux ancrée dans les territoires et davantage décentralisée, au plus proche des besoins des patients. Ces structures accompagneront notamment la nouvelle représentation des professionnels de santé libéraux. Il est explicité ce que sont les agences régionales de santé (ARS), la représentation des professionnels de santé libéraux (création d'unions régionales des professionnels de santé - URPS - rassemblant, pour chaque profession, les représentants des professionnels de santé exerçant à titre libéral), la politique régionale de santé avec le projet régional de santé (PRS), la déclinaison régionale de la politique de santé, et les systèmes d'information de santé.

NOTE D'INFORMATION : LE PROJET RÉGIONAL DE SANTÉ (PRS)

Le PRS est constitué de :

- un plan stratégique régional de santé (PSRS), qui définit les grandes orientations et les priorités ;
- trois schémas d'application du plan stratégique : un schéma régional de prévention (SRP), un schéma régional de l'organisation des soins (SROS) comprenant le secteur de l'offre de soins en établissements de santé et le secteur de l'offre des professionnels libéraux, et un schéma régional de l'organisation médico-sociale (SROMS) qui couvre le secteur des accompagnements et des prises en charge médico-sociales ;
- des programmes spécifiques obligatoires : le PRAPS (programme régional d'accès à la prévention et aux soins des plus démunis), le PRGDR (programme régional de gestion du risque), le PRIAC (programme interdépartemental d'accompagnement des handicaps et de la perte d'autonomie).

Schéma d'un PRS

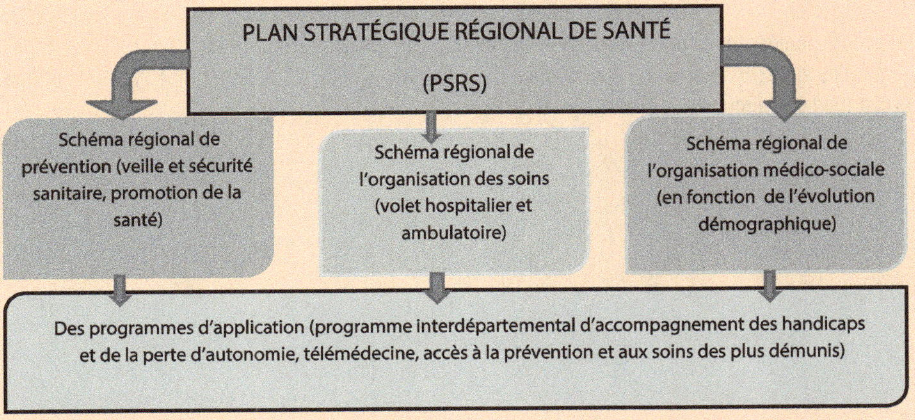

(Source : ARS Centre)

EN RÉSUMÉ

La loi HPST, c'est quatre axes (source : ministre de la Santé et des Sports, septembre 2009) :

1. une organisation des soins optimisée pour les patients :
• par la garantie d'une offre de soins de qualité, en tenant compte des spécificités et des capacités des établissements et des professionnels,
• par l'accessibilité à la prévention et aux soins pour tous,
• par la fluidification du parcours de soins entre la ville, l'hôpital et le secteur médico-social ;

2. des professionnels mieux formés, responsabilisés et reconnus :
• par la valorisation des équipes pour dynamiser la gestion,
• par l'amélioration des formations initiales et continues, le renforcement de l'évaluation des pratiques professionnelles, l'incitation aux coopérations entre professionnels,
• par l'implication renforcée en matière d'éducation thérapeutique du patient et de qualité des soins ;

3. une meilleure organisation territoriale :
• par l'allocation de ressources plus justes, par les agences régionales de santé, pour répondre aux besoins de santé de la population,
• par la complémentarité accrue entre les acteurs en vue d'une meilleure gradation des soins ;

4. des établissements adaptés à leurs missions :
• par la refondation des missions de service public pour un maillage renforcé des territoires de santé,
• par l'incitation aux coopérations entre établissements publics et/ou privés,
• par l'assouplissement du fonctionnement des hôpitaux publics, le recentrage de l'hôpital sur son projet médical autour de la prévention et du soin.

FICHE N° 7 : LE SERVICE PUBLIC HOSPITALIER

La notion juridique de service public hospitalier est née de la loi du 31 décembre 1970 ; elle a été étendue par les lois des 31 juillet 1991, du 18 janvier 1994 et du 27 juillet 1999. Ensuite, la loi hôpital, patients, santé et territoire (HPST) a supprimé la notion de service public hospitalier, mais elle mentionne encore des missions de service public, listées à l'article L. 6112-1 du code de la santé publique. L'objectif de la réforme était d'ouvrir davantage le service public hospitalier aux autres établissements de santé.

Aujourd'hui la loi de modernisation de notre système de santé entend refonder le service public hospitalier. Cela passe d'abord par une réaffirmation du service public hospitalier, profondément désorganisé par la loi du 21 juillet 2009 dite « HPST » qui avait découpé le service public en quatorze missions de service public (dont les urgences). Initiée dès la loi de financement de la Sécurité sociale pour 2013, cette réaffirmation prend la forme d'une définition du service public hospitalier en « bloc » et des obligations qui lui sont liées. Les agences régionales de santé pourront subordonner l'attribution de subventions à la participation à ce service territorial de santé. La coopération entre hôpitaux publics est dynamisée par le déploiement de groupements hospitaliers de territoire qui permettront aux hôpitaux proches d'élaborer un projet médical commun et de partager des missions ou des fonctions support (achats hospitaliers, par exemple).

Sur l'ensemble du système hospitalier français, le secteur public hospitalier représente :
- 62 % des établissements ;
- 80 % des lits d'hospitalisation ;
- 82 % des places d'hospitalisation.

DÉFINITION

Le service public est une mission d'intérêt général dans le domaine hospitalier, qui repose sur trois principes et obligations qui sont :
- l'égalité d'accès aux soins pour tous ;
- la continuité des soins (accueil 24 heures sur 24 : en période de grève, le service est organisé par le directeur d'établissement) ;
- l'adaptabilité aux soins.

MISSIONS DE SERVICE PUBLIC DES ÉTABLISSEMENTS DE SANTÉ

Pour aller plus loin : www.legifrance.gouv.fr

Les établissements de santé peuvent être appelés à assurer, en tout ou partie, une ou plusieurs des missions de service public suivantes (14 au total) :
1. la permanence des soins ;
2. la prise en charge des soins palliatifs ;
3. l'enseignement universitaire et post-universitaire ;
4. la recherche ;
5. le développement professionnel continu des praticiens hospitaliers et non hospitaliers ;
6. la formation initiale et le développement professionnel continu des sages-femmes et du personnel paramédical, et la recherche dans leurs domaines de compétence ;
7. les actions d'éducation et de prévention pour la santé et leur coordination ;
8. l'aide médicale urgente, conjointement avec les praticiens et les autres professionnels de santé, personnes et services concernés ;
9. la lutte contre l'exclusion sociale, en relation avec les autres professions et institutions compétentes en ce domaine, ainsi que les associations qui œuvrent dans le domaine de l'insertion et de la lutte contre l'exclusion et la discrimination ;
10. les actions de santé publique ;
11. la prise en charge des personnes faisant l'objet de soins psychiatriques en application des chapitres II à IV du titre Ier du livre II de la troisième partie du présent code ou de l'article 706-135 du code de procédure pénale ;
12. les soins dispensés aux détenus en milieu pénitentiaire et, si nécessaire, en milieu hospitalier, dans des conditions définies par décret ;
13. les soins dispensés aux personnes retenues en application de l'article L. 551-1 du code de l'entrée et du séjour des étrangers et du droit d'asile ;
14. les soins dispensés aux personnes retenues dans les centres socio-médico-judiciaires de sûreté.

DU « SERVICE PUBLIC HOSPITALIER » AUX MISSIONS DE SERVICE PUBLIC

La loi HPST avait repris ces missions de service public qui sont à assurer par un établissement de santé quel que soit son statut. Un établissement de santé ne se caractérise plus par son statut mais par les services qu'il apporte. Les missions de service public peuvent être assurées par l'ensemble des établissements de santé dans les conditions définies par la loi et les contrats pluriannuels d'objectifs et de moyens (CPOM) passés avec les titulaires d'autorisations de soins ou d'équipements lourds et l'établissement de santé. Les missions d'enseignement et de recherche restent toujours tenues par les centres hospitaliers universitaires (CHU).
Toutefois la loi du 26 janvier 2016 est revenue à une conception plus organique du service public hospitalier (SPH), articulé autour des missions de l'hôpital public. Le secteur privé n'est pas

totalement exclu du SPH mais sa participation implique l'acceptation d'une emprise de plus en plus importante de l'agence régionale de santé (ARS) sur l'activité des établissements.

Parallèlement à cette redéfinition des missions de service public hospitalier, l'organisation interne des hôpitaux publics a été également modifiée.

GOUVERNANCE DE L'HÔPITAL PUBLIC

Pour aller plus loin : www.sante.gouv.fr

La loi hôpital, patients, santé, territoires (HPST) promulguée en juillet 2009 a permis de clarifier le rôle des instances de gouvernance au sein des hôpitaux et de créer de nouvelles instances de pilotage (conseil de surveillance, directoire en renforçant le rôle du directeur d'établissement). En effet, cette réforme de la gouvernance hospitalière a été lancée à l'époque par Nicolas Sarkozy avec un mot d'ordre : « *Un patron et un seul à l'hôpital, le directeur.* »

OBJECTIFS DE LA RÉFORME

Les objectifs de la réforme de l'organisation interne des établissements publics de santé sont :
• le décloisonnement entre les fonctions et les logiques médicales, administratives et soignantes (notamment avec le conseil exécutif) ;
• la responsabilisation des acteurs par la diffusion de la culture médico-économique et l'appropriation des outils de pilotage ;
• avec les pôles d'activité, la constitution d'unités médico-économiques de taille critique pour rapprocher la gestion du terrain et la mise en œuvre de la stratégie médicale ;
• une meilleure adaptation de l'activité et des organisations dans un contexte de passage à la T2A (tarification à l'activité).

PILOTAGE INTERNE DE L'HÔPITAL PUBLIC

Ce pilotage est tenu principalement par sept organes (source : ANAP, « La loi HPST, les clés pour comprendre »).

Le directeur

Les compétences du directeur sont renforcées puisque l'essentiel des pouvoirs jusqu'alors détenus par le conseil d'administration lui sont transférés. Il préside le directoire et il peut déléguer sa signature en formulant le cas échéant des réserves.

Son rôle est de :
- conduire la politique générale de l'établissement ; il est l'ordonnateur de l'état de prévision des recettes et des dépenses ;
- nommer les personnels non médicaux ;
- définir l'organisation de l'établissement en pôles d'activité en se conformant au projet médical d'établissement ;
- nommer les chefs de pôle (pour les chefs de pôle médecins, il nomme sur une liste élaborée par le président de la commission médicale d'établissement).

Le directoire

Il remplace le conseil exécutif qui avait été mis en place par la réforme de 2005. Il est composé de sept membres dont trois membres de droit et quatre membres nommés par le président du directoire, qui sont en poste dans l'établissement. Le directoire est une nouvelle instance qui appuie et conseille le directeur dans la gestion et la conduite de l'établissement. Instance collégiale, le directoire est un lieu d'échange des points de vue gestionnaires, médicaux et soignants.

Le président du directoire est le directeur. Le vice-président du directoire est le président de la commission médicale d'établissement (CME). Le président de la commission des soins infirmiers, de rééducation et médico-techniques (CSIRMT) en est membre de droit. Le directoire, à majorité médicale, pharmaceutique, maïeutique et odontologique, a pour mission de veiller à la cohérence des projets de pôles avec le projet médical, et avec l'ensemble du projet d'établissement.

Le conseil de surveillance

Il remplace le conseil d'administration. C'est un organisme de 15 membres qui sont regroupés en 3 collèges d'égale importance (5 membres chacun) : collectivités territoriales, personnel médical et non médical, usagers et personnes qualifiées. Il a pour rôle général de se prononcer sur les orientations stratégiques de l'établissement et de contrôler sa gestion.

Il a quatre rôles principaux :
- un rôle décisionnel : délibérer sur le projet d'établissement ainsi que sur le compte financier et l'affectation des résultats ;
- un rôle consultatif : à titre essentiel concernant la politique qualité de l'établissement ;
- un rôle de proposition en matière de communauté hospitalière de territoire ;
- un rôle de nomination du commissaire aux comptes.

La commission médicale d'établissement (CME)

La loi HPST consacre le président de la CME (PCME) comme le « numéro deux » de l'établissement, et comme coordonnateur médical fonctionnant en binôme avec le directeur. Le décret du 30 décembre 2009 définit les trois missions principales du président de la CME et lui octroie un « statut ».

Le PCME est vice-président du directoire, il est chargé, conjointement avec le directeur, de la politique d'amélioration continue de la qualité et de la sécurité des soins, ainsi que des conditions d'accueil et de prise en charge des usagers, en articulation avec la CME elle-même.

La CME demeure une instance consultative à part entière qui est à la fois consultée et informée dans tous les domaines de la vie de l'établissement (organisation, investissements, financement).

Le comité technique d'établissement (CTE)

Les modifications apportées dans le code de la santé publique aux dispositions relatives au comité technique d'établissement, instance représentative des personnels non médicaux des établissements publics de santé, concernent uniquement ses compétences : sa composition et son fonctionnement ne font pas l'objet de modifications. Ces modifications correspondent principalement à une mise en cohérence par rapport au droit antérieur concernant les compétences du conseil d'administration et par rapport aux nouvelles dispositions concernant les compétences du directeur et du conseil de surveillance. Le CTE est, selon les sujets, consulté ou informé sur les questions relatives au fonctionnement des établissements.

La commission des soins infirmiers, de rééducation et médico-techniques (CSIRMT)

La loi du 31 juillet 1991 a institué dans chaque établissement une commission du service des soins infirmiers (CSSI). L'ordonnance du 2 mai 2005 a étendu cette organisation aux activités de soins médico-techniques et de rééducation en créant une CSIRMT. Le décret du 30 avril 2010 relatif à la commission des soins infirmiers, de rééducation et médico-techniques dans les établissements publics de santé a modifié tant sa composition que ses compétences. La CSIRMT comprend au maximum 30 membres dans les CH et 40 dans les CHU. Les membres sont répartis en trois collèges : cadres de santé ; personnels infirmiers, de rééducation et médico-techniques, aides-soignants.

La pondération de la représentation de ces trois collèges relève du règlement intérieur de l'établissement. La CSIRMT, dont le président est membre de droit du directoire, est à la fois consultée et informée sur toutes les questions liées à l'organisation des soins.

Les chefs de pôles

Ils sont nommés par le directeur sur une liste présentée par le président de CME (PCME). La durée du mandat est fixée à quatre ans. Ils signent un contrat de pôle avec le directeur, après avis du PCME qui s'assure de la cohérence du contenu avec le projet médical et qui définit les objectifs et les moyens du pôle. Ils mettent en œuvre la politique de l'établissement afin d'atteindre les objectifs fixés au pôle. Il peut être assisté de collaborateurs dont il propose la nomination au directeur. Il bénéficie d'une formation. Il reçoit une indemnité de fonction.

LE CONTRAT ET LE PROJET DE PÔLE

- **Le contrat de pôle**

La démarche de contractualisation interne initiée par l'ordonnance du 2 mai 2005 de pôles d'activité est réaffirmée et amplifiée par la loi HPST. Mode relationnel entre la direction et les pôles, le contrat de pôle est un levier de changement aussi bien pour le directoire, qui suit la politique de contractualisation interne et s'assure de sa cohérence dans l'ensemble de l'établissement, que pour les chefs de pôles qui entrent dans une logique de pilotage opérationnel.

Le contrat de pôle d'activité établi pour chaque pôle est signé par le directeur et par le chef de pôle, après avis du président de la CME et pour le CHU, du directeur de l'unité de formation et de recherche médicale. Il est conclu pour quatre ans. Il décrit les objectifs et les moyens du pôle, et est assorti d'indicateurs de résultats. Il précise la nature et le cas échéant la portée des délégations de signature accordées au chef de pôle. Il procède d'une démarche itérative entre le pôle et la direction de l'établissement de la phase de préparation du contrat jusqu'à son évaluation, notamment à travers les réunions de dialogue de gestion.

- **Le projet de pôle**

Le projet de pôle est élaboré par chaque chef de pôle, dans un délai de trois mois à compter de la signature du contrat. Il est élaboré en cohérence avec le contrat de pôle qui a été signé entre le directeur et le chef de pôle. Il est le document essentiel permettant à chaque structure interne du pôle de connaître et de maîtriser son champ d'action et ses responsabilités ainsi que son organisation, et de tenter d'anticiper et d'accompagner ses évolutions.

FICHE N° 8 : LA SÉCURITÉ SOCIALE

Créée en 1945, la Sécurité sociale s'appuie sur trois principes fondamentaux : l'égalité d'accès aux soins, la qualité des soins et la solidarité.

HISTORIQUE DE LA CRÉATION DU SYSTÈME DE SÉCURITÉ SOCIALE

Pour aller plus loin : www.securite-sociale.fr

1830-1905 : un système d'assistance publique et un système de libre prévoyance

Le droit à l'aide sociale est sous condition de ressources de la personne ou de sa famille et les prestations en nature ou en espèces sont récupérables sur les débiteurs alimentaires et les successions ou les revenus de l'assisté. Il faudra attendre la loi du 15 juillet 1893 qui institue ainsi l'assistance médicale gratuite.

1898-1939 : un système d'assurances sociales

À partir du XXe siècle, nous assistons aux prémices de l'assurance obligatoire de certains risques sociaux.

- La loi du 9 avril 1898 instaure l'assurance en cas d'accident de travail : l'employeur peut s'assurer contre ce risque pour son employé.
- La loi du 5 avril 1910 instaure l'assurance vieillesse pour les salariés du commerce et de l'industrie.
- Les lois du 5 avril 1928 et du 30 avril 1930 permettent la mise en place, pour les salariés titulaires d'un contrat de travail, d'une assurance pour les risques maladie, maternité, invalidité, vieillesse et décès.
- La loi du 30 avril 1928 permet la création d'un régime spécial pour les agriculteurs.
- La loi du 11 mars 1932 prévoit des allocations couvrant les charges familiales financées par des versements patronaux.

1945-1946 : la mise en place d'une Sécurité sociale

En 1945, les bâtisseurs du système français de Sécurité sociale poursuivent un triple objectif : unité de la Sécurité sociale, généralisation quant aux personnes, extension des risques couverts sous la double influence du rapport Beveridge de 1942 et du système Bismarckien.

Les ordonnances des 4 et 19 octobre 1945 promulguées par le gouvernement du général de Gaulle créent une organisation de la Sécurité sociale. Ces ordonnances fusionnent toutes les anciennes assurances (maladie, retraite...) et constituent une rupture avec une ancienne forme de prise en compte du social qui datait de l'avant-guerre. Elles prévoient le principe d'une « *gestion des institutions de Sécurité sociale par les intéressés* ».

Les professions agricoles vont conserver leurs institutions spécifiques dans le cadre de la Mutualité sociale agricole (MSA). Les salariés des régimes spéciaux vont refuser de s'intégrer dans le régime général et conserver, dans un cadre transitoire qui dure encore, leurs régimes spécifiques (fonctionnaires, marins, cheminots, mineurs, etc.). La loi du 22 mai 1946 pose le principe de la généralisation de la Sécurité sociale à l'ensemble de la population mais les professions non salariées non agricoles s'y opposeront.

Depuis 1946 : la mise en œuvre des grands principes

La généralisation de la couverture à toute la population a été poursuivie selon les étapes suivantes :

- convention collective interprofessionnelle du 14 mars 1947 instituant le régime de retraite complémentaire des cadres ;
- loi du 9 avril 1947 étendant la Sécurité sociale aux fonctionnaires ;
- loi du 17 janvier 1948 instaurant trois régimes d'assurance vieillesse des professions non salariées non agricoles (artisans, professions industrielles et commerciales, professions libérales) ;
- loi du 10 juillet 1952 : création d'un régime d'assurance vieillesse obligatoire des exploitants agricoles géré par la Mutualité sociale agricole (MSA) ;
- loi du 25 janvier 1961 : création d'un régime d'assurance maladie obligatoire des exploitants agricoles, avec libre choix de l'assureur ;
- loi du 12 juillet 1966 : création du régime autonome d'assurance maladie maternité pour les non salariés non agricoles, géré par la CANAM ;
- loi du 22 décembre 1966 : création d'un régime complémentaire obligatoire des exploitants agricoles contre les accidents du travail, maladies professionnelles et accidents de la vie privée, avec libre choix de l'assureur ;
- loi du 25 octobre 1972 : institutionnalisation de la protection des salariés agricoles contre les accidents du travail ;
- loi du 4 juillet 1975 : généralisation à l'ensemble de la population active de l'assurance vieillesse obligatoire ;

• plan de réforme de 1996 : création de la contribution au remboursement de la dette sociale (CRDS) applicable aux revenus d'activité, de remplacement, du patrimoine, de placement, ainsi qu'à d'autres revenus tels que les jeux de hasard ;
• loi du 28 juillet 1999 : institution d'une Couverture maladie universelle (CMU) : protection de base sur le seul critère de résidence et protection complémentaire pour les plus démunis ;
• loi du 21 août 2003 : loi portant réforme des retraites : harmonisation progressive de la durée d'assurance pour bénéficier d'une pension à taux plein entre les différents régimes, évolution progressive de cette durée d'assurance en fonction des gains d'espérance de vie, création de dispositifs de retraites anticipées pour les assurés ayant commencé à travailler jeunes et ayant effectué de longues carrières ;
• loi du 13 août 2004 : loi portant réforme de l'assurance maladie : création du médecin traitant, du dossier médical personnel, réforme de la gouvernance de l'assurance maladie et du système de santé, promotion des médicaments génériques, aide à l'acquisition d'une couverture complémentaire, responsabilisation des assurés sociaux par la création du forfait de un euro ;
• loi du 2 août 2005 : loi portant réforme de la loi organique relative aux LFSS : mise en perspective pluriannuelle du financement de la Sécurité sociale et présentation de l'équilibre des régimes par le rapprochement des recettes et des dépenses, mise en œuvre de la démarche objectifs résultats à la Sécurité sociale ;
• 1er trimestre 2006 : mise en place du régime social des indépendants (RSI, prévu par une ordonnance du 31 mars 2005) regroupant les régimes d'assurance maladie des professions libérales, des industriels, des artisans et des commerçants ainsi que les régimes d'assurance vieillesse des industriels, des artisans et des commerçants ;
• loi du 9 novembre 2010 portant réforme des retraites : recul progressif de l'âge légal de départ à la retraite de 60 à 62 ans, prise en compte de la pénibilité, dispositif « carrières longues », amélioration des règles de calcul des retraites des femmes, lutte contre les inégalités de salaire entre hommes et femmes, meilleure protection des plus fragiles, rapprochement des règles entre fonction publique et secteur privé ;
• loi du 20 janvier 2014 prévoyant l'allongement progressif de la durée de cotisation et l'instauration du compte pénibilité ;
• loi de modernisation du système de santé de 2016 : l'Assemblée nationale adopte le projet de loi santé instaurant la généralisation du tiers payant (dispense d'avance de frais) à tous les assurés à partir du 1er janvier 2017 ;
• 1er janvier 2018 : le régime social des indépendants est rattaché au régime général de la Sécurité sociale.

ORGANISATION DU SYSTÈME DE LA SÉCURITÉ SOCIALE

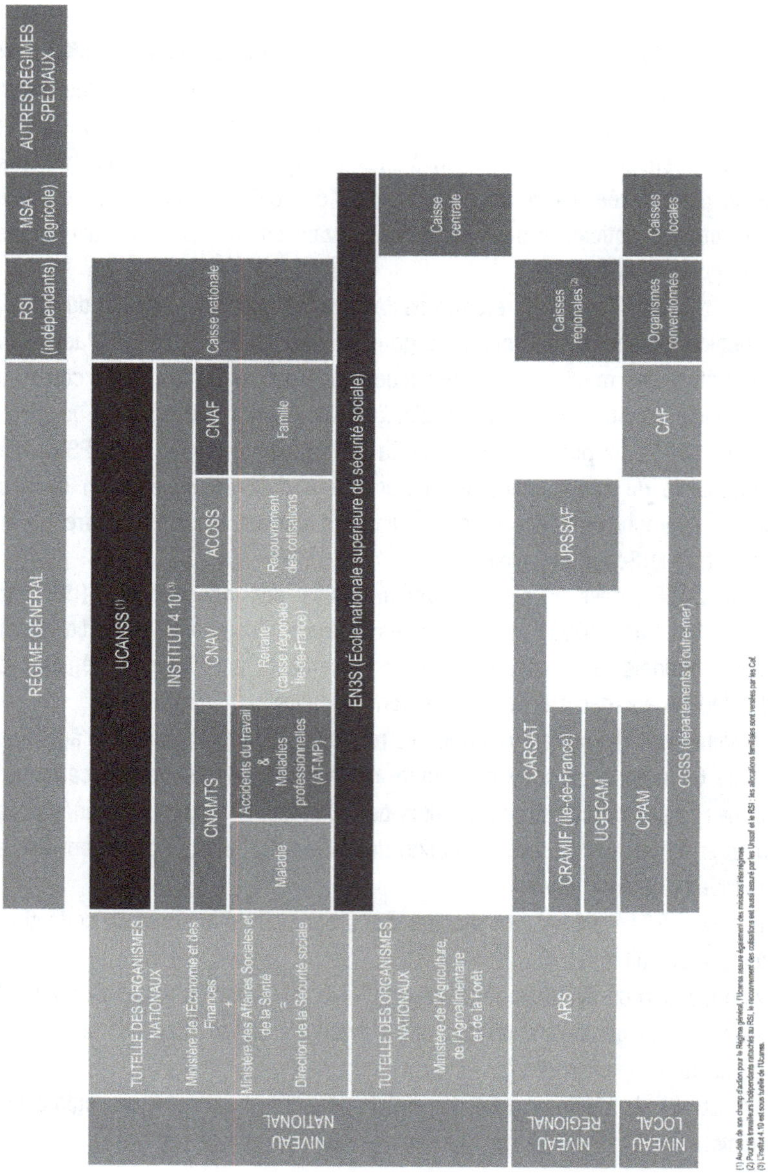

(Source : rapport d'activité 2016 de l'Union des caisses nationales de sécurité sociale - UCANSS)

Le régime général de Sécurité sociale a fait l'objet de plusieurs réorganisations par l'ordonnance du 21 août 1967 instituant les trois caisses nationales : Caisse nationale de l'assurance maladie des travailleurs salariés (CNAMTS), Caisse nationale de l'assurance vieillesse des travailleurs salariés (CNAVTS), Caisse nationale des allocations familiales (CNAF) et une agence centrale : l'Agence centrale des organismes de Sécurité sociale (ACOSS).

De plus, la Sécurité sociale se compose de quatre branches qui ont pour fonction de protéger les individus de risques sociaux :

- la branche maladie (maladie, maternité, invalidité, décès) ;
- la branche famille (dont handicap et logement...) ;
- la branche accidents du travail et maladies professionnelles ;
- la branche retraite (vieillesse et veuvage).

Et une cinquième branche : la branche cotisation et recouvrement avec l'Agence centrale des organismes de Sécurité sociale (ACOSS) comme caisse nationale de recouvrement.

Chaque branche est responsable de ses ressources et de ses dépenses.

La Sécurité sociale se compose de différents organes :

- les caisses de Sécurité sociale : régime général, régime agricole, régime des indépendants, régimes spéciaux. Elles assurent l'assistance financière pour les différents risques (maladie, famille, retraite, accidents du travail/maladies professionnelles) ;
- les organismes de tutelle : l'État exerce un droit de regard sur la gestion des organismes de Sécurité sociale. La direction de la Sécurité sociale (DSS) assure cette tutelle. Elle est rattachée au ministère des Solidarités et de la Santé et au ministère de l'Économie, des Finances et du Commerce extérieur. Elle conçoit les politiques relatives à la Sécurité sociale, et assure leur mise en œuvre. Sa mission générale est d'assurer l'adéquation des prestations de Sécurité sociale avec les besoins de la population, tout en veillant à l'équilibre financier des ressources. Elle pilote le projet de loi de financement de la Sécurité sociale avec un objectif de dépense annuelle. Cette DSS s'appuie sur plusieurs institutions partenaires, notamment :
  - la commission des comptes de la Sécurité sociale (CCSS) dont la mission est d'analyser annuellement les comptes de la Sécurité sociale,
  - la mission d'évaluation et de contrôle de la Sécurité sociale (MECSS) qui joue un rôle important dans l'évaluation et le contrôle des dépenses des organismes en matière budgétaire ou de prestations,
  - le comité d'alerte sur l'évolution des dépenses d'assurance maladie (COMAM),
  - le Haut Conseil pour l'avenir de l'assurance maladie (HCAAM),

- le Comité national de lutte contre les fraudes (CNLF),
- le conseil d'orientation des retraites (COR),
- le Haut Conseil de la famille (HCF).

FINANCEMENT DE LA SÉCURITÉ SOCIALE

Il y a quatre sources de financement de la Sécurité sociale.

Pour aller plus loin : www.securite-sociale.fr

Les cotisations sociales

S'agissant des personnes salariées, les cotisations de Sécurité sociale sont calculées en fonction de « *toutes les sommes versées aux travailleurs en contrepartie ou à l'occasion du travail* » :

- salaires ou gains ;
- indemnités de congés payés ;
- autres indemnités, primes, gratifications... ;
- avantages en nature ;
- pourboires.

Une part de ces cotisations est à la charge des employeurs et l'autre à la charge des salariés. L'employeur verse la totalité des cotisations dues (part patronale et part salariale) à l'organisme de recouvrement du régime (ex. : Union de recouvrement des cotisations de Sécurité sociale et d'allocations familiales - URSSAF - pour le régime général et le régime social des indépendants, caisse de la Mutualité sociale agricole - MSA - pour les régimes agricoles).

La contribution sociale généralisée (CSG)

La contribution sociale généralisée est un prélèvement opéré sur l'ensemble des revenus. Son produit finance les régimes d'assurance maladie, la branche famille mais aussi le Fonds de solidarité vieillesse (FSV) et la Caisse d'amortissement de la dette sociale (CADES). La CSG sur les revenus d'activité et de remplacement est prélevée à la source par les organismes de recouvrement des cotisations sociales. Celle perçue sur les revenus du patrimoine, les produits de placement et les sommes engagées ou produits réalisés à l'occasion des jeux est recouvrée par l'administration fiscale.

La CSG représentait 21 % des recettes du régime général de la Sécurité sociale en 2010.

La CSG représentait en 2018 plus de 116 milliards d'euros, et elle représente plus des deux tiers des impôts et taxes affectés à la protection sociale.
Initialement fixés à 1,1 %, depuis le 1er janvier 2018, les principaux taux de CSG sont de :
- 9,2 % sur les revenus d'activité et assimilés ;
- 6,2 % sur les revenus de remplacement ;
- 9,9 % sur les revenus du patrimoine et de placement (rentes viagères, plus-values...).

Sur les pensions de retraite, le taux des cotisations est variable selon le revenu fiscal de référence. Le taux normal est fixé à 8,3 %, le taux médian à 6,6 % et le taux réduit à 3,8 %. Il existe aussi un taux zéro (revenu fiscal inférieur à 11 128 euros pour une part).

Les autres impôts et taxes

La Sécurité sociale perçoit d'autres impôts et taxes de toutes natures. Il s'agit principalement de la contribution sur les avantages de préretraite d'entreprise et la contribution sur les indemnités de mise à la retraite, de la taxe sur les salaires, de la TVA brute sur les tabacs, les produits pharmaceutiques, les alcools, les produits de santé...

Les impôts et taxes représentaient environ 16 % des recettes du régime général en 2017.

Les autres sources de financement

Il y a aussi des transferts :
- en provenance de l'État afin, d'une part, de compenser les pertes de recettes liées aux mesures d'exonération de cotisations sociales accordées aux entreprises en vue de favoriser le développement ou le maintien de l'emploi ou, d'autre part, d'assurer l'équilibre de certains régimes de retraite ;
- en provenance d'autres régimes de Sécurité sociale, dans le cadre par exemple des mécanismes de compensation démographique dans le champ de l'assurance maladie ou de l'assurance vieillesse ;
- en provenance d'autres organismes de Sécurité sociale, comme du Fonds de solidarité vieillesse, afin de financer des dispositifs « vieillesse » de solidarité, comme le minimum vieillesse, la validation de trimestres au titre des périodes de chômage ou d'arrêts maladie par exemple, ou encore une part du minimum contributif.

Ces transferts représentaient près de 1 % des ressources du régime général pour l'année 2017.

POUR ALLER PLUS LOIN

Suite à la réforme de 1996, le Parlement vote chaque année la loi de financement de la Sécurité sociale (LFSS). Il fixe l'objectif national des dépenses d'assurance maladie (ONDAM). Le Parlement se prononce ainsi sur les prévisions de recettes et les objectifs de dépenses de la Sécurité sociale. La Cour des comptes assiste le Parlement et le gouvernement dans le contrôle de l'application des lois de financement de la Sécurité sociale en publiant chaque année au début du mois de septembre un rapport sur la Sécurité sociale. Ce rapport analyse l'ensemble des comptes des organismes de Sécurité sociale, rend compte de l'exécution de la loi de financement de l'année précédente et présente les résultats d'enquêtes thématiques réalisées par la Cour.

La loi de financement de la Sécurité sociale (LFSS) de 2019 a déterminé une trajectoire d'évolution des comptes de la Sécurité sociale entre 2018 et 2022. L'année 2020 devrait permettre de constater un excédent pour le régime général et le FSV, établi à 0,6 milliard d'euros : le solde positif du régime général (1,5 milliard d'euros) venant compenser le déficit du FSV (0,9 milliard d'euros). Un excédent équivalent de 0,6 milliard d'euros devrait également être enregistré en 2021 et 2022.

FICHE N° 9 : LES RÉFORMES HOSPITALIÈRES

Dans cette fiche, nous allons aborder quelques dates historiques qui retracent l'origine de la création de l'hôpital puis nous développerons les principales lois qui ont modifié progressivement le schéma de la gouvernance et de l'organisation hospitalière.

Du IVe au XVIIIe siècles

C'est aux IVe et Ve siècles que sont apparues les maisons d'hospitalité à l'initiative des chrétiens pour accueillir les personnes malades, âgées ou pèlerins marchant pour Compostelle.

Au XIIe siècle, sous Louis VII (1120-1180), l'épidémie de la lèpre qui fait rage va conduire la royauté à ordonner la construction d'établissements spécialisés en périphérie des villes pour isoler les malades atteints de la lèpre.

Au XVIe siècle, sous François 1er (1515-1547), est créé le Grand bureau des pauvres qui a été missionné pour coordonner l'activité des hôpitaux du royaume. C'est à cette époque qu'est née la première taxe communale, le droit des pauvres, dans le but de rééquilibrer les comptes de l'hôpital.

En 1662, sous le règne de Louis XIV, ce dernier ordonne la création d'hospices et d'hôtels-dieu dans toutes les grandes villes pour y admettre et « *enfermer les pauvres, vieillards, vagabonds, enfants orphelins, les prostituées* ». Dix ans après est créé l'hôtel des Invalides pour accueillir les blessés de guerre.

Il faut attendre le XVIIIe siècle pour que les hôpitaux soient confisqués aux religieux et qu'ils soient nationalisés (décret du 23 messidor de l'an II, 1794) et peu à peu les communes reprennent la gestion des hôpitaux.

De 1838 à nos jours

Dans le tableau ci-après, nous avons réuni un récapitulatif des textes législatifs qui ont eu un impact sur la gouvernance et l'organisation de l'hôpital.

DATES	TEXTES, CHARTES, CIRCULAIRES ET FAITS MARQUANTS AYANT EU UN IMPACT SUR LA GOUVERNANCE ET L'ORGANISATION DE L'HÔPITAL
1838	Publication de la loi du 30 juin 1838 : création des asiles pour les aliénés : les aliénés (du latin *alienus*, « étrange », « étranger ») doivent être placés sous contrainte, soit de l'initiative de la force publique représentée par le préfet, soit de l'initiative de l'entourage du malade.
1851	Autonomie des hôpitaux et reconnaissance d'établissements privés : • les patients sont admis dans n'importe quel établissement sans critère de lieu de domicile. De plus, des prix de journée sont créés pour assumer les coûts des soins des malades pauvres : ce remboursement est effectué par la commune d'origine de ces malades directement aux hôpitaux donneurs de soins ; • cette autonomie des hôpitaux leur confère un statut moral, c'est-à-dire le droit d'avoir son patrimoine, de disposer d'un budget et d'agir, le cas échéant, en justice.
1941	• Prémices de l'hôpital moderne : la création des assurances sociales et du mouvement mutualiste amorce le principe de droit aux soins, et donc d'accès pour tous aux structures sanitaires. • Charte hospitalière du 21 décembre 1941 : - création des nouvelles institutions de l'hôpital ; - l'hôpital est ouvert à tous : cet accès aux soins à tous impose un changement dans l'organisation interne et le fonctionnement de l'hôpital ; - l'État reprend la mainmise sur l'hôpital : la fonction de direction relève du préfet ou du ministre. Le directeur nomme l'ensemble du personnel, excepté le personnel médical dont la nomination appartient au ministre ou au préfet du département ; - classement des établissements en centre hospitalier régional (CHR), en hôpital, en hôpital-hospice et hospice.
1958	Réforme hospitalo-universitaire : • trois ordonnances successives entraînent la création d'un nouveau type d'établissement, le CHRU, unissant le CHR et la faculté de médecine afin d'assurer aux médecins-professeurs un plein-temps entre le travail à l'hôpital et à l'université ; • ordonnance n° 58-1198 du 11 décembre 1958 : création d'une Commission nationale de l'équipement hospitalier, création du Conseil supérieur de la fonction hospitalière.
1960	La sectorisation psychiatrique et la fin de l'asile : « *Les malades mentaux sont des malades comme les autres* » avec la circulaire du 15 mars 1960 qui demande que les hôpitaux psychiatriques reçoivent des malades provenant de lieux géographiques découpés en secteurs, autorisant aussi les équipes médicales et soignantes à suivre le malade dans ses lieux de vie et le cas échéant, sur son lieu de travail.

1970	Prémices d'un vrai système hospitalier : • loi n° 70-1318 du 31 décembre 1970 : définition d'un système hospitalier avec les deux secteurs d'hospitalisation : le secteur public est majoritaire en médecine et le secteur privé est très important en chirurgie et en obstétrique. Cette loi présentée par le ministre de la Santé Robert Boulin est la première depuis 1951 à être discutée au Parlement ; • notion de carte sanitaire : recensement national du nombre de lits total, plateaux techniques ; • service public hospitalier ; • création du conseil d'administration à l'hôpital (à la place de la commission administrative qui disparaît) avec missions sur le budget financier, travaux ; • création des SMUR et des SAMU avec la notion d'urgence médicale ; • création des comités techniques paritaires, comme les CAP (commissions administratives paritaires) ou les CHSCT (comités d'hygiène et sécurité et des conditions de travail) ; • libre choix du médecin et de l'établissement pour le patient, ainsi que possibilité d'accéder à son dossier médical hospitalier par l'intermédiaire d'un médecin librement désigné par le demandeur.
1983	• Création de la dotation globale de financement qui est versée par la caisse primaire d'assurance maladie de la circonscription. Elle est liée au programme de médicalisation des systèmes d'information (PMSI), le financement *a priori* contribue à rationaliser les dépenses hospitalières. • Création du forfait journalier à la charge du patient.
9 janvier 1986	Création de la fonction publique hospitalière par la loi n° 86-33 portant dispositions statutaires relatives à la fonction publique hospitalière (qui se substitue à l'organisation statutaire du décret du 20 mai 1955).
31 juillet 1991	Loi n° 91-748 du 31 juillet 1991 portant réforme hospitalière : • porte la création des schémas régionaux d'organisation sanitaire (SROS) ; • établit l'obligation du projet d'établissement ; • définit la notion de contrat d'objectifs et de moyens et fixe pour les cliniques l'objectif quantifié national (OQN).
1996	Régionalisation étatique et reconfiguration des établissements de santé : ordonnance n° 96-346 du 24 avril 1996 relative à la réforme de l'hospitalisation publique et privée (réforme Juppé) : • création des ARH (agences régionales d'hospitalisation) qui associent l'État et l'assurance maladie. Objectif : réduire les inégalités entre régions et établissements par des moyens de contractualisation et responsabilisation, coordination entre établissements publics et mise en place de procédures d'évaluation et d'accréditation assurées par les ANAES ; • charte du patient hospitalisé ; • création de l'ANAES : Agence nationale d'accréditation et d'évaluation en santé.

27 juillet 1999	Création de la Couverture médicale universelle (CMU) par la loi n° 99-641 qui assure la gratuité des soins pour les plus démunis.
12 janvier 2000	La ministre de l'Emploi et de la Solidarité, Martine Aubry, rappelle les grands axes de la politique hospitalière : • adapter l'offre de soins aux besoins ; • promouvoir la qualité et la sécurité des soins ; • réduire les inégalités dans l'accès aux soins. Elle dresse un premier bilan des mesures prises en matière hospitalière depuis 1997 et annonce une nouvelle étape pour l'hôpital avec la perspective de la mise en œuvre de la réduction du temps de travail à l'hôpital.
2002	Loi n° 2002-202 du 4 mars 2002 relative aux droits des malades et à la qualité du système hospitalier (loi Kouchner) avec définition des droits des malades, consentement et information des patients, notion de personne de confiance, droit à l'indemnisation amiable en cas d'accidents médicaux, d'infections nosocomiales ou d'incidents iatrogènes.
20 novembre 2002	Présentation du plan de restructuration du système hospitalier qualifié de pacte de modernité pour l'hospitalisation (plan hôpital 2007) : • relance de l'investissement comportant le subventionnement de certaines opérations et prise en charge des intérêts d'emprunts nouveaux ; • création de deux groupes de réflexion sur le statut de l'hôpital et la gestion sociale ; • élargissement des compétences des agences régionales d'hospitalisation.
2005	Ordonnance n° 2005-406 du 2 mai 2005 simplifiant le régime juridique des établissements de santé avec une nouvelle gouvernance de l'hôpital : • création de pôles d'activités cliniques et médico-techniques ; • nouvelle tarification à l'activité (T2A) qui privilégie les recettes sur les dépenses, les résultats sur les moyens (l'état prévisionnel des recettes et des dépenses, EPRD) ; • la gouvernance est exercée par un conseil exécutif qui est présidé par le directeur chef de l'établissement. Il sera composé à parité des responsables de l'administration désignés par le directeur et des médecins, présidents de CME, et responsables des pôles.
2007-2012	Plan hôpital 2012 : la modernisation et l'efficience de l'hôpital : • accompagner la reconversion des sites chirurgicaux en sous-activité ; • informatiser et sécuriser les systèmes ; • poursuivre les regroupements et les restructurations des plateaux techniques dans les secteurs MCO et des établissements dans le secteur du SSR ; • garantir le maintien d'un niveau de soins primaires de bonne qualité ; • mettre aux normes de sécurité (amiante...).

2009	Loi n° 2009-879 du 21 juillet 2009 portant réforme de l'hôpital et relative aux patients, à la santé et aux territoires (*Journal officiel*, 22 juillet 2009) avec comme objectif : réorganiser et moderniser l'ensemble du système de santé. Titre 1 avec la définition des missions et organisation interne de l'hôpital : • le rôle du chef d'établissement est renforcé ; • le président de la commission médicale d'établissement (PCME), médecin élu par ses pairs, coordonnera la politique médicale avec le directeur ; • le statut des établissements de santé est profondément modifié avec définition d'un statut unique fondé sur les missions et non plus sur le statut et la création des établissements de santé privés d'intérêt collectif : les missions de service public peuvent être désormais assurées par un établissement de santé quel que soit son statut ; • la notion de service public est remplacée par celle de service public hospitalier ; • définition des 14 missions de service public ; • gouvernance des établissements publics de santé : création de conseil de surveillance, de directoire et le directeur d'établissement, les pôles d'activités ; • création de l'Agence nationale d'appui à la performance (ANAP) : un groupement d'intérêt public (GIP) constitué de l'État, de l'Union des caisses d'assurance maladie (UNCAM) ; la Caisse nationale de solidarité pour l'autonomie (CNSA) et les fédérations représentatives des établissements de santé et médico-sociaux.
1er avril 2010	Mise en place des agences régionales de santé (ARS) qui se substituent à sept organismes.
19 juin 2014	Loi de santé 2015 (cf. fiche n° 10 : Loi de modernisation de notre système de santé). Présentation des grandes orientations de la loi santé par Marisol Touraine, ministre des Affaires sociales et de la Santé.
15 octobre 2014	Ce projet de loi relatif à la santé, n° 2302, est déposé le 15 octobre 2014, sur le site de l'Assemblée nationale et présenté au Conseil des ministres par Marisol Touraine. Ce projet comporte 4 axes : • la prévention : « parcours éducatif en santé », l'information sur la qualité nutritionnelle des produits alimentaires industriels, le choix d'un médecin traitant pour les enfants, la politique de réduction des risques sera développée en milieu carcéral, les tests rapides d'orientation diagnostique (TROP) seront généralisés ; • le service territorial de santé au public, tiers payant et numéro unique pour la PDS : « service territorial de santé au public », processus de généralisation du tiers payant commencera dès 2015 avec les bénéficiaires de l'aide à la complémentaire santé (ACS), un numéro d'appel unique à 3 chiffres devrait être installé pour répondre aux demandes urgentes ou non-programmées garantissant ainsi la permanence des soins ; • la lettre de liaison à la sortie d'hôpital : une lettre de liaison à transmettre au médecin traitant, le dossier médical partagé ; • l'innovation et la gouvernance : nouveaux métiers, comme l'infirmier clinicien, la participation des usagers à la construction des politiques de santé.

2016	Loi n° 2016-41 du 26 janvier 2016 de modernisation de notre système de santé : • le monde hospitalier se situe de plain-pied dans la stratégie nationale de santé, dans sa diversité : du CHU porteur de l'excellence de la recherche médicale et de la formation, à l'hôpital de proximité qui, dans certains territoires, assure un rôle pivot dans la prise en charge de premier niveau. Il est donc nécessaire que les acteurs de l'hôpital public soient assurés de la cohérence globale du service public et de sa pérennité. • Réaffirmation du service public hospitalier et remplacement des missions de service public par le SPH (service public hospitalier) ; • déploiement de groupements hospitaliers de territoire ; • organisation territoriale de la santé mentale et de la psychiatrie.
2019	Loi n° 2019-774 du 24 juillet 2019 relative à l'organisation et à la transformation du système de santé, qui impacte l'organisation hospitalière : • promouvoir les projets territoriaux de santé ; • développer une offre hospitalière de proximité, ouverte sur la ville et le secteur médico-social, et renforcer la gradation des soins ; • renforcer la stratégie et la gouvernance médicales au niveau du groupement hospitalier de territoire, et accompagner les établissements volontaires pour davantage d'intégration.

NOTE D'INFORMATION

Plusieurs rapports ont été diligentés par le gouvernement pour interroger l'efficience et la pertinence de l'organisation actuelle hospitalière dont les principaux :

- **en 2011** : le rapport de l'Inspection générale des finances (IGF) concernant l'évaluation de la tarification des soins hospitaliers et des actes médicaux :
www.igf.finances.gouv.fr/webdav/site/igf/shared/Nos_Rapports/documents/2012/2011-M-056-01.pdf
- **avril 2012** : le rapport de l'Inspection générale des affaires sociales (IGAS) concernant le management et l'efficience hospitalière :
www.robertholcman.net/public/documents_institutionnels/Rapports_IGAS/rapport_igas_management_efficience_hopital_determinants_2012.pdf
- **février 2013** : le rapport public annuel 2013 de la Cour des comptes : « Les restructurations hospitalières : trois illustrations des difficultés rencontrées » :
www.ccomptes.fr/Publications/Publications/Rapport-public-annuel-2013
- **février 2013** : le rapport d'Édouard Couty « Le pacte de confiance pour l'hôpital » :
www.ladocumentationfrancaise.fr/var/storage/rapports-publics/134000153/0000.pdf
- **février 2013** : le rapport de l'IGAS 2012 : « L'hôpital » :
www.sante.gouv.fr/rapport-de-l-igas-2012-l-hopital.html

Pour aller plus loin : cette fiche est à travailler en vous appuyant aussi sur la fiche n° 6 « La loi hôpital patients santé territoire », la fiche n° 7 « Le service public hospitalier », la fiche n° 10 « Loi de modernisation de notre système de santé » et la fiche n° 15 « La loi relative à l'organisation et la transformation du système de santé – Ma santé 2022 ».

FICHE N° 10 : LOI DE MODERNISATION DE NOTRE SYSTÈME DE SANTÉ

DATES PHARE DE CE PROJET DE LOI

3 juillet 2012	Annonce d'une stratégie nationale de santé par le Premier ministre, Jean-Marc Ayrault.
8 février 2013	Lettre de mission de la ministre des Affaires sociales et de la Santé, Marisol Touraine, à Alain Cordier pour coordonner les travaux du comité des « Sages » chargé de préfigurer la stratégie nationale de santé.
23 octobre 2013	Rapport Cordier : présentation du projet global pour la stratégie nationale de santé – 19 recommandations du comité des « Sages ».
19 juin 2014	Présentation par Marisol Touraine des orientations du projet de santé.
15 octobre 2014	Ce projet de loi, déposé par Marisol Touraine, a soulevé, dès la fin de l'année 2014, un mouvement d'opposition de la part des médecins, comme le rejet de la généralisation du tiers payant, l'adaptation régionale de la convention médicale, ou encore les réformes incertaines du développement professionnel continu (DPC) et du dossier médical partagé (DMP) désormais piloté par la Caisse nationale de l'assurance maladie des travailleurs salariés (CNAMTS). Le mouvement a pris de l'ampleur avec la fermeture des cabinets, l'arrêt des télétransmissions des feuilles de soins à l'assurance maladie, des manifestations nationales... Toutefois les associations telles que Médecins du Monde ont applaudi ce projet qui vise à réduire les obstacles à l'accès aux soins, soulignant cependant que les avancées du projet de loi sont très minimes par rapport aux objectifs prévus par la stratégie nationale de santé et la réalité des besoins.
20 janvier 2015	Quatre groupes de travail ont été missionnés par le ministère de la Santé pour faire évoluer le texte, notamment sur l'organisation des soins de proximité dans les territoires, l'évolution de certaines compétences médicales, les liens entre médecins spécialistes, cliniques privées lucratives et service public hospitalier.
9 mars 2015	Conférence de presse de Marisol Touraine qui présente les évolutions du projet de loi après la consultation des groupes de travail. Quelques mesures ont été votées (la généralisation du tiers payant ou l'expérimentation de salles de consommation de drogues à moindre risque) et d'autres ont été remaniées (remplacement du service territorial de santé au public par des communautés professionnelles territoriales de santé et création de pactes territoire-santé).

14 avril 2015	Adopté en première lecture par l'Assemblée nationale (Texte adopté n° 505). Le texte qui comportait initialement 57 articles, répartis en cinq titres, en comporte 204 après son passage à l'Assemblée nationale. La loi de santé est devenue « Loi de modernisation de notre système de santé » avec 6 titres : - Titre liminaire : rassembler les acteurs de la santé autour d'une stratégie partagée ; - Titre I : renforcer la prévention et la promotion de la santé ; - Titre II : faciliter au quotidien le parcours de santé des Français ; - Titre III : innover pour garantir la pérennité de notre système de santé ; - Titre IV : renforcer l'efficacité des politiques publiques et la démocratie sanitaire ; - Titre V : mesures de simplification et d'harmonisation.
22 juillet 2015	Discussion de la loi à la commission des Affaires sociales du Sénat. Adoption de 206 amendements et suppression de 50 articles, dont notamment l'article 18 relatif à la généralisation du tiers payant. Changement transitoire puisque le dernier mot appartient à l'Assemblée nationale.
octobre/ novembre 2015	Examen à la CMP (commission mixte paritaire) puis un vote courant octobre-novembre compte tenu que les projets de loi de finances (État et SS) sont prioritaires.
décembre 2015	Examen au Conseil constitutionnel avec un vote final et la promulgation de la loi.
17 décembre 2015	Adoption définitive de la loi à l'Assemblée nationale.
27 janvier 2016	Parution au *Journal officiel* de la loi n° 2016-41 du 26 janvier 2016 de modernisation de notre système de santé.
21 janvier 2017	Avis du Conseil constitutionnel.

OBJECTIF DE LA LOI POUR LA MODERNISATION DE NOTRE SYSTÈME DE SANTÉ

Agir sur les inégalités de santé, en s'orientant vers la prévention et l'éducation en santé, et en créant un parcours de soins, c'est-à-dire une prise en charge dans la proximité et la continuité.

À savoir :
- médecine de ville : généralisation du tiers payant au 1er janvier 2017 et élargissement du dispositif du médecin traitant aux enfants et adolescents de moins de seize ans ;
- hôpital : création d'un nouveau service public hospitalier (SPH).

Tout au long de la législature, le projet de loi de modernisation de notre système de santé a subi de profonds remaniements. De nombreux articles du texte de loi ont été soit ajoutés, soit supprimés, soit reformulés.

CONTENU DE LA LOI

La loi engage la modernisation nécessaire du système de santé autour de trois orientations : le renforcement de la prévention, la réorganisation autour des soins de proximité à partir du médecin généraliste, le développement des droits des patients. C'est ainsi que la loi propose de rassembler les acteurs de la santé autour d'une stratégie partagée et s'articule autour des cinq titres suivants.

Titre liminaire	Rassembler les acteurs de la santé autour d'une stratégie partagée	• Responsabilité de l'État et définition de la politique de santé • Objectifs propres aux outre-mer dans la stratégie nationale de santé
Titre 1	Renforcer la prévention et la promotion de la santé	• Soutenir les jeunes pour l'égalité des chances en santé (parcours éducatif) • Lutter contre le tabagisme • Soutenir les services de santé au travail • Soutenir et valoriser les initiatives des acteurs pour faciliter l'accès de chacun à la prévention et à la promotion de la santé • Informer et protéger les populations face aux risques sanitaires liés à l'environnement • Informer et protéger les populations face aux risques liés aux accidents de la vie courante
Titre 2	Faciliter au quotidien le parcours de santé des Français	• Promouvoir les soins primaires et favoriser la structuration des parcours de santé • Faciliter l'accès aux soins de premier recours • Garantir l'accès aux soins • Mieux informer, mieux accompagner les usagers dans leur parcours de santé • Renforcer les outils proposés aux professionnels pour leur permettre d'assurer la coordination du parcours de leur patient • Ancrer l'hôpital dans son territoire
Titre 3	Innover pour garantir la pérennité de notre système de santé	• Innover en matière de formation des professionnels • Innover pour préparer les métiers de demain • Innover pour la qualité des pratiques, le bon usage du médicament et la sécurité des soins • Développer la recherche et l'innovation en santé au service des usagers

Titre 4	Renforcer l'efficacité des politiques publiques et la démocratie sanitaire	• Renforcer l'animation territoriale conduite par les ARS • Renforcer l'alignement stratégique entre l'État et l'assurance maladie • Réformer le système d'agences sanitaires • Transfert du pilotage de la toxicovigilance (transfert de l'Institut de veille sanitaire (InVS) à l'Agence nationale chargée de la sécurité sanitaire de l'alimentation, de l'environnement et du travail, ANSES) • Associer les usagers à l'élaboration de la politique de santé et renforcer les droits • Remplacement de la commission des relations avec les usagers et de la qualité de la prise en charge (CRUQPC) par la commission des usagers (CDU) • Créer les conditions d'un accès ouvert aux données de santé • Renforcer le dialogue social (création d'une instance nationale consultative des personnels médicaux et pharmaceutiques des établissements publics de santé et détermination des règles de représentativité)
Titre 5	Mesures de simplification et d'harmonisation	• Allègement des modalités entourant le protocole de soins pour les affections de longue durée (ALD) • Reconnaissance automatique auprès du Fonds d'indemnisation des victimes de l'amiante (FIVA) du lien entre l'exposition à l'amiante et le décès d'un assuré pris en charge à ce titre par une caisse de Sécurité sociale • Création d'un comité consultatif national unique pour l'ensemble des corps de catégorie A de la fonction publique hospitalière par la fusion des comités existants

À SAVOIR

La loi Santé 2016 est étatique, dans le prolongement de la loi HPST du 21 juillet 2009, puisqu'elle renforce le centralisme en donnant encore plus de pouvoirs aux agences régionales de santé, établissements publics de l'État. C'est un projet territorial qui impose aux professionnels libéraux de s'organiser pour assurer le meilleur accès aux soins.

De nouveaux droits sont accordés aux patients :

- La garantie d'une transparence totale dans les relations entre médecins et industries de santé, la possibilité d'accéder aux données de santé afin de développer de nouveaux services, dans le respect de la vie privée, etc.
- Le « droit à l'oubli » permet aux anciens malades du cancer et autres pathologies lourdes de pouvoir, à compter d'un certain délai après la fin du protocole thérapeutique, contracter un prêt auprès de leur banque sans avoir à déclarer leur ancienne pathologie. Le 5 février 2016, une grille fixant les délais pour 6 types de pathologies a été publiée par le ministère de la Santé :

- cancer du col de l'utérus et certains cancers du sein : 1 an après la fin du traitement et sans rechute ;
- cancer du testicule : 1 an après la fin du traitement et sans rechute ;
- cancer de la thyroïde : entre 3 et 10 ans après la fin du traitement et sans rechute ;
- mélanome : entre 3 et 10 ans après la fin du traitement et sans rechute ;
- hépatite C : 1 an après la fin du traitement et sans rechute.

La loi de modernisation du système de santé a instauré l'action de groupe en santé afin de permettre aux citoyens de se défendre collectivement face à certains préjudices subis dans le domaine sanitaire.

FICHE N° 11 : LA PERSONNE ÂGÉE

Nous avons retenu quelques dates importantes à connaître concernant la législation sur les droits de la personne âgée dans le système sanitaire. Nous avons également synthétisé les principaux plans politiques mis en place en France concernant le volet dépendance et vieillesse.

Pour aller plus loin : www.social-sante.gouv.fr

LOIS ET CHARTES DE LA PERSONNE ÂGÉE

DATES	LOIS ET CHARTES
9 décembre 1975	Déclaration des droits des personnes handicapées, proclamée par l'assemblée générale de l'Organisation des Nations unies.
1987	Charte des droits et libertés de la personne âgée en situation de handicap ou de dépendance. Cette charte succède à la précédente charte établie par la commission des droits et libertés de la Fondation nationale de gérontologie. Les points importants de cette charte : • choix et cadre de vie de la personne âgée ; • liberté de communiquer, de se déplacer et de participer à la vie en société ; • maintien des relations familiales, des réseaux amicaux et sociaux ; • maîtrise de son patrimoine et de ses revenus disponibles ; • valorisation des activités de la personne âgée ; • liberté d'expression et liberté de conscience ; • préservation de l'autonomie ; • accès aux soins et à la compensation du handicap par des intervenants formés ; • respect de la fin de vie de la personne âgée et de son entourage ; • la recherche multidisciplinaire sur le vieillissement : une priorité et un devoir ; • protection des biens et de la personne vulnérable ; • l'information comme moyen de lutter contre l'exclusion.
4 mars 2002	Loi n° 2002-303 du 4 mars 2002 relative aux droits des malades et à la qualité du système de santé.

Mai 2004	Les droits des usagers dans les établissements et services sociaux et médico-sociaux, avec sept droits fondamentaux : • « *Respect de la dignité, intégrité, vie privée, intimité, sécurité ;* • *libre choix entre les prestations domicile/établissement ;* • *prise en charge ou accompagnement individualisé et de qualité, respectant un consentement éclairé ;* • *confidentialité des données concernant l'usager ;* • *accès à l'information ;* • *information sur les droits fondamentaux et les voies de recours ;* • *participation directe au projet d'accueil et d'accompagnement.* » Comment faire respecter ces droits ? Le ministère de la Santé et de la Protection sociale met à disposition des personnes âgées résidant en maison de retraite plusieurs outils visant au respect de leurs droits : • le livret d'accueil, remis par l'établissement au moment de l'inscription ; • le contrat de séjour, précisant les conditions d'accueil de la personne dans l'établissement ; • des formations adaptées aux personnels des maisons de retraite (secteurs social et médical) ; • le règlement de fonctionnement de l'établissement qui peut, en cas de conflit, servir de support de défense ; • le conseil de la vie sociale, qui peut intervenir pour faire respecter les droits des résidents en cas de défaillance rapportée ; • le projet d'établissement, qui doit clairement inclure des évolutions en faveur du respect des personnes.
24 et 25 novembre 2004	Conférence de consensus : liberté d'aller et venir dans les établissements sanitaires et médico-sociaux, et obligation de soins et de sécurité.

THÈMES ET PLANS POLITIQUES MARQUANT LE VOLET VIEILLESSE ET DÉPENDANCE

Maltraitance/Bientraitance

Définition de la maltraitance

En 1987, selon le Conseil de l'Europe : la maltraitance est une violence se caractérisant « *par tout acte ou omission commis par une personne, s'il porte atteinte à la vie, à l'intégrité corporelle ou psychique ou à la liberté d'une autre personne ou compromet gravement le développement de sa personnalité et/ou nuit à sa sécurité financière* ». En 1992, le Conseil a complété cette définition par une typologie des actes de maltraitance : violences physiques, violences psychiques ou morales, violences matérielles et financières, violences médicales ou médicamenteuses, négligences actives (abus, abandons, manquements pratiqués avec la conscience de nuire), négligences passives (négligences relevant de l'ignorance, de l'inattention de l'entourage), privation ou violation de droits.

Mesures de signalement :
- la lutte contre la maltraitance : une mission du Bureau de la protection des personnes de la Direction générale de la cohésion sociale (DGCS, ex DGAS) ;
- ALMA (Allo maltraitance personnes âgées : 3977) : numéro national d'appel contre la maltraitance des personnes âgées et des personnes handicapées.

Les principes de la bientraitance

- Développer une culture de la bientraitance dans les établissements : création de l'Agence nationale d'évaluation sociale et médico-sociale, dans une démarche d'amélioration de la qualité dans les établissements, de sensibilisation et de formation des personnels à la bientraitance, d'augmentation des effectifs dans les établissements, de valorisation des métiers et d'amélioration du cadre de vie des résidents.

- Renforcer la lutte contre la maltraitance : faciliter les signalements de maltraitance, désigner dans chaque département un correspondant maltraitance, doubler le nombre des inspections dans les établissements, veiller à l'application des sanctions, assurer un meilleur suivi des contrôles et élargir l'action du Comité national de vigilance contre la maltraitance.

Fortes chaleurs et plan canicule

Les établissements d'hébergement pour personnes âgées dépendantes (EHPAD) appliquent les dispositions prévoyant notamment la mise en place d'au moins une pièce rafraîchie par établissement et une organisation particulière en cas de fortes chaleurs.

Plan national canicule 2011

Principes : protection des personnes à risque dans les EHPA (établissements d'hébergement de personnes âgées), repérage des personnes à risques isolées, alerte et solidarité.

La prévention : recommandations en cas de forte chaleur, sensibilisation des personnes à risque et du grand public, protection des personnes à risque en établissements (plan bleu, salle climatisée), recensement des personnes à risque isolées et mesures pour les personnes sans abri.

La gestion d'une canicule : procédure de vigilance météorologique à l'échelon national, régional, départemental, communal et dans les établissements.

Communication : préventive et « d'urgence ».

Les différents plans politiques vieillesse

- 1959 : classification des hôpitaux, hospices et maisons de retraite.

- Circulaire du 2 février 1960 relative à la préparation du IIIe plan d'équipement sanitaire - Partie « Doctrine de l'hébergement des vieillards : de réunir les ménages et de séparer les vieillards, les infirmes et les incurables » - mise en place de la commission d'étude des problèmes de la vieillesse, président Pierre Laroque.

- 1961 : circulaire sur la politique sociale des personnes âgées, début du IVe plan, création de 40 000 places dans les hospices.

- 1965 : début du Ve plan.

- 1969 : création des centres d'information départementaux pour les personnes âgées, « Consultation sur les problèmes d'action sociale en faveur des personnes âgées » : rapport de Marie-Madeleine Dienesch, secrétaire d'État aux Affaires sociales.

- 1970 : VIe plan : « Les problèmes du troisième âge : les personnes âgées », Commissariat général du plan.

- 1971 : allocation de logement pour les personnes âgées.

- 1976 : début du VIIe plan - programme d'action prioritaire PAP 15 : rapport de Jean Brudon, « Les conditions de vie à l'âge de la retraite », Conseil économique et social.

- 1980 : circulaire relative à la transformation des hospices.

- 1984 : début du IXe plan, alternatives à l'hospitalisation, juillet 1984-mars 1986 : Joseph Franceschi, secrétaire d'État aux retraités et personnes âgées, « Vieillir solidaires : la solidarité entre générations face au vieillissement démographique ; l'avenir des systèmes de retraite », rapports du Commissariat général du plan.

- 1994 : « Enquête sur l'hospitalisation des personnes âgées dans les services de psychiatrie », Agnès Plassart et Françoise Lalande, Inspection générale des affaires sociales.

- 2000 : circulaire relative aux centres locaux d'information et de coordination, « L'aide personnalisée à l'autonomie : un nouveau droit fondé sur le principe d'égalité », rapport de Jean-Pierre Sueur, maire d'Orléans.

- Avril 2001-mai 2002 : loi relative à la prise en charge de la perte d'autonomie des personnes âgées et à l'allocation d'autonomie.

- 2003 : programme « Bien vieillir ».

- 2004-2007 : plan « Vieillissement et solidarité » lancé après la canicule meurtrière de 2003, plan Alzheimer et maladies apparentées.

- 2006 : plan « Solidarité grand âge » : il vise à améliorer la prise en charge des personnes âgées dépendantes, notamment par le développement de l'hospitalisation à domicile. De plus, il vise à la création d'un statut des « accueillants familiaux », ces particuliers hébergeant chez eux à titre professionnel des personnes âgées. Il instaure le lancement d'un programme de recherche sur les maladies du grand âge, en particulier Alzheimer et Parkinson.

- 2007-2014 : plan national « Bien vieillir » : a pour ambition de proposer les étapes d'un chemin pour un « *vieillissement réussi* » tant du point de vue de la santé individuelle que des relations sociales, en valorisant l'organisation et la mise en œuvre d'actions de prévention adaptées.

- 2008-2012 : plan Alzheimer et maladies apparentées.

- Juillet 2009 : le label « Bien vieillir-Vivre ensemble » : ce label représente un vrai engagement pour les villes puisqu'elles élaborent un plan d'action sur cinq ans pour répondre aux enjeux liés à la place des aînés dans les villes et créer des structures adaptées dans les domaines des transports, de l'habitat, de l'urbanisme, du logement, des prestations de services et du renforcement du lien social.

• 2012 : une année européenne sur le vieillissement actif et la solidarité entre les générations : cette initiative vise à améliorer les possibilités d'emploi et les conditions de travail des personnes âgées, de plus en plus nombreuses en Europe, afin de les aider à jouer un rôle actif dans la société et à encourager le vieillissement en bonne santé.

• 2013 : nuit du grand âge et du bien vieillir : un forum expo pour prendre le temps de s'informer, d'étoffer son expertise, de découvrir de nouveaux produits et services, les trophées pour récompenser les structures impliquées dans la prise en charge du grand âge et des personnes âgées, un cocktail pour se retrouver, échanger, se rencontrer, entre confrères.

• 28 décembre 2015 : la loi relative à l'adaptation de la société au vieillissement vise à construire une société où chacun puisse bien vieillir. Elle propose d'améliorer et de faciliter le quotidien des personnes âgées et de leur entourage, notamment des plus fragiles, mais également d'anticiper pour les générations futures le vieillissement de la population. Il s'agit d'une politique globale tournée vers l'autonomie :
- la loi vise à mobiliser l'ensemble des politiques publiques afin de donner les moyens aux personnes âgées, même fragilisées, d'être actrices de leur parcours. L'objectif est d'anticiper, de prévoir, pour mieux repérer et être en mesure de combattre les premiers facteurs de risque de perte d'autonomie, tout en assurant un accompagnement de qualité, à domicile comme en établissement.
- La loi reconnaît le statut de « proche aidant » et crée un « droit au répit » qui donne à l'aidant les moyens de prendre du repos. Le montant de l'aide pourra être augmenté en cas de nécessité passagère, ou en cas d'hospitalisation du proche aidant.
- La loi se veut être une véritable réforme de justice sociale avec une meilleure couverture des besoins ; une participation financière réduite des usagers ; un soutien renforcé aux personnes les plus dépendantes ; la suppression de tout reste à charge pour les bénéficiaires de l'allocation personnalisée de solidarité aux personnes âgées (ASPA).

La journée de solidarité

La journée de solidarité a été mise en place en 2004 pour financer une meilleure prise en charge des personnes en perte d'autonomie, après la canicule de 2003 qui avait mis à jour les insuffisances de l'accompagnement des personnes âgées en France.

Le gouvernement a fait appel à la solidarité nationale pour financer cette réforme en instaurant une journée nationale de solidarité. En contrepartie de cette journée travaillée mais non payée, les employeurs - publics et privés - versent une contribution de 0,3 % de la masse salariale (ce montant correspondant au surcroît de valeur ajoutée d'un jour de travail). Les revenus de capital (0,3 % des revenus des placements et des revenus du patrimoine) y sont également soumis (à l'exception de l'épargne populaire telle que le livret A). Tous les employeurs y sont assujettis. La Caisse nationale de solidarité pour l'autonomie est chargée de la gestion de cette contribution.

En 2020, le produit de la contribution de solidarité pour l'autonomie (CSA) était d'environ 3 milliards d'euros.

FICHE N° 12 : LA LÉGISLATION EN SANTÉ MENTALE

Dans cette fiche vous sont présentées les principales dates concernant la législation en santé mentale et les définitions de certains termes qui sont à connaître.

LÉGISLATION

DATES	LOIS OU CHARTES
15 avril 1954	Loi sur les alcooliques dangereux.
3 janvier 1968	Loi sur la protection des incapables majeurs.
31 décembre 1970	Loi sur les toxicomanies.
20 décembre 1971	Déclaration des droits du déficient mental proclamée par l'assemblée générale des Nations unies dans sa résolution 2856 (XXXVI).
30 juin 1975	Loi en faveur des personnes handicapées.
27 juin 1990	Loi n° 90-527 relative aux droits et à la protection des personnes hospitalisées en raison de troubles mentaux et à leurs conditions d'hospitalisation.
17 décembre 1991	Principes pour la protection des personnes atteintes de maladie mentale et pour l'amélioration des soins de santé mentale adoptés par l'assemblée générale dans sa résolution 46/119.
22 mai 2000	Charte de l'usager en santé mentale des centres hospitaliers spécialisés en psychiatrie, signée par la secrétaire d'État à la Santé et aux Handicapés, la FNAP-Psy et la Conférence nationale des présidents de CME de CHS.
4 mars 2002	Loi sur les droits des malades.
11 février 2005	Loi sur l'égalité des droits, des chances et de la citoyenneté des personnes handicapées.
Avril 2005	Modalités de prise de décision concernant l'indication en urgence d'une hospitalisation sans consentement d'une personne présentant des troubles mentaux (Haute Autorité de santé).
5 juillet 2011	Loi n° 2011-803 relative aux droits et à la protection des personnes faisant l'objet de soins psychiatriques et aux modalités de leur prise en charge qui prévoit l'intervention du juge des libertés et de la détention lors de soins psychiatriques sans consentement.
1er août 2011	Loi relative aux soins psychiatriques : dispositif d'hospitalisation simplifié, évolutions des soins, meilleur encadrement des sorties d'établissements, droits des malades tout en préservant leur sécurité et celle des tiers.

27 janvier 2016	La loi n° 2016-41 du 26 janvier 2016 de modernisation de notre système de santé : - apporte une définition de la politique de santé mentale, de la psychiatrie et des missions du secteur de psychiatrie ; - réorganise la santé mentale et la psychiatrie au niveau du territoire, pour réduire les inégalités territoriales et favoriser une coordination de proximité ; - est une action globale et comprend des actions de prévention, de diagnostic, de soins, de réadaptation et de réinsertion sociale où tous les acteurs sont associés (y compris ceux du logement, de l'hébergement et de l'insertion). Cette politique repose sur l'élaboration d'un projet territorial de santé mentale (PTSM) fondé sur un diagnostic partagé, qui est un état des lieux des ressources pointant les insuffisances et des préconisations pour y remédier ; - définit l'isolement et la contention comme des pratiques de dernier recours, dont la mise en œuvre doit être strictement surveillée.

Les grandes lignes de la loi n° 2011-803 du 5 juillet 2011 : cette loi relative aux droits et à la protection des personnes faisant l'objet de soins psychiatriques et aux modalités de leur prise en charge est en vigueur. Elle remplace la loi du 27 juin 1990 : « *À la suite d'une question prioritaire, le Conseil constitutionnel a décidé que la loi de 1990, qui organise les soins sans consentement en psychiatrie, devait être réformée.* »

Trois principes :

- les soins libres demeurent la règle ;
- toujours deux procédures de contrainte distinctes : hospitalisation à la demande d'un tiers (HDT) ou à la demande du préfet ;
- les dispositifs d'urgence sont maintenus.

Les huit changements apportés par cette loi :

- la mesure de contrainte sans tiers : les soins pour « péril imminent » : le directeur de l'établissement peut désormais prononcer une admission ;
- l'accès aux formes alternatives à l'hospitalisation complète : le programme de soins : ce n'est donc plus l'hospitalisation qui est imposée mais l'obligation des soins ;
- la période initiale des 72 premières heures : durant la période initiale de soins et d'observation, la décision de soins sans consentement est déjà prise ;
- le contrôle systématique par le juge des libertés et de la détention des hospitalisations complètes ;
- les dispositions spécifiques pour certaines hospitalisations d'office : concernent les personnes hospitalisées pour irresponsabilité pénale ou en unité pour malades difficiles ;
- les dispositions en cas de désaccord psychiatre/préfet ;

- le renforcement des droits des patients : information du patient ;
- des précisions sur l'organisation territoriale : les établissements chargés d'assurer la mission de service public « soins psychiatriques » sont désignés par le directeur général de l'agence régionale de santé (ARS) pour chaque territoire de santé, après avis du préfet.

Trois types de prise en charge en santé mentale selon la loi n° 2011-803 relative aux droits et à la protection des personnes faisant l'objet de soins psychiatriques et aux modalités de leur prise en charge qui prévoit l'intervention du juge des libertés et de la détention lors de soins psychiatriques sans consentement (5 juillet 2011 parue au *JO* n° 0155 du 6 juillet 2011) :

Soins libres	**Soins psychiatriques à la demande d'un tiers (SPDT)**	**Soins psychiatriques sur décision du représentant de l'État (SPRE)**[1]
Le patient : - donne son consentement éclairé, - peut sortir contre avis médical.	- Le patient ne peut pas donner son consentement éclairé. - **Un TIERS** (entourage, directeur de l'établissement, assistante sociale) **signe l'admission**.	- Le patient ne peut donner son consentement éclairé. - **Le préfet ou le maire :** décide de la SPRE. - **Un psychiatre** n'appartenant pas à la structure d'accueil établit le certificat initial.
	Si demande d'admission par un tiers : 2 certificats médicaux circonstanciés de moins de 15 jours (1 médecin de l'établissement et 1 hors établissement). **Si péril imminent :** 1 certificat médical d'un médecin ne travaillant pas dans l'établissement d'accueil. **En cas de risque grave d'atteinte à la dignité du patient :** le directeur de l'établissement peut signer l'admission en SPDT au vu d'un certificat médical d'un médecin de l'établissement.	- 1 certificat dans les 24 heures avec examen clinique du patient ; - 1 certificat de 72 heures avec traçabilité d'information du patient sur ses droits ; - 1 certificat établi entre le 5e et 8e jour est envoyé **au juge des libertés et de la détention** qui reçoit le patient dans les 15 jours de son admission pour confirmer le respect des droits de ce dernier.
		Ce mode de prise en charge peut être levé : - au vu d'un certificat de demande de levée de soins avec définition d'un programme de soins. - Le préfet statue. - Le juge des libertés et de la détention donne sa décision. - Deux expertises sont indispensables si le patient a été reconnu dangereux pour lui-même ou pour les autres.

1. Les mineurs ne peuvent pas être admis en soins psychiatriques sous contrainte. C'est toujours le tuteur légal qui signera la demande de soins.

Droits des patients pris en charge en secteur psychiatrique

La commission départementale des soins psychiatriques (CDSP) examine chaque hospitalisation sans consentement au regard des libertés individuelles et du respect de la dignité des personnes. Elle est composée de deux représentants des usagers, trois médecins dont deux psychiatres, un médecin généraliste et un magistrat.

Les trois régimes de protection

• **Sauvegarde de justice :** le demandeur est obligatoirement un médecin hospitalier qui établit un courrier adressé au juge des tutelles. La demande est ensuite confirmée par un médecin expert. Cette mesure est simple et rapide car elle permet de protéger la personne vulnérable en attendant la décision du juge d'une curatelle ou tutelle. Elle est valable deux mois et peut être renouvelée tous les six mois. La personne conserve ses droits civils sauf si la personne ne peut pas gérer ses biens : dans ce cas, un mandataire judiciaire est nommé.

• **Curatelle :** elle nécessite une requête au juge des tutelles et un avis d'un médecin expert. La demande peut se faire à l'initiative de la personne elle-même, de la famille, des magistrats. Un certificat est rédigé par le médecin expert nommé par le procureur. Cette mesure est contraignante. La personne est capable d'agir seule mais elle doit être accompagnée. Elle a besoin de l'accord du curateur pour tous les actes de disposition (vente, emprunt, donation, mariage sauf le vote et le testament). Le conjoint peut être le curateur sauf opposition du juge.

• **Tutelle :** c'est la mesure la plus lourde. Elle nécessite une requête au juge des tutelles et l'avis d'un médecin expert. Elle peut se faire à l'initiative de la personne elle-même, de la famille, des magistrats. Un certificat est rédigé par le médecin expert nommé par le procureur. Elle entraîne la privation totale de la capacité juridique et civique de la personne. La personne ne peut ni se marier, ni voter, ni faire son testament. Elle est indiquée en cas d'altération grave et durable des fonctions cognitives et de l'autonomie physique de la personne. Cette mesure est inscrite sur l'acte de naissance. Le conjoint est tuteur de droit et toute autre personne peut être désignée par le juge, y compris certaines associations.

Il existe plusieurs types de tutelles :
- tutelle complète ;
- administration légale : conjoint ou parent et contrôle judiciaire ;
- gérance de tutelle (patient hospitalisé) ;
- capacité partielle (régime de tutelle atténuée).

La tutelle entraîne la suppression de tous les droits civils et juridiques et les actes antérieurs sont annulables.

FICHE N° 13 : LA LÉGISLATION CONCERNANT LA FORMATION PROFESSIONNELLE CONTINUE (FPC)

LES PRINCIPAUX TEXTES SUR LE DROIT À LA FORMATION PROFESSIONNELLE CONTINUE DANS LA FONCTION PUBLIQUE

Source : www.fonction-publique.gouv.fr

FONCTION PUBLIQUE D'ÉTAT	FONCTION PUBLIQUE TERRITORIALE	FONCTION PUBLIQUE HOSPITALIÈRE
• La loi n° 84-16 du 11 janvier 1984 modifiée portant dispositions statutaires relatives à la fonction publique d'État (articles 19 et 34) : elle crée la reconnaissance des acquis de l'expérience professionnelle (RAEP) dans les examens et concours de la fonction publique de l'État. • Fonctionnaires : le décret n° 2007-1470 du 15 octobre 2007 relatif à la formation professionnelle tout au long de la vie des fonctionnaires de l'État. • Agents non titulaires et ouvriers d'État : le décret n° 2007-1942 du 26 décembre 2007.	• La loi n° 2007-209 du 19 février 2007 relative à la fonction publique territoriale.	• La loi n° 86-33 du 9 janvier 1986 portant dispositions statutaires relatives à la fonction publique hospitalière (articles 29, 35, 41 et 69) est modifiée. Elle introduit la reconnaissance des acquis de l'expérience professionnelle (RAEP). • Le décret n° 2008-824 du 21 août 2008 relatif à la formation professionnelle tout au long de la vie des agents de la fonction publique hospitalière.

LA FORMATION CONTINUE DANS LA FONCTION PUBLIQUE : LA RÉFORME DU 2 FÉVRIER 2007 RELATIVE À LA MODERNISATION DE LA FONCTION PUBLIQUE

L'accord sur la formation professionnelle tout au long de la vie, signé le 21 novembre 2006 par le gouvernement Villepin avec la CFDT, la CFTC et la CGC, renouvelle l'organisation et la structuration de la formation professionnelle des agents publics. C'est le premier accord intervenu dans ce domaine depuis dix ans.

Définition

La loi n° 2007-148 du 2 février 2007 relative à la modernisation de la fonction publique et la loi n° 2007-209 du 19 février 2007 relative à la fonction publique territoriale rénovent le droit applicable en matière de formation des agents des trois fonctions publiques (fonction publique de l'État, fonction publique territoriale et fonction publique hospitalière). Elles consacrent la reconnaissance de l'expérience professionnelle pour les promotions internes ainsi que dans les concours administratifs, et développent le concept de validation des acquis de l'expérience (VAE).

Objectifs principaux de cette réforme

• Reconnaissance à tous les agents publics (fonctionnaires et agents non titulaires) d'un droit à la formation professionnelle tout au long de la vie.

• Mise en place d'un droit individuel à la formation (DIF) de 20 heures par an et par agent, qui peuvent être cumulées sur 6 ans (sans dépasser 120 heures).

• Création des périodes de professionnalisation d'une durée maximale de 6 mois.

• Mise en place des congés soit pour validation des acquis de l'expérience à raison de 24 heures, soit pour bilan de compétences de 24 heures également.

• Mise en place des entretiens individuels annuels.

• Mise en place des entretiens de carrière après 5 ans de service.

• Mise en place d'un bilan de carrière après 15 ans de service effectif.

Pour aller plus loin :

• décret n° 2007-1942 du 26 décembre 2007 relatif à la formation professionnelle des agents non titulaires de l'État et de ses établissements publics et des ouvriers affiliés au régime des pensions résultant du décret n° 2004-1056 du 5 octobre 2004 ;

• décret n° 2007-1845 du 26 décembre 2007 relatif à la formation professionnelle tout au long de la vie des agents de la fonction publique territoriale ;

• décret n° 2008-824 du 21 août 2008 relatif à la formation professionnelle tout au long de la vie des agents de la fonction publique hospitalière (www.fonction-publique.gouv.fr - direction générale de l'administration et de la fonction publique, DGAFP).

LA LOI DU 5 MARS 2014 : RÉFORME DE LA FORMATION PROFESSIONNELLE

Objectifs

• Responsabiliser à la fois les actifs mais également les entreprises et les branches professionnelles.
• Faciliter l'accès à des formations qualifiantes, notamment au travers du compte personnel de formation (CPF), définies par les partenaires sociaux, sous la coordination de l'État et des régions.
• Responsabiliser les organismes de formation qui doivent faire évoluer leur offre de formation et être davantage attentifs à la qualité.

Ce qui change avec la réforme de 2014

La réforme du 5 mars 2014 permet d'améliorer l'accès à la formation, notamment qualifiante : à partir du 5 janvier 2015, tous les actifs disposent d'un compte personnel de formation qui est alimenté en heures de formation, et ce, tout au long de la vie professionnelle.
La réforme permet également de simplifier le système de la formation professionnelle continue : une contribution légale unique (1 % de la masse salariale des entreprises de plus de 10 salariés) est versée par les entreprises, qui participent à l'effort collectif en matière de formation professionnelle. La loi adapte l'affectation des sommes versées en fonction des tailles des entreprises et confie aux OPCA (organismes paritaires collecteurs agréés) le soin d'en assurer la gestion, ce qui libère les entreprises.

À RETENIR

Le compte personnel de formation mis en place au 5 janvier 2015
La loi prévoit que chaque personne de plus de 16 ans dispose d'un compte personnel de formation (CPF) qui la suit tout au long de sa vie professionnelle. Elle bénéficie d'un financement dédié, a accès à des formations qualifiantes ou certifiantes, souhaitées par les salariés eux-mêmes et les demandeurs d'emploi, et correspondant aux besoins des entreprises et des territoires. Pour une personne à temps plein, le compte est crédité au rythme de 24 heures de formation par an les 5 premières années, 12 heures les années suivantes, dans la limite de 150 heures. Mais il peut être abondé au-delà par l'employeur, par la branche ou par tout organisme ou acteurs publics, et par le salarié lui-même.

Le conseil en évolution personnelle (CEP) mis en place à partir de janvier 2015
Le CEP est destiné à accompagner gratuitement les salariés et demandeurs d'emploi dans leur évolution professionnelle et dans la sécurisation de leur emploi. Ses missions sont la personnalisation de l'accueil et du conseil, ainsi que l'accompagnement à la mise en œuvre du projet professionnel. Ce service est proposé par des acteurs nationaux (Pôle emploi, Apec, missions locales, Opacif, Cap emploi) et opérateurs désignés par les régions.

Le compte personnel d'activité (CPA) s'applique aux fonctionnaires et agents contractuels de la fonction publique depuis le 1er janvier 2017.
Le compte personnel d'activité a pour objectifs de renforcer l'autonomie de son titulaire dans la mobilisation de son droit à la formation (compte personnel de formation, CPF) et de faciliter son évolution professionnelle. À compter de la fin du 1er semestre 2018, chaque agent public peut visualiser les droits acquis en activant directement son compte en ligne *via* le portail moncompteactivite.gouv.fr.

Pour aller plus loin :

- loi n° 2014-288 du 5 mars 2014 relative à la formation professionnelle, à l'emploi et à la démocratie sociale[1] ;
- loi n° 2018-771 du 5 septembre 2018 pour la liberté de choisir son avenir professionnel[2].

Compte personnel de formation (CPF) dans la fonction publique

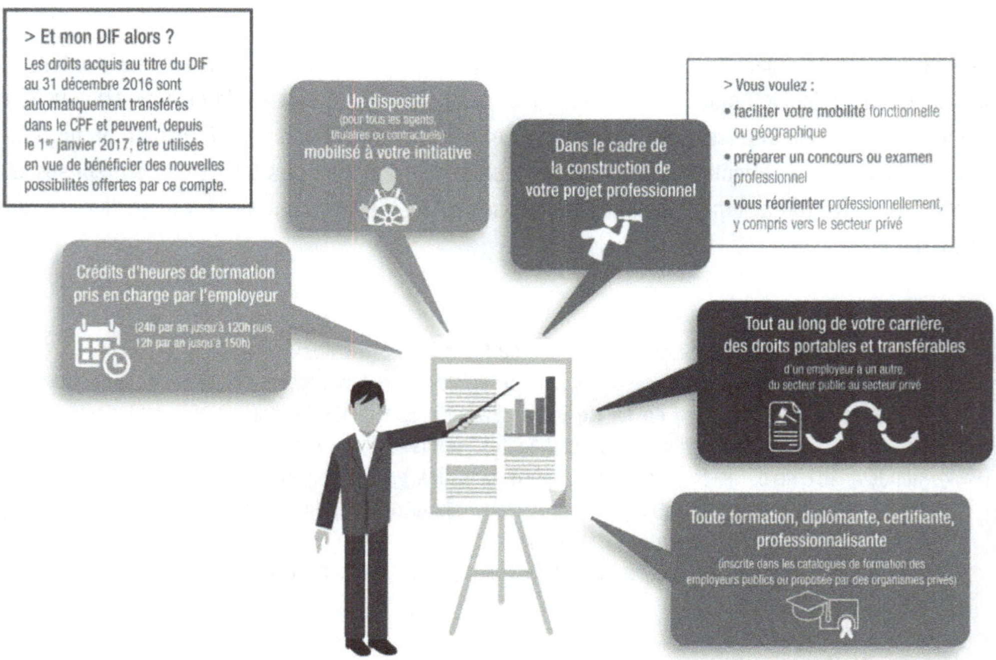

(Source : portail de la Fonction publique)

1. https://www.legifrance.gouv.fr/affichTexte.do?cidTexte=JORFTEXT000028683576
2. https://www.legifrance.gouv.fr/affichLoiPubliee.do?idDocument=JORFDOLE000036847202&type=general&legislature=15

LES PRINCIPAUX TEXTES SUR LE DROIT À LA FORMATION PROFESSIONNELLE CONTINUE DANS LE SECTEUR PRIVÉ

Source : http://vosdroits.service-public.fr

Tout salarié peut bénéficier de la formation professionnelle continue. Elle a pour objectif de favoriser l'insertion ou la réinsertion professionnelle des travailleurs, de permettre leur maintien dans l'emploi, de favoriser le développement de leurs compétences et l'accès aux différents niveaux de la qualification professionnelle, de contribuer au développement économique et culturel, à la sécurisation des parcours professionnels et à leur promotion sociale.

MODES D'ACCÈS	PLAN DE DÉVELOPPEMENT DES COMPÉTENCES	COMPTE PERSONNEL DE FORMATION (CPF)	PROJET DE TRANSITION PROFESSIONNELLE (PTP)	PROMOTION PAR ALTERNANCE (PRO-A)	CONGÉ DE TRANSITION PROFESSIONNELLE (CTP)
Définition	Autrefois appelé le plan de formation de l'entreprise, le plan de développement des compétences définit l'ensemble des actions et stages de formation dont peuvent bénéficier les salariés en termes d'adaptation au poste de travail ou de développement des compétences.	Utilisable par tout salarié, tout au long de sa vie active, y compris en période de chômage, pour suivre une formation qualifiante. Le CPF a remplacé le droit individuel à la formation (DIF). Toutefois, les salariés ne perdent pas les heures acquises au titre du DIF, elles seront intégrées au CPF. Depuis le 1er janvier 2019, il est alimenté en euros et non plus en heures. Le CPF fait partie du compte personnel d'activité (CPA).	Depuis le 1er janvier 2019, le PTP remplace le congé individuel de formation (CIF). Il permet au salarié de s'absenter de son poste afin de suivre une formation qui peut être longue pour changer de métier ou de profession, tout en étant rémunéré pendant le temps de la formation. La formation n'a pas besoin d'être en rapport avec son activité actuelle.	Depuis le 1er janvier 2019, le PRO-A remplace la période de professionnalisation et prend en charge, sur les fonds de la professionnalisation et du plan de formation, tout ou partie des coûts pédagogiques et des rémunérations (salaire ou allocation de formation) des salariés en période de professionnalisation. Il peut également participer au financement du tutorat et de la formation du tuteur.	Depuis le 1er janvier 2019, le congé de formation est remplacé par le congé de transition professionnelle. Le congé de transition professionnelle est un dispositif permettant à un salarié d'utiliser son compte personnel de formation (CPF) pour changer de métier en suivant une formation pendant son temps de travail. Il a été instauré par la loi sur l'avenir professionnel adoptée le 1er août 2018.

MODES D'ACCÈS	PLAN DE DÉVELOPPEMENT DES COMPÉTENCES	COMPTE PERSONNEL DE FORMATION (CPF)	PROJET DE TRANSITION PROFESIONNELLE (PTP)	PROMOTION PAR ALTERNANCE (PRO-A)	CONGÉ DE TRANSITION PROFESSIONNELLE (CTP)
Fréquence	Annuelle	Alimenté en euros à la fin de chaque année : 500 euros par année travaillée, dans la limite d'un plafond de 5 000 euros pour un salarié à temps plein ou à temps partiel.	L'ancienneté n'est plus un pré requis.		le salarié doit justifier d'une ancienneté d'au moins 24 mois, consécutifs ou non, dont 12 mois dans l'entreprise.
Durée	En fonction du thème de formation.	En fonction du thème de formation.	Formation de 12 mois ou plus de 1 200 heures si nécessaire, mais avec tout de même une baisse de la rémunération pendant le congé de transition.	En fonction de la qualification souhaitée.	Jusqu'à 1 an en fonction du congé de formation.
Qui demande ?	À l'initiative de l'employeur.	À l'initiative du salarié.	À l'initiative du salarié.	À l'initiative du salarié, et/ou de l'employeur	À l'initiative du salarié.

À SAVOIR

Le plan de développement des compétences a remplacé le plan de formation depuis le début de l'année 2019. Il distingue désormais les formations « obligatoires » des formations « non obligatoires ».

LE DPC : DÉVELOPPEMENT PROFESSIONNEL CONTINU, LOI HPST DU 21 JUILLET 2009

Définition

L'article 59 de la loi HPST (hôpital, patients, santé et territoire) instaure l'obligation depuis le 1er janvier 2013 du développement professionnel continu (DPC) avec cinq objectifs principaux :

- « *l'évaluation des pratiques professionnelles,*
- *le perfectionnement des connaissances,*
- *l'amélioration de la qualité et la sécurité des soins ainsi que*
- *la prise en compte des priorités de santé publique et*
- *de la maîtrise médicalisée des dépenses de santé.* »

Il s'agit d'une démarche individuelle, permanente, obligatoire, et annuelle.

Publics concernés

Libéraux, hospitaliers ou salariés ; les médecins, chirurgiens-dentistes, paramédicaux, sages-femmes et pharmaciens doivent satisfaire à cette obligation de formation.

Financement du DPC

Le DPC des personnels paramédicaux est financé :

- sur les fonds de la FPTLV (formation professionnelle tout au long de la vie) à 2,1 % pour le plan de formation, 0,2 % pour le congé de formation professionnelle, la validation des acquis de l'expérience et le bilan de compétences ;
- 0,6 % du Fonds mutualisé pour les études promotionnelles.

Le financement du DPC des personnels médicaux est assuré par l'établissement employeur :

- 0,75 % pour les centres hospitaliers ;
- 0,50 % pour les CHU de leur masse salariale médicale.

Pour les établissements qui adhèrent à l'ANFH (Association nationale pour la formation permanente du personnel hospitalier) au titre du DPC médical, chaque année, un forfait par médecin, issu de la contribution sur le chiffre d'affaires de l'industrie pharmaceutique, sera calculé par l'OGDPC (Organisme gestionnaire du développement professionnel continu) et versé aux OPCA (organismes paritaires collecteurs agréés) pour leurs adhérents, à condition que le médecin ait suivi un programme DPC.

Programmes du DPC

Les programmes de développement professionnel continu sont caractérisés par des méthodes et des modalités proposées par la profession et validées par la HAS. Ces programmes comportent au moins une phase d'analyse partagée des pratiques et une action de renforcement des connaissances.

Les actions de DPC doivent répondre aux orientations pluriannuelles prioritaires de DPC 2020-2022 (arrêté du 31 juillet 2019 définissant les orientations pluriannuelles prioritaires de développement professionnel continu pour les années 2020 à 2022).

FICHE N° 14 : LA SOCIOLOGIE DES ORGANISATIONS

Ce concept de sociologie des organisations sera développé durant la formation de cadre de santé. Cette fiche est un début d'initiation à ce concept avec une présentation des principales théories qui décrivent cette approche dans le monde du travail.

AVANT-PROPOS

Pour comprendre le concept d'organisation dans le monde du travail, il faut se demander comment interagissent les individus entre eux pour produire un bien matériel dans une entreprise. Comment sont mises en jeu les relations d'influence, de pouvoir, les relations d'entraide dans un groupe ? Comment sont gérées ces relations par l'employeur pour améliorer ces relations humaines, voire les faire évoluer ? Par quels moyens les informations circulent-elles dans une organisation ?

Pour définir sociologiquement une organisation, nous allons nous appuyer sur les principaux courants apparus à la fin du XIXe siècle et au début du XXe siècle : celui de l'organisation du monde industriel et celui de l'organisation bureaucratique car ils permettent d'en comprendre les fondements et les enjeux dans une organisation.

FREDERICK W. TAYLOR (1865-1915) : ORGANISATION RATIONNELLE DU TRAVAIL

Pour définir le concept d'organisation, Frédérick Taylor va se demander comment faire un travail efficace dans les meilleures conditions possibles dans une production industrielle.

Pour y répondre, il va observer le terrain (étude empirique) : il se rend compte qu'en améliorant l'organisation du travail, en recherchant l'efficacité des gestes des ouvrières, la production augmente. De ce constat, il déduit qu'il est nécessaire d'organiser toute entreprise pour que direction et employés soient satisfaits. Il nomme ce type d'organisation OST (organisation scientifique de travail) avec quatre principes : la spécialisation des tâches, la parcellisation avec la décomposition scientifique du processus de production, la séparation des tâches de conception de celles d'exécution, l'individualisation par une organisation de postes de travail séparés améliorant la cadence de production (« chacun à son poste ») et permettant de distinguer les rendements individuels (prime de rendement).

La théorie de Taylor reste limitée car elle ne prend pas en compte les modes de prise de décision de l'individu : la dimension psychologique et psychosociologique du travail n'est pas considérée.

■ ELTON MAYO (1880-1949) : PRÉMICES DE LA SPHÈRE RELATIONNELLE DANS LE MONDE DU TRAVAIL

Ses travaux vont se faire de façon empirique en observant le travail des ouvrières dans une usine d'assemblage électronique où les gestes sont répétitifs et exécutés dans un grand atelier. La commande passée à Mayo est d'améliorer la production. Il décide de prendre un groupe d'ouvrières test et de les isoler des autres salariées. Il modifie les conditions matérielles de travail (meilleur éclairage, couleurs des murs, autorisation de bavarder entre elles...) et ainsi, la productivité augmente. Dès qu'il impose à nouveau les anciennes conditions de travail à ce groupe test, la production continue d'augmenter. Cette observation permet à Mayo de se rendre compte qu'il y a un phénomène relationnel dans le travail : lorsque l'employeur se préoccupe des conditions de travail de ses ouvrières, ces dernières, inconsciemment, perçoivent une estime de leur travail et améliorent leur rendement.

E. Mayo va aussi faire une autre étude empirique qui va conduire à conclure que les démissions et l'absentéisme sont visibles chez les employés isolés et/ou ayant des mauvaises relations avec leur encadrement. Mayo met le doigt sur les modalités de management des équipes avec l'importance de tenir compte de la sphère psychologique des individus.

■ MAX WEBER (1864-1920) : HIÉRARCHIE PYRAMIDALE

En se basant sur le modèle bureaucratique, Max Weber défend l'idée qu'une meilleure organisation humaine ne peut être basée que sur des procédures explicites de fonctionnement. C'est donc la règle qui détermine et régit l'ordre. Weber rejette la notion d'autorité traditionnelle et définit les critères d'une organisation efficace (division des tâches de travail formalisées, hiérarchie en pyramide avec fonctions, autorités et responsabilités de chacun écrites et connues de tous, recrutement en fonction des compétences et diplômes, perspective de carrières en fonction de critères objectifs...).

Ces trois courants n'ont pas tenu compte d'un point essentiel qui est la dynamique des groupes avec les phénomènes de groupe, psychologiques et sociologiques du pouvoir.

ABRAHAM MASLOW (1908-1970) ET FRÉDÉRIC HERZBERG (1923-2000) : MOTIVATIONS AU TRAVAIL ET DÉVELOPPEMENT PERSONNEL

Maslow s'est penché sur la sphère psychosociologique du travail en définissant la théorie des besoins humains connue sous le nom de pyramide de Maslow. Cette théorie a été décrite en étudiant les phénomènes de motivations. Selon Maslow, l'individu ne peut satisfaire un besoin que si le besoin inférieur est comblé. Sa théorie sera reprise par Frédéric Herzberg qui va, par l'observation sur le terrain, comprendre quelles sont les motivations de l'individu et par quels moyens il peut s'épanouir dans son travail. Il découvre que le facteur environnemental agit sur l'insatisfaction au travail et que la satisfaction au travail n'est possible que s'il y a un enrichissement personnel pour le salarié (reconnaissance du travail accompli par la hiérarchie, perspectives de carrières).

De cette théorie, nous pouvons déduire que la hiérarchie a tout intérêt à confier au salarié des prises de responsabilités et que le système pyramidal doit être remplacé par un lien relationnel d'autorité et de contrôle.

HENRY MINTZBERG (NÉ EN 1939) ET MICHEL CROZIER (1922-2013) : LES JEUX DE POUVOIR

Mintzberg et Crozier proposent une autre analyse sociologique de l'organisation. En effet, ils considèrent que l'individu ne fait rien au hasard : il est influencé par ses valeurs mais aussi par les moyens qui sont mis à sa disposition. Il joue des responsabilités confiées pour augmenter sa zone d'influence et son pouvoir. Un comportement imprévisible réduit le pouvoir de celui qui édicte les règles et cherche à les faire appliquer. Dans toute organisation, il y a des zones d'incertitude : défaillances techniques, failles des procédures formalisées qui vont ralentir l'atteinte des objectifs fixés, et permettre à l'individu d'avoir une marge de manœuvre sur les objectifs fixés. Tout salarié, quel qu'il soit dans une organisation, possède un niveau de pouvoir qui peut influencer le travail de l'autre.

FICHE N° 15 : LA LOI RELATIVE À L'ORGANISATION ET LA TRANSFORMATION DU SYSTÈME DE SANTÉ – « MA SANTÉ 2022 »[1]

Les axes de la loi sont les suivants :
- la formation des étudiants et professionnels de santé ;
- la coopération interprofessionnelle dans les territoires ;
- le développement du numérique en santé.

OBJECTIF

Décloisonner le système de santé français avec un financement plus pertinent, une organisation des soins de proximité plus coopérative ainsi qu'une formation et un mode d'exercice professionnel plus adaptés et diversifiés.

Rebaptisée[2] « Ma santé 2022 », la stratégie de transformation du système de santé (STSS) est née du constat que le système de santé est devenu inadapté pour les raisons suivantes :
- il ne répond plus aux attentes des patients ;
- il nourrit le mécontentement des professionnels de santé ;
- il est historiquement marqué par de profondes rigidités organisationnelles ;
- enfin, il est confronté à des tensions financières croissantes.

DATES PHARES

18 septembre 2018	Mesures de la stratégie de transformation du système de santé (STSS) annoncées par Emmanuel Macron
19 novembre 2018	Déploiement de la stratégie « Ma santé 2022 »
13 février 2019	Projet de loi relatif à l'organisation et à la transformation du système de santé présenté en Conseil des ministres
19 mars 2019	Projet de loi débattu à l'Assemblée nationale
25 avril 2019	Présentation des grandes orientations de la politique du numérique en santé

1. https://www.legifrance.gouv.fr/affichTexte.do;jsessionid=3A03FFC9EB15455B0FCBB51CF23A3ECD.tplgfr25s_2?cidTexte=JORFTEXT000038821260&categorieLien=id
2. https://www.irdes.fr/documentation/syntheses/projet-de-loi-relatif-a-l-organisation-et-a-la-transformation-du-systeme-de-sante.pdf

3 au 7 juin 2019	Examen de la loi au Sénat
11 juin 2019	Adoption de la loi par le Sénat
20 juin 2019	Les députés et sénateurs de la commission mixte paritaire tombent d'accord sur une version commune du projet de loi santé.
10 juillet 2019	Vote du projet de loi à l'Assemblée nationale
23 juillet 2019	Vote du projet de loi au Sénat
Le calendrier prévoit un échelonnage des mesures préconisées sur les quatre prochaines années pour une mise en œuvre concrète et complète de l'ensemble des actions d'ici 2022.	

CONTENU

La loi n° 2019-774 relative à l'organisation et à la transformation du système de santé adoptée le 24 juillet 2019 comprend 81 articles, répartis entre cinq grands titres portant notamment sur les parcours de formation et les carrières, l'offre de soins dans les territoires et sa gradation et le numérique en santé.

TITRES	CONTENUS
Titre I : décloisonner les parcours de formation et les carrières des professionnels de santé	• **Réformer les études en santé et renforcer la formation tout au long de la vie :** le *numerus clausus* est supprimé. L'entrée dans les études est soumise à la validation d'un parcours de formation antérieur et à la réussite d'épreuves déterminées par décret en Conseil d'État ; les épreuves classantes nationales sont supprimées. L'admission est subordonnée à l'obtention d'une note minimale dont les conditions sont fixées par décret en Conseil d'État. • **Faciliter les débuts de carrières et répondre aux enjeux des territoires :** le dispositif de contrats d'engagement de service public (CESP) est élargi aux praticiens à diplômes étrangers hors Union européenne (PADHUE)... • **Fluidifier les carrières entre la ville et l'hôpital pour davantage d'attractivité :** la loi met fin au concours de praticien hospitalier et autorise le gouvernement à prendre par ordonnances des mesures de création d'un statut unique de praticien hospitalier. L'interdiction d'exercice concurrentiel pour les praticiens hospitaliers démissionnaires est renforcée ; l'exercice mixte est ouvert aux professions paramédicales. Des professionnels de la fonction publique hospitalière dont la liste sera fixée par décret en Conseil d'État pourront exercer à temps partiel pour favoriser l'exercice mixte.

TITRES	CONTENUS
Titre II : créer un collectif de soins au service des patients et mieux structurer l'offre de soins dans les territoires	• **Promouvoir les projets territoriaux de santé :** promotion de la santé comme compétence partagée des collectivités territoriales avec l'État ; création d'un projet territorial de santé (PTS) ; possibilité pour les infirmiers d'adapter des prescriptions et de prescrire certains produits. • **Développer une offre hospitalière de proximité, ouverte sur la ville et le secteur médico-social, et renforcer la gradation des soins :** les hôpitaux de proximité sont définis comme des établissements publics ou privés avec des missions d'appui aux professionnels de santé de ville et autres acteurs de l'offre de soins ; ils favorisent la prise en charge des personnes en situation de vulnérabilité et leur maintien dans leur lieu de vie, en liaison avec le médecin traitant ; ils participent à la prévention et à la mise en place d'actions de promotion de la santé sur le territoire ; ils contribuent à la permanence des soins et à la continuité des prises en charge en complémentarité avec les structures et professionnels de la médecine ambulatoire. Les praticiens des hôpitaux de proximité n'exercent pas d'activité de chirurgie ni d'obstétrique, sauf à titre dérogatoire sur décision du directeur général de l'ARS dans des conditions prévues par décret. • **Renforcer la stratégie et la gouvernance médicales au niveau du groupement hospitalier de territoire, et accompagner les établissements volontaires pour davantage d'intégration :** les commissions médicales de groupement sont désormais obligatoires dans chaque groupement hospitalier de territoire ; information renforcée du conseil de surveillance d'un établissement public de santé.
Titre III : développer l'ambition numérique en santé	• **Innover en valorisant les données cliniques :** instauration d'une plateforme des données de santé (*Health data hub*) se substituant à l'Institut national des données de santé (INDS) tout en élargissant ses missions. • **Doter chaque usager d'un espace numérique de santé :** création d'un espace numérique de santé pour les usagers ; enregistrement des DMI dans le DP. • **Déployer pleinement la télémédecine et les télésoins :** les actes de télésoin remboursés sont effectués par vidéotransmission sous condition que le patient ait déjà réalisé un soin par un auxiliaire médical de la même profession que celui réalisant le télésoin ; modernisation du cadre de la prescription dématérialisée.

TITRES	CONTENUS
Titre IV : mesures diverses	• **Dispositions de simplification :** le pacte territoire santé est abrogé ; le dispositif permettant la mobilisation de praticiens hospitaliers volontaires pour effectuer des remplacements dans des établissements publics de santé est abrogé ; sécurisation et simplification du cadre financier et comptable des établissements de santé ; • **Mesures de sécurisation :** le gouvernement est autorisé à prendre par ordonnances les mesures visant à simplifier l'exercice des missions des ARS. Elles sont publiées dans un délai de 12 mois après publication de cette loi. Il est notamment prévu de simplifier la procédure des CPOM entre les ARS et les établissements de santé et de spécialiser une ou plusieurs ARS dans l'enregistrement des professionnels de santé ; amélioration des modalités de contrôle du recueil des indicateurs de qualité et de sécurité des soins.
Titre V : ratifications et modifications d'ordonnances	• **Ratification de l'ordonnance n° 2017-84 du 26 janvier 2017 :** la Haute Autorité de santé peut participer à des activités de coopération internationale se rapportant à ses missions. La HAS élabore les protocoles d'évaluation et évalue les ESSMS (établissements et services sociaux et médico-sociaux). Ratification de plusieurs ordonnances dont : • **Ordonnance n° 2017-49 du 19 janvier 2017** relative aux avantages offerts par les personnes fabriquant ou commercialisant des produits ou des prestations de santé : il est interdit d'offrir ou de promettre des avantages en espèce ou nature aux personnes qui assurent des prestations de santé, produisent ou commercialisent des produits faisant l'objet d'une prise en charge par les régimes obligatoires de la Sécurité sociale. • **Ordonnance n° 2016-800 du 16 juin 2016** relative aux recherches impliquant la personne humaine. • **Ordonnance n° 2016-1729 du 15 décembre 2016** relative aux pharmacies à usage intérieur.

FICHE N° 16 : SYNTHÈSE DES ACCORDS DU SÉGUR DE LA SANTÉ[1]

À l'origine, le plan Ségur de la santé prévoyait 4 piliers :

- pilier n° 1 : Transformer les métiers et revaloriser ceux qui soignent ;
- pilier n° 2 : Définir une nouvelle politique d'investissement et de financement au service des soins ;
- pilier n° 3 : Simplifier radicalement les organisations et le quotidien des équipes ;
- pilier n° 4 : Fédérer les acteurs de la santé dans les territoires au service des usagers.

Après la signature des accords du Ségur de la santé qui consacrent 8,2 milliards d'euros à la revalorisation des métiers des établissements de santé et des EHPAD et à l'attractivité de l'hôpital public, Olivier Véran, ministre des Solidarités et de la Santé, a présenté les conclusions du Ségur de la santé le 21 juillet 2020.

Les principales conclusions du Ségur de la santé

- 19 milliards d'euros d'investissement dans le système de santé pour améliorer la prise en charge des patients et le quotidien des soignants.
- 8,2 milliards d'euros par an pour revaloriser les métiers des établissements de santé et des EHPAD, et reconnaître l'engagement des soignants au service de la santé des Français.
- 15 000 recrutements à l'hôpital public.
- Accélérer la sortie du « tout T2A » (tarification à l'acte) et privilégier la qualité des soins.
- Financer l'ouverture ou la réouverture de 4 000 lits « à la demande ».
- Mettre fin au mercenariat de l'intérim médical à l'hôpital public.
- Redonner toute sa place au service hospitalier au sein des établissements de santé.
- Former plus de soignants dans les filières paramédicales pour mieux prendre en charge les patients.
- Faciliter l'accès aux soins non-programmés et à l'exercice coordonné.
- Développer fortement la télésanté en s'appuyant sur les acquis de la crise pour mieux soigner les Français.
- Donner aux territoires les principaux leviers de l'investissement en santé dans l'intérêt de leurs habitants.
- Combattre les inégalités de santé.

1. Source : https://solidarites-sante.gouv.fr/systeme-de-sante-et-medico-social/segur-de-la-sante-les-conclusions/

LES ACCORDS DU SÉGUR DE LA SANTÉ : DES ACCORDS HISTORIQUES POUR RECONNAÎTRE L'ENGAGEMENT DE CEUX QUI SOIGNENT

Les travaux du Ségur de la santé ont permis de négocier avec l'ensemble des représentants syndicaux et professionnels des engagements forts de revalorisation pour les professionnels et cadres des établissements de santé ainsi que des EHPAD. Les accords du Ségur de la santé ont été signés le 13 juillet 2020 par le Premier ministre, le ministre des Solidarités et de la Santé, ainsi que par une majorité d'organisations syndicales représentant d'une part, les professions non médicales (FO, CFDT, UNSA) et d'autre part, les personnels médicaux de l'hôpital public (INPH, SNAM-HP, CMH). Ces deux accords consacrent respectivement :

- 7,6 milliards d'euros par an à la revalorisation de l'ensemble des métiers non-médicaux dans les établissements de santé et médico-sociaux des secteurs publics ou privés, et le recrutement de 15 000 personnels.
- 450 millions d'euros par an dédiés à l'attractivité de l'hôpital public pour les praticiens hospitaliers.

Après concertation des syndicats et représentants des étudiants médicaux, étudiants paramédicaux et des internes, le gouvernement s'est également engagé à consacrer 200 millions d'euros par an à la revalorisation des indemnités de stage et émolument d'internats ainsi qu'à la revalorisation des gardes pour les internes.

L'ÉPREUVE D'ADMISSIBILITÉ

PARTIE V

C'est une épreuve écrite et anonyme de quatre heures qui consiste en un commentaire d'un ou plusieurs documents relatifs à un sujet sanitaire ou social. Cette épreuve a pour but de tester les capacités d'analyse et de synthèse du candidat ainsi que son aptitude à développer et argumenter ses idées par écrit.

Les consignes de cette épreuve peuvent différer selon les IFCS. Il y a généralement trois types de consignes :

- la première consigne commune aux instituts de la région Île-de-France est la suivante : « *Dégagez les idées principales du/des texte(s). Argumentez-les en vous référant à votre expérience.* » Il s'agit d'un commentaire comprenant une synthèse et une analyse personnelle ;
- la deuxième consigne demande de réaliser un résumé du/des texte(s) et une analyse ;
- la dernière consigne consiste à réaliser une synthèse de documents et ensuite à répondre à une question précise (souvent à partir d'une phrase tirée du texte).

Il est conseillé de vous rapprocher des IFCS de votre choix pour connaître les types de consignes. Certains IFCS ont l'habitude d'adresser au candidat postulant, en même temps que le dossier d'inscription, le sujet présenté au concours de l'année précédente. Il est conseillé de vous entraîner à partir d'autres articles sanitaires et/ou sociaux en vous appuyant sur les critères d'évaluation des IFCS de votre choix.

1 | OBJECTIFS DE L'ÉPREUVE D'ADMISSIBILITÉ

DOUBLE OBJECTIF

Ce qui est principalement attendu du candidat est qu'il :
- réalise une synthèse ou un résumé des idées centrales ou directives du ou des documents, en articulant le point de vue du ou des auteur(s) ;
- argumente son point de vue à partir de ces idées centrales en s'appuyant sur ses connaissances et sur son expérience personnelle et professionnelle.

NOTE D'INFORMATION

Nous pouvons ajouter à ces deux objectifs un autre aspect indispensable qui est une bonne culture générale dans le domaine sanitaire, social, et juridique.

DOUBLE CRITÈRE D'ÉVALUATION

Les critères d'évaluation reposent essentiellement sur le fond et la forme du devoir :
- un critère de fond (généralement noté sur 15 points) qui consiste à apprécier les capacités de compréhension, d'analyse et de synthèse du candidat. Le raisonnement doit être cohérent et les exemples donnés doivent être pertinents et tirés de l'expérience professionnelle ;
- un critère sur la forme (généralement cinq points y sont attribués) qui consiste à évaluer l'aptitude du candidat à développer et à argumenter ses idées par écrit. Dans ce critère seront prises en considération la clarté d'expression, la richesse du vocabulaire professionnel et la syntaxe.

Transversalement à ces deux critères, le jury appréciera du candidat sa prise de position (capacité à situer la profession de cadre dans un environnement en perpétuelle mutation), sa capacité à argumenter son point de vue et aussi à faire preuve de créativité. De plus, le candidat doit veiller dans son écrit à respecter l'anonymat et l'absence de jugement de valeur, quel qu'il soit.

CONSEILS AUX CANDIDATS

Dans cet ouvrage, nous serons amenés, à partir de sujets d'annales ou d'exercices d'entraînement, à vous présenter des corrections types. Elles ne sont que des pistes possibles de réflexion : vous devez toujours adapter vos réponses au regard de votre propre parcours professionnel et ne pas tenter de transposer ces réponses sur d'autres textes. En effet, cette façon de faire risque de vous conduire à du hors sujet.

2| MÉTHODOLOGIE DE L'ÉPREUVE ÉCRITE D'ADMISSIBILITÉ

Comme nous l'avons précisé en donnant les trois types de consignes, il est indispensable d'acquérir la méthodologie des exercices demandés pour éviter le hors sujet.

DÉFINITION DE LA SYNTHÈSE ET DU COMMENTAIRE DE TEXTE

LA SYNTHÈSE DE TEXTE	LE COMMENTAIRE DE TEXTE
• Neutre et impersonnelle • Objective	• Personnel • Subjectif • Implication du candidat
• Analyser le texte pour retranscrire la logique des idées développées. • Rédiger un écrit qui reprend les idées principales du/des texte(s) sans prise de position par rapport aux thèses de l'auteur et en respectant l'esprit du document. Le candidat doit : • dégager le thème, la problématique et le contexte du texte ; • saisir les arguments et exemples de l'auteur qui confortent la problématique ; • établir un plan de rédaction logique et cohérent qui restitue les idées directives du texte avec une introduction, un développement et une conclusion.	À partir des thèmes, points de vue d'auteurs ou questionnements, amorcer une réflexion en lien avec son expérience professionnelle, personnelle ou en s'appuyant sur des connaissances de culture générale. Le candidat doit : • montrer les raisons qui lui permettent de confirmer ou d'infirmer la thèse ou le point de vue de l'auteur ; • s'appuyer sur des exemples professionnels et personnels pour illustrer son argumentation ; • établir un plan de rédaction avec une introduction, un développement et une conclusion.
Facteurs à prendre en considération par le candidat : • la gestion du temps ; • l'acquisition de la méthodologie de la synthèse et du commentaire de texte avec un plan clair, cohérent et un vocabulaire riche et professionnel.	

Comme nous l'avons précisé dans les objectifs de l'épreuve d'admissibilité, le candidat doit donc bien comprendre la consigne. Nous vous donnons ci-après des exemples de consignes présentées dans diverses régions.

• **IFCS École supérieure Montsouris, Paris, mars 2004 :** « *Dégagez le thème central et les idées principales de ce texte en mettant en évidence les articulations. Commentez ces idées d'une manière synthétique en argumentant votre point de vue à partir de vos expériences et vos connaissances.* » Dans ce type de consigne, le candidat doit faire un seul devoir en deux parties : la première partie est la synthèse et une seconde partie pour le commentaire où il faut s'impliquer en argumentant son point de vue à partir de situations professionnelles analysées.

• **IFCS Angers, mars 2005 :**

- « *Dégagez et analysez les idées principales de l'auteur* » (10 points). C'est faire la synthèse des idées centrales du texte en articulant le point de vue de l'auteur sans aucun ajout. Votre plan doit différer de celui du texte ;
- « *Commentez et discutez le passage du texte : "C'est un individu qui, en quête de performances toujours plus grandes, se brûle dans l'hyperactivité, tout en se débattant dans un rapport au temps toujours plus contraignant, un individu qui, parfois, se "défonce", que ce soit dans la toxicomanie, le sexe ou les sports extrêmes. Il est en cela l'envers absolu de l'honnête homme des siècles classiques, celui de la juste mesure et de l'équilibre, qui fut longtemps, l'idéal moral et social et dont on ne parle plus aujourd'hui, tant il a quelque chose de désuet, voire de ringard, au regard de ce que valorise la société contemporaine. Les différents types d'excès dont nous parlons ne signifient pas pour autant que tout un chacun vit ainsi, mais simplement que cette problématique est présente chez beaucoup d'individus, qu'ils y aspirent ou qu'ils y soient contraints, et que c'est cette dimension-là, dans le rapport à soi-même et à l'existence que l'on mène, qui paraît caractéristique de l'hypermodernité"* » (10 points). C'est le second devoir où le candidat, en se basant sur cet extrait du texte, doit « discuter » cette affirmation. Cela signifie qu'il faut recenser les limites de cette affirmation et trouver une problématique à la citation. Dans cet extrait de document, pour l'auteur, l'homme hypermoderne est celui qui est dans l'excès par rapport à l'homme de « *la juste mesure et de l'équilibre* ». Pour amorcer une réflexion sur ce point de vue, le plus simple est de vous positionner en tant que soignant sur cette notion d'« excès » à l'hôpital (temporalité, performance, efficience, tarification à l'activité...).

• **IFCS Nantes, mars 2005 :** « *Dégagez et commentez les idées principales qui organisent ce texte. Développez et argumentez, en vous référant à votre expérience professionnelle, les idées contenues dans la phrase suivante : "La tâche se complique encore lorsque le manager doit relayer les instructions venant de la direction. Surtout quand il s'agit d'appliquer une décision qu'il n'approuve pas, ce qui n'est pas rare..."* » Dans cette consigne, vous devez produire deux devoirs : le premier consiste à effectuer une synthèse des idées essentielles du texte et à les articuler dans un plan logique sans ajout d'éléments nouveaux. Ensuite, faire un second devoir dans lequel, en partant de la citation donnée, vous discutez cette affirmation en l'illustrant grâce à des situations tirées de votre expérience professionnelle. Vous devez inclure une partie où vous vous positionnerez en tant que futur cadre de santé (relais de l'information descendante à laquelle il n'adhère pas, ses valeurs...).

• **IFSC de Rennes, mars 2006 :** « *Commentez ce texte en exposant les idées principales de l'auteur et argumentez vos positions à l'aide de votre expérience professionnelle et de vos lectures.* » Dans cette autre consigne, le candidat doit effectuer une synthèse des idées principales du texte ; ensuite se positionner face à ces différentes idées en argumentant son point de vue à l'aide de situations professionnelles et également de références bibliographiques (réglementaires, démographiques...). Le candidat doit savoir se projeter en tant que futur cadre de santé (missions de services publics...).

• **IFCS Tours, mars 2007 :** « *Commentez le texte ci-joint en enrichissant la réflexion par votre expérience professionnelle et vos connaissances. Critères d'évaluation :*
- mise en évidence des idées principales du texte ;
- commentaire de ces idées ;
- pertinence de l'argumentation personnelle du candidat ;
- maîtrise de l'expression écrite du candidat (syntaxe, concision, présentation). » Dans cette consigne, nous retrouvons le mot « commentez » qui invite à discuter les idées du texte en s'appuyant sur son parcours professionnel et sa culture générale. De plus, dans les critères d'évaluation, il est noté qu'il faut faire ressortir les idées directrices du texte, donc il faut également faire une synthèse de ces idées et montrer le raisonnement de l'auteur. Un autre critère sur l'expression écrite permet de se rendre compte que des points vont être octroyés à la syntaxe et à la présentation de la copie.

• **IFCS de Dijon, mars 2009 :** « *Réaliser une synthèse des idées essentielles développées par les auteurs (fond : 8,5 points et forme : 1,5 point). Temps conseillé : 2 heures. Analyser la citation extraite du 2e texte, la discuter et argumenter son point de vue (fond : 8,5 points, forme : 1,5 point). Temps conseillé : 2 heures. "[...] l'hôpital est victime de cet espoir qu'il a fait naître où, par la technique médicale, tout doit être résolu. Or, l'objectif technique est extrêmement dangereux dans son exclusivité car il exige toujours plus et son coût devient démesuré par rapport aux satisfactions engendrées."* » Dans cette consigne, plusieurs éléments peuvent aider le candidat : d'abord la notion de temps indicatif pour répondre aux questions, ensuite le nombre de points pour chaque question avec des points pour la présentation de la copie. Encore une fois, le candidat doit faire une synthèse des idées essentielles des différents textes et montrer les points communs, et/ou divergences de points de vue des auteurs. Ensuite, à partir de la citation donnée, le candidat se positionne en s'appuyant sur divers arguments : ici, il est indispensable de prioriser son expérience professionnelle et ses connaissances générales. Il est recommandé dans la conclusion de donner son point de vue en tant que futur cadre de santé sur le rôle du cadre à l'hôpital face à cette course de la technicité qui est onéreuse et oublie de plus en plus la notion d'humanité.

• **IFCS Sainte-Anne, mars 2012 :** « *Dégagez les idées principales du/des texte(s). Argumentez-les en vous référant à votre expérience.* » C'est-à-dire : « *Dégagez les idées principales du/des textes.* » C'est la synthèse des idées centrales du/des textes en veillant à articuler la thèse de l'auteur ; « *Argumentez-les en vous référant à votre expérience* » : c'est la partie commentaire de texte où le candidat se positionne face à la thèse ou au point de vue de l'auteur en s'appuyant sur ses connaissances et son expérience professionnelle.

SYNTHÈSE DE TEXTE

Buts de la synthèse de texte

Cette méthode vise à relever les idées principales d'un texte et/ou communes à différents textes pour les croiser et les analyser. Ces idées directrices doivent être reformulées pour éviter de paraphraser le texte et elles doivent être organisées dans un plan qui permet au jury de saisir la bonne compréhension du texte par le candidat. La synthèse doit être constituée d'une introduction, un développement (idées principales du texte et exemples donnés par l'auteur) et une conclusion.

Quatre étapes essentielles à la synthèse de texte

Pour réaliser une synthèse de texte, il y a un travail préliminaire d'exploration de la structure du texte. L'auteur défend-il une thèse ? Un point de vue ? Fait-il une démonstration ? Ce travail de prospection ne peut se faire sans :

1. une lecture globale du texte : qui est l'auteur (professionnel de la santé, philosophe, universitaire, journaliste) ? Repérer le titre, le chapô, la date de publication du document (contemporain, en rupture avec l'actualité d'aujourd'hui ?), le thème (de quoi parle exactement l'auteur ?), la nature du document (article de presse, interview, témoignages, statistiques...), la thèse (déterminer la position de l'auteur dans ce texte, ce qu'il a voulu démontrer dans un contexte précis) ;
2. une lecture ciblée pour analyser le texte : ce qui va permettre de dégager les tenants et aboutissants d'un document ou le problème commun à plusieurs documents. Cette seconde phase de lecture permet aussi de dégager les axes de convergence (pas plus de trois) ou divergence qui seront les points repris dans le plan. Vous pouvez faire un tableau récapitulatif de ces différents points.

Pour chaque point d'axe, vous inscrivez dans le tableau les arguments donnés par l'auteur ou chaque auteur. Cette analyse à l'aide d'un tableau rend plus compréhensibles les idées et la thèse du ou des auteur(s). Ainsi, le candidat pourra mieux se positionner par rapport aux propos de l'auteur et préparer sa réflexion pour la seconde partie de l'épreuve où il doit s'impliquer. Vous pouvez déjà ajouter une autre colonne pour recenser vos arguments pour la seconde partie du devoir.

Tableau récapitulatif de l'analyse de texte

Axes convergents ou divergents	Idées principales reformulées du ou des auteur(s)	Arguments donnés par auteur(s)	Arguments expérience professionnelle, personnelle/futur cadre de santé
Axe 1			
Axe 2			
Axe 3			

3. un repérage de la construction du document :

• le type de plan du texte : plan thématique (réflexion progressive sur un ou plusieurs champs), plan analytique (description d'une situation ou explication avec analyse des causes ou illustration, analyse des conséquences), plan dialectique (thèse/antithèse/synthèse)... ;

• les connecteurs logiques et mots-clés qui traduisent le cheminement de la réflexion ou démonstration de l'auteur : avec les idées directives, secondaires et arguments présentés. Les titres et sous-titres du document ont aussi toute leur importance car ils apportent une aide à la compréhension du texte. Parfois le titre du document souligne déjà la problématique du texte.

Ces trois premières étapes permettent déjà de contextualiser le sujet du texte, de comprendre la finalité de la thèse de l'auteur et ainsi de dégager la problématique.

4. un repérage de la problématique du texte :

Il s'agit de la difficulté centrale soulevée par le texte. La problématique ne se décèle pas immédiatement, il vous faudra la dégager. C'est la question fondamentale que l'auteur pose implicitement. Elle s'obtient en mettant en rapport les différents éléments du texte entre eux. La problématique a pour objectif de traduire la singularité et l'intérêt d'un texte. Elle peut être énoncée dans une phrase sous la forme d'une question, d'un paradoxe ou de façon affirmative.

CONSEILS AUX CANDIDATS

Pour les sujets avec plusieurs textes, il est conseillé de prendre un brouillon par texte et, au fil de la lecture, de noter les idées principales et secondaires. Il suffit ensuite de comparer et de regrouper les arguments des différents textes pour les croiser dans les différents paragraphes de votre synthèse. La mise à plat des documents permet une meilleure visibilité et facilite la mise en lien des notions communes ou divergentes.

Rédaction de la synthèse

Procéder à la rédaction d'une synthèse de documents consiste, à partir d'une problématique dégagée du texte ou commune à plusieurs textes, à utiliser les idées de chaque auteur pour les confronter et ainsi aboutir à une discussion.

Une synthèse doit être composée :

1. D'une introduction qui contient :

- les données bibliographiques du texte : le titre souligné, le nom de l'auteur, la date, la source du document ;
- le thème et la problématique du ou des textes qui amorcent le débat (par exemple : dans ce texte, l'auteur montre ou démontre que...) ;
- l'annonce du plan : une synthèse n'est pas une accumulation de résumés des textes ou idées du texte. Elle doit annoncer les points de confrontation dégagés des textes par le candidat, sous forme d'un plan dynamique. Exemple : plan analytique de type « faits-causes-conséquences » ou « faits-causes-solutions », qui traduit une logique de raisonnement.

Cette introduction de la synthèse est primordiale car c'est le premier élément dont va prendre connaissance le lecteur.

2. D'un développement qui contient les différents points essentiels sous la forme de :

- 1er paragraphe : au début de paragraphe : premier point précis et expliqué. Ensuite une sous-question qui annonce le deuxième point à traiter. Sauter une ligne ;
- 2e paragraphe : au début du paragraphe : deuxième point précisé et explicité. Ensuite une autre sous-question qui permet de basculer sur l'autre point. Sauter une ligne ;
- 3e paragraphe : *idem* et ainsi de suite.

3. D'une conclusion qui n'est pas obligatoirement exigée mais qui donne de l'aisance à la lecture de votre rédaction. Vous pouvez, dans cette conclusion, annoncer la seconde partie du devoir dans laquelle vous allez commenter une idée, la problématique du ou des textes ou une phrase tirée du texte.

QUELQUES RÈGLES DE RÉDACTION POUR LA SYNTHÈSE

Dans votre synthèse, vous devez citer les auteurs (nom propre avec le prénom) à l'origine des points de réflexion que vous retracez. Par exemple : « Dans le premier texte de... »

Dans la présentation de votre rédaction, vous pouvez opter pour un paragraphe qui contient l'introduction et tous ses éléments, sauter deux lignes, un autre paragraphe pour chaque point de confrontation, et enfin sauter deux lignes et finir par un paragraphe pour la conclusion. Ainsi, votre devoir sera aéré et le lecteur appréciera la facilité de lecture de la copie.

Après cette méthodologie de la synthèse de texte, nous pouvons nous orienter vers celle du commentaire de texte.

COMMENTAIRE DE TEXTE

Buts du commentaire de texte

Il permet au jury d'apprécier :

- la compréhension, l'analyse et la discussion des idées principales du ou des textes par le candidat ;
- ses capacités de réflexion, son sens critique et la pertinence des exemples professionnels et personnels choisis pour conforter son argumentation. Les exemples proposés doivent être analysés car le jury attend du candidat qu'il prenne du recul vis-à-vis des situations de travail vécues ou des lectures.

Étapes du commentaire de texte

La première partie du devoir qui a consisté à construire une synthèse du ou des textes vous a déjà permis de bien vous approprier le thème, la problématique, les idées centrales et les arguments de l'auteur. Le commentaire de texte, comme nous l'avons expliqué dans les objectifs de l'épreuve d'admissibilité, doit permettre au candidat d'argumenter son point de vue à partir de ces idées centrales en s'appuyant sur ses connaissances et sur son expérience personnelle et professionnelle.

RAPPEL

Comme nous vous l'avons suggéré dans la méthodologie de la synthèse, vous pouvez utiliser le tableau récapitulatif de l'analyse de texte dans lequel vous avez recensé les axes importants du texte avec les arguments de l'auteur, et avez réservé une colonne pour inscrire vos idées, situations professionnelles et personnelles tirées de votre expérience et/ou de vos lectures.

Axes convergents ou divergents	Idées principales reformulées du ou des auteur(s)	Arguments donnés par auteur(s)	Arguments expérience professionnelle, personnelle/futur cadre de santé
Axe 1			
Axe 2			
Axe 3			

Il est donc indispensable de savoir comment :

- mobiliser les idées et exemples tirés de l'expérience personnelle et professionnelle ;
- trier et construire son argumentation ;
- rédiger un devoir à partir d'un plan clair et cohérent dans un vocabulaire professionnel.

C'est ce que nous vous proposons d'apprendre en vous appuyant sur deux méthodologies simples.

Mobilisation des connaissances et idées tirées de son expérience personnelle et professionnelle

Avant-propos

La recherche d'arguments et d'idées tirés de l'expérience professionnelle et/ou personnelle est destinée à confirmer ou réfuter l'idée directrice ou un des aspects du texte. Le candidat doit donc extraire du texte le thème ou les problèmes évoqués qui peuvent servir de tremplin pour une réflexion poussée et personnelle. Vous devez donc, dans cet exercice, faire référence à votre pratique professionnelle en lien avec les missions de cadre de santé. Vous pouvez utiliser la fiche mnémotechnique n° 1 qui développe les fonctions de cadre de santé avec des exemples d'activités.

Attention, certaines consignes d'IFCS ne laissent pas le choix de l'idée à commenter et imposent une phrase tirée du texte à commenter en se référant à son expérience professionnelle, personnelle et à ses connaissances de culture générale.

En résumé, l'implication personnelle dans le commentaire de texte consiste à appuyer sa réflexion sur une pratique professionnelle, et/ou sur des connaissances de culture générale (juridiques, institutionnelles...) et à montrer les raisons de son positionnement pour telle ou telle thèse.

Le commentaire permet au jury d'apprécier le degré de connaissances du candidat, son sens critique, sa maturité professionnelle et son esprit d'ouverture.

Méthode du QQOQCP : qui, quoi, où, quand, comment, pourquoi

Cette méthode permet d'avoir une vision globale d'une situation ou d'un problème en l'abordant sur différents aspects. Elle consiste à répondre à six questions.

Qui ?	Lister tous les acteurs qui ont un lien direct ou indirect avec le problème, ou la situation décrite : exemple : les patients, les acteurs de soins, les tutelles... Il s'agit de repérer les acteurs.
Quoi ?	Décrire simplement mais précisément les caractéristiques de la situation pour identifier le problème : de quoi s'agit-il dans le texte ?
Où ?	Localiser les lieux précis d'apparition et/ou d'action du problème : exemple : dans un service de soins, à l'hôpital, en ville... Il s'agit du lieu.
Quand ?	Déterminer toutes les caractéristiques de la temporalité du problème, c'est-à-dire la date d'apparition du problème, la durée, la fréquence... Il s'agit du temps.
Comment ?	Identifier précisément comment le problème est apparu, son cheminement, les facteurs l'ayant favorisé, les conditions de son apparition, les outils utilisés pour le décrire...
Pourquoi ?	Identifier les causes d'apparition du problème, intérêt, avantages à discuter sur ce problème... Nous verrons, dans la partie « Épreuve d'admission », un autre outil qui permet de questionner les causes d'un problème : c'est le diagramme d'Ishikawa.

Méthode du brainstorming ou remue-méninges

Cette autre méthode d'aide à la mobilisation des idées consiste, à partir d'un thème, à appeler des idées ou arguments en lien avec ce thème. Vous pouvez présenter cet outil sous forme de tableau comme celui qui est présenté ci-après.

THÈME DU OU DES TEXTES : EXEMPLE : « DROITS DES PATIENTS DANS LE SYSTÈME SANITAIRE »	EXEMPLES TIRÉS DES CONNAISSANCES, DES SITUATIONS PERSONNELLES OU DE TRAVAIL
Lister les mots en lien avec le thème du texte. Exemple : information du patient, consentement, accès aux soins...	Exemple 1 : cadre de santé garant du respect des droits des patients, il doit veiller que les agents connaissent la loi du 4 mars 2002...
Lister des connaissances en lien avec ce thème. Exemple : accès aux soins.	Exemple 2 : connaissances réglementaires concernant les droits des patients : personnes âgées, enfants, personnes atteintes de handicap, de maladies mentales, les missions de services publics...
Lister des idées en lien avec le texte. Exemple : participation des usagers à la vie institutionnelle dans les EHPAD...	Exemple 3 : participation en tant qu'infirmière au Conseil de la vie sociale en tant que médiateur soignant...

Le candidat choisira la méthode dans laquelle il est le plus à l'aise. Pour s'approprier ces deux méthodes, il est indispensable de s'entraîner à faire ce genre d'exercices à partir de différents textes. C'est ainsi que le candidat pourra répondre aisément à cet exercice le moment venu.

Rédaction du commentaire de texte

Tout comme la synthèse de texte, votre commentaire de texte doit être rédigé à partir d'un plan clair et logique. Il s'agit donc de procéder à la construction d'un plan, la rédaction d'une introduction, un développement et une conclusion.

Le plan

Vous avez la possibilité de choisir différents plans pour ordonner et hiérarchiser votre argumentation. Les plans couramment utilisés sont :

• le plan thématique qui permet de classer les différentes idées que vous souhaitez développer. Par exemple par thèmes : au niveau juridique, sociologique, économique... ;

• le plan comparatif qui permet de décrire différentes expériences vécues par le candidat et de les analyser en dégageant les points communs ou les points divergents, toujours en lien avec le thème ;
• le plan analytique qui permet d'expliquer et de commenter la thèse ou le point de vue de l'auteur, ainsi que d'illustrer votre point de vue avec des exemples au regard de votre expérience ;
• le plan résolution de problème qui vient en réponse à la méthode du QQOQCP.

Ce plan est à réaliser après avoir effectué la phase de mobilisation des idées et connaissances utiles pour soutenir l'argumentation. Vous devez garder en mémoire qu'un plan réussi est un plan qui répond à la problématique et qui met en évidence les idées et connaissances retenues par le candidat pour illustrer son argumentation.

L'introduction

L'introduction est un élément important du devoir car c'est par ce premier biais que le jury va apprécier la rigueur et la réflexion du candidat. Elle doit donc être soignée.

Elle succède à l'étape de la mobilisation des idées et de la construction du plan : elle doit être rédigée au préalable au brouillon. Les éléments principaux qui composent l'introduction sont :
• une phrase d'accroche qui resitue dans un contexte (auteur, source du document...) le thème et la problématique du texte. Cette dernière doit être énoncée clairement et repérable rapidement par le lecteur : elle peut être posée sous la forme d'une question ;
• l'annonce du plan avec les axes d'idées qui vont être analysées dans le développement.

Le développement

Dans le développement du commentaire, le jury évalue l'argumentation et la prise de recul du candidat par rapport aux idées et situations de travail présentées. Ces idées personnelles et professionnelles doivent être analysées, c'est-à-dire que le professionnel doit savoir se positionner en tant que futur cadre de santé face à cette problématique. Il est rappelé au candidat que les jugements de valeurs sont totalement interdits et risquent de le sanctionner.

De plus, il s'agit d'un devoir écrit qui doit donc répondre aux règles grammaticales d'écriture. La richesse du vocabulaire et la maîtrise de l'orthographe sont pris en considération dans la notation de la copie. Il est coutumier qu'un certain nombre de points soient réservés à cet effet. Il serait dommage de passer à côté de ces points.

La conclusion

Elle doit être aussi bien soignée car c'est sur cette partie que le jury termine sa lecture de la copie. Tout comme l'introduction, elle doit être rédigée au préalable au brouillon. Elle est constituée obligatoirement des éléments suivants :

- synthèse des arguments et des idées traitées dans le développement ;
- point de vue du candidat concernant la problématique du texte : c'est la prise de positionnement du candidat futur cadre de santé : ce positionnement marque l'aboutissement de la réflexion du candidat ;
- ouverture vers un autre thème en lien avec celui qui a été discuté ou en lien avec une idée analysée dans le devoir.

L'ÉPREUVE D'ADMISSION : CONSTRUCTION DU DOSSIER ET SOUTENANCE ORALE DU PROJET PROFESSIONNEL

PARTIE VI

Cette épreuve est définie par l'arrêté du 18 août 1995, article 8 (2e alinéa). Elle consiste en un exposé sur un dossier personnel réalisé par le candidat et ensuite en un entretien avec un jury de trois professionnels de santé (un cadre supérieur de la même filière que le candidat, un cadre supérieur formateur en IFCS et un professionnel de santé).

Selon les IFCS, cette épreuve se déroule soit de mai à juin pour une rentrée en septembre, soit en décembre pour une rentrée en février.

1 | OBJECTIFS DE L'ÉPREUVE D'ADMISSION

Le but principal de cette épreuve est d'évaluer si le candidat possède les capacités à suivre une formation de cadre de santé. Cette appréciation se fait aux moyens de l'examen du dossier d'admission, de l'exposé et de l'entretien du candidat avec le jury.

2| CRITÈRES D'ÉVALUATION

L'évaluation s'effectue sur deux axes :

- le dossier d'admission : présentation claire et soignée, capacité d'analyse et de réflexion sur son parcours professionnel et pertinence de la démarche ;
- l'exposé et l'entretien avec le jury : qualité d'expression et d'argumentation du candidat ainsi que sa capacité à se positionner et à échanger avec le jury.

3| COMPOSITION DU DOSSIER D'ADMISSION

Le dossier d'admission doit être complet sous peine d'être rejeté par l'IFCS. Toute formation ou diplôme mentionné dans ce dossier doit être justifié par une copie du document d'origine. Ce dossier comprend :

- un *curriculum vitae* détaillé (déroulement de carrière, formations et diplômes) ;
- une présentation de la trajectoire professionnelle du candidat (expérience et perspectives professionnelles) ;
- l'implication du candidat dans des travaux, études ou publications sur des thèmes sanitaires/ sociaux ou autres ;
- les responsabilités exercées par le candidat dans son institution ou dans des organismes ou associations ;
- ses conceptions de la fonction de cadre de santé et son projet professionnel.

Le dossier est à constituer en quatre exemplaires (dont un qui reste en la possession du candidat).

4| CONSTRUCTION DU DOSSIER D'ADMISSION

UNE CONSTRUCTION BASÉE SUR LA RÉFLEXIVITÉ

Cette épreuve nécessite la construction d'un dossier de présentation personnalisée du candidat. Le but de la réalisation de ce dossier est aussi de :
• faire un *feed-back* sur sa propre expérience professionnelle, les compétences acquises, ses perspectives de carrière ;
• s'interroger sur ses valeurs et sa conception de la fonction cadre.

Pour y arriver, le professionnel doit consacrer durant sa préparation au concours suffisamment de temps pour retracer sa trajectoire professionnelle :
• Pourquoi je souhaite devenir aujourd'hui cadre de santé ? Qu'est-ce que je recherche en voulant devenir cadre ?
• Quelles sont les expériences que j'ai acquises et qui vont me permettre de confirmer ce projet professionnel ?
• Quelles sont les compétences que j'ai acquises durant ma carrière de professionnel de soins (savoir agir en situation, savoir agir en tenant compte d'autrui) ?

Il est aussi indispensable de questionner ses valeurs personnelles, professionnelles :
• Quelles sont les valeurs que j'ai priorisées pendant mon expérience de professionnel de santé ?
• Quelle est ma conception du soin ? En vous posant cette question, vous allez cheminer progressivement vers vos conceptions du soin et des valeurs que vous souhaiteriez ou non prioriser durant votre nouvelle fonction de cadre de santé.
• En vous posant cette question de la conception du soin et des valeurs, vous allez peut-être arriver à la question : comment agir en tant que cadre de santé si les valeurs institutionnelles vont à l'encontre de mes valeurs professionnelles ou personnelles ? Cette dernière question peut être posée par le jury lors de l'entretien de motivation.

Le monde hospitalier est complexe et en perpétuel mouvement. Le cadre de santé doit être suffisamment armé intellectuellement : connaître l'environnement hospitalier et son cadre réglementaire ainsi que celui des autres soignants avec qui il œuvre au quotidien.

DÉFINITION D'UN PROJET PROFESSIONNEL

Chaque IFCS a ses attentes par rapport à ce projet professionnel. Il est indispensable de contacter les IFCS de votre choix pour connaître les critères d'appréciation de ce dossier. Il y a autant de projets professionnels que d'IFCS. Dans cette partie, nous allons vous donner une définition générale qui doit être croisée avec les critères d'appréciation des IFCS.

Il faut retenir que l'objectif principal de ce projet professionnel est la perspective du changement de fonction, c'est la construction d'une nouvelle identité professionnelle. Vous passez du statut de paramédical de terrain (infirmier, manipulateur en radiologie, pédicure, technicien de laboratoire...) à une fonction d'encadrement.

Au fil de ce dossier, vous devez montrer l'avancée de vos réflexions et questionnements, ainsi que la perception que vous avez de la fonction de cadre de santé et des transformations du système hospitalier. Pour vous y aider, vous pouvez reprendre les objectifs de la formation cadre de santé pour vous aiguiller sur les différentes missions du cadre de santé en tenant compte de l'évolution socio-économique de l'hôpital.

LES ÉLÉMENTS COMPOSANT LE DOSSIER D'ADMISSION

Ces éléments sont au nombre de quatre. Le candidat doit, dans cette présentation détaillée et personnalisée :

- faire un *feed-back* sur son parcours professionnel, l'expérience et les compétences acquises ;
- rendre compte de toutes les formations suivies, les participations à des groupes de réflexion sur des thèmes sanitaires ou sociaux, et/ou les éventuelles publications d'articles dans des revues ;
- préciser les différentes responsabilités tenues dans des organismes, instances ou associations ;
- pouvoir dégager ses conceptions de la fonction cadre de santé et son projet professionnel.

5| EXEMPLE D'UN PROJET PROFESSIONNEL PRÉSENTÉ À UN CONCOURS D'ADMISSION EN 2009

Voici un exemple de dossier d'admission complet. Il est rappelé au candidat de ne pas transposer les idées présentées ci-après dans son propre dossier d'admission sous peine que le jury repère le caractère impersonnel du discours du candidat et son incapacité à argumenter et à approfondir ses idées. Ce dossier est donné exclusivement dans un objectif d'aide à la compréhension et à l'appropriation de la démarche réflexive du candidat.

Nous allons travailler chaque point du dossier d'admission en nous appuyant sur cet exemple de dossier.

LE BILAN DE COMPÉTENCES

Avant de vous lancer dans la réalisation de ce dossier d'admission, vous devez d'abord interroger votre trajectoire professionnelle pour en extraire les compétences acquises. Cette étape est indispensable : elle vous aidera ensuite à élaborer votre *curriculum vitae*.

La méthode du QQOQCP (qui, quoi, où, quand, comment, pourquoi) semble la plus adaptée pour ce type d'exercice. Mais avant de vous lancer dans la recherche d'une méthode, il est indispensable de définir ce qu'est une compétence.

Définition d'une compétence

La compétence est un savoir-agir dans une situation donnée en mobilisant des savoirs (connaissances, ressources). Selon le décret de 1995, les compétences requises du cadre de santé sont d'avoir une expérience technique confirmée, des capacités d'encadrement, de gestion, d'animation, de formation et de pédagogie. Ces compétences sont mises en œuvre grâce à la capacité de communication du cadre de santé.

En pratique

Le candidat souhaitant s'orienter vers ce métier d'encadrement doit interroger son parcours professionnel et personnel pour dégager toutes ses compétences acquises à travers :

- son expérience technique de son métier d'origine ;

- les situations d'encadrement et d'animation d'un groupe ;
- la gestion d'un projet, les éventuelles interventions pour faire de la formation ou de la sensibilisation à un public donné.

Le candidat doit donc procéder à un état des lieux de sa trajectoire professionnelle et personnelle : c'est pour cela que la méthode du QQOQCP semble être la plus pertinente. En effet, les situations à décrire doivent être précises avec leurs dates, les lieux, les compétences acquises ou capacités entrevues en s'aidant des verbes d'action.

Les critères à garder en mémoire pour ce type de travail de prospection sont :
- la précision des expériences avec leurs caractéristiques et les objectifs atteints ;
- le factuel avec des données chiffrées (intervention auprès d'un groupe de dix personnes...) ;
- la plus-value de cette expérience sur le plan professionnel (reconnaissance de la hiérarchie, perspective de carrière en ayant un poste de faisant-fonction...) et sur le plan personnel (confiance en soi, motivation, plus d'assurance dans son travail...).

Et toujours confronter ces expériences avec les compétences requises du cadre de santé.

CONSEILS AUX CANDIDATS

Pour faire votre bilan de compétences, vous pouvez vous aider des fiches mnémotechniques des annexes n° II « Les fonctions du cadre de santé » et n° IV « Les verbes d'action ».

LE *CURRICULUM VITAE*

Il existe plusieurs modèles de *curriculum vitae*. L'objectif de ce support est de donner une présentation personnelle et détaillée du candidat. Les points importants qui doivent y figurer sont les suivants :
- identité du candidat (nom, prénom, âge, coordonnées) ;
- profession actuelle ;
- formations diplômantes ;
- expériences professionnelles et compétences acquises ;
- formations complémentaires.

EXEMPLE DE *CURRICULUM VITAE*

Béatrice J.
1, rue du 8-Mai-1945
45000 Orléans
Née le 18/07/1975 à Casablanca (37 ans)
Mariée, 2 enfants
Tél. : 06 XX XX XX XX/02 XX XX XX XX
E-mail :..............@.........fr

INFIRMIÈRE DIPLÔMÉE D'ÉTAT

Faisant fonction de cadre depuis le 1er décembre 2008 à l'hôpital X à Orléans. Établissement de soins et de réadaptation pour personnes âgées, adhérant à la FEHAP, PSPH.

FORMATIONS DIPLÔMANTES

- **1997 :** diplôme d'État d'infirmière à l'IFSI de X.
- **1994 :** diplôme du baccalauréat série littéraire et philosophie au lycée Saint-François-de-Sales

EXPÉRIENCES PROFESSIONNELLES

Depuis décembre 2008, je suis IDE faisant-fonction dans deux services (MCO + SSR de 35 lits et EHPAD + USLD de 31 lits). L'équipe se compose de 10 IDE et de 20 AS sur les 2 services.
Mon expérience dans cet établissement s'est déroulée autour de 4 axes :
1. Spécialisation en soins spécifiques à la personne âgée pendant ma fonction d'IDE : prise en charge adaptée de la personne âgée, évaluation de l'autonomie avec la grille AGGIR, ré-autonomisation en vue d'un éventuel retour à domicile ou une entrée en institution.
2. Pilotage des services et des équipes : mise en place du dossier de soins infirmiers, du travail en binôme, rédaction de fiches de soins techniques pendant ma fonction d'IDE.
Depuis ma prise de fonction de FF de cadre de santé, mes missions sont :

- animer les équipes et organiser les soins dans les services ;
- gérer le point des lits en partenariat avec une équipe médicale nouvelle ;
- collaborer avec les hôpitaux et les médecins libéraux du secteur ;
- accompagner l'équipe pluridisciplinaire sur la réflexion d'un projet de service pour le SSR ;
- collaborer avec le référent du logiciel X (dossier de soins informatisé). Ma mission est de transmettre et de coordonner les informations, et d'assister les différents utilisateurs ;
- animer des groupes sur le thème de la bientraitance : rencontre annuelle avec les équipes dans un but de prévention et de lutte contre la maltraitance ;
- sensibiliser à la lutte contre la douleur en tant que présidente du CLUD depuis janvier 2009 (Comité de lutte contre la douleur) ;
- maîtriser le logiciel « XTime » pour les plannings du personnel.

3. Participation à la vie institutionnelle :
• trésorière au comité d'entreprise (gestion administrative et financière) pendant 2 ans ;
• secrétaire du CHSCT pendant 4 ans et membre permanent à ce jour (protocole sur les AES et prévention des AT de manutention).
4. Participation à des groupes de travail (V2, le projet de vie individualisé, V3).

FORMATIONS COMPLÉMENTAIRES

2008, oct.-nov. : « Méthodes et organisation du travail » (4 jours) par X.
2008 : Formation sur « les transmissions ciblées » (2 jours) par X.
2008, sept.-oct.-nov. : « IDE référente, une mission de management » (6 jours) par X.
2008 : Formation sur le logiciel « X nouvelle version » (4 jours) par X.
2008 : Formation « premiers secours et réanimation » (3 jours) par l'UD des sapeurs-pompiers.
2007 : Formation sur « l'entretien professionnel » (2 jours) par X.
2006 : Formation en tant que « membre du CHSCT » (3 jours) par X.
2004 : Formation sur « le logiciel X » (1 jour) par X.

ACTIVITÉS EXTRAPROFESSIONNELLES

• Participation annuelle au forum des métiers pour des élèves de collèges et lycées.
• Participation annuelle au congrès de gérontologie à Paris.

ANALYSE DE L'EXPÉRIENCE PROFESSIONNELLE

Au début de cette partie, nous vous avons suggéré de faire un bilan de vos compétences acquises et capacités entrevues lors de votre expérience professionnelle et personnelle. Dans le dossier d'admission, vous devez faire figurer une synthèse de ce bilan de compétences ainsi que vos motivations à vouloir vous orienter vers l'encadrement.

EXEMPLE D'ANALYSE D'EXPÉRIENCE PROFESSIONNELLE

Infirmière diplômée d'État, j'ai débuté ma carrière professionnelle il y a 11 ans à l'hôpital X à Orléans. Cet établissement FEHAP de 140 lits, PSPH, est privé à but non lucratif, spécialisé en gérontologie.

À mon arrivée dans cet établissement en 1997, j'ai intégré le service du 3e étage qui, à cette époque, était en pleine restructuration. En effet, l'hôpital passait d'une activité de maison de retraite à celle d'une prise en charge de soins de gériatrie plus structurée avec une spécialité de médecine gériatrique (15 lits), de soins de suite et de réadaptation (20 lits), avec conservation de lits d'EHPAD

(60 lits) et de soins de longue durée (45 lits) dont la création d'une unité fermée de soins pour patients atteints de la maladie d'Alzheimer (24 lits).

J'ai mené l'évolution de ma carrière petit à petit, en me faisant d'abord connaître par tous et en apprenant à connaître les autres. Cette découverte des différents acteurs dans l'institution et la connaissance du projet d'établissement m'ont permis d'avancer dans ma réflexion et de m'investir activement. Mon parcours professionnel auprès de la personne âgée, d'abord en tant qu'infirmière pendant 11 ans, puis en tant que faisant-fonction de cadre de santé depuis quelques mois, m'amène à développer les compétences acquises et les réflexions suscitées qui me poussent aujourd'hui à vouloir intégrer l'IFCS de X.

Organisation et participation à la vie de service en tant qu'IDE

Grâce à l'exercice continu dans cette structure spécialisée, j'ai pu acquérir des connaissances et des compétences dans la prise en charge globale de la personne âgée. Cette richesse culturelle de la gériatrie m'a permis de me sentir plus à l'aise dans les soins et ainsi de m'orienter vers d'autres activités permettant l'amélioration de la qualité des soins aux patients et aussi d'améliorer le quotidien des équipes soignantes. En effet, en observant le travail des IDE dont je faisais partie et celui des AS, qui était cloisonné à chaque métier, j'ai proposé que les IDE travaillent en collaboration avec les AS pour qu'il y ait un partage réciproque. J'ai soumis l'idée du travail en binôme qui associe une IDE et une AS (souvenir d'un stage en tant qu'étudiante IDE). Ce projet séduisant tout le monde, sa mise en place fut facile. Ce partenariat IDE/AS fut un succès et il fonctionne toujours actuellement. Je continue à le promouvoir dans les services en tant que faisant-fonction.

Ce partenariat AS/IDE basé sur le travail en binôme m'a permis de comprendre qu'il est important de décloisonner les fonctions pour permettre la cohésion d'équipe. J'ai eu l'occasion de participer à la création de fiches techniques de soins (comme les soins de *nursing*, les soins d'escarre, les soins techniques sur prescription médicale). La participation à la définition d'outils de travail ou d'un projet m'a permis de saisir qu'associer un agent à un projet lui permet de se sentir impliqué, valorisé et de mieux s'approprier l'outil ou le projet.

Je n'ai cessé de m'impliquer activement dans l'accueil et l'encadrement des nouveaux soignants ou des stagiaires en devenant IDE référente du service. Cette expérience d'IDE référente m'a permis de développer des capacités d'encadrement, de formation et aussi d'adaptation vis-à-vis des personnes.

L'absence d'un dossier de soins infirmiers dans le service m'a amenée à réfléchir avec une autre IDE à la création d'un dossier de soins IDE pour pouvoir tracer toutes nos transmissions et nos actions auprès du patient. Ce dossier de soins a été finalisé en 1999 et il avait une particularité car il comportait une page commune pour les transmissions écrites AS/IDE et le suivi médical : cette mise en commun permettait à l'équipe médicale de bien prendre en considération les écrits des soignants. Ce dossier papier a laissé sa place au dossier du patient informatisé en 2000.

Formatrice pour l'utilisation du dossier informatisé du patient

L'arrivée de l'informatique en 2000 dans notre institution m'a permis de me familiariser avec l'informatique qui m'était étrangère. J'ai été très vite séduite par cet outil et, peu à peu, j'ai accepté d'abandonner le support papier du dossier de soins pour tout tracer sur le dossier informatique.

La pratique courante de la saisie des transmissions, de l'élaboration des plans de soins en équipe et la validation des soins sur prescription médicale m'ont permis de bien maîtriser cet outil. Je suis devenue la référente informatique et j'ai assumé cette fonction jusqu'en octobre 2008. Ma mission était de former les nouveaux utilisateurs et de répondre, selon mes compétences, aux questions ou dysfonctionnements dans les différents services.

Ce poste de formateur et d'assistant dans les services m'a permis d'améliorer mes capacités pédagogiques dans la transmission de savoirs techniques. Depuis ma prise de fonction de FF de cadre, je collabore avec le nouveau référent informatique en coordonnant et en transmettant les informations dans les services.

Pilotage des services et des équipes en tant que faisant-fonction de cadre

À partir de 2007, les gestes techniques que j'accomplissais ne me suffisaient plus. J'avais mûri professionnellement. C'est à ce moment-là que mon choix de devenir cadre de santé s'est réellement affirmé. Je me sentais attirée par la gestion du service, du personnel et l'amélioration de la qualité des soins aux patients. J'ai pris du recul par rapport à mon travail d'infirmière, j'aspirais à une autre dimension de ce métier, je désirais être plus impliquée dans l'institution, en connaître davantage le fonctionnement et améliorer le quotidien professionnel des équipes. C'est ainsi que j'ai accepté de prendre le poste de FF de cadre le 1er décembre 2008.

J'ai la charge du service de MCO et de SSR (35 lits) et du service d'EHPAD et USLD (31 lits). L'équipe paramédicale se compose au total de 10 IDE et de 20 AS. Ma mission dans ces deux services est d'organiser et de suivre les soins, de soutenir les soignants en étant présente aux transmissions orales, en animant des réunions de service mensuelles et des staffs hebdomadaires sur des problématiques de patients. Ceci me permet d'entretenir une communication efficace et une dynamique au sein de l'équipe. La présence du cadre dans les réunions est essentielle car il permet d'orienter la discussion, de donner un temps de parole à chacun et de recadrer le débat.

J'organise une rencontre annuelle avec les soignants pour échanger et entendre leurs questionnements sur la bientraitance. Ces échanges m'ont permis d'améliorer la prise de parole dans un groupe et l'affirmation de soi.

Étant présidente du CLUD depuis janvier 2009, je prépare avec les autres membres de cette instance un audit sur l'évaluation des connaissances des soignants sur ce qui existe déjà dans les services. Je planifie les entrées des patients en partenariat avec une équipe médicale nouvelle et en collaborant avec les médecins libéraux, les hôpitaux et les cliniques du secteur. Les principaux motifs d'hospitalisation des patients sont essentiellement des bilans gérontologiques, une surveillance de l'état clinique (après une chute par exemple), de la convalescence ou de la rééducation après une intervention chirurgicale.

Grâce à cette relation privilégiée avec les acteurs de soins de ces structures, je peux anticiper les arrivées des patients et je peux ainsi mieux préparer les équipes pour les accueillir.

J'assure aussi l'encadrement de stagiaires préparant différentes professions (IDE, AS, ambulancier). Je les soutiens dans la réalisation de leurs objectifs, je contrôle leur apprentissage en participant à leur évaluation. Je participe annuellement au jury d'évaluation du référentiel pour le diplôme DEAS (diplôme d'État d'aide-soignant).

Participation à la vie institutionnelle

Je me suis aussi beaucoup investie dans la vie de l'institution en participant aux différentes instances présentes :
• le comité d'entreprise en tant que trésorière pendant deux ans. Cela m'a permis de savoir gérer un budget (gestion financière), de planifier et d'organiser des sorties pour les salariés ;
• le CHSCT en tant que secrétaire pendant quatre ans et membre permanent depuis 2003. Ce poste est très intéressant car il permet de prendre conscience des accidents de travail rencontrés par le personnel et de travailler pour la prophylaxie face à ces AT.

J'ai pu participer, en collaborant avec les autres membres et l'équipe médicale, à un protocole en cas d'accident d'exposition au sang (création d'une enveloppe comprenant les documents nécessaires à la déclaration d'AT et la conduite à tenir).

J'ai étudié avec les autres membres le registre des accidents bénins qui a révélé une multitude d'accidents de manutention. Grâce à cette enquête, nous avons pu mettre en place des formations spécifiques de gestes et postures au travail à l'hôpital. Plusieurs personnes ont pu bénéficier de cette formation qui est encore proposée à d'autres soignants. Une étude est en cours pour essayer de déterminer si cette formation donnée à ces personnes a permis de diminuer le nombre d'accidents de manutention.

Participation à la démarche qualité

J'ai participé en tant qu'IDE à un groupe de travail pour la certification (V2). Notre thème de travail était l'accueil et la prise en charge des patients en MCO. Ce travail s'est fait en collaboration avec le médecin du service, une secrétaire administrative, une aide-soignante et un ergothérapeute. Cet échange nous a permis de revoir notre méthode de travail en vue d'améliorer nos interventions auprès des usagers.

Depuis ma prise de poste de faisant-fonction de cadre, je prépare, avec mes deux collègues cadres, la direction, l'équipe médicale et les soignants, la certification V3. Notre objectif est de travailler sur l'évaluation des pratiques professionnelles au quotidien, toujours dans le souci d'améliorer la qualité des soins comme la prise en charge de la douleur, l'alimentation et la prévention d'escarre chez la personne âgée, ou encore les droits et la traçabilité du consentement du patient durant son hospitalisation. De plus, avec l'arrivée d'une équipe médicale nouvelle, j'ai repris avec les médecins les protocoles existants pour qu'ils puissent en prendre connaissance et ainsi les valider. Le but étant de permettre d'autonomiser les équipes dans le cadre d'une équipe médicale restreinte car nous attendons l'arrivée de deux médecins cet été.

Ce parcours professionnel varié et touchant à différents domaines m'a permis de m'affirmer et d'avoir confiance en moi. La collaboration avec tous les acteurs de l'hôpital m'a donné l'opportunité de me faire connaître par tous, y compris par la direction, et de m'impliquer dans le projet de l'établissement qui est de s'agrandir en créant un EHPAD pour continuer à accueillir la population des villes voisines du canton de X.

Cela m'amène à développer dans la prochaine partie ma conception de la fonction-cadre.

CONCEPTION DE LA FONCTION CADRE DE SANTÉ

Dans le dossier d'admission, il est attendu du candidat qu'il s'interroge sur sa conception de la fonction de cadre de santé. Pour mener cette réflexion, nous vous conseillons de reprendre les fiches mnémotechniques de la fonction cadre de santé et celle des verbes d'action (annexes II, III et IV). Cette réflexion sur votre conception de la fonction cadre de santé vous permettra, au cours de l'épreuve d'admissibilité, d'avoir matière à commenter les textes proposés.

EXEMPLE DE CONCEPTION DE LA FONCTION CADRE DE SANTÉ

Avant d'exposer ma conception de la fonction cadre, je souhaiterais présenter les motivations qui me poussent à postuler pour l'école des cadres. Ayant travaillé pendant 11 ans comme IDE dans le service de MCO, j'ai acquis une grande maîtrise des soins spécifiques à la personne âgée. Cette longue période m'a permis de bien connaître tous les soignants des différents services, l'équipe médicale, et l'équipe administrative. La confiance et l'autonomie qui m'ont été données par mes supérieurs pour mettre en place des outils de travail et une organisation dans le service m'ont donné goût à l'encadrement.

Ma conception de la fonction de cadre de santé est issue de mes expériences professionnelles, de mes observations en stages en tant qu'étudiante IDE et de mes lectures. Cela me permet aujourd'hui de réfléchir à ma propre conception de la fonction de cadre de santé.

L'analyse du décret du 18 août 1995 relatif au diplôme de cadre de santé permet de mettre en évidence un certain nombre de champs de compétences pour le cadre. J'ai choisi celle de l'encadrement qui consiste en quatre missions : l'organisation/l'animation, la gestion, la formation et l'évaluation.

Organiser et animer

Je souhaiterais, avant de développer cette notion, parler des valeurs professionnelles avec lesquelles j'ai travaillé en tant qu'IDE et qui me tiennent toujours à cœur aujourd'hui, en tant que faisant-fonction de cadre. Je privilégie les valeurs humaines car elles sont la base dans la relation avec l'autre. Sans elles, il n'est pas possible de travailler avec l'autre, de coopérer, de dialoguer. La prise en compte des valeurs humaines est le levier pour la pérennité du service.

Le cadre de santé est l'élément clé du système de soins. Il est responsable de l'organisation du travail, de la bonne compréhension et de l'application des prescriptions médicales dans le but de délivrer au patient des soins de qualité. Il tient un rôle d'animateur des équipes. Il détermine et supervise la mise en place du projet de service élaboré en équipe et en cohérence avec le projet d'établissement. Dans le service de SSR qui a été réorganisé depuis octobre 2008, j'ai proposé aux équipes de réfléchir à un projet de service en SSR pour permettre à chacun de s'exprimer, de définir en équipe pluridisciplinaire les missions du service, les objectifs de l'équipe ainsi que ses valeurs professionnelles. Ce pas vers la construction d'un projet de service a permis de dynamiser et de motiver les équipes.

Le cadre met en place et anime des réunions pour initier et maintenir une dynamique d'équipe. Pour moi, au niveau de l'animation des équipes, je pense qu'il est indispensable que le management réside sur le respect mutuel, l'acceptation, la reconnaissance de l'autre pour permettre à ce dernier qu'il se sente utile et de ce fait agisse et coopère. C'est ainsi que je privilégie une culture commune de l'équipe fondée sur l'échange, la concertation et la participation de l'équipe aux décisions dans la mesure du possible.

Gérer

Le cadre assure une gestion humaine (l'équipe, les autres intervenants de santé), une gestion économique (favoriser l'efficacité des soins tout en maîtrisant l'efficience), et une gestion administrative.

- **Gestion humaine :** le cadre est l'animateur de l'équipe placée sous sa responsabilité. Il facilite la collaboration et la coordination entre l'équipe soignante pluridisciplinaire et l'équipe médicale en prévoyant avec cette dernière l'organisation rationnelle du temps de travail en commun (visites, staffs...). Il collabore avec l'équipe médicale pour planifier les entrées des patients en fonction de la charge effective dans le service et, de ce fait, il prévoit en conséquence les besoins en personnel, notamment de remplacement dans la mesure du possible. Il collabore et élabore avec les autres cadres de l'institution des plannings à long terme dans la mesure du possible. Il remédie rapidement aux absences diverses des agents. De même, il travaille avec le service social (l'AS, l'ergothérapeute, la monitrice éducatrice) et les familles pour organiser et planifier les sorties des patients en fonction des aides nécessaires pour le patient.

- **Gestion économique :** il est garant de la qualité du soin et de son organisation. Il est responsable de l'utilisation optimale des ressources affectées au service et de la gestion des produits et des matériels. Il doit sensibiliser les équipes à l'amélioration de la qualité du soin et au respect d'une consommation réfléchie des produits. Pour y arriver, il est important d'expliquer à l'équipe les enjeux économiques pour que l'efficience leur soit légitime.

- **Gestion administrative :** il est le gestionnaire administratif du service. Il est l'interface entre le pouvoir administratif, médical et l'équipe. Il transmet aux équipes les consignes et les instructions, et remonte à la direction les demandes et réclamations des agents.

Former

Le cadre participe à l'évaluation, à la sélection et à la promotion des personnels en conduisant des entretiens individuels annuels. Ce temps d'échange est enrichissant car il permet de connaître les attentes et les besoins en formation de chacun. Le manager sera l'agent de liaison entre le soignant et le service des formations du personnel. Il sera à disposition des équipes pour les conseiller, les orienter en fonction de leurs souhaits, de leurs besoins de formations et en fonction de leurs aptitudes. Il assurera des formations sur des thèmes spécifiques à l'activité du service.

Évaluer/Contrôler

Il est responsable de la qualité des soins, de l'hygiène générale de l'unité et du confort des patients en s'assurant notamment de la qualité des prestations hôtelières. Il participe à l'évaluation des soins, conçoit des améliorations et prévoit les moyens nécessaires à leur réalisation. Il est garant de la sécurité des patients. Il sensibilise les agents aux risques d'accidents de travail et de maladies professionnelles, à l'hygiène et à la sécurité.

Au travers de ces différentes missions, le cadre a une responsabilité éthique. En effet, il est impliqué dans un questionnement éthique de par sa fonction de responsable de soins, mais aussi de par sa gestion de l'équipe. Ces interrogations portent essentiellement sur la manière d'agir, les choix entrepris. Il doit considérer le patient mais aussi le soignant comme une personne qui a des droits. Il doit faire preuve d'empathie, d'équité et d'honnêteté.

Il a des valeurs qui sont les siennes. Il doit avoir le charisme nécessaire pour transmettre aux autres ses propres convictions et les inciter à se les approprier. Si on veut l'adhésion de tous, il faut les associer à nos projets, à nos décisions, d'où la nécessité d'adopter un management humain.

En ce qui me concerne, je privilégie les valeurs humaines envers les patients mais aussi envers les équipes. L'écoute, le respect de l'individuel et du collectif seront les piliers d'un épanouissement et d'une valorisation de chacun.

LE PROJET PROFESSIONNEL

Selon les IFCS, la commande peut différer. Il est donc indispensable de connaître les attentes du jury. Dans cette partie, nous allons vous donner deux exemples de projets professionnels.

PROJET PROFESSIONNEL N° 1

Dans le décret du 18 août 1995 relatif au diplôme de cadre de santé, une des missions qui est mise en avant est celle de l'encadrement qui consiste à accompagner une équipe, à la guider en dégageant le maximum de son potentiel. Mais lorsque cette équipe devient méfiante, voire s'oppose à des projets de travail concernant sa pratique professionnelle, quelles attitudes le cadre peut-il adopter pour faire diminuer ces oppositions ? Quels leviers pourrait-il utiliser pour gagner leur confiance ?

Ces questions m'ont conduite à amorcer un début de réflexion sur le type de management à privilégier dans l'unité de soins.

Le constat

Dans un des deux services que j'encadre, il y a 6 IDE et 12 AS sur deux roulements pour 35 lits. Jusqu'à décembre 2008, il n'y avait pas de cadre désigné pour le service, ce qui a amené à une autogestion des équipes au détriment d'une efficacité professionnelle. Les IDE traçaient leurs soins en validant les prescriptions médicales et les AS effectuaient leurs tâches sans que celles-ci soient mentionnées sur le dossier. Les actes AS étaient inexistants sur le dossier du patient par absence de saisie des soins effectués.

Lors de ma prise de fonction, j'ai demandé aux AS d'effectuer sur le dossier informatisé la traçabilité quotidienne des actes de soins qu'elles font autour du patient. Je leur ai précisé les enjeux de cette traçabilité, c'est-à-dire que c'est une obligation légale, et que c'est le moyen pour une reconnaissance du travail effectif des AS. Elles m'ont bien renvoyé le fait qu'elles comprenaient les enjeux et les gains qu'elles pourraient en tirer. Mais lorsque ce travail de traçabilité a débuté, elles ont commencé à exprimer quelques réticences à l'effectuer, comme :
- le manque de temps pour saisir les informations sur le dossier car elles n'ont pas le droit de faire des heures supplémentaires ;
- le fait qu'il n'y avait qu'un seul poste informatique et qu'elles ne pouvaient pas toutes saisir leurs transmissions en même temps ;
- le fait qu'elles n'auraient jamais de reconnaissance de la part de la direction car ce ne sont que des AS.

Le questionnement

Devant ce tableau de réticences à changer leurs pratiques quotidiennes, je me suis posé quelques questions concernant ma façon d'agir en tant que futur cadre de santé face à cette situation :
- Pourquoi une équipe refuse-t-elle de changer ses pratiques professionnelles ?
- Quelles attitudes le cadre peut-il adopter pour contrer ou prévenir d'éventuelles oppositions ?
- Quels seraient les leviers ou les outils à utiliser pour gagner la confiance de l'équipe ?

Des pistes possibles

Pourquoi une équipe refuse-t-elle de changer ses pratiques professionnelles ?

Il y a plusieurs causes à ce refus : c'est l'anxiété engendrée par la perspective du changement qui entraîne une réaction d'opposition. Ce comportement peut être dû à :
- la peur de ne pas être à la hauteur de la nouvelle tâche ;
- la peur de la déstabilisation car il faut abandonner ses automatismes, ses repères, ses intérêts personnels ;
- la peur de perdre un pouvoir, un prestige ou de diminuer son statut en se retrouvant en situation d'apprentissage ;
- le manque de formation.

Quelles attitudes le cadre peut-il adopter pour contrer ou prévenir d'éventuelles oppositions ?

- Lorsque le cadre veut mettre en route un projet de travail, il doit d'abord vérifier que ce projet intéresse l'équipe.
- L'équipe choisira elle-même ses objectifs et la façon de conduire le projet, dans la mesure du possible.
- Le cadre doit insister sur le but et les enjeux du projet et doit recenser les personnes ressources pour qu'elles puissent convaincre leurs collègues.
- D'où l'utilité de bien connaître les agents.
- Le cadre laissera l'équipe cheminer à son rythme, il sera son co-auteur car l'équipe est auteur de son projet.
- Le cadre repérera les zones d'incertitude et il y répondra pour éviter le relâchement, voire l'abandon.

Quels seraient les outils à utiliser pour gagner la confiance de l'équipe ?

En réfléchissant à ce qui pourrait aider le cadre à gagner la confiance de l'équipe, j'en suis arrivée à définir trois types de leviers :
- les leviers à caractère organisationnel :

1. les activités et les objectifs sont clairement définis aux soignants,
2. la connaissance des fiches de poste par les soignants a été vérifiée par le cadre ;

- les leviers de type RH (ressources humaines) :

1. la gestion des carrières : l'entretien d'évaluation annuel avec le salarié en vue de définir avec lui ses besoins en formation est bien assuré,
2. la formation : former le personnel n'est pas seulement une nécessité pour la performance de l'équipe, mais c'est aussi un moyen de rassurer les agents sur leur employabilité et leur avenir professionnel ;

- les leviers de proximité (c'est-à-dire tout le travail relationnel du manager) :

1. relation basée sur le respect de tous et la confiance,
2. communication : parler et savoir écouter : réunion d'équipe sur la vie du service, et staff d'équipe concernant une réflexion sur un patient,
3. honnêteté et transparence envers l'équipe,
4. reconnaissance du travail de chacun,
5. responsabilisation et délégation en fonction des compétences de chaque agent.

Au travers de ce début de réflexion, il semble indispensable que le cadre acquière des connaissances en management, des outils pour la gestion des conflits, et aussi des capacités pour encadrer et former les soignants, qu'il pourra ainsi utiliser en fonction des situations rencontrées. Ces savoirs, ainsi acquis en formation, pourront devenir des compétences quand le cadre pourra les transposer sur le terrain.

Son pouvoir doit être légitime non par son seul statut mais par ses compétences. D'où la nécessité pour le cadre d'être compétent et donc de se former.

Les ressources

Les ressources qui m'aideront à mener ce projet à son terme sont d'abord mes ressources personnelles ainsi que le soutien de l'établissement. En effet, j'aime le travail en équipe, l'échange avec l'autre. J'ai toujours ressenti le besoin de me former car la formation est ce qui permet de se remettre en question et de réajuster ses actions. La formation est ce qui permet d'avancer, d'aller vers les autres. J'ai toujours considéré le respect d'autrui comme fondement de mon travail, que ce soit avec les équipes mais aussi avec les patients et leur entourage. J'ai constaté un grand appui des équipes pour l'accès à cette formation. Beaucoup des membres de l'équipe me voient bien armée pour réaliser ce cursus. La hiérarchie (la direction, mes deux collègues cadre de santé et l'équipe médicale) m'a poussée à me présenter à ce concours, me soutient et je la remercie de cette confiance. Je me sens donc bien confiante pour l'aboutissement de ce projet que je vais argumenter avec une grande conviction.

PROJET AVEC RÉSOLUTION DE PROBLÈME, PROJET PROFESSIONNEL N° 2

Présentation du service

Service de 15 lits de médecine, 5 lits de SSR dédiés à des patients nécessitant des soins techniques lourds, et 15 lits de soins de longue durée, soit au total 35 lits.

Équipe médicale : 2 médecins ETP

Équipe paramédicale : il n'y a pas actuellement de répartition par activité de soins : c'est la même équipe qui intervient sur tout l'étage. Un projet d'organisation est en cours de finalisation pour affecter équitablement le même nombre de patients par équipe de soins. L'organisation actuelle par aile de service va être modifiée pour aboutir à une répartition longitudinale du service avec le même nombre de lits de médecine, de SSR et d'USLD par équipe de soins. Cette réflexion a été menée avec les acteurs de ce service, le médecin et moi-même.

Cette équipe paramédicale se compose de 8 IDE, 8 AS, 4 AMP et 2 agents aux soins. La répartition actuelle de l'équipe est :
- le matin (6 h 30-14 h 00) : 2 IDE, 2 AS, 2 AMP ;
- l'après-midi (13 h 30-21 h 00) : 2 IDE, 2 AS, 1 AMP.

Les autres acteurs du service : le kinésithérapeute qui intervient de 9 heures à 17 heures. L'ergothérapeute, à mi-temps, qui intervient le lundi et le mardi, de 9 heures à 17 heures.

Les principales activités médicales de cet étage

Elles sont de trois ordres :
- **une activité de médecine aiguë gériatrique :** c'est une unité d'accueil d'urgence gériatrique qui applique des procédures de prise en charge spécifiques. En effet, ces procédures sont caractérisées par le fait :

- que la durée de séjour y est très courte : l'objectif est d'aboutir sous 36 heures à une décision d'orientation, soit que le diagnostic permette d'envisager un traitement sur place, soit qu'il implique une prise en charge plus lourde, auquel cas le malade est transféré vers les établissements avec lesquels l'hôpital a signé des conventions de coopération,
- que la personne y est examinée rapidement. Un bilan biologique minimal standardisé est effectué dès l'entrée, de même que des dispositions nécessaires sont prises pour que les radiographies éventuelles soient réalisées à X avant de conduire le patient dans le service. Systématiquement un contact est pris avec le médecin traitant ayant décidé de l'hospitalisation, en vue de préciser les circonstances de sa décision, et aussi avec l'entourage pour recenser la situation sociale de la personne. C'est de cet entretien que dépendront toute la préparation et l'organisation du retour à domicile de la personne âgée.

Malgré un travail attentif et de terrain de la part des équipes de soins, de l'assistante sociale, de l'ergothérapeute et de l'entourage de la personne âgée, la préparation du retour à domicile du patient est parfois déficiente. Cela est dû à de multiples facteurs que nous tenterons d'extraire dans la partie problématique de ce document ;

• **une activité de médecine subaiguë :** les moyens de l'hôpital X lui permettent de recevoir des patients dont le diagnostic est déjà au moins présumé, et dont l'évolution est jugée soit favorable, soit défavorable. Dans ce cas, la prise en charge vise à assurer des soins de qualité en vue de limiter au mieux les conséquences néfastes de l'hospitalisation au regard de l'autonomie de la personne. Ces actions de soins consistent, dans la mesure du possible, au lever précoce, à la renutrition, à la resocialisation et à la lutte contre les pathologies iatrogènes. Lorsque l'état de santé de la personne est très précaire, celle-ci passe administrativement en unité de soins de longue durée mais les équipes de soins accomplissent le même accompagnement que pour les personnes admises en médecine. Les principales pathologies rencontrées sont celles des affections de l'appareil circulatoire, les tumeurs ou cancers, et les affections neurologiques ;

• **une activité de soins palliatifs :** qui permet d'accueillir et d'accompagner des patients souffrant de pathologies lourdes. Cette activité répond à l'orientation d'accompagnement en fin de vie des personnes habitant la commune ou les alentours. Elle est réalisée grâce aux 5 lits de SSR disponibles à l'étage.

Nous l'avons vu à travers la description des unités sanitaires, il y a une problématique principale qui peut être soulevée et qui est en lien avec le patient et son entourage, et en lien avec l'organisation et l'encadrement des activités des unités de soins. Cette problématique est la suivante : dysfonctionnement de la préparation du retour à domicile de la personne âgée après une sortie d'hospitalisation de médecine ou de soins de suite et réadaptation. C'est cette problématique que nous allons essayer d'explorer pour comprendre les raisons qui freinent l'organisation et la préparation des retours à domicile des personnes âgées habitant la commune de X et les alentours, après une hospitalisation en médecine ou en soins de suite et réadaptation.

Avant d'exploiter cette problématique, il est indispensable de décrire ce qui se passe en amont de toute hospitalisation dans l'une ou l'autre de ces unités de soins.

État des lieux

• **La provenance des patients**

Comme nous l'avons vu à travers ce document, le mode de provenance des personnes est varié. Les patients arrivant en médecine sont souvent des personnes qui sont adressées par leur médecin traitant soit directement vers notre établissement, soit vers un médecin urgentiste du CH X qui, à son tour, décide soit de les admettre dans les unités de médecine du CH de X, soit de les adresser vers notre structure. Lorsque ces patients sont hospitalisés en médecine dans le CH de X, ils peuvent être ensuite dirigés vers notre unité de soins de suite et réadaptation. Un certain nombre d'informations précèdent l'arrivée du patient : soit par contact téléphonique de médecin à médecin, soit par télécopie, par l'intermédiaire d'un formulaire complété par l'établissement demandeur qui recense le motif de la demande, les antécédents médicaux et chirurgicaux de la personne, son traitement, la partie thérapeutique qui explique le projet médical, et les ressources sociales à domicile.

Les patients arrivant en SSR proviennent majoritairement de la clinique de X et du service de médecine du CH de X. La demande pour ces patients désireux de soins SSR est formulée par télécopie avec les mêmes indications que le formulaire pour la médecine. Ces indications aident dans l'anticipation d'accueil des patients. Mais il est à signaler que sur la majorité des formulaires télécopiés, la partie sociale est souvent incomplète, voire erronée. Cette indication nous permet déjà de nous poser la question du défaut de remplissage de cette rubrique sociale qui, en gériatrie, est indispensable à connaître pour permettre une prise en charge de qualité pour la personne âgée.

- **Schéma récapitulatif des modes d'entrée des patients en médecine et en soins de suites et réadaptation à l'hôpital X**

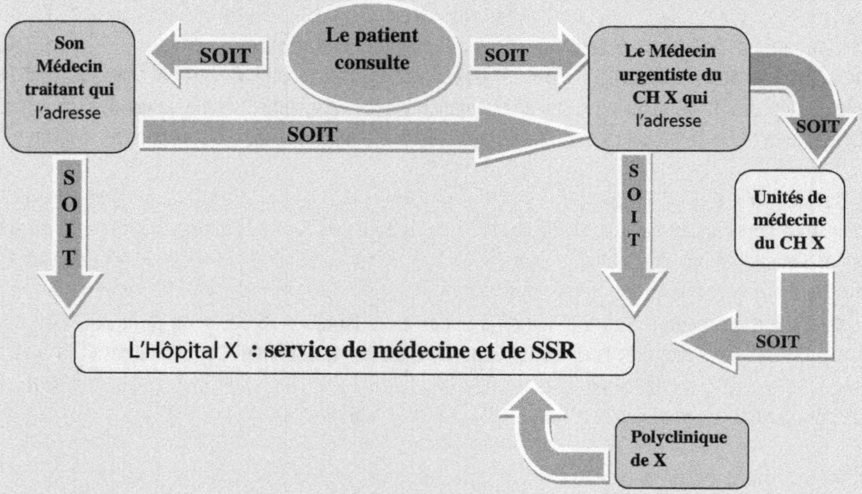

- **La préparation du devenir du patient pendant l'hospitalisation dans les unités de soins de l'hôpital X**

Comme cela a été notifié dans ce document, dans la partie profil du secteur sanitaire, il y a des temps de rencontre institutionnalisés, comme la réunion d'orientation qui se déroule hebdomadairement afin de préparer le parcours et le projet de soins du patient dans l'unité. Pendant cette réunion, les médecins, les rééducateurs, l'assistante sociale et les cadres de l'hôpital exposent les problématiques de santé du patient, le projet médical, le projet de soins et le projet social. Sur ce dernier item, l'assistante sociale contacte la famille et/ou l'entourage pour recenser les aides et les ressources à domicile. Elle est souvent aidée de l'ergothérapeute en cas de visite à domicile pour définir la nécessité ou non de travaux d'aménagement du domicile. Il y a aussi des temps de communication et d'information entre le médecin de l'unité et entre le patient, son entourage et son médecin traitant. Ce dernier a un rôle prépondérant dans la définition de l'organisation de la sortie du patient.

À la sortie, le patient reçoit le courrier de sortie pour son médecin traitant, les bilans de rééducation rédigés par le kinésithérapeute, et une ordonnance de traitement pour 15 jours. Les intervenants à domicile et les différents services d'aide sont contactés par l'assistante sociale pour convenir d'une date de sortie commune.

La recherche des causes

Pour identifier ces causes, il est pertinent d'utiliser la méthode des 5 M ou diagramme d'Ishikawa, et ainsi hiérarchiser les causes pour tenter d'agir dans la mesure du possible sur une ou deux causes à l'origine de cette problématique dans les unités de soins de l'hôpital X.

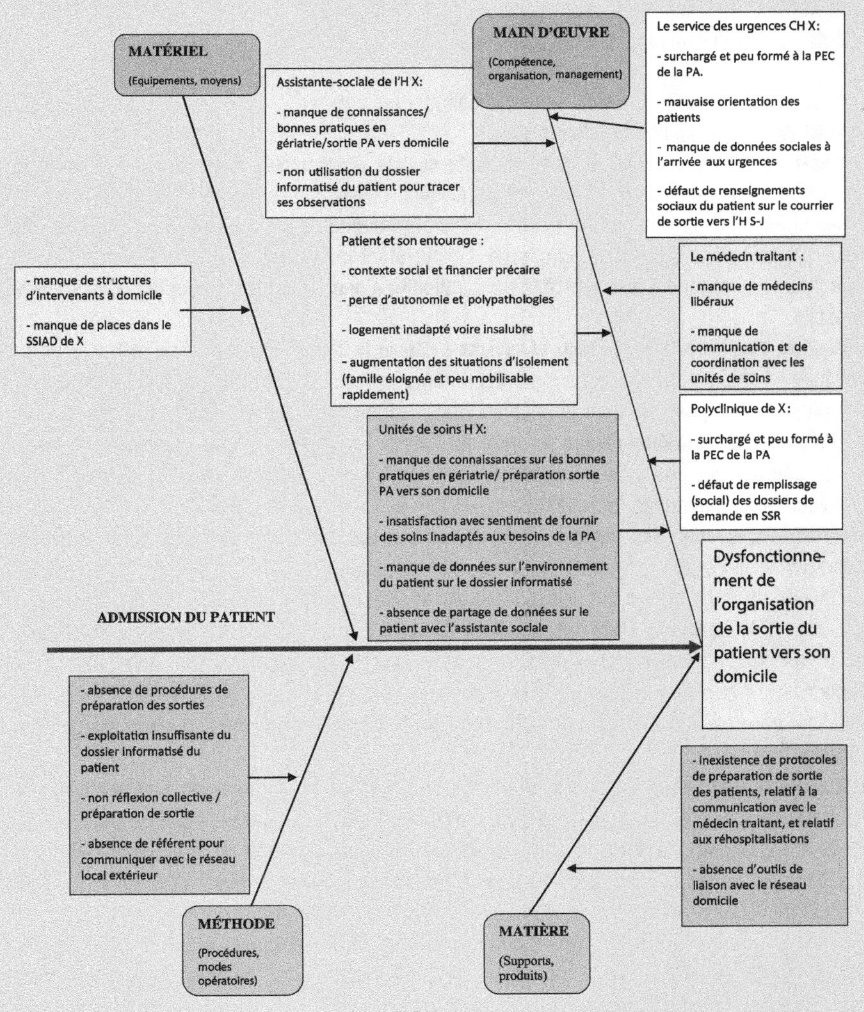

Légende PEC : prise en charge PA : personne âgée

Quelques propositions d'actions

Comme nous venons de le voir, il y a une multitude de causes qui interviennent dans la déficience de préparation de la sortie des patients vers leur domicile après une hospitalisation en médecine ou en soins de suite et réadaptation. Je propose, dans ce travail de réflexion, de nous attaquer directement aux causes internes et inhérentes à l'hôpital X car c'est sur ce terrain que nous pourrons être efficaces. De ce fait, en reprenant l'arbre des causes, je propose de nous focaliser sur les trois familles de causes suivantes : la main-d'œuvre, la méthode, et la matière. Il est vrai que les autres causes nécessitent, elles aussi, d'êtres analysées et traitées mais le laps de temps pour réaliser ce travail ne me permet pas aujourd'hui d'exploiter toutes ces causes.

Il y aurait quatre objectifs à suivre pour appréhender les causes :
• **objectif de communication et d'information :**
- **instaurer une communication entre l'assistante sociale et les unités de soins :** en organisant un temps de transmissions deux fois par semaine avec l'assistante sociale et les équipes de soins dans les unités pour qu'elle puisse recenser avec précision le degré d'autonomie de la personne et les diverses spécificités de prise en charge. Le but étant de connaître avec précision le profil du patient pour ainsi répondre au mieux à la préparation et à une organisation adaptée de la sortie vers le domicile,
- **sensibiliser tous les acteurs de soins et sociaux à utiliser le dossier informatisé du patient** pour tracer leurs observations. Le but est de partager les informations sur le patient sur un seul outil pour ainsi être le plus efficace possible dans la prise en charge et la préparation du retour à domicile,
- **définir en équipe pluridisciplinaire un outil de liaison commun avec les intervenants à domicile.** Cet outil pourrait comporter l'évaluation de l'autonomie de la personne, les spécificités dans les traitements, et les habitudes de la personne,
- **accentuer l'intégration des familles et de l'entourage dans le projet de sortie vers le domicile :** il existe actuellement une rencontre planifiée avec la famille à l'entrée du patient. Cette rencontre, nous l'avons vu dans ce recueil, est réalisée par le médecin de l'unité le jour de l'entrée ou sur rendez-vous si la famille n'habite pas à proximité. De plus, une autre rencontre est ensuite demandée par l'assistante sociale. Cet effort de rencontre avec l'entourage est à améliorer dans le sens où il pourrait y avoir un autre rendez-vous avec le médecin et le cadre du service, en milieu d'hospitalisation, pour connaître et aider les proches face à des problématiques de soins à organiser au domicile ;
• **objectif de sensibilisation aux bonnes pratiques dans la préparation d'un retour à domicile de qualité de la personne âgée :** en tant que cadre de santé de ce secteur sanitaire, il est de mon devoir de sensibiliser les acteurs de soins et sociaux à la préparation du devenir de la personne âgée hospitalisée dans les unités de soins. En effet, cette sensibilisation vise à faire comprendre aux agents et autres intervenants dans l'unité que chaque soignant a un rôle prépondérant dans cette préparation de sortie vers le domicile. Le retard ou l'échec de la sortie peut pousser la personne âgée vers un syndrome de glissement qui se traduit par de la dépression, un refus de s'alimenter, de communiquer, voire un trouble des fonctions cognitives ;

• **objectif d'uniformisation des procédures de préparation de sorties des patients hospitalisés en médecine ou en SSR de l'hôpital de X :** réfléchir en équipe pluridisciplinaire à des outils d'organisation et de préparation de la sortie comme :
- un protocole de planification de sorties,
- un protocole relatif à la communication avec le médecin traitant,
- un protocole concernant les réhospitalisations. Ce dernier protocole pourrait permettre de cibler les patients qui reviennent et d'éviter qu'ils soient réhospitalisés en unités de soins de courte durée. Ces patients pourraient être admis directement en SSR en facilitant les modalités d'entrée dans cette unité. De ce fait, les intervenants sociaux pourraient se charger immédiatement de ces patients et ainsi éviter qu'ils bloquent des lits d'hospitalisation ;

• **objectif de coordination en cas de non-possibilité de retour à domicile : il est important et indispensable de réfléchir à une conduite à tenir** lorsque la personne âgée en hospitalisation ne peut pas regagner son domicile : cette conduite de précaution pourrait permettre d'être réactif rapidement lorsqu'un patient ne peut plus regagner son lieu de vie. Le but de cette anticipation permettrait d'appréhender au mieux les comportements de trois types d'acteurs : le patient, son entourage et les acteurs de soins, pour ainsi éviter qu'ils perçoivent le non-retour à domicile de la personne comme un échec de prise en charge. Cette définition de conduite à tenir doit définir les limites d'un retour à domicile : quand faut-il envisager l'entrée en institution ? Que faire lorsque le plan d'aide n'est pas appliqué par la personne âgée vulnérable (reste à charge important, ou indisponibilité du SSIAD, ou refus de la personne ou de l'entourage) ? Comment tenir compte des souhaits de la personne ? Toutes ces questions pourraient être reprises prochainement en groupe de travail pluridisciplinaire lors de la définition du projet de service en médecine et en SSR.

ATTENTES DU CANDIDAT PAR RAPPORT À LA FORMATION DE CADRE DE SANTÉ

Il est indispensable que le candidat repère en quelques points ses attentes par rapport à la formation en IFCS.

EXEMPLE D'ATTENTES DU CANDIDAT DE SA FORMATION DE CADRE DE SANTÉ

Devenir cadre de santé est une continuation logique de mon parcours professionnel. Face à un système de santé en perpétuelle mutation, se former semble indispensable pour mieux comprendre et concilier l'aspect financier, humain, qualitatif et éthique du soin. La formation permet de prendre conscience de ses aptitudes et de ses connaissances pour pouvoir les compléter et les réajuster. Elle sera pour moi une source de réflexion et de remise en cause de ce que je sais, et de ce que je vais apprendre. Elle m'aidera dans la prise de recul qui est nécessaire lors d'un changement de fonction.

En effet, grâce à la formation en IFCS, je souhaiterais :

- acquérir des concepts et des savoirs en santé publique pour mieux comprendre le secteur sanitaire et social ;
- acquérir des connaissances et des compétences en management et en ressources humaines ;
- être capable de mener une conduite de projets ;
- savoir mener une démarche qualité ;
- améliorer mes capacités pour former et encadrer des étudiants venant des IFSI et aussi le personnel soignant paramédical présent dans les services.

Les stages seront aussi un atout et une source d'enrichissement car ils me permettront de mettre de côté le terrain (l'établissement) que je connais déjà pour pouvoir observer d'autres méthodes de travail. La rencontre avec d'autres professionnels et étudiants en IFCS me permettra d'échanger avec eux sur leurs expériences au quotidien. Cette année de formation me permettra de prendre du recul sur les quelques mois de poste de faisant-fonction que j'ai tenu dans les services.

Au travers de cet exemple de dossier d'admission, vous avez pu saisir les points clés qui doivent figurer dans ce support. Nous allons maintenant passer à la phase de la soutenance de ce dossier devant le jury.

6 | L'ÉPREUVE D'ORAL

CRITÈRES D'ÉVALUATION

Ils concernent trois axes :
• d'abord le dossier en lui-même (généralement sur 5 points) : où l'expérience du candidat est relatée, son implication professionnelle dans l'institution, sa conception de la fonction de cadre. Avec ces éléments seront aussi jugées la clarté d'expression, l'orthographe et la syntaxe du texte ;
• ensuite l'exposé de 10 minutes (généralement sur 3 points) : où le candidat respecte le temps défini, fait preuve de synthèse et d'analyse de son expérience de professionnel. Parallèlement, le jury veille à l'expression et au vocabulaire professionnel utilisé par le candidat ;
• l'entretien de motivation (noté généralement sur 12 points) : où le candidat fait preuve de maturité professionnelle par rapport au métier de base avec une réelle capacité à se positionner au sein d'une équipe, une institution. Le jury va apprécier les capacités du candidat à se projeter en tant que futur cadre de santé en l'interrogeant sur des problématiques sanitaires ou sociales, et à s'impliquer en faisant preuve d'ouverture d'esprit, de curiosité et de créativité.

LES DEUX TEMPS DE L'ÉPREUVE ORALE : L'EXPOSÉ ORAL ET L'ENTRETIEN DE MOTIVATION AVEC LE JURY

Les épreuves d'admission se déroulent souvent en décembre (pour une rentrée en février) ou entre mai et juin (pour une rentrée en septembre).

Cette épreuve orale comporte des critères de sélection attendus par le jury, à savoir :
• élocution claire et compréhensible ;
• vocabulaire adapté et professionnel ;
• prise en considération des remarques du jury ;
• maîtrise de l'émotion ;
• argumentation du point de vue du candidat.

L'exposé oral du projet professionnel

Ce premier temps avec le jury permet au candidat de présenter sur un temps réglementé, soit 10 minutes, son projet professionnel. Il est conseillé de s'entraîner à cet exposé devant votre entourage ou devant un miroir. Vous devez vous chronométrer car le temps est un critère d'appréciation : capacité du candidat à synthétiser son expérience professionnelle dans un temps limité à 10 minutes.

Les quatre autres principaux critères de l'exposé oral sont les suivants :
- présentation et introduction du travail du candidat ;
- enchaînement cohérent des idées du candidat ;
- explication détaillée des axes principaux du dossier ;
- conclusion du candidat qui permet de passer à l'entretien avec le jury.

L'entretien de motivation

Il s'agit d'un entretien individuel avec le jury qui permet au candidat de préciser ses motivations et sa trajectoire professionnelle. Le candidat est invité à argumenter sur son expérience professionnelle et à répondre aux questions du jury pendant un temps défini, soit 20 minutes.

Principaux critères de l'entretien :
- le candidat écoute les questions et remarques du jury ;
- le candidat reformule si besoin les questions du jury ;
- le candidat s'implique dans la discussion avec le jury ;
- le candidat argumente ses réponses.

ANNALES DE CONCOURS CORRIGÉES

PARTIE VII

SUJET N° 1 | SUJET INÉDIT 2021

SUJET

Quand la compassion rend malade

La compassion est une qualité attendue des personnels de soins. On attend qu'ils fassent preuve de sollicitude envers les gens dont ils ont la charge. Mais à force d'être appelée, elle use et fragilise aussi les personnels.

« Bien sûr, il y a tous ces bouts de chou qui viennent nous dire au revoir, un jour. On les a eus pendant des mois, parfois un an ou deux ; on les a vus aller mieux, ou rechuter. On les a entendus rire, jouer, pleurer. Mais au final, ils rentrent chez eux. Ceux-là, ils sont guéris, c'est normal. Au début, ils étaient mon rayon de soleil : quand ça n'allait pas, je pensais à eux et je me disais, c'est normal, c'est à ça que tu sers. Mais là, j'ai du mal. Parce qu'il faut bien l'avouer, on ne les guérit pas tous. On a beau se battre, au début on y croit tous, on se bat ensemble, eux et nous, les soignants. Mais on les sent partir, et on sait qu'eux, ils ne reviendront pas. C'est affreux, on peut rien y faire. Évidemment, on est formées pour ça, gérer la douleur, soutenir les parents... Ce n'est pas dans l'ordre des choses. C'est vrai, on en sauve de plus en plus. Mais quand même... Bon sang, mais avec tout cet argent, avec toute cette science, on n'arrive pas à sauver un gosse ? Ça me révolte. Non, moi, là, j'y arrive plus. »

Jamila est infirmière en oncologie pédiatrique. Comme nombre de ses collègues, elle est à bout. Il faut les entendre, une fois leur interlocuteur apprivoisé, se confier et baisser la garde, pour mesurer toute leur détresse. Malmenés par un système de santé en révolution permanente depuis des décennies, accusés de coûter trop cher et de ne finalement pas soigner aussi bien que cela, les soignants craquent...

Au point qu'une stratégie nationale d'amélioration de la qualité de vie au travail des soignants a été lancée, début décembre 2016, par le ministère de la Santé, sur la base d'un rapport de l'Inspection générale des affaires sociales[1]. Un rapport assez technique qui, malgré quelques propositions, se signale par un grand vide : nulle trace, au long de ses 144 pages, des mots « empathie » ou « compassion »...

Dans nombre de métiers – ceux du *care* notamment –, la compassion est devenue une compétence clé. L'une de celles qui, à côté des compétences théoriques et techniques, permettent de

1. Marie-Ange Desailly-Chanson et Hamid Siahmed (coord.), « Risques psychosociaux des personnels médicaux : recommandations pour une meilleure prise en charge/Mise en responsabilité médicale : recommandations pour une amélioration des pratiques », Inspection générale des affaires sociales, rapport n° 2016-083R, 2016.

faire la distinction entre un professionnel et un bon professionnel. Alors que l'empathie pourrait être résumée à la capacité de percevoir ce que ressent autrui, ses émotions ou sa douleur par exemple, la compassion est cette aptitude non seulement à me laisser affecter par un autre que moi, nous dit Paul Ricoeur[2], mais aussi à me mettre en mouvement pour venir en aide à cet autrui en souffrance, sans me substituer à lui mais en continuant au contraire à lui reconnaître son statut de sujet agissant et autonome. La compassion me fait tendre vers autrui, et cette dimension à la fois relationnelle et intentionnelle se révèle sollicitude, souci d'un autre auquel me relie notre commune vulnérabilité[3]. L'on perçoit bien que ce lien est aussi une ligne de fragilité menaçant de rompre à tout moment, usée à force d'être sollicitée.

Dans la littérature infirmière anglo-saxonne, la fatigue compassionnelle désigne une forme particulière d'usure professionnelle, conceptuellement proche du *burn-out*, d'abord identifiée chez les soignants en soins palliatifs et en oncologie. C'est le contact prolongé avec la souffrance d'autrui, à l'occasion de laquelle le soignant manifeste divers symptômes tels que colère, dépression et apathie[4]. Cette conception, dans laquelle le mot « fatigue » traduit bien l'impossibilité de continuer, relève donc de la « charge émotionnelle » ou des « exigences émotionnelles », dans une perspective psychologique relativement discrète, si ce n'est pour souligner le sentiment d'impuissance, sur la passivation, l'impossibilité à pouvoir agir sur les souffrances rencontrées, induites par l'organisation du travail.

Qu'elle soit prise dans cette acception très large ou en recourant, comme Charles Figley, à la psychotraumatologie, la fatigue compassionnelle s'accompagne d'un sentiment d'impuissance, de confusion, et d'une sensation d'isolement voire d'abandon de la part des soutiens institutionnels. La fatigue compassionnelle résulterait ainsi à la fois d'un *burn-out* et d'un traumatisme secondaire[5]. À la différence de la fatigue compassionnelle, le *burn-out* n'altérerait pas la vision du monde du soignant. Mais parce qu'il fragilise le soignant, il peut le rendre plus sensible aux traumatismes vicariants, donc ouvrir la voie à la fatigue compassionnelle.

Pour ajouter à la confusion, la fatigue compassionnelle offre une symptomatologie aussi hétéroclite que le *burn-out* : épuisement résistant au repos, troubles du sommeil (insomnie ou hypersomnie), maux de tête et de dos, tensions musculaires, troubles gastro-intestinaux, etc., tous symptômes d'une gravité isolément limitée, mais ayant valeur de signaux d'alerte. Sur le plan psycho-comportemental, l'épuisement émotionnel est l'un des signes les plus caractéristiques, mais d'autres signes, tout aussi peu spécifiques, peuvent être évocateurs : apparition ou renforcement de la compulsivité sur un mode addictif (alcool, tabac, fuite dans le travail, achats compulsifs,

2. Paul Ricoeur, *Soi-même comme un autre*, Seuil, 1990.
3. Agata Zielinski, « La compassion, de l'affection à l'action », *Études*, n° 410, 2009/1.
4. Carla Joinson, « Coping with compassion fatigue », *Nursing*, vol. XXII, n° 4, avril 1992.
5. Beth H. Stamm, *The ProQOL Manual. The professional quality of life scale : Compassion Satisfaction, Burn-out and Compassion fatigue/Secondary trauma scales*, Sidran Press, 2005.

boulimie...), absentéisme, irritabilité, mise à distance (physique et symbolique) des patients, difficultés relationnelles, mésestime de soi, dégradation de la sympathie et de l'empathie, images mentales perturbatrices, pessimisme, retrait social...

Si l'exercice d'une profession érigeant l'empathie au rang de valeur première et le contact avec des personnes en souffrance constitue un facteur de risque de fatigue compassionnelle, deux autres facteurs méritent d'être plus spécifiquement signalés. La confrontation à la souffrance des enfants expose à des récits des scènes éprouvantes plus crus, plus directs, moins euphémisés ou policés, donc moins symbolisés que les discours adultes – ce qui concerne principalement les travailleurs humanitaires et les professionnels de l'action médico-socio-psychologique ou sociojudiciaire. Carole est assistante sociale dans une association qui vient en aide aux jeunes enfants victimes de maltraitance et d'abus : « *Je fais ce boulot depuis plus de dix ans. Je m'accroche mais honnêtement, je ne sais plus très bien à quoi je sers... On reçoit de plus en plus de dossiers, parfois on n'a même pas le temps de recevoir les gamins, ou de retourner les voir quand on les connaît un peu. Toutes ces histoires sordides, j'y arrive plus. Mais dans quel monde on vit ? Et qu'est-ce qu'on fait, au fond, pour les aider ? J'ai beau me débattre pour leur trouver un hébergement, une école, je les sens tellement malheureux, tellement en colère, et en même temps, tellement paumés. J'en fais des cauchemars, des trucs qu'ils m'ont racontés de ce qui leur était arrivé, comme ça, cash, et que je vois en rêve. En général, ça fout ma journée en l'air...* » Autre facteur de risque : les failles préexistantes du soignant, par exemple une tendance anxio-dépressive ou des traumatismes personnels passés non résolus, que la souffrance de la personne aidée vient rouvrir et actualiser. Le terme de fatigue d'empathie (*empathy fatigue*) a d'ailleurs été proposé, plus platement il est vrai, en mettant l'accent sur l'érosion de la capacité de résilience et de *coping*[6].

Mais ces approches psychologiques ne rendent qu'imparfaitement compte de la complexité du phénomène. Lorsque la compassion rend malade, c'est peut-être parce que la compassion est elle-même malade, c'est-à-dire tiraillée en des forces contraires.

P. Ricoeur pensait la compassion comme une émotion qui met en mouvement vers l'autre. En remontant le cours du processus, il faut envisager l'hypothèse d'une compassion qui ne parvient pas à se manifester parce qu'elle est entravée par des freins organisationnels, et l'on pourrait alors parler de « compassion empêchée » à l'instar du travail ou de la qualité empêchés. Il arrive aussi que l'aptitude à ressentir de la compassion soit émoussée : un des mécanismes de résistance aux épreuves psychologiques (la souffrance d'autrui) peut se manifester par la déshumanisation de la relation, le cynisme, la froideur affective, parfois dissimulée sous le masque du professionnalisme et de la distanciation, ou la résignation.

6. Mark A. Stebnicki, « Stress and grief reactions among rehabilitation professionals. Dealing effectively with empathy fatigue », *Journal of Rehabilitation*, vol. LXVI, n° 1, janvier-mars 2000, et *Empathy Fatigue. Healing the mind, body, and spirit of professional counselors*, Springer, 2008.

L'émoussement de la compassion met paradoxalement en lumière les bénéfices que le soignant peut retirer de sa relation avec le soigné : estime de soi, sens du travail bien fait, satisfaction au travail... Du coup, la fatigue de compassion peut aussi être lue comme le produit de stratégies de survie face à la souffrance. Elles conduisent à développer un vécu de fardeau, d'épuisement et d'inquiétude, mais aussi de ressentiment, de négligence ou de rejet, plutôt que d'être liées à l'empathie. Dans ce syndrome du sauveur, ou complexe du saint-bernard, se manifeste en réalité une codépendance du sauvé et du sauveur. L'action du sauveur traduit aussi un désir narcissique, tout comme celui d'exercer son pouvoir et son emprise sur autrui.
Dans son lien ténu avec le narcissisme, la compassion est une énergie fossile, qui ne se renouvelle que si elle est régulièrement réalimentée à des sources multiples, qui ne relèvent pas du seul individu mais exige aussi du soutien organisationnel, les preuves de reconnaissance matérielle, sociale et symbolique[7].

Philippe Zawieja,
Sciences Humaines n° 293 - juin 2017,
article mis à jour le 2 mai 2017.

Questions

1. Dégagez les idées principales du texte.
2. Argumentez-les en vous référant à votre expérience professionnelle.

CORRIGÉ

1. Comprendre la consigne

Dans cette consigne, le candidat doit faire un commentaire de texte, c'est-à-dire qu'il doit d'abord faire une synthèse du texte en retenant les idées principales tout en les analysant. Pour donner de la plus-value à son commentaire, le candidat donnera son point de vue sur ces idées en argumentant avec son expérience professionnelle et/ou ses connaissances.

7. Johannes Siegrist et Morten Wahrendorf (dir.), *Work Stress and Health in a Globalized Economy. The model of effort-reward imbalance*, Springer, 2016

2. Lire le texte

Auteur : Philippe Zawieja est un chercheur associé au centre de recherches sur les risques et les crises à l'école des Mines et à l'université de Sherbrooke (Québec).
Titre : « Quand la compassion rend malade » donne le thème du texte. Il s'agira dans cet article de démontrer que la compassion a des effets négatifs sur la personne qui en fait preuve.
Chapô : « *La compassion est une qualité attendue des personnels de soins. On attend qu'ils fassent preuve de sollicitude envers les gens dont ils ont la charge. Mais à force d'être appelée, elle use et fragilise aussi les personnels.* » Le chapô donne la problématique de l'auteur.
Registre : analytique, interrogatif et démonstratif.

3. Relever les idées principales du texte et les analyser

Paragraphe(s)	Idées principales du texte	Analyse
Chapô du texte	« *La compassion est une qualité attendue des personnels de soins. [...] Mais à force d'être appelée, elle use et fragilise aussi les personnels.* »	La compassion est primordiale dans les soins. La compassion a des effets négatifs sur la personne qui en fait preuve. Elle fragilise son auteur.
L. 1-11	Extrait du témoignage d'une soignante, Jamila, infirmière en oncologie pédiatrique.	La saturation d'une soignante devant l'échec de guérison de certains enfants. Le système de santé qui coûte cher, échec de guérison des patients, les soignants craquent.
L. 12-21	« *[...] une stratégie nationale d'amélioration de la qualité de vie au travail des soignants a été lancée, début décembre 2016, par le ministère de la Santé, sur la base d'un rapport de l'Inspection générale des affaires sociales.* »	Le rapport qui est sorti est technique, sans aucune mention des besoins relationnels comme l'empathie ou compassion.

Paragraphe(s)	Idées principales du texte	Analyse
L. 22-32	Le métier du « *care* » nécessite une compétence relationnelle, « *la compassion* ». « *[...] l'empathie pourrait être résumée à la capacité de percevoir ce que ressent autrui, ses émotions ou sa douleur par exemple, la compassion est cette aptitude non seulement à me laisser affecter par un autre que moi, nous dit Paul Ricoeur, mais aussi à me mettre en mouvement pour venir en aide à cet autrui en souffrance, sans me substituer à lui mais en continuant au contraire à lui reconnaître son statut de sujet agissant et autonome.* »	La compétence relationnelle liée à la compassion permet de confirmer qu'un professionnel est un bon professionnel. La compassion, par rapport à l'empathie, est cette compétence à pouvoir agir pour aider celui qui est en souffrance tout en le considérant en tant que sujet acteur de sa vie et autonome. La compassion, par sa dimension à la fois relationnelle et intentionnelle, se révèle sollicitude. Ce lien de sollicitation avec l'autre est une ligne fragile qui risque de rompre si elle est trop sollicitée.
L. 33-48	La littérature anglo-saxonne qualifie ce malaise du soignant de « fatigue compassionnelle ». La fatigue compassionnelle résulterait ainsi à la fois d'un *burn-out* et d'un traumatisme secondaire.	Devant le sentiment d'impuissance, la passivation, l'impossibilité à pouvoir agir sur les souffrances rencontrées, induites par l'organisation du travail, le soignant subit une charge émotionnelle intense qualifiée de fatigue compassionnelle. Cet état désigne une forme particulière d'usure professionnelle caractérisée par la colère, la dépression, l'apathie, et une sensation d'isolement voire d'abandon de la part des soutiens institutionnels. Le *burn-out* fragilise le soignant et le pousse vers la fatigue compassionnelle.
L. 49-58	La fatigue compassionnelle offre une symptomatologie aussi hétéroclite que le *burn-out*. Sur le plan psycho-comportemental, l'épuisement émotionnel est l'un des signes les plus caractéristiques.	La fatigue compassionnelle se manifeste par les mêmes symptômes que le *burn-out* mais avec un épuisement émotionnel intense.

Paragraphe(s)	Idées principales du texte	Analyse
L. 59-78	Au-delà des facteurs de risque de souffrance auxquels sont exposés les soignants, deux autres facteurs de risque sont à prendre en compte : le contact de certaines professions médico-sociales avec les enfants et les professionnels ayant une histoire personnelle anxio-dépressive ou traumatiques non résolus.	Ces deux facteurs de risque renvoient à la faculté du soignant de faire preuve de résilience et de *coping* : • les travailleurs humanitaires et les professionnels de l'action médico-socio-psychologique ou sociojudiciaire auprès des enfants, exposés à des récits de scènes éprouvantes plus crus, plus directs, moins euphémisés ou policés, donc moins symbolisés que les discours des adultes ; • les professionnels ayant une histoire personnelle fragile et non résolue.
L. 79-81	« *Mais ces approches psychologiques ne rendent qu'imparfaitement compte de la complexité du phénomène. Lorsque la compassion rend malade, c'est peut-être parce que la compassion est elle-même malade, c'est-à-dire tiraillée en des forces contraires.* »	
L. 82-89	La compassion est elle-même malade.	Il y a deux types de compassion : la compassion empêchée (par les organisations) et la compassion émoussée (par les soignants eux-mêmes).
L. 90-97	L'émoussement de la compassion	L'émoussement de la compassion est un remède pour le soignant pour l'empêcher de sombrer dans la fatigue compassionnelle.
L. 98-101	Conclusion de l'auteur	La compassion doit être renouvelée et alimentée pour éviter qu'elle sature, d'où le devoir des pouvoirs organisationnels.

Proposition de synthèse

(Introduction)

Cet article, paru dans le magazine *Sciences Humaines* n° 293 de juin 2017 et intitulé « Quand la compassion rend malade » est écrit par Philippe Zawieja, chercheur associé au centre de recherches sur les risques et les crises à l'école des Mines et à l'université de Sherbrooke (Québec). *(Problématique)* La compassion est une qualité attendue des personnels de soins. On attend qu'ils fassent preuve de sollicitude envers les gens dont ils ont la charge. Mais à force d'être exercée, elle use et fragilise aussi les personnels. *(Annonce du plan)* Pour répondre à cette problématique, l'auteur explique d'abord ce que sont la compassion et la notion de fatigue compassionnelle pour ensuite dresser les facteurs de risques qui engendrent ce type de fatigue compassionnelle. Enfin, l'auteur précise les variantes de la compassion et leurs effets sur le professionnel.

(Développement)

Face à un système de santé en perpétuel mouvement, onéreux et qui ne garantit pas toujours la guérison des patients, les soignants craquent. Ajoutons à cela que le rapport de l'Inspection générale des affaires sociales commandé par le ministère des Solidarités et de la Santé en 2016 reste technique, sans aucune mention des besoins relationnels comme l'empathie ou la compassion dans le travail des soignants. La compétence relationnelle liée à la compassion permet de confirmer qu'un professionnel est un bon professionnel. Cette compassion se différencie de l'empathie : elle est cette compétence à pouvoir agir pour aider celui qui est en souffrance tout en le considérant en tant que sujet acteur de sa vie et autonome dans ses choix. Cette compassion, par sa dimension à la fois relationnelle et intentionnelle, correspond à la sollicitude. Ce lien de sollicitation avec l'autre est une ligne fragile qui, lorsqu'elle est trop stimulée, risque de rompre en entraînant une charge émotionnelle intense appelée la fatigue compassionnelle.
En effet, devant le sentiment d'impuissance, la passivation, l'impossibilité à pouvoir agir sur les souffrances rencontrées, induites par l'organisation du travail, progressivement le soignant se trouve dans un état de *burn-out*. La particularité de ce syndrome est que sur le plan psycho-comportemental, sa victime est dans un état d'épuisement émotionnel intense appelé communément la fatigue compassionnelle. Cette forme particulière d'usure professionnelle se caractérise par la colère, la dépression, l'apathie, et une sensation d'isolement voire d'abandon de la part des soutiens institutionnels avec des facteurs de risque divers.

Au-delà des facteurs de risque de souffrance auxquels sont exposés les soignants, deux autres facteurs de risque sont prépondérants, associés à deux catégories de professionnels : les

travailleurs humanitaires et professionnels de l'action médico-socio-psychologique ou sociojudiciaire auprès des enfants, exposés à des récits de scènes éprouvantes, ainsi que les professionnels ayant une histoire personnelle fragile et non résolue. Il est clair que ces deux facteurs de risque renvoient à la faculté du soignant à faire preuve de résilience et de *coping*. Mais ces approches psychologiques ne rendent qu'imparfaitement compte de la complexité de ce phénomène. Lorsque la compassion rend malade, c'est peut-être parce que la compassion est elle-même malade, c'est-à-dire tiraillée en des forces contraires.
Paul Ricoeur pensait la compassion comme une émotion qui met en mouvement vers l'autre. Cette compassion peut être biaisée par deux éléments : la compassion est dite « empêchée » lorsque les organisations la freinent ; la compassion est dite « émoussée » lorsqu'elle est manifestée par les soignants eux-mêmes, car ils en retirent des bénéfices tels que l'estime de soi, le sens du travail bien fait, la satisfaction au travail... Cette dernière compassion émoussée devient ainsi une stratégie de survie face à cette souffrance et instaurant un rapport de pouvoir sur autrui.

(Conclusion)

Cette compassion qui est une compétence fondamentale dans le prendre-soin est un élément qui doit être en permanence nourri et soutenu par les institutions.

Proposition de commentaire personnel

Dans cette partie, vous devez reprendre les idées principales du texte et les confronter à votre expérience professionnelle et/ou vos connaissances personnelles. Il faut rédiger un commentaire construit avec une introduction, un développement et une conclusion.

(Introduction)

(Phrase d'accroche) L'épidémie de la Covid-19 a démontré la place fondamentale que tiennent les acteurs de santé dans la prise en charge des patients. Applaudis tous les soirs à 20 heures, ces derniers se sont sentis le temps d'un instant, soutenus et reconnus dans ce métier tant oublié et méprisé. Pour faire face à une charge émotionnelle croissante, les soignants se créent des stratégies telles que le soutien mutuel, l'expression de leur malaise, le travail d'équipe. Lorsque ces stratégies deviennent inefficaces et engendrent des troubles psychosomatiques, il devient urgent de les prendre en charge tout en instaurant une démarche en amont pour les éviter voire les accompagner. Tout en reprenant le concept de fatigue compassionnelle explicité par Philippe Zawieja, nous définirons la compassion et nous essayerons de proposer des pistes de solution que le cadre de santé peut mettre en place pour aider les équipes.

(Développement)

(Première partie : la compassion)

La compassion est la forme de souffrance générée par le prendre-soin, c'est-à-dire cette compétence à savoir souffrir-avec. La compassion n'est pas innée et s'apprend en situation. Par exemple, chez les étudiants infirmiers face à un patient malade, apparaît la peur, l'anxiété, le rejet de certaines situations invivables pour l'étudiant. Lorsque l'infirmier aura acquis de l'expérience, cette compassion se manifestera en tenant compte des impératifs organisationnels, tels que le manque d'effectifs qui va conduire les équipes à banaliser certaines situations de souffrance pour ne pas tomber dans le piège de l'épuisement. Ou encore la surcharge de travail qui va pousser les équipes à travailler vite. Cet empressement va engendrer du surmenage, de l'irritabilité, des risques d'erreur chez le soignant.

Il faut ajouter que ce travail de compassion fait partie du travail invisible du soignant. Il n'est ni mesurable ni palpable. Il transparaît lorsque les patients l'expriment aux soignants en leur manifestant des phrases de reconnaissance. Mais au-delà des patients, les institutions quant à elles sont dans une dimension d'évitement qui cultive cet état de fatigue compassionnelle.

Face à toutes ces contraintes organisationnelles, les équipes vont tenter de se créer des alternatives de fuites pour ne pas sombrer dans l'épuisement émotionnel. Malheureusement le seuil de tolérance à la souffrance peut devenir fragile, entraînant pour certains une fatigue compassionnelle. Quel pourrait être le rôle du cadre de santé pour aider les équipes à surmonter cet état émotionnel ?

(Deuxième partie : les pistes de solution que le cadre de santé peut mettre en place pour aider les équipes)

Les sources de souffrance sont considérées comme inhérentes aux situations de travail à l'hôpital.

La **surcharge de travail** est une problématique actuelle et quotidienne au sein de la profession infirmière. Elle a des répercussions néfastes sur le personnel infirmier et aide-soignant. Le cadre de santé devra être vigilant à la charge de travail ainsi qu'aux heures de travail supplémentaires. Le maître mot est d'être raisonnable dans l'organisation des soins. Un soignant volontaire finira par céder un jour ou l'autre face à cette surcharge affective. Le cadre de santé doit comprendre cette éventualité et tout mettre en œuvre pour l'anticiper.

La **violence physique** en milieu de travail constitue également une difficulté que peut rencontrer le personnel infirmier et aide-soignant. Face à ces phénomènes intolérables, il est du devoir du cadre de santé de dénoncer ces comportements et de relayer ces agissements à sa hiérarchie pour que des mesures soient prises en matière de sécurité des soignants.

Le **harcèlement psychologique** est lui aussi d'actualité au sein de la profession infirmière et aide-soignante. Ce harcèlement n'est pas toujours rapporté, entraînant progressivement chez sa victime

un stress significatif qui va en s'accentuant et provoque un état de mal-être généralisé. Le rôle du cadre est de sensibiliser les équipes à exprimer ces comportements qui sont intolérables dans le milieu du travail.
Les **tensions psychiques et le stress** sont engendrés par l'obligation de prodiguer des soins et des services faisant preuve d'une haute technicité et de compétences relationnelles. Le rôle du cadre de santé est d'être la première interface de soutien et d'écoute des équipes. La relation du cadre de santé avec ses équipes est une base dans le management humain et bienveillant.

(Conclusion)

La compassion est une base dans le prendre-soin. Elle n'est possible que si elle est alimentée régulièrement par les organisations institutionnelles. Le cadre de santé a toute la légitimité dans cette démarche de la compassion chez les soignants : cela va du soutien à la reconnaissance des équipes.

SUJET N° 2| SUJET INÉDIT 2020

SUJET

L'entreprise libérée, réalité ou imposture ?

Une entreprise libérée de la hiérarchie et qui laisserait les salariés décider eux-mêmes de leurs conditions et méthodes de travail : cette utopie managériale a été mise en œuvre et racontée par Isaac Getz et Brian Carney. Qu'en est-il vraiment ?

Qu'est-ce que « l'entreprise libérée » ? D'abord un slogan, une formule choc lancée par Isaac Getz et Brian Carney dans un livre manifeste : *Liberté & Cie. Quand la liberté des salariés fait le succès des entreprises*[1]. Paru en 2009, ce livre est devenu un best-seller du management en quelques mois. Dans le sillage de ce succès, le concept d'entreprise libérée a fait l'objet de dizaines d'articles de presse, de reportages TV[2] et a suscité un réel engouement sur les réseaux sociaux. L'entreprise libérée repose sur une idée simple. Il faut en finir avec l'entreprise taylorienne, pyramidale et bureaucratique, et apprendre à faire confiance aux salariés : ce sont les mieux à même de savoir comment bien faire leur travail, résoudre les problèmes et innover. Dès lors qu'on les libère des consignes tatillonnes, contrôles, règles et directives de toutes sortes, ils s'en sortent très bien. Tout le monde y gagne ; les salariés sont plus heureux, les clients satisfaits et les dirigeants comblés... car les bénéfices sont au rendez-vous. « La liberté, ça marche », affirment sans ambages I. Getz et B. Carney.

Comment ne pas y avoir pensé plus tôt ! Libérer l'entreprise des hiérarchies inutiles, l'idée devrait plaire à tous, notamment aux salariés qui sont les premiers concernés. Ce qui est un peu gênant, c'est que les salariés sont les grands absents de *Liberté & Cie*. Les seuls à avoir la parole et à vanter les mérites de la formule sont une poignée de « *leaders* libérateurs » et de consultants qui promeuvent la formule.

Et si l'on donnait la parole aux salariés ?

Liberté & Cie est composé comme un bon storytelling. Une intrigue : l'entreprise étouffe sous la hiérarchie ; une solution : libérer les salariés ; et quelques exemples de réussites exemplaires.

1. Isaac Getz et Brian Carney, *Liberté & Cie. Quand la liberté des salariés fait le succès des entreprises*, 2009, trad. fr. Flammarion, 2012.
2. Martin Meissonnier, *Le Bonheur au travail*, Arte, 24 février 2015 et 20 Heures de TF1, reportage sur ChronoFlex, 8 avril 2015.

Entrons dans le détail. La formule de l'entreprise libérée repose sur quatre étapes :
1) « *Cesser de parler et écouter les salariés.* » Pour cela, il faut commencer par supprimer les symboles du pouvoir (c'est-à-dire renoncer aux symboles qui marquent les différences entre direction et salariés).
2) « *Partager ouvertement et activement sa vision de l'entreprise pour permettre aux salariés de se l'approprier.* »
3) « *Arrêter d'essayer de motiver les salariés.* » Dès lors qu'ils sont libres d'agir, la motivation des salariés est au rendez-vous.
4) « *Rester vigilant.* » Le dirigeant libérateur doit veiller à ce qu'il n'y ait pas de dérive. Voilà pour les grands principes.
Concrètement, comment ça marche ? En fait, il n'y a pas de modèle, ni d'organisation unique. Chacun doit se débrouiller en fonction du contexte. À défaut de recette, I. Getz et B. Carney nous présentent des cas emblématiques d'entreprises libérées : Harley-Davidson, Gore, GSI, Sun Hydraulics, Sea Smoke Cellar, FAVI.
Gore, par exemple, est une entreprise de textile américaine qui a mis au point Gore-Tex (tissu révolutionnaire dont sont faits les vêtements sportifs). L'entreprise compte 10 000 salariés dans 45 pays. L'unité de base de la firme est formée d'unités de production de 250 personnes maximum, qui sont relativement autonomes et dirigées par un « *leader* naturel » désigné au sein de l'équipe. L'évaluation des salariés est collégiale (chacun note les autres).
Harley-Davidson a fait sa révolution interne à partir de 1987… La célèbre fabrique des motos mythiques fait partie des entreprises libérées. La firme a connu une crise profonde dans les années 1980. Après une restructuration et une forte réduction des effectifs, le dirigeant Richard Tirekink a impulsé une réorganisation. L'entreprise est désormais divisée en trois grands cercles fonctionnels : le cercle « Produire » (qui regroupe les fonctions de conception, production et gestion), le cercle « Créer la demande » (qui regroupe les fonctions marketing et commerciales), et le cercle « Support » (qui regroupe les fonctions administratives, la gestion, les RH). Les cercles ne sont pas structurés en une unité hiérarchique précise ; les *leaders* sont multiples (en fonction de leurs compétences) et tournent. Le comité de direction (*leadership and strategy conseil*) est formé des *leaders* issus de chaque cercle. Il conseille le dirigeant (CEO) qui bien sûr, en tant que *leader* suprême, reste maître de ses décisions (il ne faut pas exagérer quand même !).

Interrogations et critiques

La révolution de l'entreprise libérée serait donc en marche. Elle serait en train de « *renverser la pyramide* », de « *faire passer les salariés d'abord* » selon Vineet Nayar, autre gourou de l'entreprise libérée[3]. Voire tout simplement de mettre « *fin au management* », comme le proclamait Gary Hamel.

3. Jean-François Dortier, « Management, les recettes indiennes », *Les Grands Dossiers des sciences humaines*, n° 36, septembre-octobre-novembre 2014.

Devant tant d'enthousiasme, il n'apparaît pas inutile d'écouter quelques voix discordantes. Dans *Faut-il libérer l'entreprise ?* (2016), Gilles Verrier et Nicolas Bourgeois, tout en partageant les buts et méthodes (on n'interroge que les dirigeants !), prennent un peu de distance et tentent une approche un peu plus mesurée de l'entreprise libérée. D'autres sont franchement plus critiques[4]. On peut résumer les critiques à trois grandes catégories.

Première critique : l'entreprise libérée propose d'abattre un système qui n'existe presque plus ! Frederick Taylor est mort il y a un siècle (en 1915). Son modèle d'organisation scientifique du travail, fondé sur la division à l'extrême des tâches, le chronométrage, le salaire à la pièce, a fait l'objet de fortes critiques (dont par exemple, *Le Travail en miettes* de Georges Friedman, 1956). Dans le même temps, les relations humaines, les motivations et l'autonomie des employés commençaient à être prises en compte tant dans la théorie, comme le modèle Y de Douglas McGregor[5], que dans la pratique. En Europe, dès les années 1970 l'industrie automobile expérimentait les équipes semi-autonomes. Les méthodes japonaises d'entreprise non hiérarchique (firme J contre firme H[6]) allaient commencer à se diffuser dans l'industriel. Dans les années 1980, les principes du « management participatif[7] » fondés sur la logique des projets et l'élargissement des compétences des salariés, faisaient leur chemin. L'entreprise libérée enfonce donc à grands coups de boutoir des portes déjà largement ouvertes. Cela ne veut pas dire que la hiérarchie et les prescriptions ont disparu, mais elles ont pris un nouveau visage.

Une nouvelle bureaucratie est apparue au cours des deux dernières décennies, liée à l'essor des modes de contrôle de gestion, des normes de qualité, des outils informatiques, mais ces nouvelles normes et directives sont imposées en large partie par des contraintes institutionnelles, comme les normes de qualité et les normes comptables. Leur suppression ne dépend pas de la seule bonne volonté de « *leaders* libérateurs ».

4. Voir par exemple Métis, dossier « L'entreprise libérée », www.metiseurope.eu/

5. Douglas Murray McGregor (1906-1964) : il oppose deux visions de l'homme au travail et des pratiques managériales associées. Selon la théorie X, les salariés sont des partisans du moindre effort et le travail est guidé par la carotte (la récompense) et le bâton (la sanction). Selon la théorie Y, les salariés aiment leur travail dès lors qu'on leur accorde de l'autonomie. Le salarié à qui l'on fait confiance devient un vrai collaborateur qui cherche à donner spontanément le meilleur sans qu'il y ait besoin de le contrôler. McGregor est l'auteur de *The Human Side of Enterprise* (1960).

6. Firmes J et H : le japonais Masahico Oaki (né en 1938) a conçu une théorie du management à la japonaise (firme J) qu'il distingue de la firme H (occidentale). La firme H est hiérarchique et pyramidale. La firme J (comme japonaise) fonctionne sur un mode horizontal : flexibilité des compétences, transfert d'information entre unités sans passer par la hiérarchie. L'insertion des salariés repose sur un engagement à long terme de l'entreprise, des rémunérations supérieures à celles du marché (salaire d'efficience). M. Oaki considère qu'une grande partie des relations dans l'entreprise ne fonctionnent pas sur un contrat donnant/donnant mais sur une « poignée de main invisible » – accords tacites, confiance réciproque qui sont des rouages indispensables des relations sociales.

7. Management participatif : méthode de management apparue dans les années 1980 et fondée sur la participation du personnel. L'autonomie, la responsabilité et l'esprit d'équipe s'opposent à une vision hiérarchique et disciplinaire de l'organisation. L'intérêt pour les groupes de qualité, de projet, de culture d'entreprise... participe de ce courant managérial. L'un des livres phare de ce courant est *Le Prix de l'excellence* de Tom Peters et Robert Waterman (1983).

Tout le pouvoir au... *leader* libérateur

L'autre critique vient de François Geuze, directeur du master management des RH de Lille. Pour lui, l'entreprise libérée se situe à mi-chemin entre la « *stratégie de communication et l'imposture*[8] ». Il récuse l'idée que l'on puisse se débarrasser aussi aisément des « *fonctions supports* » comme les RH, envisagées par les hérauts de l'entreprise libérée comme de purs parasites. (« *Les RH sont des parasites à l'état pur (...), ils font partie de ces sorciers devins qui sont autogénérés* », affirme Jean-François Zobrist, ex-dirigeant de FAVI[9]). Mais si on supprime les DRH, jugés inutiles, qui va s'occuper de la gestion des carrières, de la formation, des conditions de travail ? Les chefs d'équipe sont-ils à même de traiter eux-mêmes les questions de formation ou d'évolution de carrière ? Pour F. Geuze, la vision caricaturale d'un encadrement qui ne sert « *qu'à la prescription et au contrôle* » est une façon de renforcer le pouvoir du *leader* « *petit père des peuples* ».

Car la suppression du contrôleur ne veut pas dire suppression du contrôle. « *La logique pernicieuse de l'entreprise libérée est qu'elle prône l'autocontrôle (...). Mais celle-ci peut bien vite glisser vers le contrôle de tout le monde par tout le monde, chacun des membres d'une équipe étant en permanence sous le contrôle de l'ensemble de ses membres.* »

Une entreprise où chacun doit partager et endosser les objectifs du *leader* répond à une logique de secte, celle d'un groupe soudé autour de valeurs communes ou toute déviance ou avis divergent n'ont guère de place (voir encadré).

Pour Hubert Landier, spécialiste des relations sociales, « *le succès de l'entreprise libérée est de reposer sur une critique générale et abstraite du taylorisme* », qui récupère à peu près tous les leitmotivs actuels du management sur le bonheur au travail, la reconnaissance des salariés, la critique de la bureaucratie. En réalité, cette notion dissimule habilement « *un concept mou, ou un mot-valise, qui évoque plus qu'il n'explicite*[10] ».

L'entreprise libérée doit son succès au fait qu'elle surfe sur des aspirations profondes des salariés. Mais ce n'est pas le moindre des paradoxes que les livres et documentaires qui lui sont consacrés ne leur laissent pas la parole. Comment mesurer les forces et limites d'une formule qui prétend libérer les salariés, mais ne s'en tient pour cela qu'à une poignée de *leaders* libérateurs et des consultants qui en font la réclame ?

---

8. François Geuze, « L'entreprise libérée, entre communication et imposture », www.parlonsrh.com/entreprise-liberee-entre-communication-et-imposture/
9. Propos diffusés dans *Le Bonheur au travail*, op. cit.
10. Hubert Landier, « Entreprise libérée : la fausse idée neuve », www.regard-hubertlandier.fr

FAVI, UN « MODÈLE » AUTOPROMU...

L'entreprise FAVI, installée en Picardie, emploie près de 400 personnes qui fabriquent des pièces détachées pour l'industrie automobile. Au milieu des années 1970, un nouveau dirigeant, Jean-François Zobrist, en a pris les commandes. Quelques mois après son arrivée, il a réuni ses salariés et leur a tenu ce discours révolutionnaire : « *Ça fait neuf mois que je suis parmi vous et que je vous regarde, et que je vois des gens courageux, de grands professionnels qui aiment leur métier, mais qu'on empêche de bien travailler. J'en suis arrivé à la conclusion que des gens comme vous, qui ont vos qualités, n'ont plus besoin de carotte, ni de bâton, d'ailleurs.* » Puis il a énoncé les nouveaux principes qui allaient désormais gouverner l'entreprise. Fin du bâton : suppression des pointeuses, qui seront démontées, et des sonneries (si on arrive en retard, on prévient le chef et on rattrape). Fin des carottes : les primes sont supprimées et intégrées au salaire. La hiérarchie sera réduite à deux niveaux ou lieu de cinq. Chaque équipe sera pilotée par un *leader* (issu du rang). Les opérateurs régleront eux-mêmes leur machine. Ils seront amenés à proposer des améliorations. La confiance sera donc le maître mot. « *Avoir foi en l'homme* », tel est le credo affiché de J.F. Zobrist. Et ça a marché ! L'entreprise FAVI reste aujourd'hui l'un des *leaders* mondiaux dans son domaine. L'entreprise fait des profits. Les salariés reçoivent un intéressement (il est vrai modeste par rapport aux juteux bénéfices dégagés pour les actionnaires). Comment ne pas applaudir ?

L'autre visage de FAVI

Mais il existe aussi une autre version de l'histoire. Certes, les ouvriers ne pointent plus ; ils règlent eux-mêmes leur machine. Mais est-ce vraiment aussi révolutionnaire ? J.-F. Zobrist n'a fait qu'introduire un type de management à la japonaise des années 1970, très largement importé dans de nombreux secteurs, avec les équipes semi-autonomes. Mais la loyauté des salariés repose aussi sur l'existence d'une norme de groupe très forte, fondée sur l'autocontrôle des salariés entre eux. Tout dissident est mis au ban, et l'omniprésence du « *leader* libérateur » fait songer au gourou d'une secte... Dans un document interne chargé de décrire les règles de fonctionnement de l'entreprise, daté de 1996, on peut lire ceci : « *Le but de la démarche est de faire de l'entreprise une niche (un lieu d'appartenance), de façon à ce que chacun s'y comporte avec autant de dévouement spontané et ludique que dans SA chorale ou SON équipe de foot. (...) Les grands maîtres de l'effet de niches sont les militaires et les sectes diverses, qui utilisent des ficelles énormes mais efficaces qui datent du système tribal - permanence du "chef". Si le "chef" change tous les cinq ans, au nom du sacro-saint plan de carrière, ce n'est pas la peine d'aller plus loin (...). Valeurs communes édictées et connues de tous. (...) Elles doivent être connues et comprises de tous ; donc simples et reposant sur des valeurs judéo-chrétiennes de base (bonne foi, bon sens, bonne volonté, bonne humeur...)* » Quand l'automobile a connu la crise de 2008, l'entreprise s'est réorganisée et est passée de 600 salariés à moins de 400 aujourd'hui. J.-F. Zobrist a donc dû se séparer de 200 personnes. Dans le même temps, la productivité a progressé au rythme de 3 % l'an, ce qui impose un rythme de travail soutenu. Les ouvriers de chez FAVI doivent façonner 1 800 pièces dans la journée, ce qui est un objectif très élevé dans le secteur. La peur du chômage aurait-elle remplacé la pointeuse ? Les récits stéréotypés du *leader* FAVI ne le disent pas.

Jean-François Dortier

Questions

1. Dégagez les idées principales du texte.

2. Argumentez-les en vous référant à votre expérience professionnelle.

CORRIGÉ

1. Comprendre la consigne

Dans cette consigne, le candidat doit faire un commentaire de texte, c'est-à-dire qu'il doit d'abord faire une synthèse du texte en retenant les idées principales tout en les analysant. Pour donner de la plus-value à son commentaire, le candidat donnera son point de vue sur ces idées en argumentant avec son expérience professionnelle et/ou ses connaissances.

2. Lire le texte

Auteur : Jean-François Dortier, sociologue français, fondateur et directeur de la publication du magazine *Sciences Humaines*. Auteur de très nombreux articles de vulgarisation scientifique (sur les sciences cognitives, la philosophie, l'histoire des idées, la sociologie, etc.) il a également publié plusieurs ouvrages.
Titre : « L'entreprise libérée, réalité ou imposture ? » donne le thème du texte. Il s'agira dans cet article de se demander si le concept d'entreprise libérée est envisageable, réel ou utopique.
Chapô : « *Une entreprise libérée de la hiérarchie et qui laisserait les salariés décider eux-mêmes de leurs conditions et méthodes de travail : cette utopie managériale a été mise en œuvre par Isaac Getz et Brian Carney. Qu'en est-il vraiment ?* » : le chapô donne la problématique de l'auteur.
Isaac Getz : docteur en psychologie et en management, Isaac Getz est professeur à l'ESCP à Paris et professeur invité dans plusieurs universités américaines comme Cornell ou Stanford. Depuis la parution du livre *Freedom Inc* (L'entreprise libérée) aux Etats-Unis, il conseille de nombreux chefs d'entreprise en France et en Europe.
Brian Carney : est un journaliste économique américain. Ancien éditorialiste et rédacteur des pages « débats » du prestigieux *Wall Street journal*.
Registre : analytique, interrogatif et démonstratif.

3. Relever les idées principales du texte et les analyser

Paragraphe(s)	Idées principales du texte	Analyse
Châpo : « *Une entreprise libérée de la hiérarchie et qui laisserait les salariés décider eux-mêmes de leurs conditions et méthodes de travail : cette utopie managériale a été mise en œuvre et racontée par Isaac Getz et Brian Carney. Qu'en est-il vraiment ?* »	Une organisation détachée de la hiérarchie avec une autonomie et une confiance totales dans ses salariés.	Présentation du point de vue des 2 défenseurs sur ce type d'organisation et de son management. Problématique soulevée par l'auteur : est-ce réalisable ou est-ce une utopie ?
L. 1-5	Un livre qui vante la liberté des salariés au travail comme levier au succès des entreprises.	Définition de la notion d'« entreprise libérée » et du buzz médiatique dès la parution de ce concept.
L 6-12	Entreprise libérée = stopper le taylorisme, dissoudre le système pyramidal et bureaucratique.	C'est la thèse défendue par Isaac Getz et Brian Carney : • L'autonomie et la confiance accordées aux salariés ainsi que la suppression des contrôles inutiles et du poids de la hiérarchie permettraient de résoudre les problèmes d'organisation et conduiraient à l'innovation collective. Dans ces conditions, les salariés sont heureux, impliqués et les dirigeants satisfaits car leur entreprise fonctionne et fait des bénéfices.
L. 13-17	Les salariés sont absents dans le texte du livre.	Critique de l'auteur de l'article et limite de l'ouvrage : les personnes concernées, à savoir les salariés, n'ont pas été intégrées dans les témoignages du livre. La parole a été donnée seulement aux dirigeants et aux consultants qui prêchent les principes de cette philosophie.

Paragraphe(s)	Idées principales du texte	Analyse
L. 18-30	Construction du livre *Liberté & Cie* comparée à un livre de conte par l'auteur. Problème de l'entreprise : ses salariés étouffent par les règles et la hiérarchie. Solution : libérons les salariés et observons ses effets. La libération des salariés se fait en respectant 4 principes : • Écouter les salariés en gommant les liens hiérarchiques entre direction et salariés. • Partager sa vision de l'entreprise pour que les salariés se l'approprient. • Stopper le phénomène de motivation du collectif salarial. Car la liberté d'action impulse la motivation au travail. • Le dirigeant doit rester vigilant pour prévenir les dérapages et sorties de route.	L'auteur détaille le concept d'entreprise libérée en expliquant les 4 principes.
L. 31-50	Absence de méthodologie et de modèle : chaque entreprise s'adapte en fonction de son contexte. Exemples d'entreprises où l'entreprise libérée a marché avec l'autonomie et le *leader* naturel désigné au sein de l'équipe avec une évaluation collective. Le système hiérarchique a été remplacé par un système circulaire fonctionnel où les *leaders* sont nombreux et tournent en fonction de leurs compétences et de la commande du client.	L'auteur retient une seconde limite de ce concept : l'absence de méthodologie ou modèle. Les auteurs préconisent aux dirigeants de s'adapter à leur contexte d'entreprise et donnent des exemples d'entreprises où ce concept d'entreprise libérée a été appliqué et a fonctionné (Gore ou encore Harley-Davidson). Le système hiérarchique est remplacé par un système circulaire fonctionnel où les *leaders* sont nombreux et tournent en fonction de leurs compétences et de la commande du client.

Paragraphe(s)	Idées principales du texte	Analyse
L. 51-95	Interrogations et critiques : la révolution de l'entreprise libérée serait un nouveau mode de management : renversement de la pyramide décisionnelle avec priorité aux salariés *leaders*.	L'auteur, en reprenant la thèse défendue par Isaac Getz et Brian Carney, confronte d'autres points de vue comme celui de Gilles Verrier et Nicolas Bourgeois (spécialistes en RH) qui alertent également sur l'absence des salariés dans l'appréciation de ce concept. 3 autres critiques ont été faites : • Sur le concept en lui-même : ce concept n'est pas nouveau. La disparition du travail à la chaîne, la prise en compte des relations humaines dans le travail, le management participatif avec des systèmes hiérarchiques plus souples et humains existent déjà depuis plusieurs décennies. La mise en place des normes de qualité imposée par les contraintes institutionnelles, avait déjà bousculé le système bureaucratique. • Sur la suppression des fonctions supports d'une organisation comme les DRH. Qui va piloter la gestion des carrières, la formation, la sécurité du travail ? Cela risque de mettre en difficulté les chefs d'équipe de gérer également ces volets spécifiques. • Sur la notion de contrôle qui va être exécutée par tous les salariés : cela aura probablement une conséquence péjorative sur le travail. Tout le monde contrôle tout le monde, tout le monde est *leader*. Cela s'apparente à une vision sectaire.

Paragraphe(s)	Idées principales du texte	Analyse
L. 96-105	Conclusion de l'auteur de l'article : il répond à la question posée dans le châpo de l'article : qu'en est-il vraiment de l'entreprise libérée ?	Donc le concept d'entreprise libérée n'a rien inventé. Selon Hubert Landier, ce concept d'entreprise libérée ne fait que s'approprier des leitmotivs actuels et fonctionnels du management comme le bonheur au travail, la reconnaissance des salariés, les critiques vis-à-vis de la bureaucratie. L'entreprise libérée repose sur les aspirations libérées des salariés tout en omettant de leur donner la parole dans les ouvrages ou articles prônant ce concept.
L. 106-Fin	Exemple détaillé de l'entreprise libérée FAVI avec les critiques de ce mode d'organisation.	L'auteur, tout en reprenant les arguments des 2 défenseurs de l'entreprise libérée, met en évidence des concepts déjà vus comme le management semi-autonome ou encore l'autocontrôle des salariés. L'adhésion totale à l'entreprise voire le culte de la personnalité au dirigeant viennent interroger la notion d'entreprise libérée.

Proposition de synthèse

(Introduction)

Cet article, paru dans le magazine *Sciences Humaines* n° 279 (mars 2016) et intitulé « L'entreprise libérée, réalité ou imposture ? », est écrit par Jean-François Dortier, sociologue français, fondateur et directeur de la publication du même magazine. *(Problématique)* Une entreprise libérée de la hiérarchie et qui laisserait les salariés décider eux-mêmes de leurs conditions et méthodes de travail : ce mode d'organisation managériale prôné par Isaac Getz, docteur en psychologie et en management et Brian Carney, journaliste économique américain, est-il réalisable ? *(Annonce du plan)* Pour répondre à ce questionnement, l'auteur va d'abord détailler les fondements de ce concept d'entreprise libérée en l'illustrant par des exemples d'entreprises où il aurait été un succès, pour ensuite apporter des controverses et critiques faites par des spécialistes en ressources humaines sur ce modèle organisationnel et managérial. Enfin, il se positionnera sur ce mode d'organisation annoncé comme étant la panacée du succès de l'entreprise.

(Développement)

L'entreprise libérée est un concept initié en 2009 par Isaac Getz et Brian Carney. La parution de leur ouvrage a fait un buzz médiatique et suscité beaucoup d'engouement sur les réseaux sociaux. Ces deux défenseurs posent le postulat qu'une entreprise peut réussir si elle instaure quatre principes qui sont :

- Écouter les salariés en gommant la bureaucratie et les liens hiérarchiques entre direction et salariés tout en instaurant l'autocontrôle par les salariés.
- Stopper le phénomène de motivation du collectif salarial : instaurer une totale autonomie et la confiance aux salariés. C'est cette liberté d'action du salarié qui impulsera la motivation réelle au travail.
- Partager la vision du décideur de l'entreprise pour que les salariés se l'approprient et comprennent les objectifs stratégiques.
- Rester vigilant pour prévenir les éventuels dérapages au sein de l'organisation : le décideur de l'entreprise restera le seul garde-fou des dérives.

L'application à la lettre de ces principes résoudrait les problèmes d'organisation des entreprises et conduirait à l'innovation collective.

À la lecture de ces principes, Jean-François Dortier comme d'autres spécialistes en ressources humaines alertent sur le fait que dans ce concept, les salariés sont absents dans l'appréciation de ce type d'organisation. Dans leur manifeste *Liberté & Cie*, Isaac Getz et Brian Carney donnent la parole seulement aux dirigeants et aux consultants qui eux prêchent les bénéfices de cette philosophie. Il n'y a aucun témoignage des principaux intéressés qui sont les salariés de toute entreprise.

De plus, Jean-François Dortier rapporte d'autres critiques et limites à ce concept : l'absence de méthodologie ou modèle d'application. Les auteurs se contentent de préconiser aux dirigeants de s'adapter à leur contexte d'entreprise et listent des exemples d'entreprises où ce mode d'organisation libérée aurait fonctionné comme chez Gore, Harley-Davidson ou encore FAVI. Dans ces entreprises le système hiérarchique pyramidal est remplacé par un système circulaire fonctionnel où les *leaders* sont nombreux et tournent en fonction de leurs compétences et de la commande du client. Tout en reprenant ces illustrations d'entreprises, Jean-François Dortier dégage trois catégories de critiques qui peuvent interroger le lecteur, comme :

- le concept en lui-même : ce concept n'est pas nouveau. La disparition du travail à la chaîne, la prise en compte des relations humaines dans le travail, le management participatif avec des systèmes hiérarchiques plus humains existent déjà depuis plusieurs décennies. La mise en place des normes de qualité, imposée par les contraintes institutionnelles, avait déjà bousculé le système bureaucratique.

• La suppression des fonctions supports d'une organisation, à savoir les DRH. Qui va donc prendre en charge la gestion des carrières, la formation, la sécurité du travail ? Est-ce le salarié lui-même ? Ce système risque de mettre en difficulté les équipes qui devront gérer également ces volets spécifiques en plus de leur périmètre de travail.
• La notion d'autocontrôle qui va être exécutée par tous : tout le monde contrôle tout le monde, tout le monde est *leader* et toute personne déviante est écartée. Cela ne s'apparente-t-il pas à une vision sectaire ?

(Conclusion)

En s'appuyant sur Hubert Landier, expert en relations sociales, d'une part Jean-François Dortier conforte sa position en concluant que ce concept d'entreprise libérée ne fait que s'approprier des leitmotivs actuels et fonctionnels du management comme le management participatif, l'autocontrôle des salariés, le bonheur au travail, la reconnaissance des salariés ou encore les critiques vis-à-vis de la bureaucratie. De plus dans les ouvrages ou articles prônant ce concept, les défenseurs, tout en fondant leurs principes sur les aspirations libérées des salariés, omettent de leur donner la parole. D'autre part, cette adhésion totale à l'entreprise, voire le culte de la personnalité envers le dirigeant, viennent interroger la notion même d'entreprise libérée.

Proposition de commentaire personnel

Dans cette partie, vous devez reprendre les idées principales du texte et les confronter à votre expérience professionnelle et/ou vos connaissances personnelles.
Il faut rédiger un commentaire construit avec une introduction, un développement et une conclusion.

(Introduction)

(Phrase d'accroche) À l'heure où le modèle d'entreprise libérée est glorifié dans les médias et accueilli avec méfiance par certains spécialistes des ressources humaines, nous allons nous questionner sur l'application de ce type de concept à l'hôpital. Tout en reprenant ces principes, nous allons d'abord nous demander s'ils sont concrétisables dans le secteur hospitalier, puis quelle place le cadre intermédiaire ou de proximité incarne à l'hôpital : sa fonction se limite-t-elle à ordonner et à contrôler ?

(Développement)

(Première partie : Les principes de l'entreprise libérée sont-ils réalisables dans le secteur hospitalier ?)

• Écouter les salariés en gommant la bureaucratie et les liens hiérarchiques entre direction et salariés tout en instaurant l'autocontrôle par les salariés : ce principe est difficilement applicable à l'hôpital. Les fonctions supports ne peuvent pas disparaître. Les soignants ne pourront jamais veiller à leur carrière, même si la politique actuelle favorise la réflexion de chaque professionnel sur son avenir de formation (loi Avenir professionnel de janvier 2019). Les personnes responsables ressources humaines sont formées à cette branche et elles doivent être là pour guider le personnel. Leur disparition condamnerait la carrière des professionnels. De plus, face à la réglementation sociale, juridique et financière que l'environnement national ou international nous impose, il va être difficile de confier cette fonction à un salarié lambda.

Le principe d'autocontrôle peut se faire à l'hôpital car tout professionnel est responsable de ses actes et de la prise en charge des patients confiés. Toutefois, un regard extérieur lors d'audits aurait une plus-value dans ce même travail. Le fait d'être dans une routine de travail fait oublier le concept de questionnement sur soi et sur sa pratique professionnelle. *(donner des exemples de votre pratique : évaluation des pratiques professionnelles sur les chutes des patients, la prise en charge de la douleur chez le nouveau-né...)*

• Stopper le phénomène de motivation du collectif salarial : instaurer une totale autonomie et la confiance aux salariés. C'est cette liberté d'action du salarié qui impulsera la motivation réelle au travail : nul besoin d'être une entreprise libérée pour instaurer le respect de ses collaborateurs, avoir confiance en eux et chercher à développer la qualité de vie au travail à travers un management participatif et responsable.

devant la panoplie de procédures et protocoles, ce principe semble être difficile à appliquer à l'hôpital. En effet, l'hôpital est une organisation qui vise à effectuer des soins au patient et qui doit répondre aux instances comme la Haute Autorité de santé. Il ne s'agit pas de construire des produits qui vont être vendus mais des services aux patients. La place des procédures et protocoles semble indispensable. Toutefois il ne s'agit pas d'aliéner les soignants en leur retirant leur autonomie de réflexion sur leurs pratiques. Ces procédures et protocoles sont toujours modifiables.

• Partager la vision du décideur de l'entreprise pour que les salariés se l'approprient et comprennent les objectifs stratégiques : ce troisième principe est recommandable dans une organisation hospitalière car cela permet à tout un chacun de comprendre les décisions et les objectifs à atteindre. *(donner des exemples de son expérience professionnelle : journal interne à l'hôpital, les résultats de la certification, le projet d'établissement, le groupement hospitalier...)*

• Rester vigilant pour prévenir les éventuels dérapages au sein de l'organisation : le décideur de l'entreprise restera le seul garde-fou des dérives. Ce quatrième principe est à nuancer à l'hôpital. Le dirigeant ne peut pas à lui seul être le garde-fou, d'où la création des profils de cadre de proximité et de cadre supérieur pour soulager les équipes sur le terrain. C'est sur ce point que nous souhaiterions aborder la place du cadre de proximité. Sa place serait-elle réduite à ordonner et contrôler le travail des agents ?

(Deuxième partie : Quelle place le cadre intermédiaire ou de proximité incarne-t-il à l'hôpital : sa fonction se limite-t-elle à ordonner et à contrôler ?)
Les compétences du cadre de proximité ne se limitent pas à prescrire et à contrôler. L'encadrement est au cœur de la régulation des conflits du travail, il est également le garant d'une véritable cohésion d'équipe au quotidien. En effet, l'efficacité et l'efficience d'un système résident dans une bonne coordination des rôles et missions de prévision, innovation, décision, organisation, mobilisation, évaluation, et non pas dans la seule réalisation et son contrôle *a posteriori*. Comment une équipe peut-elle se passer d'un cadre intermédiaire ? Comment les conflits interéquipes vont-ils être gérés ? Est-ce que ces conflits seront dilués, voire acceptés ? L'organisation sera-t-elle encore efficiente si dans une même équipe le conflit a engendré l'absence de communication ? Comment seront soignés ces patients ?
Faire disparaître les cadres intermédiaires dans les services ne va-t-il pas avoir un effet péjoratif sur les relations au sein de l'organisation ? Une seule personne serait le *leader* de l'organisation, à savoir le directeur. Ce principe va à l'encontre même du concept de prendre soin : comment voulez-vous qu'un dirigeant administratif puisse décider sur des choix thérapeutiques ?
De plus, confier l'encadrement à tous les agents serait absurde : tout le monde a connaissance des jeux de pouvoirs dans un groupe. Si dans un service, il n'y a pas un cadre prénommé et connu de tous, nous assisterons à de nombreux dysfonctionnements et incidents graves pour le patient et l'hôpital.

(Conclusion)

Le candidat devra se positionner et donner son point de vue concernant les éléments présentés dans son commentaire. Il peut par exemple aborder dans cette partie sa place en tant que futur cadre de santé dans une équipe, voire un pôle d'activités. Une ouverture vers une thématique similaire aux notions abordées dans le commentaire sera un critère de réflexion : ainsi les idées développées ouvrent la voie à une autre discussion. Vous pouvez évoquer le fait que si le cadre de proximité n'a pas de légitimité, il sera difficile d'instaurer une cohésion de travail avec en prime un mouvement social.

SUJET N° 3 | SUJET INÉDIT 2019

SUJET

Le *burn-out* : faut-il en faire une maladie ?

Objet médical non identifié, mal défini, aux causes multiples, le burn-out *peut-il, et doit-il, être malgré tout reconnu comme une maladie professionnelle ?*

Le *burn-out* est parfois considéré comme un phénomène d'apparition récente. En fait, on trouve, loin dans le temps, la trace de description clinique du *burn-out*. Ainsi, dans l'Ancien Testament, la grande fatigue du prophète Élie, qui s'épuisait à prêcher dans le désert, serait aujourd'hui qualifiée d'état de *burn-out*. De même, dans l'un des romans les plus célèbres de Thomas Mann, *Les Buddenbrook*, publié il y a un siècle, le personnage principal s'effondre dans ce que l'on pourrait qualifier aujourd'hui de véritable *burn-out*.

Mais c'est dans un article médical publié en juin 1959 que le psychiatre français Claude Veil introduit le concept d'épuisement professionnel dans l'histoire de la médecine. Il écrivait alors : « L'état d'épuisement est le fruit de la rencontre d'un individu et d'une situation. L'un et l'autre sont complexes, et l'on doit se garder des simplifications abusives. Ce n'est pas simplement la faute à telle ou telle condition de milieu, pas plus que ce n'est la faute du sujet. » Pour Claude Veil, « tout se passe comme à la banque : tant qu'il y a une provision, les chèques sont honorés sans difficulté, quel que soit leur montant. Mais dès qu'on se trouve à découvert, le tirage, si petit soit-il, devient impossible... Cherche-t-il des expédients de trésorerie ? Ce sera le dopage, le café, l'alcool surtout. »

La paternité du terme même de *burn-out* professionnel revient malgré tout à Herbert Freudenberger, psychanalyste allemand établi à New York. Il a introduit ce terme en 1971 pour décrire la perte d'enthousiasme de bénévoles consacrant leur temps à aider des usagers de drogues dures. Ces jeunes bénévoles travaillaient dans des « *free clinics* » pour toxicomanes et finissaient par se décourager, manifestant des troubles émotionnels comme des crises d'angoisse, et des symptômes physiques d'épuisement (endormissement, vertiges...). H. Freudenberger désigne par l'expression « *burn-out syndrome* » cet état d'épuisement émotionnel : « En tant que psychanalyste et praticien, écrit-il, je me suis rendu compte que les gens sont parfois victimes d'incendie, tout comme les immeubles. Sous la tension produite par la vie dans notre monde complexe, leurs ressources internes en viennent à se consumer comme sous l'action des flammes, ne laissant qu'un vide immense à l'intérieur, même si l'enveloppe externe semble plus ou moins intacte. »

C'est la psychologue américaine Christina Maslach qui, dans les années 1980, a analysé cet épuisement survenant en milieu professionnel.

LA TRIADE DU BURN-OUT

Les travaux de la psychologue Christina Maslach restent encore aujourd'hui, après plus de trente ans, la référence majeure sur le *burn-out*, considéré comme un état psychologique et physiologique résultant de l'accumulation, dans la durée, de facteurs de stress professionnels. La description du *burn-out*, élaborée par C. Maslach, est organisée en une triade de symptômes.

- L'épuisement émotionnel, à savoir un état de fatigue physique et psychologique caractérisé par une absence quasi totale d'énergie émotionnelle qui se répercute sur la vitalité de l'individu. Celui-ci, trop engagé dans des activités professionnelles, a épuisé peu à peu son « capital » énergie. Il se sent littéralement « vidé », « au bout du rouleau ». Ce manque d'énergie est d'autant plus néfaste que l'individu pense qu'il n'a aucun moyen à sa disposition pour « recharger ses batteries ».
- Un état qualifié de dépersonnalisation, ou plutôt de « déshumanisation », caractérisé par une attitude négative et détachée de la part de l'individu envers les personnes avec lesquelles il interagit dans le contexte professionnel (collègues, clients, usagers, patients, etc.). Il n'éprouve plus aucune empathie envers les autres, traités comme de simples « objets ». Cette « froideur » des relations interpersonnelles prend souvent la forme d'un cynisme.
- Une diminution du sens de l'accomplissement et de la réalisation de soi. L'individu porte un regard particulièrement négatif et dévalorisant sur la plupart de ses réalisations et accomplissements personnels et professionnels. Il est démotivé et son estime de soi s'en ressent. La perte de confiance en soi résultant de ce type d'attitude est associée à un vécu dépressif important et à une incapacité à faire face aux obligations professionnelles.

On voit bien que la traduction dans notre langue du terme *burn-out* en « épuisement professionnel » pose un sérieux problème. Car elle réduit le *burn-out* à cette seule dimension, alors qu'on ne peut pas parler de *burn-out* en l'absence des deux autres.

Une échelle de mesure développée par C. Maslach (le Maslach Burn-out Inventory ou MBI) évalue chacune de ces trois dimensions en trois niveaux : faible, moyen, élevé. Mais le MBI ne peut être considéré comme un outil diagnostique, c'est un simple outil d'évaluation de l'intensité de symptômes.

Une pathologie non répertoriée

Le *burn-out* ne figure dans aucune des classifications actuelles des troubles mentaux. Il est absent des deux grandes nomenclatures internationales de référence, à la fois le DSM-5 (5e édition du *Manuel diagnostique et statistique des troubles mentaux*) de l'American Psychiatric Association et la CIM-10 (10e révision de la *Classification internationale des maladies*) de l'Organisation mondiale de la santé. Le *burn-out* ne figure pas davantage parmi les pathologies pouvant entrer dans une prochaine édition du DSM, ni de la CIM.

Sur le plan clinique, les symptômes du *burn-out* s'inscrivent en partie dans les troubles dépressifs. Deux critères cardinaux de l'épisode dépressif - l'humeur effondrée et la diminution marquée de l'intérêt - se retrouvent dans les situations de *burn-out*. La perte d'intérêt étant habituellement focalisée sur le projet professionnel antérieur qui fait l'objet d'un rejet ou d'un désengagement. Les relations entre *burn-out* et dépression sont très étroites. Un état de *burn-out* peut conduire à une dépression et, réciproquement, les symptômes d'un épisode dépressif sont exacerbés chez des patients victimes d'un *burn-out*. Par ailleurs, certains cas de *burn-out* évoquent des états de stress post-traumatique ou même des pathologies anxieuses. Les classifications de psychiatrie comportent toutefois une catégorie, dite des « troubles liés à des traumatismes ou à des facteurs de stress ». En son sein, les troubles de l'adaptation sont définis par des critères qui pourraient en partie s'appliquer au *burn-out* : ceci est particulièrement vrai pour le trouble de l'adaptation avec humeur dépressive (encore dénommé TAHD). Ce dernier est décrit comme survenant en réponse à des facteurs de stress identifiables.

Une réalité mal définie

Le terme de *burn-out* renvoie donc à une réalité mal définie, allant d'un état de détresse psychologique à un état pathologique de syndrome d'inadaptation à un facteur stressant chronique. Les limites avec ce qui ne relève pas de la psychopathologie (la simple fatigue) sont floues. Or l'Organisation mondiale de la santé, dans sa définition de la santé mentale (à savoir un état de bien-être psychique), distingue bien les états pathologiques des états de détresse. Ces derniers ne doivent donc pas être médicalisés même si, bien sûr, ils ne peuvent être ignorés. Comme le souligne l'Académie de médecine, le terme de *burn-out* ne peut donc constituer actuellement un diagnostic médical.

En outre, les données épidémiologiques sur le *burn-out* sont à ce jour très insuffisantes. Cette défaillance est la conséquence logique des difficultés à poser avec précision les limites du *burn-out*. On a cité, de façon assez fantaisiste, le chiffre de 3 millions de sujets concernés en France. Une étude sérieuse réalisée en Belgique indiquait qu'environ 19 000 de nos voisins étaient touchés par le *burn-out*. En extrapolant ces chiffres à la population active de la France, quelque 100 000 personnes seraient touchées dans notre pays. En 2015, l'Institut de veille sanitaire (devenu Santé publique France) estimait que 7 % des 480 000 salariés en souffrance psychologique au travail souffraient de *burn-out*, soit un peu plus de 30 000 personnes.

Les multiples causes du *burn-out*

Les causes professionnelles d'un *burn-out* tiennent aux facteurs de risques psychosociaux (ou RPS), regroupés en six catégories :
- les exigences du travail (la quantité de travail, les horaires) ;
- les exigences émotionnelles (le fait d'être confronté à des situations émotionnellement éprouvantes) ;
- le manque d'autonomie et de marges de manœuvre pour réaliser son travail ;
- le manque de soutien social et de reconnaissance au travail ;
- les conflits éthiques et de valeurs ;
- les changements et l'insécurité de l'emploi et du travail.

Le *burn-out* résulte en fait le plus souvent de l'exposition à plusieurs facteurs de RPS, créant une situation de déséquilibre pour l'individu. Les modèles classiques du stress au travail semblent pertinents pour expliquer l'apparition d'un *burn-out*. Le modèle du psychologue américain Robert Karasek souligne par exemple le rôle joué à la fois par la charge de travail mais aussi par l'absence d'autonomie de l'individu pour y faire face. D'après le sociologue et médecin suisse Johannes Siegrist, le stress professionnel provient plutôt d'un déséquilibre entre les efforts réalisés par l'individu et les récompenses (dont la reconnaissance) qu'il obtient en retour. Le *burn-out* est donc bien une pathologie du stress ou plus exactement de l'« hyperstress » (trop de stress). Notons qu'il existe une autre pathologie du stress, celle de l'« hypostress » (pas assez de stress), caractérisée par l'absence de stimulation, et donc l'ennui, que l'on nomme *bore-out*. On décrit aussi le *brown-out*, dont l'origine se trouve dans des activités dénuées de sens.

La survenue d'un *burn-out* dépend certes de caractéristiques liées au travail, mais aussi de caractéristiques propres à l'individu. Certains traits de personnalité nous rendraient plus vulnérables au *burn-out*, comme la tendance à se surinvestir dans son travail. Il en est de même de la présence d'un neuroticisme élevé (ou difficulté prononcée à surmonter ses émotions négatives), de difficultés à gérer le stress, des tendances au perfectionnisme, d'une propension à l'hyperactivité et de l'addiction au travail (encore appelée « workaholisme »).

Selon certaines études, les facteurs personnels entreraient en compte dans 30 à 40 % des causes de l'épuisement professionnel et les facteurs liés à l'environnement de travail lui-même dans 60 à 70 %. Le poids de l'environnement extraprofessionnel (le stress de la vie personnelle) interviendrait également. Même si le terme de *burn-out* est intimement associé à l'univers professionnel, il faut aussi souligner que le phénomène a été mis en évidence dans d'autres contextes, par exemple celui des mères au foyer.

Les démarches de reconnaissance

Depuis quelques années se pose la question de reconnaître le *burn-out* comme « maladie professionnelle ». Cela signifierait que la prise en charge des coûts occasionnés par le *burn-out* serait intégralement assurée par une branche spécifique de l'assurance maladie : celle des accidents de travail et des maladies professionnelles (CNAM-AT/MP). Ce serait alors aux entreprises de financer le coût du *burn-out*, pour lequel nous cotisons tous - employeurs et salariés, *via* le système classique de la Sécurité sociale - à l'heure actuelle. Le principe « pollueur = payeur » serait ainsi appliqué et les entreprises seraient davantage incitées à tout mettre en œuvre pour prévenir la survenue de *burn-out*.

Cette reconnaissance se heurte cependant à de nombreux obstacles liés en premier lieu aux grandes difficultés de la science médicale à identifier précisément ce qu'est un *burn-out*. Comme nous l'avons déjà souligné, les limites entre la détresse et la maladie ne sont pas clairement posées. D'autre part, le *burn-out* n'étant pas une pathologie recensée, on voit mal comment il pourrait obtenir un statut de maladie professionnelle.

Il semble plus intéressant de s'interroger sur la reconnaissance de pathologies psychiques clairement reconnues (la dépression, les troubles anxieux, les états de stress post-traumatiques, les troubles de l'adaptation pour ne citer qu'eux) et dont l'origine peut se trouver dans le travail.

Mais, alors qu'il est relativement aisé de démontrer l'origine professionnelle de pathologies du corps en démontrant la nocivité d'agents chimiques, par exemple, la santé mentale d'un travailleur peut être affectée à la fois par les conditions de travail mais aussi par des contraintes extraprofessionnelles, ce qui rend très difficile d'établir que le travail est bien la cause « déterminante » ou « essentielle » de la pathologie.

Il en résulte qu'actuellement aucun pays n'a inscrit de maladies psychiques au tableau des maladies professionnelles. En France, comme dans d'autres pays, une maladie (qu'elle soit physique ou psychique) qui ne figure pas dans le tableau peut malgré tout être reconnue comme maladie professionnelle, mais seulement après de longues procédures et à la suite d'un examen par des comités régionaux qui statuent après étude du dossier médical. Ainsi, en 2016, un peu plus de 1 000 demandes de reconnaissance d'une pathologie psychique en maladie professionnelle ont été étudiées. La moitié seulement a reçu un avis favorable. Quand on sait qu'il y a environ 3 millions de dépressions en France (toutes causes confondues), ce nombre de 500 paraît dérisoire et ne correspond évidemment pas à la réalité du phénomène.

Au-delà de la reconnaissance, la prévention

Le traitement d'un *burn-out* est lourd : il associe un arrêt de travail de très longue durée avec de grandes difficultés de retour à une activité, un traitement médicamenteux au long cours et une psychothérapie de reconstruction des émotions et de l'estime de soi. C'est pourquoi la prévention doit être la priorité absolue. On peut regretter qu'en France, pays de faible culture de prévention, les débats se soient essentiellement portés sur la reconnaissance et la réparation justement dues aux victimes.

Le rôle préventif du milieu de travail est pourtant essentiel : il interpelle fortement les entreprises elles-mêmes et plus spécifiquement l'organisation du travail et les pratiques managériales. La prévention primaire doit s'organiser autour de l'identification et la réduction des facteurs de risques psychosociaux, afin de construire des environnements et des méthodes de travail qui s'adaptent aux personnes et non l'inverse. Le management des équipes doit être bienveillant et reposer sur l'écoute, l'empathie, le soutien et la reconnaissance. En un mot, être tout simplement « humain ». Mais l'individu doit aussi se protéger du *burn-out* et développer ses compétences à gérer le stress. Une bonne hygiène de vie et des attitudes mentales efficaces augmentent la résistance au stress. Les bienfaits des techniques de relaxation, ou plus récemment de la méditation pleine conscience, sont maintenant bien validés scientifiquement. Par ailleurs, la lutte contre le « workaholisme » et le surinvestissement dans l'activité professionnelle doit faire partie intégrante de la démarche de prévention du *burn-out*.

À LIRE

- *Burn-out : Des solutions pour se préserver et pour agir*
Christina Maslach et Michael Leiter, Les Arènes, 2016.
- *Rapport sur la détermination, la mesure et le suivi des risques psychosociaux au travail*
Philippe Nasse et Patrick Légeron, La Documentation française, 2008.
- *Le Burn-out, Rapport de l'Académie nationale de médecine*
Jean-Pierre Olié et Patrick Légeron, 26 février 2016.
- *Prévenir le stress et les risques psychosociaux au travail*
Benjamin Sahler et al., Anact, 2007.
- *Épuisement professionnel et burn-out* : *Concepts, méthodes, interventions*
Didier Truchot, Dunod, 2015.

Patrick Légeron, « Le burn-out : faut-il en faire une maladie ? », *Sciences humaines*, mai 2018.
Service hospitalo-universitaire du Centre Hospitalier Sainte-Anne, Paris. Cabinet Stimulus, Paris.
Coauteur du rapport sur les risques psychosociaux pour le ministre du Travail.
Coauteur du rapport sur le *burn-out* pour l'Académie nationale de médecine.
Auteur de l'ouvrage *Le Stress au travail : un enjeu de santé*, Odile Jacob.

Questions

1. Dégagez les idées principales du texte.

2. Argumentez-les en vous référant à votre expérience professionnelle.

CORRIGÉ

1. Comprendre la consigne

Dans cette consigne, le candidat doit faire un commentaire de texte, c'est-à-dire qu'il doit d'abord faire une synthèse du texte en retenant les idées principales tout en les analysant. Pour donner de la plus-value à son commentaire, le candidat donnera son point de vue sur ces idées en argumentant avec son expérience professionnelle et/ou ses connaissances.

2. Lire le texte

Auteur : Patrick Légeron, psychiatre au service hospitalo-universitaire du Centre Hospitalier Sainte-Anne, Paris et Cabinet Stimulus, Paris. Coauteur du rapport sur les risques psychosociaux pour le ministre du Travail. Coauteur du rapport sur le *burn-out* pour l'Académie nationale de médecine. Auteur de l'ouvrage *Le Stress au travail : un enjeu de santé*, Odile Jacob, 2001.
Titre : « Le *burn-out* : faut-il en faire une maladie ? » donne le thème du texte. Il sera question dans cet article de se demander si le *burn-out* peut ou doit être considéré comme une maladie professionnelle.
Chapô : « Objet médical non identifié, mal défini, aux causes multiples, le *burn-out* peut-il, et doit-il, être malgré tout reconnu comme une maladie professionnelle ? » : le chapô donne la problématique de l'auteur.
Registre : analytique, interrogatif et démonstratif.

3. Relever les idées principales du texte et les analyser

Paragraphe(s)	Idées principales du texte	Analyse
Chapô du texte	« *Objet médical non identifié, mal défini, aux causes multiples, le* burn-out *peut-il, et doit-il, être malgré tout reconnu comme une maladie professionnelle ?* »	L'auteur donne sa problématique du texte : le *burn-out* peut ou doit être reconnu comme maladie professionnelle.
1 à 4	« *Le* burn-out *est parfois considéré comme un phénomène d'apparition récente. En fait, on trouve, loin dans le temps, la trace de description clinique du* burn-out *: l'Ancien Testament, la grande fatigue du prophète Élie ou encore dans l'un des romans les plus célèbres de Thomas Mann,* Les Buddenbrook, *publié il y a un siècle.*	Recherche historique sur la notion de *burn-out* ou épuisement : Ancien Testament, et en 1959 en médecine où la notion d'épuisement professionnel sera citée.
	Mais c'est dans un article médical publié en juin 1959 que le psychiatre français Claude Veil introduit le concept d'épuisement professionnel dans l'histoire de la médecine par Claude Veil : "L'état d'épuisement est le fruit de la rencontre d'un individu et d'une situation. L'un et l'autre sont complexes, et l'on doit se garder des simplifications abusives. Ce n'est pas simplement la faute à telle ou telle condition de milieu, pas plus que ce n'est la faute du sujet."	Le *burn-out* réside dans le lien entre le sujet et son milieu. Dès qu'il y a un déséquilibre entre les deux, il se crée un état d'épuisement où le sujet va chercher à compenser l'écart avec son milieu. Il va donc se « doper » pour se tenir debout et interagir dans son milieu.
	La paternité du terme même de burn-out *professionnel revient malgré tout à Herbert Freudenberger, psychanalyste allemand établi à New York en 1971.* *En tant que psychanalyste et praticien, écrit-il, je me suis rendu compte que les gens sont parfois victimes d'incendie, tout comme les immeubles. Sous la tension produite par la vie dans notre monde complexe, leurs ressources internes en viennent à se consumer comme sous l'action des flammes, ne laissant qu'un vide immense à l'intérieur, même si l'enveloppe externe semble plus ou moins intacte.*	Le mot *burn-out* a été introduit par H. Freudenberger, psychanalyste, pour qualifier la perte d'enthousiasme de jeunes bénévoles consacrant leur temps à aider des usagers de drogues dures. Progressivement ces bénévoles vont manifester des troubles émotionnels comme des crises d'angoisse, et des symptômes physiques d'épuisement (endormissement, vertiges...). Il parlera donc de « *burn-out syndrome* » ou épuisement émotionnel.
	C'est la psychologue américaine Christina Maslach qui, dans les années 1980, a analysé cet épuisement survenant en milieu professionnel. »	Cet état d'épuisement sera analysé par la psychologue C. Maslach.

Paragraphe(s)	Idées principales du texte	Analyse
Encadré	*« Le* burn-out *est considéré comme un état psychologique et physiologique résultant de l'accumulation, dans la durée, de facteurs de stress professionnels. La description du* burn-out*, élaborée par C. Maslach, est organisée en une triade de symptômes.*	Accumulation + Durée + Facteurs de stress professionnels = *burn-out* en une triade de symptômes : - épuisement émotionnel : un état de fatigue physique et psychologique caractérisé par une absence quasi totale d'énergie émotionnelle qui se répercute sur la vitalité de l'individu. (capital énergie épuisé et non rechargeable) ; - état qualifié de dépersonnalisation, ou plutôt de « déshumanisation » : attitude négative et détachée de la part de l'individu envers ses pairs et autrui avec absence d'empathie, cynisme ; - diminution du sens de l'accomplissement et réalisation de soi : un regard particulièrement négatif et dévalorisant sur lui-même, sous forme d'un vécu dépressif important et d'une incapacité à faire face aux obligations professionnelles.
	Une échelle de mesure développée par C. Maslach (le Maslach Burn-out Inventory ou MBI) évalue chacune de ces trois dimensions en trois niveaux : faible, moyen, élevé. *Mais le MBI ne peut être considéré comme un outil diagnostique, c'est un simple outil d'évaluation de l'intensité de symptômes. »*	Donc la traduction en français de *burn-out* en épuisement professionnel n'est pas adaptée car cela n'implique qu'une seule dimension (épuisement émotionnel), alors que 2 autres dimensions ne sont pas incluses, à savoir l'état de dépersonnalisation et la diminution du sens de l'accomplissement de soi. Ce *burn-out* doit être évalué en tenant compte des 3 dimensions citées précédemment en les mesurant également en 3 niveaux.

Paragraphe(s)	Idées principales du texte	Analyse
5 et 6	*« Une pathologie non répertoriée* *Le* burn-out *ne figure dans aucune des classifications actuelles des troubles mentaux.* *Les relations entre* burn-out *et dépression sont très étroites. Un état de* burn-out *peut conduire à une dépression et, réciproquement, les symptômes d'un épisode dépressif sont exacerbés chez des patients victimes d'un* burn-out. *»*	Le *burn-out* n'est pas enregistré comme un trouble mental, toutefois ses symptômes sont apparentés à des troubles dépressifs (l'humeur effondrée et la diminution marquée de l'intérêt).
7 et 8	*« Le terme de* burn-out *renvoie donc à une réalité mal définie, allant d'un état de détresse psychologique à un état pathologique de syndrome d'inadaptation à un facteur stressant chronique.* *Or l'Organisation mondiale de la santé, dans sa définition de la santé mentale (à savoir un état de bien-être psychique), distingue bien les états pathologiques des états de détresse. Le terme de* burn-out *ne peut donc constituer actuellement un diagnostic médical.* *Les données épidémiologiques sur le* burn-out *sont à ce jour très insuffisantes à cause de la difficulté à poser avec précision les limites du* burn-out. *»*	Les limites d'application au *burn-out* sont mal définies. L'OMS définit la santé mentale comme un état de bien-être psychique, donc il y a bien une différence entre les états de détresse et les états pathologiques. Ainsi le *burn-out* ne peut pas être un diagnostic médical. Aujourd'hui la science ne peut pas identifier précisément ce qu'est un *burn-out*. En effet les limites entre la détresse et la maladie ne sont pas clairement posées et cet état n'est pas recensé statistiquement.

Paragraphe(s)	Idées principales du texte	Analyse
9 à 12	*« Les multiples causes du* burn-out *Les causes professionnelles d'un* burn-out *tiennent aux facteurs de risques psychosociaux (ou RPS), regroupés en six catégories.*	Les causes du *burn-out* sont issues des facteurs de risques psychosociaux qui sont au nombre de 6 catégories : - les exigences du travail (la quantité de travail, les horaires) ; - les exigences émotionnelles (le fait d'être confronté à des situations émotionnellement éprouvantes) ; - le manque d'autonomie et de marges de manœuvre pour réaliser son travail ; - le manque de soutien social et de reconnaissance au travail ; - les conflits éthiques et de valeurs ; - les changements et l'insécurité de l'emploi et du travail. Ce sont ces facteurs qui vont créer un déséquilibre chez le sujet : - le modèle de R. Karasek s'appuie sur 2 de ces facteurs : charge de travail corrélée à un manque d'autonomie ; - le modèle de Johannes Siegrist qui s'appuie sur 2 autres facteurs corrélés, qui sont les efforts faits pour faire le travail et l'absence de reconnaissance sur ce travail.
	La survenue d'un burn-out *dépend certes de caractéristiques liées au travail, mais aussi de caractéristiques propres à l'individu. »*	Ces 2 modèles prouvent que le *burn-out* est lié au stress : hyperstress ou hypostress (absence de stimulation, ennui...). Certains traits de personnalité nous rendraient plus vulnérables au *burn-out* comme le surinvestissement au travail, un neuroticisme élevé. Donc les facteurs de la vie personnelle sont également favorisants dans le *burn-out*.

Paragraphe(s)	Idées principales du texte	Analyse
13 à 17	*« Les démarches de reconnaissance du* burn-out »	Si le *burn-out* est considéré comme une maladie professionnelle, alors ce sont les entreprises qui doivent financer la prise en charge des salariés. Donc les entreprises doivent mettre en place des actions pour prévenir cet épuisement professionnel. Il faut donc s'intéresser à la symptomatologie comme les troubles de l'adaptation, la dépression, les troubles anxieux, les états de stress et de stress post-traumatiques, qui ont une origine liée au travail. Étant donné que le *burn-out* a des facteurs professionnels et également personnels, il est difficile de conclure que la cause du trouble est déterminée par le travail. À ce jour chaque cas est unique et nécessite des expertises pour conclure au *burn-out*.
18 et 19	*« Au-delà de la reconnaissance, la prévention* *Le traitement d'un* burn-out *est lourd : il associe un arrêt de travail de très longue durée avec de grandes difficultés de retour à une activité, un traitement médicamenteux au long cours et une psychothérapie de reconstruction des émotions et de l'estime de soi. C'est pourquoi la prévention doit être la priorité absolue.* *Le rôle préventif du milieu de travail est pourtant essentiel : il interpelle fortement les entreprises elles-mêmes et plus spécifiquement l'organisation du travail et les pratiques managériales. »*	La prévention primaire est le maître-mot face à l'épuisement professionnel en termes d'organisation et de management. Cet axe de prévention doit se faire sur les 6 facteurs de risques psychosociaux cités plus haut en adaptant le travail aux hommes et en prônant un management bienveillant et humaniste.

Proposition de synthèse

(Introduction)

Cet article, paru dans la revue *Sciences Humaines*, « Les Grands Dossiers n° 50 : La psychologie en débat », publié en mai 2018, est écrit par Patrick Légeron, psychiatre au centre hospitalier Sainte-Anne à Paris. *(Problématique)* Partant du fait que le « *burn-out* » est actuellement un objet d'étude médicalement mal identifié et ayant de multiples causes d'apparition, l'auteur se questionne sur la reconnaissance de l'épuisement professionnel comme une maladie professionnelle. *(Annonce du plan)* Pour répondre à ce questionnement, l'auteur va d'abord donner les sources étymologiques du mot « *burn-out* », pour ensuite expliquer les caractéristiques spécifiques et les causes multiples du *burn-out* et enfin donner des axes de réponses face au syndrome du *burn-out*.

(Développement)

Le *burn-out,* ou épuisement professionnel, trouve sa source dans l'histoire, comme en témoignent l'Ancien Testament où il est question de la grande fatigue du prophète Élie, qui s'épuisait à prêcher dans le désert, et également en 1959 la notion d'épuisement professionnel avancée en médecine. Mais il faudra attendre 1971 pour que le mot *burn-out* soit introduit par H. Freudenberger, psychanalyste, qui l'apparente à la perte d'enthousiasme. Il s'appuie sur la situation de jeunes bénévoles qui consacrent leur temps à aider des usagers de drogues dures. Progressivement ces bénévoles vont manifester des troubles émotionnels comme des crises d'angoisse, et des symptômes physiques d'épuisement (endormissement, vertiges...). Il parlera de « *burn-out syndrome* » ou épuisement émotionnel. Ce *burn-out* réside donc dans le lien entre le sujet et son milieu. Dès qu'il y a un déséquilibre entre les deux, il se crée un état d'épuisement où le sujet va chercher à compenser l'écart avec son milieu.
Mais quels sont les symptômes du *burn-out* chez le sujet ? Christina Maslach, psychologue, sera la première scientifique à analyser les signes cliniques du syndrome du *burn-out*. Elle révélera que le *burn-out* se manifeste par une triade de symptômes eux-mêmes provoqués par différents facteurs psychosociaux :

- un épuisement émotionnel caractérisé par un état de fatigue physique et psychologique avec une absence quasi totale d'énergie émotionnelle qui se répercute sur la vitalité de l'individu. Il peut être causé par des exigences de travail importantes, et/ou des exigences émotionnelles où le sujet est confronté à des situations émotionnellement éprouvantes. Les conflits éthiques et de valeurs ou les changements et l'insécurité de l'emploi peuvent également constituer un facteur psychosocial favorisant cet épuisement émotionnel ;

• un état qualifié de dépersonnalisation, ou plutôt de « déshumanisation » avec une attitude négative et détachée de la part de l'individu envers ses pairs et autrui avec une absence d'empathie, marquée parfois par du cynisme. Il peut se manifester à long terme suite à un manque de soutien social et de reconnaissance au travail ;
• et enfin une diminution du sens de l'accomplissement et réalisation de soi avec un regard particulièrement négatif et dévalorisant sur lui-même, sous forme d'un vécu dépressif important et une incapacité à faire face aux obligations professionnelles. Elle peut être causée par le manque d'autonomie et de marges de manœuvre pour réaliser son travail.
Le *burn-out* est donc bien lié à l'exposition au stress qui peut être un hyperstress (charge importante de travail) ou hypostress (absence de stimulation, ennui). Toutefois le stress est également dépendant des caractéristiques propres à l'individu. De ce fait il est difficile de relier l'épuisement professionnel exclusivement à l'environnement professionnel.

(Conclusion)

Au lieu de vouloir reconnaître le *burn-out* comme une maladie professionnelle, il serait plutôt judicieux de parler de responsabilité sociétale de l'entreprise pour lutter contre les facteurs psychosociaux. En effet la prévention primaire reste le maître-mot face à l'épuisement professionnel, en s'orientant vers des actions d'amélioration de l'organisation, accompagnées d'un management humaniste et bienveillant.

Proposition de commentaire personnel

Dans cette partie, vous devez reprendre les idées principales du texte et les confronter à votre expérience professionnelle ou connaissances.
Il faut rédiger un commentaire construit avec une introduction, un développement et une conclusion.

(Introduction)

(Phrase d'accroche) Les risques psychosociaux n'épargnent aucune catégorie professionnelle. L'hôpital lui-même a essuyé plusieurs cas de *burn-out* ou épuisement professionnel, avec des cas de suicide chez le personnel médical et paramédical. Tout en citant les facteurs de risques qui engendrent le *burn-out*, nous expliquerons les raisons qui font que les soignants sont les premières victimes de ce syndrome.

(Développement)

- **Les exigences du poste de travail :** la quantité de travail, les horaires changeants qui pèsent sur la vie familiale et sociale. Par exemple :
- par manque de personnel, le professionnel peut être appelé à travailler plusieurs jours sans pouvoir récupérer ;
- une charge de travail intense où le risque d'erreur est omniprésent : erreur d'administration de traitement...

- **Les exigences émotionnelles :** le fait d'être confronté à des situations émotionnellement éprouvantes comme :
- la souffrance des patients, la difficulté de certains services de soins palliatifs ;
- des conditions de travail où la violence fait partie du quotidien de certains services comme les urgences...

- **Le manque d'autonomie et de marges de manœuvre pour réaliser son travail :** tout est protocolisé et il n'y a pas de place à la créativité individuelle. À cela s'ajoute la rentabilité des soins : un service qui ne rapporte pas est un service qui est amené à disparaître.

- **Le manque de soutien social et de reconnaissance au travail :** nombreux sont les professionnels qui expriment ne pas recevoir de gestes de reconnaissance de leur hiérarchie ou de leur direction.

- **Les conflits éthiques et de valeurs** comme :
- l'idéal du soin qui n'est pas possible au vu de certaines conditions de travail ;
- les conflits éthiques récurrents face à l'acharnement thérapeutique chez certains patients...

- **Les changements et l'insécurité de l'emploi et du travail :** chez certains professionnels précaires qui enregistrent de nombreux CDD ou des changements de services pour répondre à des besoins en personnels ponctuels...

(Conclusion)

Le candidat devra se positionner et donner son point de vue concernant les éléments présentés dans son commentaire. Il peut par exemple aborder dans cette partie son positionnement en tant que futur cadre de santé par rapport à la prévention du burn-out.
Une ouverture vers une thématique similaire aux notions abordées dans le commentaire sera un critère de réflexion : ainsi les idées développées ouvrent la voie à une autre discussion.

SUJET N° 4 | IFCS PROVENCE-ALPES-CÔTE D'AZUR (AP-HP), MARS 2018

SUJET

Le management peut-il être humaniste ?

De plus en plus de managers considèrent que la bienveillance est un ingrédient tant du bien-être des salariés que de la performance de l'entreprise.

Reconnaissance, leadership bienveillant et coopération : tels sont quelques-uns des principes directeurs d'un « management humaniste » qui tentent d'instaurer dans les entreprises des pratiques respectueuses de la personne et cherchent à prendre en compte le bien-être de la personne sans nuire, au contraire, à l'efficacité. Mais n'est-ce pas là une douce utopie qui cadre mal avec les contraintes qui pèsent sur les vieilles routines organisationnelles ? Une enquête que j'ai menée auprès de plusieurs entreprises invite à penser le contraire. Si le paradis n'est pas de ce monde, un monde meilleur est possible en matière de vie au travail comme le montrent les expériences récentes.

La reconnaissance

Nous avons tous besoin de reconnaissance [1], non seulement dans nos relations privées, mais également au travail. Lors d'une enquête française, 57 professionnels de différents secteurs ont été interrogés sur ce qui leur donnait le sentiment d'être reconnus par leur supérieur hiérarchique [2]. Il en ressort que l'appréciation personnelle a plus d'impact que les moyens financiers. Comme le disent certaines de ces personnes : « Le salaire ne fait pas tout » ; « Des primes, c'est vrai, c'est important mais moi j'attends plus, un remerciement, des choses simples » ; « Si j'avais à choisir, je préférerais une hiérarchie bienveillante, un environnement de travail calme et des collègues avec qui on est en harmonie » ; « Quand vous êtes avec un client et que votre chef vous met en valeur, c'est essentiel et cela n'a pas de prix ».

Une équipe d'universitaires spécialistes du management a interrogé une centaine d'étudiants de quatre universités américaines qui, au vu de leurs diplômes, sont surtout « chassés » par des recruteurs [3]. Avant leur premier entretien d'embauche, les facteurs les plus importants qui pourraient les inciter à accepter un poste sont le travail lui-même, la rémunération, les perspectives d'évolution de carrière, les bénéfices et la formation. Mais la rencontre avec des recruteurs va radicalement modifier leur hiérarchie des critères. Ce qui devient prioritaire, c'est l'attitude manifestée par les recruteurs envers le candidat. 83 jeunes sur 96 ont estimé que la façon dont ils étaient traités au cours du recrutement était importante. Sur les 36 étudiants ayant signalé un traitement positif au cours du recrutement, 31 ont accepté la proposition qui leur a été faite.

Reconnaître et valoriser ce qui se fait de positif au sein d'une organisation a conduit à une méthode très judicieuse appelée « démarche appréciative » (*appreciative inquiry*). Le cœur de cette approche c'est d'explorer (*to inquire*) ce qui fonctionne bien et lui donner de la valeur, lui accorder de l'importance (*to appreciate*). En France, elle a surtout été développée et diffusée par Jean Pagès et Jean-Christophe Barralis, codirecteurs de l'Institut français d'*appreciative inquiry* [4]. Ce dernier a d'ailleurs créé le terme de management appréciatif, en s'appuyant non seulement sur la démarche appréciative, mais également sur les recherches actuelles en psychologie positive [5]. Selon lui, un manager est « appréciatif » quand il a une vision positive des êtres humains au travail et de leurs relations ; une vision qui le porte à rechercher et à percevoir la bonté des personnes, leur générosité, leur altruisme et leur solidarité.

Prenons l'exemple de Laval Mayenne Technopole, une association parapublique destinée à accompagner des entrepreneurs. Son directeur, Christian Travier, apprécie ses salariés, est fier d'eux et n'hésite pas à leur exprimer sa reconnaissance. « À mes yeux, chacun est important et j'essaie que le travail de tous soit valorisé, m'explique-t-il. En France, on est trop habitué à souligner le négatif, alors que c'est l'inverse qu'il faut surtout faire : mettre en valeur les choses positives. À la suite d'un événement organisé par l'équipe, il m'est arrivé de passer trois heures à rédiger un mail collectif de remerciement. Je tiens à remercier chaque personne pour son apport spécifique. Un mail général de remerciement un peu flou, ça n'a pas de sens à mes yeux. C'est important que chacun sente que j'ai apprécié ce qu'il ou elle a apporté dans l'œuvre commune. » Au cours de ma rencontre avec ses collaborateurs, plusieurs ont souligné à quel point ils étaient sensibles à cette marque de reconnaissance.

L'entretien annuel d'évaluation est un exemple représentatif de cet état d'esprit. Alors que beaucoup de salariés redoutent cette expérience, ici c'est au contraire l'occasion d'une valorisation de tout ce qui a été fait et d'un encouragement pour améliorer ce qui peut encore l'être.

Le leadership serviteur

La plupart des théories du leadership ont été élaborées par des universitaires, mais l'une d'elles déroge à cette règle : le leadership serviteur, inspirée par l'expérience professionnelle de Robert Greenleaf et d'autres cadres. Selon lui, « le bon leader est d'abord perçu comme un serviteur, et ce simple fait est la clé de sa grandeur. (...) Cela commence avec le sentiment naturel de vouloir servir, d'abord servir. Un choix conscient amène ensuite la personne à désirer être leader. Cette personne est très différente de celle qui est d'abord leader. (...) La différence s'exprime dans le soin pris par le serviteur - d'abord de s'assurer que les besoins prioritaires des autres personnes sont servis [6]. »

Le concept fait maintenant l'objet d'études universitaires. Des chercheurs ont élaboré des questionnaires contenant des items liés à l'esprit de service, la réponse aux besoins des collaborateurs et de l'organisation, l'humilité, le désir d'aider les autres à croître, l'empathie, etc., questionnaires qu'ils font remplir à des collaborateurs de managers. Ces recherches confirment que cette attitude est corrélée à divers aspects positifs du fonctionnement organisationnel. Deux synthèses d'études empiriques [7] concluent que le leadership serviteur :
- crée un climat positif dans l'organisation et augmente la satisfaction et le bien-être des salariés, ainsi que leur confiance envers le leader et l'organisation ;
- favorise la coopération, l'aide réciproque et les comportements citoyens dans l'organisation ;
- augmente la créativité et l'implication des salariés, ainsi que l'efficacité des leaders et des équipes ;
- diminue le *turn-over* des salariés.

La coopération

Certains managers pensent que la productivité est associée à la compétition entre les salariés ou entre les équipes. C'est une erreur : c'est en fait une source de mal-être et d'inefficacité. Sabine Sonnentag, professeure de psychologie à l'université d'Amsterdam, a mené une série d'études sur les facteurs corrélés à la performance chez divers professionnels [8]. Elle a demandé à 159 informaticiens allemands et suisses de nommer un collègue qu'ils considéraient comme un excellent professionnel, puis de décrire pour quelles raisons ils pensaient cela. La plupart des caractéristiques mentionnées entraient dans quatre catégories, dont les deux premières étaient les connaissances techniques et informatiques (69 %) et les compétences relationnelles (54 %) (coopération, communication, direction d'équipe). S. Sonnentag a également interrogé 94 ingénieurs ; cette fois-ci, ce sont la coopération et la communication qui arrivent en premier (84 %), devant les connaissances et compétences techniques (81 %) et le style de travail (41 %).

Dans une autre recherche, elle compare les modes de fonctionnement de 16 informaticiens particulièrement performants et 20 autres moins performants, en fonction de leur réussite respective à des tests informatiques. Elle constate une corrélation entre coopération et performance ; ceci fonctionne comme une spirale vertueuse, chacune entraînant l'autre.

« Soyons des anges gardiens les uns pour les autres »

Dean Tjosvold est certainement le chercheur qui a le plus étudié la coopération, dans des organisations et des pays très différents. Quelle que soit l'organisation étudiée, ses résultats sont identiques d'une recherche à l'autre [9]. La coopération est systématiquement corrélée à la satisfaction et l'implication des membres de l'équipe (et en est parfois la cause), au plaisir de travailler ensemble, à la confiance dans les collègues, au désir d'améliorer l'efficacité de l'organisation, de réduire les coûts de production, et, *in fine*, à l'efficacité et à la productivité. C'est l'inverse qui se passe en situation de compétition ou d'indépendance. Par exemple, les personnes fonctionnant de manière coopérative ont tendance à parler ouvertement des erreurs faites et en tirent une source d'apprentissage pour le futur. Inversement, dans un contexte compétitif, reconnaître une erreur est dangereux, car cela risque fort d'être interprété comme une marque d'incompétence, ce qui limite les possibilités d'apprentissage organisationnel.

Un bon exemple de coopération réussie est Sagarmatha (du nom d'une région du Népal), une agence de communication événementielle fondée en 1990 par Christophe Larrenduche, où travaillent 40 salariés. Alors que ce secteur d'activité est en baisse, Sagarmatha est en progression constante.

C. Larrenduche, fondateur et directeur, accorde une grande importance à l'entretien de recrutement. Convaincu que « personne n'est compétent tout seul dans ce métier », il s'intéresse particulièrement à la fibre humaniste et au sens de l'équipe de la personne. « Je préfère ne pas recruter quelqu'un de très compétent, mais qui ne joue pas collectif. J'ai adopté une devise : “Soyons des anges gardiens les uns pour les autres.” »

Le plaisir de travailler ensemble ressort de tous les propos que j'ai entendus. Ainsi, Manuel me dit : « J'adore mes collègues. Ici, on crée les conditions de la fraternité ; il y a une énorme solidarité entre nous, on s'entraide. L'intérêt général donne toujours plus de plaisir que l'intérêt individuel. » Pour Sylviane, « personne ne sait tout dans l'équipe et nous sommes très différents ; il y a donc nécessité de s'entraider. Il y a une énergie positive dans l'équipe, de l'enthousiasme dans le travail, le désir de bien faire. Et quand on fait une erreur, on en parle ouvertement entre nous. On assume notre responsabilité personnelle. »

Bonne entente rime parfaitement avec exigence, comme me le fait remarquer Sébastien : « Quand je suis arrivé dans l'entreprise, je me suis tout de suite dit : “Ça va être cool de travailler ici.” Je ressentais de la bienveillance, du respect et de la solidarité. Mais j'ai très vite constaté qu'ils étaient aussi hyperprofessionnels. À mon avis, ces deux aspects sont la clé de la réussite. Ici, nous avons d'excellentes conditions de travail, mais aucune pression sur le chiffre. »

Au final, les recherches menées sur le management humaniste [10] montrent qu'il n'est pas une utopie mais une réalité déjà existante et aux résultats positifs, tant pour les personnes que les organisations.

Au service du bien commun

Armor est un groupe industriel français spécialisé dans la production de consommables pour l'impression. Son palmarès est aujourd'hui éclatant : n° 1 mondial de la technologie transfert thermique ; n° 1 de la production de cartouches jet d'encre en Europe ; n° 1 de la vente de cartouches laser en France. Armor est aujourd'hui une entreprise florissante, avec 2 000 collaborateurs dans le monde.

Son PDG, Hubert de Boisredon, a rejoint l'entreprise en 2004, alors qu'elle connaissait une période difficile, que ce soit sur le plan du dialogue social ou sur celui des résultats économiques. Sa conception du management était bien ancrée : « J'invite les gens à être leaders dans leur domaine. Je leur redonne le pouvoir. Je pense que chaque fois qu'il y a une bonne idée, il faut l'encourager. Il faut créer une ambiance où les gens se sentent valorisés et autorisés à prendre des initiatives. Je demande à mes collaborateurs qu'ils m'apportent non pas des problèmes mais des solutions, parce que je suis convaincu qu'ils peuvent trouver eux-mêmes les solutions. Un chef d'entreprise m'a dit un jour deux choses qui m'ont beaucoup marqué. "Le patron, c'est le fil d'un collier. On ne le voit pas, mais c'est ce qui tient toutes les perles ensemble. Il faut recruter des personnes qui sont toutes meilleures que toi dans leur domaine." C'est ce que je m'efforce systématiquement de faire. Il n'y a que comme ça que l'entreprise peut vraiment se développer. »

Pour H. de Boisredon, le redressement économique d'Armor est essentiellement le fruit de la stratégie environnementale engagée, grâce aux cartouches d'imprimante recyclées. Mais Armor va bien plus loin depuis quelques années en se tournant vers l'énergie solaire. Son PDG veut en faire un groupe industriel international à vocation environnementale.

Jacques Lecomte (docteur en psychologie, président d'honneur de l'Association française de psychologie positive), « Le management peut-il être humaniste ? », *Sciences humaines*, article publié sur le magazine web en juin 2017.

Références

[1] Axel Honneth, *La Lutte pour la reconnaissance*, Cerf, 2000.

[2] Franck Brillet, Patricia Coutelle et Annabelle Hulin, « Proposition d'une mesure de la reconnaissance : une approche par la justice perçue », *Revue de gestion des ressources humaines*, n° 89, 2013/3.

[3] Wendy Boswell et al., « Individual job-choice decisions and the impact of job attributes and recruitment practices. A longitudinal field study », *Human Resource Management*, vol. XLII, n° 1, printemps 2003.

[4] http://ifai-appreciativeinquiry.com/

[5] Jean-Christophe Barralis, « Management et appreciative inquiry », in Jean Pagès, *Le Coaching collectif avec la méthode appréciative inquiry. Conduire le changement en s'appuyant sur les réussites*, Eyrolles, 2014.

[6] Robert K. Greenleaf, *Servant Leadership. A journey into the nature of legitimate power and greatness*, Paulist Press, 1977.

[7] Denise L. Parris et Jon W. Peachey, « A systematic literature review of servant leadership theory in organizational contexts », *Journal of Business Ethics*, n° 113, 2013, et Dirk van Dierendonck, « Servant leadership. A review and synthesis », *Journal of Management*, vol. XXXVII, n° 4, 2011.

[8] Sabine Sonnentag, « Excellent performance. The role of communication and cooperation processes », *Applied Psychology*, vol. XLIX, n° 3, juillet 2000.

[9] Voir Dean Tjosvold, Zi-you Yu et Chun Hui, « Team learning from mistakes. The contribution of cooperative goals and problem-solving », *Journal of Management Studies*, vol. XLI, n° 7, novembre 2004.

[10] Voir Jacques Lecomte, *Les Entreprises humanistes. Comment elles vont changer le monde*, Les Arènes, 2016.

Question

À partir du texte ci-dessus, rédigez un commentaire à l'aide du plan de votre choix.

CORRIGÉ

1. Comprendre la consigne

Dans cette consigne : le candidat doit faire un commentaire de texte, c'est-à-dire qu'il doit d'abord faire une synthèse du texte en retenant les idées principales tout en les analysant. Pour donner de la plus-value à son commentaire, le candidat donnera son point de vue sur ces idées en argumentant avec son expérience professionnelle et/ou ses connaissances.

2. Lire le texte

Auteur : Jacques Lecomte, Docteur en psychologie, président d'honneur de l'Association française de psychologie positive, auteur de *Les Entreprises humanistes. Comment elles vont changer le monde*, Les Arènes, 2016.
Titre : « Le management peut-il être humaniste ? » donne le thème du texte. Il sera question dans cet article de se demander si le management peut être humaniste.
Chapô : « *De plus en plus de managers considèrent que la bienveillance est un ingrédient tant du bien-être des salariés que de la performance de l'entreprise* » : le chapô donne l'hypothèse de l'auteur.
Registre : analytique, interrogatif et démonstratif.

3. Relever les idées principales du texte et les analyser

Paragraphe(s)	Idées principales du texte	Analyse
Chapô du texte	« *De plus en plus de managers considèrent que la bienveillance est un ingrédient tant du bien-être des salariés que de la performance de l'entreprise.* »	Dresse une hypothèse qui avance que la majorité des managers observent que l'attitude bienveillante du manager favorise tant le bien-être du salarié que la performance de l'organisation.

Paragraphe(s)	Idées principales du texte	Analyse
1	*« Reconnaissance, leadership bienveillant et coopération (...) Mais n'est-ce pas là une douce utopie qui cadre mal avec les contraintes qui pèsent sur les vieilles routines organisationnelles ? »*	3 mots-clés : reconnaissance, leadership, coopération, qui permettent de parler de management humaniste avec des effets positifs tant sur le salarié que sur la performance de l'entreprise. L'auteur pose la problématique de son article : le management humaniste est-il une gageure dans le monde du travail ? Pour y répondre, il va s'appuyer sur les résultats de plusieurs enquêtes réalisées en milieu d'entreprises.
2 et 3	1er mot-clé : LA RECONNAISSANCE	La reconnaissance est un facteur indispensable de bien-être pour l'homme tant dans sa vie privée que professionnelle. Selon les résultats d'enquête, la reconnaissance n'a pas de prix. Cette reconnaissance se manifeste par un remerciement, ou, chez les nouveaux recrutés, par une attitude positive de la part du recruteur.
4 à 6	RECONNAÎTRE ET VALORISER	Ces 2 actions de reconnaître et de valoriser un employé confèrent à une démarche appréciative : c'est d'explorer (*to inquire*) ce qui fonctionne bien et lui donner de la valeur, lui accorder de l'importance (*to appreciate*). Cette démarche, développée et diffusée par Jean Pagès et Jean-Christophe Barralis, vise un management appréciatif où le travailleur est vu comme un être bon, généreux, altruiste et solidaire. Cet employé devient sensible à cette démarche appréciative. L'entretien annuel d'évaluation est l'occasion de manifester cette reconnaissance et cette valorisation et également de cibler les actions correctives à mener par l'employé.

Paragraphe(s)	Idées principales du texte	Analyse
7 et 8	2e mot-clé : LE LEADERSHIP SERVITEUR : *« le leadership serviteur, inspirée par l'expérience professionnelle de Robert Greenleaf et d'autres cadres. Selon lui, "le bon leader est d'abord perçu comme un serviteur, et ce simple fait est la clé de sa grandeur. (...) Cela commence par le sentiment naturel de vouloir servir, d'abord servir. Un choix conscient amène ensuite la personne à désirer être leader. Cette personne est très différente de celle qui est d'abord leader. (...) La différence s'exprime dans le soin pris par le serviteur – d'abord de s'assurer que les besoins prioritaires des autres personnes sont servis." »*	Le leadership serviteur est un mode d'encadrement pragmatique car il a été créé en se basant sur l'expérience professionnelle. Le leader est un serviteur et de par cette attitude de vouloir servir, il s'assure que les besoins prioritaires des autres personnes sont comblés. Ce mode de management a été analysé par les universitaires qui ont mené une analyse quantitative par questionnaires. Les résultats de l'étude arrivent au constat que le leadership serviteur a des effets positifs dans l'organisation : il crée un climat positif, favorise la coopération, augmente la créativité et l'implication des salariés, ainsi que l'efficacité des leaders et des équipes, diminue le *turn-over* des salariés.
9 et 10	3e mot-clé : LA COOPÉRATION : *« Certains managers pensent que la productivité est associée à la compétition entre les salariés ou entre les équipes. C'est une erreur : c'est en fait une source de mal-être et d'inefficacité. »*	Des études empiriques de S. Sonnentag ont permis de démontrer que les compétences relationnelles telles que la coopération, la communication, la direction d'équipe sont aussi importantes que les compétences techniques. C'est la coopération dans une équipe qui va engendrer la performance et non la compétition.
11 à 14	*« Soyons des anges gardiens les uns pour les autres. La coopération est systématiquement corrélée à la satisfaction et l'implication des membres de l'équipe (et en est parfois la cause), au plaisir de travailler ensemble, à la confiance dans les collègues, au désir d'améliorer l'efficacité de l'organisation, de réduire les coûts de production, et,* in fine, *à l'efficacité et à la productivité. »*	Les travaux de Dean Tjosvold ont démontré clairement la corrélation entre coopération et implication de tous au travail. Cette coopération va également pousser à la reconnaissance de ses erreurs pour assumer sa responsabilité personnelle et améliorer son apprentissage.
15	*« Au final, les recherches menées sur le management humaniste montrent qu'il n'est pas une utopie mais une réalité déjà existante et aux résultats positifs, tant pour les personnes que les organisations. »*	La conclusion de l'auteur : le management humaniste est un mode de management confirmé qui permet non seulement le bien-être du salarié mais également la performance de l'organisation.

Paragraphe(s)	Idées principales du texte	Analyse
16 à 19	*« Au service du bien commun »*	Armor : un exemple d'organisation qui, en adoptant la posture au service du bien commun, a permis d'améliorer sa performance tout en redonnant à son personnel une place dans l'organisation pour penser, suggérer et créer.

Proposition de synthèse

(Introduction)

Cet article paru dans la revue *Sciences Humaines* n° 293, publié en juin 2017, est écrit par Jacques Lecomte, Docteur en psychologie. L'auteur s'intéresse au management humaniste. *(Hypothèse)* Il pose le postulat que la majorité des managers observent que l'attitude bienveillante du manager favorise tant le bien-être du salarié que la performance de l'organisation. En effet, la reconnaissance, le leadership et la coopération, corrélés, semblent être les ingrédients indispensables pour réussir ce type de management. *(Annonce du plan)* Afin de démontrer son point de vue, l'auteur va s'appuyer sur plusieurs études empiriques ayant abordé ces trois concepts pour les expliciter et les illustrer.

(Développement)

Le management humaniste est-il une gageure dans le monde du travail ? Pour y répondre, l'auteur s'appuie sur des enquêtes empiriques qui ont mis en valeur ces trois concepts que sont la reconnaissance, le leadership bienveillant et la coopération.

La reconnaissance est un facteur indispensable de bien-être pour l'homme tant dans la vie privée que la vie professionnelle. Selon les résultats d'enquêtes menées sur ce sujet, la reconnaissance n'a pas de prix. Cette reconnaissance peut se manifester par un remerciement, la mise en valeur du salarié ou, chez les nouveaux recrutés par une attitude positive de la part du recruteur. Cette reconnaissance, corrélée au fait de valoriser un employé, contribue à une démarche appréciative. Cette démarche consiste à explorer (*to inquire*) ce qui fonctionne bien et lui donner de la valeur pour lui accorder de l'importance (*to appreciate*). Développée et diffusée par Jean Pagès et Jean-Christophe Barralis, elle vise un management appréciatif où le travailleur est vu comme un être bon, généreux, altruiste et solidaire avec ses pairs. Cet employé, tout en y prenant goût, devient progressivement sensible à cette démarche appréciative.

Cette reconnaissance et cette valorisation ne peuvent exister que si elles sont intégrées dans un leadership spécifique. C'est le leadership serviteur initié par des professionnels de terrain qui se sont basés sur leur expérience professionnelle : le leader devient un serviteur et de par cette attitude de vouloir servir, il va s'assurer de prime abord que les besoins prioritaires des autres personnes sont satisfaits. Progressivement ce leadership va engendrer la création d'un climat positif, de la créativité, l'implication des salariés, l'apprentissage et de la coopération, cette dernière devenant prioritaire sur les compétences techniques du salarié. C'est ce qu'a démontré S. Sonnentag en menant des études empiriques sur la notion de coopération. Celle-ci devient un levier de performance et de croissance pour l'entreprise. Le salarié devient un maillon reconnu, valorisé et il va agir au service du bien commun.

(Conclusion)

Le management humaniste est un mode de management confirmé et efficace qui permet non seulement le bien-être du salarié mais également la performance de l'organisation.

Proposition de commentaire personnel

Dans cette partie, vous devez reprendre les idées principales du texte et les confronter à votre expérience professionnelle ou connaissances.
Il faut rédiger un commentaire construit avec une introduction, un développement et une conclusion.

(Introduction)

(Phrase d'accroche) À l'heure où l'hôpital doit se redresser financièrement, le management humaniste a-t-il sa place dans l'organisation des établissements de santé ? Après avoir dégagé les composants essentiels de ce mode de management, nous nous interrogerons sur ses effets positifs auprès des équipes de soins pour le cadre de santé.

(Développement)

(Première partie : Composants essentiels du management humaniste)
- Aimer autrui : le métier de professionnel de santé implique ce trait de personnalité qui est d'aimer autrui, vouloir l'aider, le soulager. Vous pouvez citer des exemples de situations de soins où votre altruisme vous a permis de mieux prendre en charge un patient.
- Vouloir le bien-être du salarié : être attentif aux conditions de travail, savoir repérer un agent en souffrance, être flexible dans la mesure du possible. Vous pouvez citer des exemples où vous avez été souples face à un agent ayant eu une situation familiale difficile. Le principe reste l'équité dans l'équipe.

• Savoir être reconnaissant : savoir féliciter un agent suite à un travail bien fait, valoriser son équipe face à la direction. Vous pouvez citer l'exemple de l'entretien annuel d'évaluation où vous consacrez un temps privilégié avec vos équipes pour les féliciter, les encourager et les orienter vers les actions correctives qu'ils doivent mener.
• Être respectueux et empathique : c'est la base de la relation humaine que ce soit avec les équipes, mais également la hiérarchie. Ne pas juger.
• Approche participative : inciter les agents à proposer des solutions face aux problèmes qu'ils rencontrent ; nommer des référents par rapport à des thématiques concernant le projet de service. Citer des exemples tirés de votre expérience professionnelle.
• La coopération interprofessionnelle : chaque agent a sa place dans l'équipe. L'ASH a sa place tout autant que le médecin. L'équipe est une chaîne composée de plusieurs maillons qui sont tous indispensables dans le service. Donner des exemples tirés de votre expérience professionnelle.

(Deuxième partie : Effets positifs du management humain auprès des équipes de soins)
• L'amélioration des compétences de chaque agent : un agent valorisé va faire plus d'efforts pour encore se surpasser. Donner des exemples.
• Le partage dans l'équipe : la parole va être libérée et les agents vont verbaliser ouvertement les problèmes rencontrés pour les résoudre ensemble. Donner des exemples.
• La bienveillance dans l'équipe : la bienveillance des agents entre eux va se refléter sur la prise en charge des patients.
• Prévenir la souffrance au travail : un agent, sachant que ses pairs sont à l'écoute, va plus facilement aborder sa souffrance professionnelle. Donner des exemples : groupe de parole, etc.
• Décloisonner les services et prioriser la créativité : l'objectif de l'hôpital est le patient. Il faut donc que ce soit l'hôpital qui s'adapte aux patients et non pas le contraire. Il faut laisser les équipes proposer des organisations et non pas agir selon des procédures bureaucratiques tout en respectant les règles de pratiques et les normes.
• Réduire l'absentéisme, le *turn-over* du personnel : un agent heureux au travail viendra plus facilement travailler.

(Conclusion)

Le candidat devra se positionner et donner son point de vue concernant les éléments présentés dans son commentaire. Il peut par exemple aborder dans cette partie son positionnement en tant que futur cadre de santé par rapport à ce type de management.
Une ouverture vers une thématique similaire aux notions abordées dans le commentaire sera un critère de réflexion : ainsi les idées développées ouvrent la voie à une autre discussion. Vous pouvez aborder le management des connaissances qui consiste à prioriser les expériences professionnelles des équipes, leurs observations et leurs pratiques tout en redonnant sa place au soignant dans l'organisation.

SUJET N° 5 | IFCS ÎLE-DE-FRANCE (AP-HP), MARS 2017

SUJET

Décider

Parmi les compétences du manager, il y a celle qui consiste à décider, puisque, à son niveau, il dispose du commandement. Un manager ne fait, évidemment, pas que décider : il doit régler des conflits, faire des arbitrages, transmettre des messages et communiquer, faire du reporting. Il écoute ce que lui disent ses collaborateurs, il fait les comptes rendus d'activité, évalue, gratifie et recadre, il essaye de planifier le futur immédiat et même à plus long terme, mais une partie cruciale de son métier consiste à prendre des décisions. En dernier ressort, c'est lui qui décide et endosse la responsabilité corrélative.

Dans son origine étymologique, le mot « décider » porte quelque chose du caractère grave et tranchant de la décision : le mot latin *decidere* vient du verbe *caedere* qui veut dire trancher. Avant la décision, la situation est d'une certaine sorte, dans un certain état. Après, les choses sont autres parce qu'elles ont été tranchées.

Cela dit, ce sens radical du mot « décider » risque de nous égarer dans l'effort pour comprendre la décision. S'il y a en effet des décisions tranchantes, qui produisent de l'irrémédiable et de l'irréparable, toutes les décisions ne sont pas de cette sorte – heureusement et malheureusement. Heureusement car sinon la vie serait faite de drames ; malheureusement car les « grandes décisions » sont souvent les plus faciles à modéliser (en général *a posteriori*...).

Les grandes décisions, celles qui représentent un « tournant », il importe de savoir les prendre dans la vie privée comme dans la vie publique en mesurant leur importance et surtout au moment opportun. Il y a aussi beaucoup de petites décisions qui pèsent malgré leur faible importance. Il y a surtout beaucoup de processus de décision longs et confus aboutissant à des changements importants, mais ces derniers tiennent plus à l'accumulation des décisions qu'à une seule décision souveraine. Sans oublier... les non-décisions, celles que l'on devrait ou aurait dû prendre mais qu'on laisse à la routine ou à l'aveuglement.

Décider veut dire qu'on va choisir une orientation, un chemin plutôt qu'un autre, une solution et pas une autre. Fera-t-on tel investissement ? Renouvellera-t-on le parc des véhicules ? Fermera-t-on un service plutôt qu'un autre ? À quel moment réorganisera-t-on ? Autant d'exemples banals ;

cependant, l'important n'est justement pas le fait de la décision elle-même, mais tout ce qui est autour et avant elle, les conditions et les circonstances dans lesquelles elle est prise.

La première condition, souvent la plus difficile à identifier, est de déterminer le problème en question. À quoi la décision apporte-t-elle une réponse ? La routine décisionnelle est telle que bien souvent nous ne savons plus quel problème nous avons à résoudre. Beaucoup de penseurs récents ont diagnostiqué une « perte du sens des problèmes », qui déboucherait sur l'application aveugle de « procédures ».

Face à toute décision, le manager doit commencer par se demander à quel problème il a affaire et sous quelle forme. Cela suppose qu'il s'informe sur la situation avec ses tenants et aboutissants, action difficile à réaliser exhaustivement compte tenu de la nature systémique de l'organisation. Ici se pose la question de la nature de l'information à recueillir et du coût pour la recueillir.

Pour ce qui est de la nature de l'information, on doit garder à l'esprit que les données statistiques sont souvent elles-mêmes biaisées par les formats et modes de présentation retenus. Voici une phrase attribuée tantôt à Mark Twain tantôt à Benjamin Disraeli : « Il y a trois sortes de mensonges, les gros mensonges, les petits mensonges, et les statistiques ! » Il y a effectivement un art statistique du mensonge, ou au moins du maquillage des problèmes.

On devra aussi se méfier du témoignage, notamment quand il porte sur des choses sensationnelles. Notre crédulité naturelle, très bien adaptée à l'usage du langage (elle nous permet d'éviter d'aller vérifier chaque avertissement émanant d'autrui), nous porte à croire spontanément tout ce qu'on nous dit - surtout si les choses rapportées sont « énormes ». Raison de plus pour nous méfier. Beaucoup de prétendues « informations » ne sont que des rumeurs, des ragots, et constituent des pièges pour le manager qui leur accorde foi. Il importe donc de prendre du recul, de se donner le temps de la réflexion pour ne pas accepter à chaud la... mauvaise information.

Pour ce qui est maintenant du coût de la collecte d'information, les choses sont encore plus confuses. Chercher, trouver, rassembler de l'information entraîne des coûts importants, aussi bien financiers qu'en termes de temps. Il faut donc savoir peser les coûts par rapport aux résultats escomptés. Certains se lancent dans des recherches minutieuses et interminables qui leur coûtent temps et argent pour des décisions peu importantes. En revanche, certaines questions sont si importantes qu'on ne doit pas lésiner sur la dépense. C'est affaire de pondération et, ironiquement, de décision sur la décision : quand jugera-t-on que l'on dispose de la bonne quantité (et qualité) d'informations pour prendre une décision ? Il faut, sur ce point, être attentif aux ruses de la mauvaise conscience ou de l'indécision. Certains recherchent une information exhaustive pour... différer la décision ou la prendre trop tard. D'autres se précipitent... par peur panique de décider et donc bâclent le processus.

Toutefois, identifier le problème et rassembler l'information pertinente n'est nullement suffisant pour décider. On ne décide pas dans le vide, mais en prenant aussi en compte les moyens de décider – la logistique de la décision. Il n'y a pas de décision sans réflexion préalable sur les moyens de la prendre, de la rendre effective, de l'appliquer et de la faire appliquer. Un exemple bien connu est celui de décisions législatives précipitées prises par tous les gouvernements dès que se présente un problème : on décide de faire une loi. Vient ensuite la question de son application au moyen de « décrets d'application », souvent pris avec des mois voire des années de retard, quand ils ne sont pas tout simplement « oubliés ». On avait juste omis de prendre en compte la logistique de la décision.

Un aspect important est l'opportunité des décisions. Une décision prise trop tard, trop tôt, à contretemps, est en général inutile et même nuisible. Les décisions doivent être prises en temps opportun. Les Grecs de l'Antiquité avaient un mot pour ce moment opportun : le *kaïros*. Il s'agit de ce moment où la décision peut faire basculer les choses, où le fléau de la balance, qui était en équilibre, commence à se déséquilibrer, où une pichenette peut alors suffire à tout faire basculer. L'art de la décision, c'est celui du *kaïros* : savoir décider au bon moment. Avant, il est trop tôt, après, ce sera trop tard et les choses se seront rigidifiées. Au moment opportun, la décision change tout. Il est évident que cette considération du « bon moment » est liée à celle du temps nécessaire pour rassembler l'information et bâtir la décision. Souvent, le décideur piaffe en attendant que ses services ou des services associés aient enfin terminé l'étude du dossier. Si l'on avance trop tôt, les esprits ne sont pas prêts. Trop tard, les blocages sont là, ou bien le cœur n'y est plus.

Saisir le *kaïros* ne doit pas être confondu avec de l'opportunisme. Celui-ci consiste à saisir l'occasion sans avoir au préalable formé réflexivement sa décision, sans avoir aucune politique, si ce n'est celle qui se présente. Saisir le moment crucial ou opportun, c'est en partie un art relevant de l'intuition, mais derrière cette formule un peu convenue, il y a aussi ce qu'apportent la réflexion et l'expérience. Le manager expérimenté sait laisser mûrir les choses pour se lancer au bon moment, quand il voit l'opportunité. Il sait intégrer les nombreuses variables d'une situation : sensibilité des collaborateurs, moyens de communication entre eux, lobbies en présence, temps nécessaire pour cadrer le problème et construire des solutions applicables. Il y a là quelque chose qui s'apparente à la logistique militaire, quand il s'agit de monter une importante opération nécessitant des moyens lourds qu'il faut agencer avec précision. Beaucoup de désastres militaires ont tenu à des contretemps dans la décision.

Une décision n'est rien non plus si elle n'est pas accompagnée dans sa réalisation. Il ne s'agit pas de décider puis de passer à autre chose. Encore faut-il accompagner et suivre la décision. L'accompagner veut dire penser et organiser son accompagnement. Qui sera en charge de l'application et du suivi ? Selon quel calendrier de réalisation ? Avec quels moyens de communication et d'explication ? En ce sens, une décision n'est jamais le fait d'un seul acteur, aussi brillant et imaginatif soit-il. Elle doit bénéficier non seulement de l'intelligence collective des personnes associées à elle, des différents éclairages sur la réalité en jeu, mais elle doit aussi être prise en charge par une équipe qui lui donne son habillage concret et son caractère effectif.

Cet accompagnement de la décision a l'avantage d'inciter ceux qui la prennent en charge à se l'approprier. L'accompagnement d'une décision permet ainsi la remontée, raide de « retours », qui peuvent mettre en lumière des difficultés imprévues ou sous-estimées ou, au contraire, des facilitations qui suggèrent d'aller plus vite, plus loin, puisque le champ est libre ou que la décision est bien reçue. En ce sens, on ne peut dissocier accompagnement des décisions et audit réflexif, évaluation et finalement en continu de la politique.

Le modèle qui vient d'être détaillé insiste sur la complexité omniprésente à tous les stades de l'action managériale, avec le mérite de contester la représentation de la décision sur le modèle « baguette magique » ou « Je le veux ». La décision n'est jamais du type *Fire and Forget* (tirer son missile et s'enfuir à toute vitesse) – ou alors c'est que le manager est assisté d'une équipe suffisamment rodée pour assurer sans problème le « service après vente » de la décision. La prise de décision est une pratique riche et substantielle, elle ne s'improvise pas, mais fait pleinement partie d'une politique générale, et cette dernière est le fait d'équipes de managers rodées à cette pratique.

À partir de là, on voit aisément quels sont les pièges et/ou les travers dans lesquels il ne faut pas tomber. Il y a d'abord les erreurs de décision par sous-information, ou du fait d'une mauvaise analyse (voire de l'absence d'analyse) du problème rencontré. Ce sont des erreurs épistémologiques et théoriques, tenant à une mauvaise organisation cognitive : on s'y prend mal en termes de connaissance. De même, les décisions prises à contretemps, au mauvais moment, sont des erreurs cognitives mais portant cette fois sur la mauvaise prise en compte de l'ensemble des données. Une seconde catégorie d'erreurs est d'ordre organisationnel : la décision est mal préparée, mal construite, sans logistique adéquate ni accompagnement suffisant, sans suivi ni retour. Elle n'est pas inscrite dans le cadre plus large d'une politique des décisions. C'est une décision dans le vide.

Du point de vue psychologique à présent, ce sont des défauts de caractère qui peuvent obérer la prise de décision. Ils sont de natures diverses et opposées. Il y a d'abord l'erreur de Gribouille.

On sait que le personnage nigaud de la Comtesse de Ségur a tellement peur de la pluie qu'il se met à l'abri des arbres mais dans un ruisseau - autrement dit, il se mouille par peur d'être mouillé... L'erreur de Gribouille en matière de décision consiste à tellement redouter certaines décisions qu'on les prend avant même le moment où il faudrait. La peur de réfléchir, de devoir peser les éventualités, les coûts et les risques, fait que certains vont prendre, sans y réfléchir, des décisions qui méritent cependant d'être longuement réfléchies et étudiées. Il faut se méfier de ce complexe de Gribouille qui nous affecte tous lorsque nous rencontrons des situations que nous redoutons. Le seul remède à proposer est de savoir geler la décision chaque fois qu'on soupçonne qu'elle risque d'être prise trop vite. On sent toujours quand une décision est « précipitée ».

À l'inverse de Gribouille qui va trop vite, il y a l'hésitant qui temporise, le procrastinateur qui remet sans cesse au lendemain une décision qu'il n'a pas le courage de prendre. La procrastination peut consister à remettre indéfiniment, à différer la décision, à tergiverser, ou bien à s'abriter derrière le prétexte que c'est compliqué, que c'est délicat et qu'il faut recueillir encore plus d'informations.

Une forme sournoise de tergiversation consiste à prendre des demi-décisions, c'est-à-dire des décisions qui ne traitent pas l'intégralité du problème rencontré, ou bien qui sont si faibles que le problème se reposera rapidement. On peut inventer des demi-mesures, mettre des rustines, augmenter des contributions sans remettre à plat la situation. Les exemples sont légion dans l'actualité. Les demi-décisions sont acceptables dans des situations particulièrement difficiles mais elles sont en général plutôt la marque d'une peur de la décision et d'un refus de la responsabilité.

Il faut enfin signaler deux types de décision dont tout manager et toute personne en général doit se méfier : les décisions déjà prises et ce que j'ai appelé les non-décisions.
Les décisions déjà prises, ce sont celles que l'on feint d'étudier, de préparer, de formuler, mais qui, pour diverses raisons, ont en fait déjà été prises et dont la préparation, la réflexion et l'accompagnement ne sont en réalité que des prétextes pour les entériner ou « avoir l'air de les prendre ». Ces « décisions déjà prises » posent un grave problème et nous font toucher du doigt le fait que nous ne sommes guère renseignés sur les mécanismes neurologiques et les conditions métaphysiques de la prise de décision.

Certains spécialistes des neurosciences soutiennent, avec quelque raison, que la majeure partie de nos décisions et de nos choix dans la vie sont faits de manière déterminée (c'est la thèse du déterminisme) et que l'étape, qui nous paraît si cruciale, de la réflexion et de la délibération est en fait une simple étape-écran ou de retardement dans un processus qui se déroule indépendamment. Comme on le voit, cette thèse fait bon marché de la liberté métaphysique et de la capacité de l'homme à choisir vraiment ses actions.

La plupart des actes simples de la vie courante, comme se lever, s'asseoir, poser une question, commencer ou cesser d'écouter, relèvent probablement de cette explication : ils sont déterminés et la délibération n'est qu'une étape dans la chaîne causale. Pour les montages complexes que sont les montages décisionnels, pour lesquels on ne choisit pas simplement de prendre le chemin de gauche plutôt que celui de droite, les choses sont différentes. Il se produit alors réellement un calcul et une évaluation de la situation - au point d'ailleurs que ces opérations peuvent être modélisées grâce à l'intelligence artificielle - et la décision, quand elle est correctement prise, est le résultat d'une analyse, d'un calcul distancié et objectif. Il est donc d'autant plus indispensable de ne pas se prêter à la confusion entre microdécisions humaines prédéterminées et décisions calculées et réfléchies faisant intervenir un tissu de facteurs et de conditions.

Pour ce qui concerne à présent les non-décisions, celles qu'on devrait prendre et qu'on ne prend pas, elles relèvent tantôt d'une défaillance cognitive, tantôt d'un défaut de volonté. La défaillance cognitive consiste à ne pas voir qu'un problème se pose, à rester dans un modèle éprouvé d'appréhension de la réalité sans percevoir les signaux qui indiquent qu'un ajustement important est nécessaire. Le défaut de volonté relève de la paresse - on se satisfait de la routine - ou de la peur de prendre des décisions. On préfère le *statu quo*, ne rien changer, rester en sécurité dans la répétition.

Comme on le voit, en matière de décision, le manager doit réaliser une double performance. L'une est cognitive - logistique - et concerne le calcul (même approché parce que tellement multifactoriel) de l'ensemble des conditions d'une décision comme réponse à une question ou solution d'un problème. De ce point de vue, il y a une politique de décision à mettre en place - et ceci, jusqu'à un certain point, s'étudie et s'apprend à partir de cas et d'expériences.

L'autre face de la performance est psychologique/éthique. Il s'agit pour le manager de se méfier des biais caractériels, des phobies et sources de stress qui peuvent peser psychologiquement sur son mécanisme de choix décisionnel. Cette seconde face relève de l'hygiène intellectuelle et émotionnelle du manager. On ne peut pas apprendre des recettes pour se prémunir contre ces biais, mais on peut être mis en garde contre eux et tenter de les voir avec lucidité, en passant en revue sa conduite passée et aussi avec l'aide de collègues et d'autrui en général.

Yves Michaud, *Qu'est-ce que le management responsable : confiance, décision, réflexivité*,
Paris : Groupe Eyrolles, 2013 ; p. 103-115

Questions

1. Dégagez les idées principales du texte.
2. Argumentez-les en vous référant à votre expérience professionnelle.

CORRIGÉ

1. Comprendre la consigne

Dans cette consigne : le candidat doit d'abord faire une synthèse du texte en retenant les idées principales et ensuite donner son point de vue sur ces idées en argumentant avec son expérience.

2. Lire le texte

Auteur : Yves Michaud, philosophe ayant exercé de nombreuses responsabilités managériales.
Ouvrage : *Qu'est-ce que le management responsable : confiance, décision, réflexivité*, Paris : Groupe Eyrolles, 2013 ; p. 103-115.
Titre : « Décider » donne le thème du texte. Il sera question dans cet extrait du processus décisionnel.
Chapô : « *Parmi les compétences du manager, il y a celle qui consiste à décider, puisque, à son niveau, il dispose du commandement. Un manager ne fait, évidemment, pas que décider : il doit régler des conflits, faire des arbitrages, transmettre des messages et communiquer, faire du reporting. Il écoute ce que lui disent ses collaborateurs, il fait les comptes rendus d'activité, évalue, gratifie et recadre, il essaye de planifier le futur immédiat et même à plus long terme, mais une partie cruciale de son métier consiste à prendre des décisions. En dernier ressort, c'est lui qui décide et endosse la responsabilité corrélative* » : le chapô dresse le contexte du thème qui va être abordé : le processus de la décision par le cadre.
Registre : analytique, interrogatif et démonstratif.

3. Relever les idées principales du texte et les analyser

Ligne	Idées principales du texte	Analyse
L. 1-7	Chapô du texte	Dresse le contexte du thème qui va être abordé dans le texte. Il rappelle les fonctions du cadre au niveau du management. Il va s'intéresser à la fonction de décision : le manager décidant, il va assumer la responsabilité de l'orientation de la décision.
L. 8-16	*« Dans son origine étymologique, le mot "décider" porte quelque chose du caractère grave et tranchant. »*	D'un point de vue étymologique, l'action de décider a un caractère grave. Lorsque le manager doit prendre une décision face à un problème ou une situation donnée, il va devoir trancher. Mais le sens étymologique ne doit pas égarer le lecteur.
L. 17-23	*« Les grandes décisions, celles qui représentent un "tournant", il importe de savoir les prendre dans la vie privée comme dans la vie publique en mesurant leur importance et surtout au moment opportun. Il y a aussi beaucoup de petites décisions qui pèsent malgré leur faible importance. Il y a surtout beaucoup de processus de décision longs et confus aboutissant à des changements importants, mais ces derniers tiennent plus à l'accumulation des décisions qu'à une seule décision souveraine. Sans oublier... les non-décisions, celles que l'on devrait ou aurait dû prendre mais qu'on laisse à la routine ou à l'aveuglement. »*	L'auteur annonce le plan de son analyse : Face à une ou plusieurs décisions, qu'elles soient grandes ou petites, il est indispensable de **mesurer leur importance et les prendre en moment opportun.** Les non-décisions sont celles qui devaient être prises mais qui ont été relayées sur le banc ou ignorées.

Ligne	Idées principales du texte	Analyse
L. 24-28	*« Décider veut dire qu'on va choisir une orientation, un chemin plutôt qu'un autre, une solution et pas une autre. Fera-t-on tel investissement ? Renouvellera-t-on le parc des véhicules ? Fermera-t-on un service plutôt qu'un autre ? À quel moment réorganisera-t-on ? Autant d'exemples banals ; cependant, l'important n'est justement pas le fait de la décision elle-même, mais tout ce qui est autour et avant elle, les conditions et les circonstances dans lesquelles elle est prise. »*	Définition du mot « décider » : c'est avant tout réfléchir dans quelles conditions et circonstances l'orientation sera prise. Il va nous donner un modèle de prise de décision.
L. 29-38	*« La première condition, souvent la plus difficile à identifier, est de déterminer le problème en question. À quoi la décision apporte-t-elle une réponse ? La routine décisionnelle est telle que bien souvent nous ne savons plus quel problème nous avons à résoudre. »*	1re condition : **Diagnostiquer le problème** pour ne pas être en perte de sens. Cela suppose qu'il faut s'informer sur la situation problématique. Cette analyse de situation suppose d'identifier la nature et le coût du problème ; ce qui est lourd à l'hôpital du fait de l'organisation.
L. 39-56		**La nature du problème :** Le manager devra **être prudent avec les données statistiques** car elles peuvent être biaisées par le mode de calcul et le format. Également méfiance par rapport aux témoignages des personnes car cela repose sur une dimension affective. Le manager devra prendre de la distance, du recul par rapport à l'information recueillie.
L. 57-67	*« Pour ce qui est maintenant du coût de la collecte d'information, les choses sont encore plus confuses. Chercher, trouver, rassembler de l'information entraîne des coûts importants, aussi bien financiers qu'en termes de temps. Certains recherchent une information exhaustive pour... différer la décision ou la prendre trop tard. D'autres se précipitent... par peur panique de décider et donc bâclent le processus. »*	**Le coût du problème** à solutionner : le temps et le coût financier. Il faut analyser le bénéfice de la recherche d'informations (financier et temporel) et pondérer le problème. De la recherche de l'exhaustivité de l'information pour retarder la prise de décision à la précipitation de la prise de décision qui ne fait que masquer le problème et biaiser la prise de décision.

Ligne	Idées principales du texte	Analyse
L. 68-76	*« Toutefois, identifier le problème et rassembler l'information pertinente n'est nullement suffisant pour décider. »*	En plus de définir la nature et le coût du problème, le manager devra réfléchir surtout **à la mise en application de la décision** (les moyens et la logistique de la décision pour appliquer la décision prise).
L. 77-99	*« Un aspect important est l'opportunité des décisions. Une décision prise trop tard, trop tôt, à contretemps, est en général inutile et même nuisible. Les décisions doivent être prises en temps opportun. Le manager expérimenté sait laisser mûrir les choses pour se lancer au bon moment, quand il voit l'opportunité. »*	Le manager devra penser à l'aspect temporal de la décision (opportunité de la décision) : le quand ? Les décisions doivent être prises en temps opportun. L'art de la décision, **c'est celui du *kaïros* : savoir décider au bon moment.** Cette compétence est liée à l'expérience du manager. Savoir mûrir la décision.
L. 100-113	*« Une décision n'est rien non plus si elle n'est pas accompagnée dans sa réalisation. Il ne s'agit pas de décider puis de passer à autre chose. L'accompagner veut dire penser et organiser son accompagnement. Qui sera en charge de l'application et du suivi ? Selon quel calendrier de réalisation ? Avec quels moyens de communication et d'explication ? En ce sens, une décision n'est jamais le fait d'un seul acteur, aussi brillant et imaginatif soit-il. Elle doit bénéficier non seulement de l'intelligence collective des personnes associées à elle, des différents éclairages sur la réalité en jeu, mais elle doit aussi être prise en charge par une équipe qui lui donne son habillage concret et son caractère effectif. Cet accompagnement de la décision a l'avantage d'inciter ceux qui la prennent en charge à se l'approprier. »*	**Une décision doit être accompagnée et suivie** pour être appliquée. Il faut donc penser au moyen d'accompagnement et au mode de suivi. Pour cela, la décision doit bénéficier de l'intelligence collective (tous les acteurs concernés sont impliqués dans la mise en application pour qu'elle réussisse).

Ligne	Idées principales du texte	Analyse
L. 114-121	*« Le modèle qui vient d'être détaillé insiste sur la complexité omniprésente à tous les stades de l'action managériale, avec le mérite de contester la représentation de la décision sur le modèle "baguette magique" ou "Je le veux". La prise de décision est une pratique riche et substantielle, elle ne s'improvise pas, mais fait pleinement partie d'une politique générale, et cette dernière est le fait d'équipes de managers rodées à cette pratique. »*	La prise de décision est une pratique collective (politique du groupe).
L. 122-131	*« À partir de là, on voit aisément quels sont les pièges et/ou les travers dans lesquels il ne faut pas tomber. Il y a d'abord les erreurs de décision par sous-information, ou du fait d'une mauvaise analyse (voire de l'absence d'analyse) du problème rencontré. »*	Après avoir expliqué le processus théorique de la prise de décision, l'auteur donne les typologies d'erreurs si ce modèle de prise de décision n'est pas utilisé : • Erreurs de décision soit par sous-information (ce sont des erreurs épistémologiques et théoriques, tenant à une mauvaise organisation cognitive : on s'y prend mal en termes de connaissance), soit non adaptée au moment. • Erreurs de décision par défaut organisationnel (la décision est mal préparée, mal construite, sans logistique adéquate ni accompagnement suffisant, sans suivi ni retour).
L. 132-142	*« Du point de vue psychologique à présent, ce sont des défauts de caractère qui peuvent obérer la prise de décision. Ils sont de natures diverses et opposées. Il y a d'abord l'erreur de Gribouille. Le seul remède à proposer est de savoir geler la décision chaque fois qu'on soupçonne qu'elle risque d'être prise trop vite. On sent toujours quand une décision est "précipitée". »*	L'auteur explique également le lien entre la prise de décision et le trait de caractère du manager : erreur de Gribouille : redouter la prise de décision en avançant la décision. Face à toute décision précipitée, le manager devra geler la décision pour comprendre et appliquer le modèle expliqué.

Ligne	Idées principales du texte	Analyse
L. 143-147	*« À l'inverse de Gribouille qui va trop vite, il y a l'hésitant qui temporise, le procrastinateur qui remet sans cesse au lendemain une décision qu'il n'a pas le courage de prendre. La procrastination peut consister à remettre indéfiniment, à différer la décision, à tergiverser, ou bien à s'abriter derrière le prétexte que c'est compliqué, que c'est délicat et qu'il faut recueillir encore plus d'informations. »*	Erreur du procrastinateur qui remet au lendemain la prise de décision pour ne pas décider.
L. 148-153	*« Une forme sournoise de tergiversation consiste à prendre des demi-décisions, c'est-à-dire des décisions qui ne traitent pas l'intégralité du problème rencontré, ou bien qui sont si faibles que le problème se reposera rapidement. »*	L'auteur donne des typologies de prises de décision : la demi-décision : décider à moitié par peur de la responsabilité.
L. 154-161	*« Il faut enfin signaler deux types de décision dont tout manager et toute personne en général doit se méfier : les décisions déjà prises et ce que j'ai appelé les non-décisions. »*	La décision déjà prise : le manager va feindre le processus alors que la décision est déjà prise. La non-décision : ignorer le problème par défaillance cognitive (appréhension de la réalité) ou défaut de volonté (paresse, rester dans la répétition).
L. 162-178	*« Certains spécialistes des neurosciences soutiennent, avec quelque raison, que la majeure partie de nos décisions et de nos choix dans la vie sont faits de manière déterminée (c'est la thèse du déterminisme). »*	
L. 179-185	*« Pour ce qui concerne à présent les non-décisions, celles qu'on devrait prendre et qu'on ne prend pas, elles relèvent tantôt d'une défaillance cognitive, tantôt d'un défaut de volonté. Le défaut de volonté relève de la paresse - on se satisfait de la routine - ou de la peur de prendre des décisions. On préfère le statu quo, ne rien changer, rester en sécurité dans la répétition. »*	

Ligne	Idées principales du texte	Analyse
L. 186-fin	*« Comme on le voit, en matière de décision le manager doit réaliser une double performance. L'une est cognitive – logistique – et concerne le calcul (même approché parce que tellement multifactoriel) de l'ensemble des conditions d'une décision comme réponse à une question ou solution d'un problème. De ce point de vue, il y a une politique de décision à mettre en place – et ceci, jusqu'à un certain point, s'étudie et s'apprend à partir de cas et d'expériences. »* *« L'autre face de la performance est psychologique/éthique. Il s'agit pour le manager de se méfier des biais caractériels, des phobies et sources de stress qui peuvent peser psychologiquement sur son mécanisme de choix décisionnel. Cette seconde face relève de l'hygiène intellectuelle et émotionnelle du manager. On ne peut pas apprendre des recettes pour se prémunir contre ces biais, mais on peut être mis en garde contre eux et tenter de les voir avec lucidité, en passant en revue sa conduite passée et aussi avec l'aide de collègues et d'autrui en général. »*	Conclusion de l'auteur : la prise de décision nécessite une double performance de la part du manager : une performance cognitivo-logistique (instaurer une politique de décision) et une performance psycho-éthique (l'hygiène intellectuelle et émotionnelle du manager). L'expérience et le travail ensemble permettront de se prémunir contre ces types de prises de décision.

Proposition de synthèse

(Introduction)

Ce texte est extrait de l'ouvrage *Qu'est-ce que le management responsable : confiance, décision, réflexivité*, publié en 2013 par Yves Michaud, doctorant en psychologie. L'auteur s'intéresse au processus de la décision. *(Hypothèse)* Il pose le postulat que la décision doit obéir à une méthodologie qui prend en compte les conditions et les circonstances dans lesquelles elle est prise. *(Annonce du plan)* Afin de démontrer son point de vue, l'auteur s'appuie sur un modèle d'approche théorique du processus décisionnel qui lorsqu'il n'est pas utilisé, conduit à une typologie de prises de décisions inefficaces engendrant à leur tour diverses erreurs décisionnelles.

(Développement)

Dans les fonctions du manager, il y a celle de la prise de décision avec toute la responsabilité que sous-entend l'orientation de la décision prise. D'un point de vue étymologique, l'action de décider a un caractère grave. Lorsque le manager doit prendre une décision face à un problème ou une situation donnée, il va devoir trancher. Mais le sens étymologique ne doit pas égarer le lecteur. Décider, c'est avant tout réfléchir dans quelles conditions et circonstances l'orientation sera prise. La prise de décision doit donc obéir à un processus qui comprend deux phases :

• **la phase de diagnostic du problème.** Cela suppose qu'il faut s'informer sur la situation problématique en analysant :

- la nature du problème. S'il y a des données statistiques, le manager devra être prudent car elles peuvent être biaisées par le mode de calcul et le format. La méfiance sera de mise par rapport aux témoignages des personnes car ces données reposent sur une dimension affective et subjective ;
- le coût de la résolution de ce problème : le temps et le coût financier. Il faut analyser le bénéfice de la recherche d'informations (coût financier et temps exigé) et pondérer le problème sur une échelle de gravité. Il est indispensable de distinguer la recherche de l'exhaustivité de l'information qui cherche à retarder la prise de décision, et la précipitation de la prise de décision qui ne fait que masquer le problème et biaiser la prise de décision.

• **la phase de la mise en application et le suivi de la décision.** Le manager devra définir les moyens et la logistique pour appliquer la décision prise. Il devra être vigilant à considérer l'accompagnement et le suivi de la décision. L'intelligence collective sera la clé de la réussite de la décision. Si tous les acteurs concernés sont impliqués dans la mise en application de la décision, elle ne pourra que réussir.

De plus, ce modèle de prise de décision ne saurait être efficace si le manager n'intègre pas l'aspect temporal de la décision, c'est-à-dire l'opportunité de la décision. Cet art de la décision ou *kaïros* est la compétence à savoir décider au bon moment. Cette prise de décision nécessite de la part du manager de la distance et du recul par rapport à l'information recueillie.
Parfois l'approche de ce modèle de prise de décision n'est pas respectée, du fait :
- d'une sous-information. Ce sont des erreurs épistémologiques et théoriques, tenant à une mauvaise organisation cognitive : on s'y prend mal en termes de connaissance ;
- d'un défaut organisationnel : la décision est mal préparée, mal construite, sans logistique adéquate ni accompagnement suffisant, sans suivi ni retour ;
- ou encore du trait de caractère du manager comme l'erreur de Gribouille : redouter la prise de décision en avançant la décision. Face à toute décision précipitée, le manager devra geler la décision pour comprendre et appliquer le modèle expliqué. Ou encore l'erreur du procrastinateur qui remet au lendemain la prise de décision pour ne pas décider.

L'ensemble de ces erreurs de considération conduisent à trois typologies de prises de décision :
- la demi-décision : décider à moitié par peur de la responsabilité ;
- la décision déjà prise : le manager va feindre le processus alors que la décision est déjà prise ;
- la non-décision : ignorer le problème par défaillance cognitive (appréhension de la réalité) ou défaut de volonté (paresse, se maintenir dans la répétition).

(Conclusion)

La prise de décision nécessite une double performance de la part du manager : une performance cognitivo-logistique (instaurer une politique de décision) et une performance psycho-éthique (hygiène intellectuelle et émotionnelle du manager). L'expérience du manager et le travail ensemble permettront de se prémunir contre ces dérives de prises de décision.

Proposition de commentaire personnel

Dans cette partie, vous devez reprendre les idées principales du texte et les confronter à votre expérience professionnelle.
Il faut rédiger un commentaire construit avec une introduction, un développement et une conclusion.

(Introduction)

(Phrase d'accroche) Le process de décision à l'hôpital entre la direction et le corps des cadres de santé est complexe, obéissant d'une part à un cadre réglementaire et d'autre part à un lien

hiérarchique entre ces acteurs. Ces derniers possèdent tous, selon leur périmètre, un rôle dans le processus de décision que ce soit lors de la préparation de la décision, de la concertation au sein des instances ou encore lors de l'accompagnement et du suivi de la décision. Ils sont donc tous directement ou indirectement impliqués dans le processus de décision. Après avoir défini les types de décision, nous proposerons des pistes pour améliorer la qualité du processus de décision à l'hôpital.

(Première partie : Types de décision)
Selon l'objectif de l'organisation, Igor Ansoff a défini 3 types de décisions :
- décision stratégique : adopter une orientation donnée pour arriver à un but prédéfini. Il y a une composante de long terme qui engage le devenir de l'organisation (par exemple, fermeture d'un service) ;
- décision tactique qui relève du manager, car elle est liée à la fonction d'encadrement. L'implication du manager est à moyen terme (par exemple, acquérir un nouvel équipement pour le service) ;
- décision organisationnelle qui comporte un risque mineur et est le fruit du manager (par exemple, aménagement des heures de travail).

(Deuxième partie : propositions pour améliorer la qualité du processus de décision à l'hôpital)
Pour améliorer la qualité du processus de décision à l'hôpital entre la direction et le corps des cadres de santé, il y a des leviers qui peuvent être utilisés :
- former les cadres de santé à affronter l'incertitude ;
- impliquer plus activement les cadres de santé dans les instances *(donner des exemples...)* ;
- accompagner les cadres de santé dans l'application de décisions difficiles *(donner des exemples...)* ;
- accorder des moyens logistiques et du temps pour appliquer une décision *(donner des exemples...)*.

(Conclusion)

Le candidat devra se positionner et donner son point de vue concernant les éléments présentés dans son commentaire. Il peut, par exemple, aborder dans cette partie une ouverture vers une thématique similaire aux notions abordées dans le commentaire : ainsi les idées développées ouvrent la voie à une autre discussion.

SUJET N° 6 | IFCS ÎLE-DE-FRANCE (AP-HP), MARS 2016

SUJET

Les habits neufs du management

Travailler, c'est aussi vivre ensemble. L'entreprise met en place la coordination orientée par l'objectif instrumental, qui se traduit par une répartition des tâches et un contrôle social à partir d'une division des gens et d'une hiérarchie. Mais la coopération ne se décrète pas et l'intelligence collective, qui transcende et renégocie les rapports sociaux de domination, est une conquête.

Le pouvoir de création du manager se déploie dans le registre collectif quand, grâce à son leadership, il permet à son équipe de devenir performante, c'est-à-dire plus puissante que l'addition des talents des uns et des autres. C'est un défi compliqué à relever que de gérer la scène du groupe, en même temps que les individualités. Le manager est un peu démiurge[1] quand il crée son équipe et la fait évoluer au fur et à mesure des mouvements de personnel. Il porte une responsabilité importante, à la fois pour l'équipe, pour l'entreprise tout entière et pour l'avenir qu'il engage, puisque l'organisation et la qualité du vivre ensemble de l'équipe survivront au manager.

L'idéologie de la performance et du mérite a exploité la tendance naturelle de l'être humain à se comparer aux autres, pour exacerber la concurrence. Si le regard d'autrui est nécessaire pour confirmer son identité, chercher à égaler autrui est une course sans fin qui conduit à la négation de la singularité, à l'angoisse permanente que la différence soit à son détriment et au risque d'être humilié. Les relations humaines sont alors dans l'impasse.

Composer une œuvre commune à partir des apports de chaque collaborateur est un vrai challenge, constamment remis en jeu au cours du temps, et dans les aléas de la composition de l'équipe, le plus souvent mouvante.

Dans une équipe, les rôles ne sont pas répartis de manière uniforme entre les coéquipiers : certains joueront des rôles de conception, de créativité, d'autres seront plus investis dans l'organisation et la coordination de l'action collective, d'autres porteront une attention plus grande au relationnel et à la régulation entre les gens.

L'équilibre est subtil à trouver, il est toujours en mouvement : il se vit autant sur le registre de la production du travail que sur celui du relationnel, du vivre ensemble, et souvent, les travailleurs assument différents rôles au cours du temps. Le manager est chef d'orchestre :

1. Personne qui manifeste une puissance créatrice.

il porte l'harmonie d'une partition qui se déploie au quotidien, sans jouer lui-même de chaque instrument, il accompagne les pupitres et donne le « la ».

On rencontre parfois une forme d'utopie du travail en équipe : l'idéalisation du collectif peut être très défensive aussi. Par exemple, certaines équipes vont être présentées comme très soudées mais, quand on donne la parole à leurs membres, on découvre que c'est le silence qui les soude, comme un accord tacite pour ne pas parler, surtout ne pas aborder les questions qui fâchent. D'autres équipes paraîtront très conviviales, comme si cette bonne ambiance protégeait de mettre en débat les controverses autour du travail. La contribution à un collectif de travail n'est pas toujours dénuée d'ambivalence : elle peut servir d'autres buts que l'intérêt général. Par exemple, on rencontre certaines stratégies collectives de défense qui préservent une certaine forme d'aliénation : c'est le cas quand un nouvel arrivant est bizuté, voire exclu s'il ne participe pas à certains rituels instaurés dans l'équipe. C'est là que remettre la question du travail au centre des propos permet de tenir la bonne distance managériale pour ne pas être envahi par l'affectif de relations trop personnalisées.

Pour travailler, il faut s'émanciper du prescrit et s'autoriser à l'adapter aux situations réelles qui surgissent : une panne inattendue, un agent malade non remplacé, un logiciel qui bugue au mauvais moment... Chacun réagira à partir de ce qu'il est (culture, talents, expérience, sexe...) sans que le zèle d'un salarié porte préjudice aux autres. La préservation de la qualité du vivre-ensemble est essentielle pour pouvoir travailler en équipe : c'est dans la confiance et la discussion sur le travail que le manager pourra réguler les relations entre les membres de son équipe. [...]

Dans un environnement de travail, coopérer c'est opérer, agir ensemble, travailler de manière convergente à plusieurs. La coopération fait se rencontrer toutes les dimensions qui animent l'Homme au travail, à savoir son corps biologique engagé fortement dans le travail, son désir et la mobilisation de ses intelligences mais aussi la dimension sociale intersubjective à la fois dans sa dimension de coordination de l'action et de promotion de valeurs éthiques. Si la négociation n'englobe pas toutes les dimensions de la coopération, elle en est le cœur.

La coopération est au fondement du développement humain. Elle s'enracine dans les premiers temps de l'expérience infantile : l'enfant dès sa naissance apprend à négocier avec ses parents leur présence, leur attention et plus tard les règles de vie. Des expériences ont montré que plus les enfants négocient dans leurs jeux, plus les enfants se lient fortement. C'est bien que l'activité déontique de négociation des règles de communauté humaine soit structurante du vivre-ensemble.

La logique du don donne vie à la coordination. Coopérer, c'est donner quelque chose de soi pour contribuer à l'œuvre commune : s'adresser à un collègue pour être plus compétent, mobiliser un réseau sur un problème difficile, soutenir un collègue de l'équipe, écouter son manager... C'est accepter de sacrifier une partie de son individualité pour participer à un métier, un projet, une mission et développer un collectif qui aura plaisir à travailler ensemble, dans un souci d'efficacité.

La coopération émerge de débats contradictoires qui permettent d'interpréter collectivement le prescrit, d'expliciter les contraintes, de fabriquer les compromis d'action collective et de prendre en charge les erreurs humaines singulières. Elle est en prise directe avec l'action et ne se laisse pas envahir par une approche trop idéalisée à la fois du travailleur ou du collectif. De ce fait, elle intègre la réalité du facteur humain, en offrant une place pour reconnaître les erreurs, mais immédiatement aussi pour les corriger, par l'implication croisée des membres de l'équipe. S'il n'y a pas de solidarité dans une équipe, les erreurs inhérentes au travail se transforment en fautes. Ainsi, la coopération ascendante procédant du terrain, complète et ajuste en contre-point la coordination descendante, prescrite par l'entreprise.

En rendant chacun plus acteur sur son périmètre, les espaces de délibération, de confrontation et de médiation irriguent tout l'environnement de travail. Ils libèrent la capacité à explorer de nouvelles manières de faire. Ils créent une attention, une empathie pour ce que font les collègues. Ils nécessitent des capacités à mener un dialogue sans neutraliser les différences qui émergent et peuvent être angoissantes. En mettant en exergue le décalage entre la réalité des métiers et la perception qu'en a la direction, ils renforcent la confiance. Celle-ci est tout à la fois un produit et une condition de la discussion. Les études de terrain montrent que le cercle vertueux de ces dynamiques communicationnelles est un élément clé de construction de la santé au travail.

Ces dynamiques discursives se donnent le travail comme objet et sa régulation comme horizon. Elles se distinguent de pratiques d'accompagnement par la motivation, de groupes de parole centrés sur les personnalités et le rétablissement des ressources subjectives des salariés éprouvés par des logiques de travail contradictoires. Les approches qui mettent la dimension relationnelle au centre de leur méthodologie aident les salariés à supporter leur situation sans leur donner, le plus souvent, de leviers d'action et de transformation. Or les conflits de personnes au travail sont le plus souvent des conflits de travail qui n'ont pas été réglés.

La mise en débat du travail nourrit la coopération horizontale, entre collègues, à travers des temps et espaces de délibération, mais aussi la coopération verticale entre le salarié et son chef. Les controverses sur les attentes de l'un et de l'autre, tout aussi bien que sur les représentations du travail de qualité participent de la maturité de la relation managériale. L'amélioration de la situation du travail et de la santé au travail passe par un management et une organisation qui consentent du temps et des moyens pour structurer ce dialogue. Il faut qu'il soit institutionnalisé comme un espace de production au service de l'activité de travail, production d'intelligence collective, de reconnaissance et de solidarité. Ainsi c'est un processus inscrit sur le long terme qui permet aux propositions et aux productions du groupe de faire l'objet d'un retour du manager, qui devra parfois valider certaines options. C'est dans l'écho que ce travail déontique de création de règles trouvera auprès de la hiérarchie que sa valeur sera confirmée. D'où l'importance de l'évaluation du travail collectif : elle est un moyen de réinstaller des repères en croisant les regards et les jugements sur ce qui a été fait, de donner de la reconnaissance à chacun et de sécuriser l'avenir.

L'évaluation de la coopération au sein d'un collectif de travail dit toujours quelque chose de la qualité du travail et de sa fiabilité. Elle peut se focaliser sur la performance du travail, à travers les réussites et les erreurs, mais les résultats visibles et objectifs ne disent rien de la mobilisation collective qui s'est déployée au service du travail dans l'équipe. En donnant la parole aux membres de l'équipe, on peut se faire une idée de la confiance et de la solidarité, à travers la dynamique de reconnaissance à l'œuvre dans le collectif.

La coopération ou la convivialité, comme la subjectivité, a été parfois préemptée par l'entreprise, sous forme d'injonctions à coopérer ou à partager des moments conviviaux. Par exemple, l'entreprise organisera une fête hors du travail, comme un jeu social qui sous couvert d'entretenir des bonnes relations entre collègues impose aux cadres de se montrer, pour ne pas prendre de risques dans leur carrière. La convivialité est là stratégique, dépourvue de solidarité. Comme une forme de servitude à l'entreprise qui implique toute la vie du manager, puisque le cadre ne s'octroie pas la liberté de refuser de participer, elle peut générer une vraie souffrance jusqu'à des problèmes psycho pathologiques.

La troisième dimension de la coopération, la coopération transverse avec les bénéficiaires dans les relations de service ou avec les clients ou les fournisseurs n'a pas encore intégré ou très maladroitement la contribution des tiers aux conditions de réalisation du travail. Les enquêtes de satisfaction, quand elles existent, sont focalisées sur les résultats, la qualité du service pour les bénéficiaires sans prendre en compte la manière dont ils ont été mis en œuvre. On voit apparaître dans certaines collectivités par exemple des comités d'usagers qui ont vocation à discuter du travail de production du service et de la place du salarié et du bénéficiaire dans ce processus, mais c'est encore très marginal.

L'émergence des lieux de délibération n'est pas spontanée. Loin de les faciliter, les organisations contemporaines gênent plutôt leur déploiement. Les managers de proximité sont trop occupés à entretenir et alimenter les outils de gestion au détriment de la présence sur le terrain. C'est au manager de créer des opportunités pour son équipe, en sanctuarisant ces temps collectifs.

La diffusion d'outils de communication collaboratifs de type *groupware* est souvent présentée comme une avancée et un soutien à la coopération. Leur utilisation sert essentiellement à échanger des informations en impliquant personnellement le travailleur dans la communication. C'est alors davantage la coordination que la coopération qui est alors renforcée.

En effet, la cohésion des groupes d'utilisateurs n'est pas mobilisée autour de leurs objectifs et du sens de leur action. Ce serait comme une fausse coopération, puisqu'on ne se connaît pas vraiment, sans l'interactivité relationnelle indispensable à la construction d'une communauté d'actions.

Les outils informatiques ont créé l'illusion d'une coopération transcendant les lieux et le temps. Certes, ils génèrent un flux d'informations exceptionnel, mais pas forcément un partage efficace des informations nécessaires pour travailler. Le contrôle du temps de travail (tout au moins du temps passé en connexion sur son ordinateur) ne dit rien de la qualité du travail et de l'investissement réel du travailleur. La mise en relation immédiate perturbe le déroulé du travail en parasitant les activités en cours. Le rapport au temps fait d'urgences et de pression, s'il peut donner un moment l'impression au manager ou au travailleur d'être un héros maîtrisant le temps et les aléas, met à distance toute réflexion et tout débat sur le travailler. La posture devient débordée et brouillonne : la finalité s'efface alors que c'est elle qui donne les clés pour utiliser l'outil à bon escient.

Dans les entreprises numériques, l'organisation en réseau à grande échelle modifie le contour de l'entreprise et du travail collectif puisque sa valeur est davantage générée par le réseau lui-même que par la hiérarchie, et les modes de coopération s'en trouvent modifiés. Les salariés, très autonomes, s'affranchissent des parcours classiques basés sur la carrière. Ils ne tiennent pas leur évolution des choix du management, mais surtout de l'information comme source de pouvoir, puisqu'elle est en accès continu pour chacun. Par contre, des relations de coopération particulières voient le jour : demander de l'aide et en donner n'est plus considéré comme une faiblesse, mais comme une qualité, puisque *in fine*, c'est contribuer à la communauté de travail représentée par le réseau.

Si à son niveau, le manager reconstruit des marges d'autonomie face à l'emprise des prescriptions pour ses collaborateurs, il doit gérer de multiples contradictions, des impasses voire des paradoxes, sans qu'il puisse lui-même le plus souvent s'appuyer sur un collectif de pairs comme instance d'autorisation, de reconnaissance et de légitimation. L'isolement du manager n'incite pas à faire ce travail de réflexivité sur l'action : les managers n'ont pas de lieu organisé pour verbaliser ce qui fait difficultés pour eux, pour élaborer ce qui fait sens et prendre du recul. Les espaces de délibération sur le travail sont aussi nécessaires aux managers. Ils pourraient permettre des échanges fructueux sur le métier de manager et les difficultés rencontrées au quotidien, mais ils ne sont pas encore passés dans les mœurs.

Si on constate à l'heure actuelle un déficit généralisé de temps de travail en commun et un isolement des salariés, la délibération sur le travail ne se déroule pas exclusivement dans des occasions formelles créées par l'entreprise à travers les comités de direction, les réunions d'informations ou d'équipes. Il ne faut pas oublier les nombreuses occasions informelles de rencontres, autour de la machine à café ou à la cantine qui sont le plus

souvent des moments où se parle le travail : des informations très importantes s'échangent dans les moments de convivialité par exemple. C'est aussi à travers des rituels que le travail de coopération devient expressif et trouve son tempo.
Le travail trouve sa puissance pacificatrice à travers la coopération parce qu'elle offre la possibilité de tisser des liens avec des personnes qu'on n'apprécie pas et à qui on reconnaît des compétences, et de faire coexister dans la sérénité des intérêts individualistes. La centralité politique du travail est mise en évidence par un lien de corrélation entre l'autonomie dans l'organisation de travail et la participation dans la cité au sens large. L'équipe est un lieu d'apprentissage de la démocratie : apprendre à parler, à écouter et à conjurer la violence.
Si c'est le rôle du manager, et il en a la latitude, de mettre en place des temps de travail collaboratifs avec son équipe, son métier, c'est aussi de choisir à quel moment, il va développer des relations individuelles avec ses collaborateurs, et à quel autre il va les rencontrer et travailler avec eux en collectifs.

MIEG, Catherine. *Les habits neufs du management.*
Paris : François Bourin, 2015 ; p. 57-72

Questions

1. Dégagez les idées principales du texte.
2. Argumentez-les en vous référant à votre expérience professionnelle.

CORRIGÉ

1. Comprendre la consigne

Dans cette consigne : le candidat doit d'abord faire une synthèse du texte en retenant les idées principales et ensuite donner son point de vue sur ces idées en argumentant avec son expérience.

2. Lire le texte

Auteurs : MIEG, Catherine, psychanalyste.
Ouvrage : *Les habits neufs du management.* Publié à Paris, éditions François Bourin, 2015 ; p. 57-72.
Titre : « Les habits neufs du management » donne le ton du texte. L'adjectif « neuf » introduit une idée de nouveauté, d'innovation... Le management donne le thème du texte qui va être abordé dans ce chapitre.
Registre : analytique, interrogatif et démonstratif.

3. Relever les idées principales du texte et les analyser

Dans cet extrait de texte, il n'y a pas de sous-titres. Pour dégager les idées essentielles du texte, vous devez donc ordonner votre texte en numérotant les lignes.

Lignes	Idées principales du texte	Analyse
L. 1-5	Définition du travail : division des tâches supplantée par une hiérarchie et le travail ensemble. Travailler c'est vivre ensemble.	En partant de la définition du travail, l'auteur dresse le contexte actuel du travail ensemble. Le travail ensemble nécessite la coopération et l'intelligence collective. Ces deux dernières notions sont à conquérir par le manager. *C'est l'hypothèse de l'auteur.*
L. 6-13	Manager c'est aider à arriver à la performance. C'est faire des singularités de chacun, une force collective.	
L. 14-21	Composer une œuvre commune à partir des apports de chaque collaborateur est un vrai challenge.	
L. 22-30	Chaque salarié va s'orienter vers un savoir-faire qu'il maîtrise : « *certains joueront des rôles de conception, de créativité, d'autres seront plus investis dans l'organisation et la coordination de l'action collective, d'autres porteront une attention plus grande au relationnel et à la régulation entre les gens.* »	Le rôle du manager est de trouver une harmonie avec le savoir-faire et le savoir-être de chacun. Ceci n'est pas aisé à trouver. C'est un défi pour l'encadrant.
L. 31-42	Questionnement sur le fait que le travail en équipe est une utopie ? Parler ou se taire ? Comment le manager agit face à ces comportements d'équipe ?	La distanciation du manager est utile pour ne pas dévier vers la prise en compte de l'affectif. Le manager devra être prudent : le collectif est à prioriser à l'individuel.
L. 43-49	« *Pour travailler, il faut s'émanciper du prescrit et s'autoriser à l'adapter aux situations réelles qui surgissent* ».	Le travail prescrit ne doit pas être le seul but à atteindre. Le manager doit sensibiliser ses équipes à s'adapter aux situations nouvelles et aux aléas de l'organisation. Cela s'obtient par la confiance et la discussion sur le travail.

Lignes	Idées principales du texte	Analyse
L. 50-78	*« Dans un environnement de travail, coopérer c'est opérer, agir ensemble, travailler de manière convergente à plusieurs ». L'auteur définit ce qu'est la COOPÉRATION en 3 dimensions :* **1re dimension :** *« la coopération intègre la réalité du facteur humain, en offrant une place pour reconnaître les erreurs, mais immédiatement aussi pour les corriger, par l'implication croisée des membres de l'équipe »*	Sans négociation, le travail sera dénué de sens. C'est la coopération qui permet le travail ensemble. C'est le don de soi, le dépassement de l'individuel pour assumer le collectif.
L. 79-109	**2e dimension : la coopération horizontale et verticale** *« En rendant chacun plus acteur sur son périmètre, les espaces de délibération, de confrontation et de médiation irriguent tout l'environnement de travail. Ils libèrent la capacité à explorer de nouvelles manières de faire ».* *« Ces dynamiques discursives se donnent le travail comme objet et sa régulation comme horizon. Les approches qui mettent la dimension relationnelle au centre de leur méthodologie aident les salariés à supporter leur situation sans leur donner, le plus souvent, de leviers d'action et de transformation. Or les conflits de personnes au travail sont le plus souvent des conflits de travail qui n'ont pas été réglés. »* *« L'amélioration de la situation du travail et de la santé au travail passe par un management et une organisation qui consentent du temps et des moyens pour structurer ce dialogue »*	La coopération ascendante procédant du terrain, complète et ajuste en contrepoint la coordination descendante, prescrite par l'entreprise. Rendre chaque salarié acteur de son travail. Cela permet l'innovation et la liberté de paroles : le cercle vertueux des dynamiques communicationnelles est un élément clé de construction de la santé au travail. Le dialogue doit être un principe institutionnel : une sorte de production d'intelligence collective, de reconnaissance et de solidarité. L'évaluation du travail collectif est indispensable pour instaurer des repères pour tous et ainsi donner une cohérence dans le travail ensemble.

Lignes	Idées principales du texte	Analyse
L. 110-123	« *L'évaluation de la coopération au sein d'un collectif de travail dit toujours quelque chose de la qualité du travail et de sa fiabilité* ».	Au-delà de la performance du travail, il est important de donner la parole au groupe pour comprendre et observer la solidarité, la complicité pour atteindre ce travail collectif. Ce temps de parole ne doit pas être imposé au risque d'engendrer une souffrance au travail.
L. 124-131	**La 3e dimension : la coopération transverse** « *la coopération transverse avec les bénéficiaires dans les relations de service ou avec les clients ou les fournisseurs n'a pas encore intégré ou très maladroitement la contribution des tiers aux conditions de réalisation du travail.* »	Au-delà de l'évaluation des résultats de satisfaction, il est primordial de discuter du travail de production du service et de la place du salarié et du bénéficiaire dans ce processus.
L. 132-163	État des lieux de ce qui se fait dans les organisations.	Le manager est occupé à renseigner le tableau de gestion et s'éloigne du terrain.
L. 164-181	Préconisations et recommandations pour le manager : - exemple des entreprises numériques ; - création d'espaces de réflexion pour les managers ; - temps de pause informels.	Les outils de communication : ils agissent plus sur la coordination que la coopération. « *Demander de l'aide et en donner n'est plus considéré comme une faiblesse, mais comme une qualité, puisque* in fine, *c'est contribuer à la communauté de travail représentée par le réseau* ».
L. 182-Fin	« *La coopération parce qu'elle offre la possibilité de tisser des liens avec des personnes qu'on n'apprécie pas et à qui on reconnaît des compétences, et de faire coexister dans la sérénité des intérêts individualistes* ».	Conclusion de l'auteur.

Pour démontrer son hypothèse l'auteur va appuyer son raisonnement en abordant 3 arguments : ce sont les 3 parties principales du texte que nous allons traiter.

Première partie : La posture du manager pour instaurer la coopération dans le travail
Deuxième partie : Les 3 dimensions de la coopération
Troisième partie : Préconisations et recommandations pour atteindre la coopération dans le travail

Proposition de synthèse

(Introduction)

Ce chapitre est extrait de l'ouvrage *Les habits neufs du management*, publié en 2015 par Catherine MIEG, psychanalyste. L'auteur analyse le concept du « travailler ensemble ». *(Hypothèse)* Elle pose l'hypothèse que le travail ensemble nécessite la coopération et l'intelligence collective. Ces deux dernières notions sont à conquérir par le manager. *(Annonce du plan)* Afin d'expliciter son point de vue, C. MIEG commence par démontrer ce que doit être la posture du manager pour instaurer la coopération dans le travail. Elle définit ensuite les trois dimensions de la coopération et enfin elle donne des préconisations et des recommandations pour créer la coopération dans le travail.

(Développement)

La posture du manager pour instaurer la coopération dans le travail

Le rôle du manager est de trouver une harmonie avec le savoir-faire et savoir-être de chacun. Ceci n'est pas aisé à trouver. C'est un défi pour l'encadrant. La distanciation du manager est utile pour ne pas dévier vers la prise en compte de l'affectif. Le manager devra être prudent : le collectif est à prioriser à l'individuel. Le travail prescrit ne doit pas être le seul but à atteindre. Le manager doit sensibiliser ses équipes à s'adapter aux situations nouvelles et aux aléas de l'organisation. Cela s'obtient par la confiance et la discussion sur le travail. Sans négociation, le travail sera dénué de sens. C'est la coopération qui permet le travail ensemble. Le don de soi et le dépassement de l'individuel permettent d'assumer le travail collectif. Rendre chaque salarié acteur de son travail crée l'innovation et la liberté de paroles : ce cercle vertueux des dynamiques communicationnelles est la clé de construction de la santé au travail.

Les 3 dimensions de la coopération

La coopération horizontale ou ascendante procédant du terrain, complète et ajuste en contre-point la coordination verticale ou descendante, prescrite par l'entreprise. Le dialogue dans l'organisation doit être un principe institutionnel : une sorte de production d'intelligence collective, de reconnaissance et de solidarité. L'évaluation du travail collectif est indispensable pour instaurer des repères pour tous et ainsi donner une cohérence dans le travail ensemble.

Au-delà de la performance du travail, il est important de donner la parole au groupe pour comprendre et observer la solidarité ainsi que la complicité voire la convivialité pour atteindre ce travail collectif. Ce temps de parole ne doit pas être imposé au risque d'engendrer une souffrance au travail.

Au-delà de l'évaluation des résultats de satisfaction, il est primordial de discuter du travail de production du service et de la place du salarié et du bénéficiaire dans ce processus. C'est la coopération transverse.

Mais comment pouvons-nous mettre en place ces types de coopération ?

Pour atteindre ce type de coopération dans les organisations, il est primordial de :

- Instaurer des temps d'échanges pour les managers pour aborder leurs questionnements et craintes. Ces temps doivent rester conviviaux et ne pas être imposés au risque de provoquer des rencontres dénuées de sens.
- Mettre en place une organisation en réseau comme c'est le cas dans les entreprises numériques. C'est le réseau de personnes qui fait l'information, cette dernière devenant la source de pouvoir car elle est en accès continu pour chacun. De ce type d'organisation, naît un autre type de coopération où « *demander de l'aide et en donner n'est plus considéré comme une faiblesse, mais comme une qualité, puisque* in fine, *c'est contribuer à la communauté de travail représentée par le réseau* ».
- Profiter des temps de pause informels pour échanger sur le travail car c'est au cours de ces temps que les informations très importantes s'échangent, dans les moments de convivialité.

(Conclusion)

La clé du succès du « travailler ensemble » trouve sa richesse dans « *la coopération parce qu'elle offre la possibilité de tisser des liens avec des personnes qu'on n'apprécie pas et à qui on reconnaît des compétences, et de faire coexister dans la sérénité des intérêts individualistes* ».

Proposition de commentaire personnel

Dans cette partie, vous devez reprendre les idées principales du texte et les confronter à votre expérience professionnelle.
Il faut rédiger un commentaire construit avec une introduction, un développement et une conclusion.

(Introduction)

(Phrase d'accroche) « *Se réunir est un début, rester ensemble est un progrès, travailler ensemble est la réussite* » disait Henry FORD, industriel de la première moitié du XXe siècle et le fondateur du constructeur automobile Ford. Cette citation pousse à se demander si le fait de travailler ensemble est ce qu'on appelle la coopération.
Après avoir défini ce qu'est la coopération, nous nous questionnerons sur son lien dans la qualité du travail et enfin nous dégagerons les leviers que peut utiliser le cadre de santé pour impulser la coopération au travail à l'hôpital.

(Première partie : Définition de la coopération)
Dans tous les dictionnaires, le terme de coopération est associé à la coopération internationale ou au mouvement coopératif. La coopération a un sens de consensus rejetant les conflits et la concurrence entre les individus. Nous pouvons donc définir la coopération comme un comportement où les salariés vont analyser et solutionner des problématiques ensemble pour atteindre une fin commune qui satisfait tout le collectif.

(Deuxième partie : Les bienfaits de la coopération au travail)
Partons du principe que la coopération est le vecteur de la réussite du « travailler ensemble ». Quels sont donc les bienfaits de la coopération au travail ?
Un travail de qualité : *par exemple, dans une équipe, l'infirmier qui va coopérer avec l'aide-soignant, va permettre de donner au patient un soin de qualité.*
Impulser la créativité de tous les salariés : *par exemple, le cadre du service pourra encourager les équipes à réfléchir au projet de service.*
Aider le salarié à s'épanouir : *par exemple, donner la possibilité à un soignant de mener une action éducative sera perçu par l'agent comme un épanouissement personnel. C'est sa réflexion qui a permis de mettre en place cette action.*

(Troisième partie : les leviers pour impulser la coopération au travail à l'hôpital)
La coopération semble être une clé du management participatif pour le cadre de santé. Quels sont les leviers dont peut user le cadre de santé pour instaurer la coopération au travail ?

La reconnaissance des compétences de chacun : *par exemple, lors de l'entretien professionnel, il est indispensable que le cadre aborde la reconnaissance au travail de l'agent. C'est souvent cette revendication qui est faite par le personnel soignant.*

La mise en place d'espaces d'échanges où la parole est libre : *par exemple, en dehors des réunions de services, il est important de programmer des temps où l'équipe peut s'exprimer facilement en fonction des points qu'elle souhaite aborder. Le cadre doit être le garant du temps de paroles et du respect de chacun.* La mise en place de ce type d'espace est subordonnée à la confiance accordée par le cadre. Les règles de fonctionnement doivent être explicitées à tous.

La clarté du rôle de chacun dans l'organisation : *chaque agent doit avoir une fiche de poste qui définit ses fonctions et ses missions dans le service.*

(Conclusion)

Le candidat devra se positionner et donner son point de vue concernant les éléments présentés dans son commentaire. Il peut par exemple aborder dans cette partie les limites de la coopération, comme l'investissement personnel.
Une ouverture vers une thématique similaire aux notions abordées dans le commentaire sera un critère de réflexion : ainsi les idées développées ouvrent la voie à une autre discussion.

SUJET N° 7 | IFCS ÎLE-DE-FRANCE (AP-HP), MARS 2015

SUJET

Inscrire la dialectique entre procédures et coopérations au cœur de l'organisation

La qualité n'est pas un état idéal à atteindre que des instruments de mesure - seraient-ils très performants - permettraient de jauger ; elle est un processus continu à inscrire au cœur même de l'organisation. Nous prétendons que ce processus ne s'obtient pas avec des procédures. Il ne s'inscrit pas non plus dans l'organisation grâce à la seule cohésion intra-groupale des équipes réunies sur la base de leurs appartenances professionnelles. ***C'est au travers d'un mouvement attachant ensemble ces deux dimensions que naît, selon nous, la dynamique qui permet de faire de la qualité une affaire collective permanente.*** *Afin de développer cette idée, nous allons successivement examiner ce que recouvre la mise en procédure du travail et ce que signifie la notion de coopération professionnelle. Nous verrons, ensuite, comment entretenir, entre ces deux pôles, une tension qui pourrait permettre la constitution du cercle vertueux de la démarche-qualité ; nous parlerons ici principalement d'attachement, de controverses*[1] *et de latéralité. Dans le prolongement de cette suggestion, nous pointerons ce que nous croyons être une impérieuse nécessité : la « défaitichisation*[2] *» ou « détotémisation » de la démarche-qualité.*

Déclinaisons des notions de procédures et de coopération

La mise en procédures du travail (que celles-ci prennent la forme de normes, de protocoles, de référentiels, de guides de bonnes pratiques, de critères d'évaluation...) n'est pas une mode managériale récente. L'explication sociologique, qui associe ce phénomène au mouvement de la modernité, permet de comprendre ce qu'il recouvre et, par la même occasion, fournit quelques clefs sur la façon de penser et de gérer cette « procédurisation ». De la même façon, l'idée de coopération dans les organisations renvoie à un modèle ancien et précis des relations professionnelles ; le clarifier évite de confondre cette forme spécifique d'agencement des interactions de travail avec le vocabulaire managérial classique empêtré dans les notions de participation, motivation, consensus...

1. La notion d'attachement est empruntée à M. Callon (1999), celle de controverse à L. Boltanski et L. Thévenot (1991) mais aussi à B. Latour (1989).
2. Si le lecteur croit pouvoir noter ici une faute d'orthographe (le mot fétichisation semblant plus conforme), nous l'invitons à patienter un peu dans l'attente de la justification que nous donnerons à cette curieuse écriture empruntée à B. Latour (1996).

La « modernité[3] » et la force de la procédure

Au sein des organisations modernes, c'est-à-dire celles qui naissent avec la conception de l'organisation scientifique du travail (OST), la mise en normes et en écritures des pratiques s'est imposée comme une règle incontournable. La fiabilité des produits tout comme celle des entreprises, la professionnalité des salariés et la satisfaction des clients ont progressivement été associés à l'idée d'une codification toujours plus précise du travail de chacun. **Le souci de faire disparaître l'incertitude à propos de la valeur des produits existants sur le marché, tout comme l'intention de standardiser et de rationaliser les processus de fabrication conduisirent à l'idée de standardisation des productions.** Les procédures et les modes opératoires toujours plus précis, la mécanisation toujours plus poussée, ont contribué à façonner les organisations, leurs productions et les conditions de celles-ci.

La démarche-qualité, incarnée par la mise en place de normes et la formule désormais classique « Écrivez ce que vous faites et faites ce que vous écrivez », n'est, dès lors, que le prolongement contemporain d'un mouvement qui est aussi ancien que les organisations modernes. Là où les régulations étaient pensées et pratiquées sur les modes de l'informel et de l'oralité, l'ajustement entre professionnels s'opérant dans des face-à-face continuels, la normalisation et la scripturalité se sont peu à peu imposées. Aujourd'hui, se mettre d'accord verbalement est associé à du bricolage ; la « professionnalité », le « professionnalisme » passent par la mise en normes et en texte. Règles, protocoles, modes opératoires, procédures en tout genre sont devenus les éléments de stabilité de l'organisation et avec elle, de la relation clients/fournisseurs et, plus globalement encore, du marché lui-même. On s'en félicite ou on le déplore, mais la normalisation et le passage de l'oralité à la scripturalité – où, tout ce qui est, comme ce qui doit être, se trouve gravé sur « les tables de la loi » –, ne sont autres que le mouvement classique du passage à la « modernité », tel que les premiers sociologues l'ont dépeint. Lorsque Max Weber célèbre le surgissement de la bureaucratie, entendue comme une organisation à la division du travail approfondie et déposée dans des règles impersonnelles qui valent pour tous et en tout instant, il souligne le passage d'une organisation de type traditionnel, où le pouvoir procède du charisme du chef et de la tradition du milieu, à une forme organisée, plus « sociétaire » où le professionnel trouve son autorité dans sa spécialisation et l'existence de normes. Lorsque Talcott Parsons (1939) décrit les statuts juridiques propres à certains groupes professionnels (notamment les médecins) dans les pays anglo-saxons, il y voit le produit d'un processus de spécialisation fonctionnelle mais aussi de

3. Nous comprenons le terme de modernité en un sens sociologique qui ne se confond pas avec l'idée de modernisme ou de modernisation. Il n'y a pas de jugement de valeur, positif ou négatif, associé à cette notion. La modernité est simplement un état de l'organisation sociale qui ne se confond pas avec celui que l'on pourrait qualifier de traditionnel.

montée en puissance des normes d'action au sein des pratiques professionnelles. Évidemment, Weber et Parsons ne parlent pas de qualité, mais, selon eux, les modalités organisationnelles et professionnelles de la modernité, à savoir la mise en règles formelles d'une série de fonctionnements et de pratiques, constituent des avancées, des progrès des sociétés contemporaines. En effet, dans l'univers « bureaucratique » weberien et dans l'univers professionnel parsonien, chacun est traité à la même enseigne et se plie aux mêmes contraintes, chacun n'exerce que dans son domaine de compétences ; il en résulte non seulement une plus grande équité et une plus grande efficacité des pratiques mais également une pérennité plus forte de l'organisation, une sorte de continuité de celle-ci. **Le mouvement contemporain pour la qualité[4], qui valorise l'idée que la normalisation[5] est une garantie pour tous (producteurs et clients) ne serait qu'un prolongement, une radicalisation de « la modernité » décrite par Weber et Parsons, une sorte d'hyper-modernité (N. Aubert, 2004).** Dans la pensée managériale contemporaine, la norme et la forme écrite sont supposées donner des repères qui permettent d'indiquer, à un instant « t », ce que sont les bonnes pratiques, la façon d'avoir une continuité du service, de rendre traçables les productions et, conséquence obligée, de stabiliser la relation client/fournisseur. À la satisfaction du premier, consécutive de la disparition des incertitudes éventuelles du produit qu'il achète, s'ajoute la protection (économique, juridique et morale) du second. « Les paroles s'envolent, les écrits restent » dit-on communément ; du coup, il apparaît plus rationnel (« plus moderne ») de se prononcer sur les situations et ce qu'elles valent à partir du repère tangible que constitue l'écrit.

De ce point de vue, ce qui se joue à l'hôpital *via*, notamment, la mise au point de référentiels de bonnes pratiques, n'a rien d'exceptionnel. Ici, comme ailleurs, « la modernité » avance et, avec elle, la place et le poids des règles et des procédures. Il serait vain de s'y opposer et, de manière générale, malgré des propos exprimant souvent des ambivalences, il n'y a pas de rejet massif de ce mouvement chez les professionnels de la santé. Pour la quasi-totalité d'entre eux, on peut considérer que les normes et les procédures sont, le plus souvent, jugées nécessaires, parce qu'elles fournissent des repères qui peuvent aider à proposer un travail de meilleure qualité aux patients. Comme nous l'avons vu au travers des illustrations évoquées, **la difficulté réside moins dans leur existence même que dans leur mode d'élaboration et le contexte de leur mise en œuvre.** En même temps qu'ils soulignent l'importance des procédures, les professionnels indiquent ne pas les consulter très régulièrement, ou bien affirment qu'elles sont inapplicables, contradictoires au regard des moyens dont ils disposent. Elles ne sont que trop souvent des injonctions paradoxales, considèrent-ils généralement, tout en ne les rejetant pas totalement. Le paradoxe est parfois troublant ; dans le

4. Dans l'industrie, les partisans de la démarche-qualité ont fondé, dans les années quatre-vingt, une association qui portait ce nom : « Mouvement français pour la qualité ».
5. Dans le monde des entreprises, les termes de qualité et de normalisation sont totalement associés ; il n'est donc pas surprenant de constater que l'une des structures qui promeut les démarches-qualité en France se nomme : Association française pour la normalisation (AFNOR).

même entretien, on peut avoir, en alternance, les trois positions : « les procédures sont indispensables », « je ne les regarde jamais », « elles ne sont pas applicables ». Toutes catégories confondues (du brancardier au médecin), les procédures sont attendues et... souvent déclarées irréalistes, inapplicables. **Le constat est moins contradictoire qu'il n'y paraît. En effet, on peut avancer l'hypothèse selon laquelle la norme, qui dit la bonne pratique, est considérée comme nécessaire dans son principe et inutile dans sa forme car dégagée de toute prise en compte des conditions réelles de son application.** Dit autrement, la procédure devient une contrainte bureaucratique si elle n'est pas adaptée à ce que le professionnel estime être la situation de travail. Pour lui, il est « juste » que des normes existent, mais lorsqu'elles ne peuvent pas être ajustées à l'exercice pratique du travail, elles perdent toute légitimité. **La question qui se trouve alors posée n'est plus celle du bien-fondé de l'existence des procédures mais bien plutôt des conditions à partir desquelles leur mise en œuvre est jugée possible. Ici, c'est le rapport des collectifs de travail au corpus des normes qui disent les bonnes pratiques, qui devient central. La « justice » de la procédure est en dehors d'elle-même, elle réside dans le mode de confrontation que les personnels auront avec elle. Quand elle n'est pas travaillée par le collectif, offrant à chacun la possibilité de la mettre à sa main, alors la procédure est jugée largement inutile.** Pour autant, son existence n'est pas rejetée dans son principe. La procédure, en elle-même, n'est pas refusée ; c'est sa légitimité à dire le « juste » qui est contestée dès lors que les utilisateurs estiment avoir été exclus de la définition de ce qui est « juste ». Bien sûr, la force de la procédure peut résider dans la loi (contrevenir à la norme devient répréhensible y compris juridiquement), mais la force de la loi n'élimine pas le fait que les acteurs peuvent continuer de penser que « ce qui est juste » (la juste pratique) est ailleurs que dans les « textes de la loi ». Avec une telle problématisation, on retrouve « les pensées » pessimistes de Pascal (« ne pouvant faire que ce qui est juste fut fort, on fit que ce qui est fort fut juste ») et surgit alors une interrogation pragmatique : **comment la « juste » qualification du travail peut-elle avoir assez de force pour faire loi auprès des professionnels ?** Avec cette question, la coopération entre les acteurs de l'hôpital devient une piste de réflexion possible.

La coopération : une modalité d'ajustement des uns aux autres

Dans le vocabulaire classique de la sociologie, la notion de coopération résonne de façon spécifique. Ce terme renvoie en effet à une figure très particulière d'entreprise qui émerge au XIXe siècle au sein du mouvement dit de « l'économie sociale ». Le modèle de la coopération désigne alors une configuration, nommée également coopérative, au sein de laquelle la division du travail revêt un caractère aussi égalitaire que possible. En d'autres termes, le mot de coopération n'est pas simplement synonyme de division du travail – opération au cours de laquelle chacun voit sa tâche articulée à celle d'un autre, comme c'est le cas, par exemple, avec l'OST –, il caractérise une forme au sein de laquelle chacun compte pour un. La force de l'organisation réside alors dans la reconnaissance mutuelle que tous s'accordent. Rien – ni une position hiérarchique, ni un type de métier – n'est censé autoriser quiconque à ne pas reconnaître l'autre et à ne pas coopérer avec lui. Aucune grandeur symbolique, ni un quelconque charisme ne peut justifier que soit contrevenu à la maxime : « un homme, une voix ! ». Le modèle de la coopération (voir sur ce point E. Enriquez, 1992), que l'on qualifie généralement d'utopique, correspond à une sorte d'espace citoyen où, dans l'échange de tous avec tous, se construit l'intérêt commun au sein de l'organisation.

Évoquer ici la coopération, ce n'est évidemment pas renvoyer l'hôpital à ce modèle classique que prônaient les socialistes utopiques du XIXe siècle. Toutefois, ce terme nous permet d'insister sur l'importance que peut avoir, au sein de la division du travail, la question de la connaissance et de la reconnaissance mutuelle des professionnels, condition *sine qua non*, selon nous, de la production d'un commun. Ainsi, la coopération ne désigne pas seulement des gens qui travaillent ensemble ou bien qui ont le sentiment d'appartenir à un groupe soudé.

Travailler ensemble peut se dérouler dans une logique de stricte juxtaposition. Combien de fois avons-nous entendu des soignants indiquer que les médecins, par exemple, ne les voyaient pas, même s'ils se croisaient tous les jours depuis des années et bien que ce soient eux qui appliquent les prescriptions médicales ? De même, un groupe peut être très soudé mais dans une logique de fractionnement entre professionnels. Tel groupe ne s'entendant pas avec tel autre, peut cultiver sa cohésion interne sur le mode du repli. Dans ces cas de figure, la division du travail ne correspond pas aux formes de coopération que nous croyons être favorables à la pérennisation et la valorisation de la qualité. **Coopérer, ce serait plutôt se connaître (dans et au travers de son activité), se reconnaître et penser les articulations au travail non sur le mode de l'interdépendance mais sur celui de l'interaction[6] où chacun occupe, dans sa fonction, une position essentielle à la production commune. Pour ce faire, il n'est pas besoin que chacun s'efforce de ressembler à l'autre, de gommer ce qui le spécifie ; il suffit que tous s'accordent sur l'idée qu'ils ont une égale compétence au « jugement » (ce qui ne veut pas dire que tous les « jugements » se valent), c'est-à-dire la capacité à qualifier « le juste » (Boltanski, Thévenot, 1991), doit être reconnue à tous.**

6. Les notions d'interdépendance et d'interaction sont fréquemment utilisées l'une pour l'autre, là où pourtant les sociologues établissent une solide distinction entre elles. Ainsi l'interdépendance désigne une relation mécanique de type causal (par exemple l'interdépendance entre variables dont le sociologue souligne les effets déterminants) alors que l'interaction évoque la réciprocité d'actions dont les mouvements restent aléatoires. Pour le dire encore autrement, lorsque Durkheim étudie les causes du suicide, il met en lien des relations d'interdépendance (tels agencements de variables traduisent ou non des situations anomiques et par là conditionnent ou non l'apparition du suicide) ; lorsque Simmel étudie la manière dont des actions réciproques structurent l'espace (et non l'inverse), il indique, avec Kant, que celles-ci ouvrent une « possibilité de coexistence » (Simmel, 1999, p. 601), laquelle n'est jamais déterminée. L'interdépendance débouche sur la détermination quand l'interaction laisse la place à l'aléatoire, à l'événement.

Il y a là, pensons-nous, un socle essentiel à la coopération. Explicitons le propos. Nous associons l'idée de coopération à la construction théorique de L. Boltanski et L. Thévenot, connue sous le vocable des « économies de la grandeur ». Les auteurs y développent le point de vue selon lequel « l'agir ensemble » ne peut être pensé sous l'angle exclusif des rapports de force (la violence symbolique d'une relation hiérarchique, d'une règle...) ou des effets de l'habitude - elle-même produit de la socialisation, de l'acculturation. Bien sûr, ces deux dimensions existent, mais elles ne doivent pas écarter la possibilité de penser que le lien entre personnes peut aussi se tisser à partir de « conventions » qui forment la trame invisible de « l'agir-ensemble ». Selon les auteurs, chaque individu, dès lors qu'il accorde à l'autre « la commune dignité humaine », c'est-à-dire qu'il reconnaît en l'autre l'altérité en même temps qu'il le perçoit comme « un autre soi-même », est en capacité de passer avec autrui « un accord » (figure de convention solide et durable) ou un « compromis » - figure de convention provisoire et plus fragile que la précédente mais définissant tout de même un cadre possible de « l'agir-ensemble » - et ce en raison du fait que chacun partage ce que nous pourrions nommer ici un même patrimoine socio-anthropologique[7]. Ainsi, indépendamment de leurs cultures, de leurs appartenances, de leurs histoires, de leurs (dis)positions sociales, les personnes ont toujours compétence à déployer une vision « du juste » (comprise comme l'attitude qui convient) à partir d'une pluralité de référents (que les auteurs nomment « Mondes » ou « Cités[8] »). Ainsi, successivement et sans se contredire, une même personne est-elle capable de considérer, au fil des scènes de la vie quotidienne, que ce qui est « juste » se trouve déposé, tantôt dans le respect de la tradition (les règles du métier, le serment d'Hippocrate), tantôt dans l'utilisation des techniques modernes (la performance de nouveaux outils ou instruments), ici dans le caractère génial d'une décision (fondée sur l'inventivité, sur l'esprit de découverte), là dans la conformité à un texte (qu'il soit législatif ou simplement réglementaire), ailleurs dans la rentabilité d'un choix (estimé plus ou moins efficient selon son ratio coût/rendement), à un autre moment encore dans le caractère démonstratif de telle ou telle option (réussir à marquer l'opinion du plus grand nombre). Ces différents principes, à partir desquels se définit ce qui est « juste », peuvent être mobilisés alternativement au cours d'une seule journée par une même personne selon les situations auxquelles elle se trouve confrontée et ce indépendamment de ce qu'elle est - socialement, hiérarchiquement, culturellement... Partant de ce constat, les auteurs pointent le fait que, du coup, existent toujours pour les protagonistes d'une scène - quelle qu'elle soit et indépendamment de ceux qui la jouent - des possibilités de trouver un terrain d'entente sur ce qui peut être « la juste » attitude ou décision. Soit en mobilisant un même

7. Le raisonnement ne vaut que dans notre espace temporel (la modernité) et géographique.
8. L'univers théorique et conceptuel de L. Boltanski et L. Thévenot repose sur un vocabulaire très spécifique. Nous ne le restituons pas ici avec fidélité et dans toute sa complexité ; cela supposerait de longs développements que les exigences de concision du présent texte interdisent. Pour une présentation simplifiée de leur édifice théorique, on peut voir Amblard *et alii* (2005) et pour une réexplicitation et un prolongement (L. Thévenot 2006).

système de références, soit en établissant des équivalences entre des systèmes différents, les acteurs ont toujours (potentiellement au moins) la possibilité de s'entendre - fût-ce *a minima* sous la forme d'un « compromis » - et donc d'« agir-ensemble ».

Notre acception de la notion de coopération inclut donc l'idée que celle-ci résulte d'interactions dont les caractéristiques sont d'être tournées vers la quête « d'accords et de compromis » sur ce qui vaut, sur ce qui est « juste », et se différencie donc nettement de l'idée que le ciment de « l'agir ensemble » se trouve exclusivement dans la contrainte ou dans l'habitude.

À partir d'une telle appréhension de ce terme, autant évoquer sans détour un de nos constats majeurs : **les organisations hospitalières ne paraissent pas exceller en matière de coopération.** Les divisions multiples, en territoires (les secteurs, les services), en temporalités (les équipes de nuit, de matin, d'après-midi), en catégories et sous-catégories professionnelles, en niveaux hiérarchiques (avec les enchevêtrements fonctionnels et/ou hiérarchiques), font des hôpitaux des ensembles morcelés, fractionnés en de nombreuses forteresses. Ces cloisonnements expriment et alimentent simultanément, des conflits entre groupes et des replis protecteurs sur les équipes, au détriment de la constitution d'ordres négociés (Strauss, 1992). Ainsi la confusion peut surgir ; là où une équipe paraît soudée, on peut être conduit à parler de coopération alors qu'il n'en est rien. Dit autrement, un groupe en appui sur son « identité intrinsèque », dès lors qu'il se tient à distance des autres collectifs de l'organisation, peut développer une attitude de rétraction, d'isolement, de « repli fondamentaliste » (sur le métier, le service, l'équipe...) qui n'a pas grand rapport avec la coopération. Dans ce cas de figure, le groupe peut avoir ses propres procédures ; elles sont les siennes et ne lui permettent pas nécessairement de travailler avec les autres professionnels. Pire, elles peuvent jouer le rôle « d'étendard identitaire », servir de support à une constante opération de « distinction » (au double sens suggéré par P. Bourdieu, 1979). Ainsi, l'absence de coopération peut, comme évoqué tout à l'heure, ne pas rendre possible l'appropriation de la procédure qui, vécue comme imposée, perd sa légitimité à dire « le juste » ; mais la non-coopération peut aussi, à l'inverse, conduire un collectif à se servir de la procédure comme d'une grandeur symbolique lui permettant de se distinguer d'autrui mais en prenant le risque de s'isoler. L'absence de coopération n'interdit donc pas la procédure, mais celle-ci n'a plus d'effet dynamique en ce qu'elle vient figer et cloisonner les pratiques.

Ayant défini les termes de notre modèle, il est désormais possible de s'interroger sur ce qui peut mettre en tension ces deux dimensions. Comment attacher ensemble les procédures et la coopération ?

L'attachement des procédures et des coopérations : les mérites de la controverse et de la latéralité

Le débat sur la pérennisation et la valorisation de la qualité à l'hôpital conduit à analyser les processus à partir desquels peuvent s'ajuster entre elles les différentes conceptions de ce que les professionnels estiment être les « justes » pratiques. Comme il n'y a pas de conception universelle de ce qui est « juste » et que chacun peut y aller de sa définition (comme nous l'avons montré avec les différentes visions « indigènes de la qualité »), il faut s'interroger sur la façon dont un « compromis » peut surgir de ces visions multiples. Rappelons que le « compromis » sur les valeurs de la qualité, sur ce qui est considéré comme étant la « juste » façon de penser le travail, procède nécessairement d'une confrontation entre la pluralité des principes de justice que les professionnels peuvent mobiliser.

Le gestionnaire, le médecin, le soignant (et à l'intérieur de chacune de ces catégories, les spécialistes de chaque discipline : le directeur des ressources humaines et celui s'occupant des finances, le chirurgien et le spécialiste de médecine interne, l'infirmière et l'aide-soignante...) ont tous leur propre façon de penser et d'estimer ce qui est « juste » ou pas. Si la procédure n'est pas l'expression continue d'un mélange de ces conceptions, elle ne sera pas légitime. Si la coopération n'est pensée que sous la forme d'une simple division du travail (et son corollaire la délégation du sale boulot), alors la qualité est vécue comme étrangère. Si procédures et coopération ne sont pas attachées, alors la qualité est durablement bloquée. Reste à savoir comment faire.

Nous pensons que les procédures n'ont jamais autant d'intérêt que lorsqu'elles sont le produit d'échanges controversés entre acteurs lesquels sont pris dans un même procès de travail. Elles correspondent à une sédimentation provisoire (qui n'a d'intérêt que si elle est provisoire et remise en chantier continuellement ou, à tout le moins, à chaque fois que les acteurs le sentent nécessaire) et résultent de discussions, d'ajustements réciproques.

Elles sont, au bout du compte, ce « commun » dont nous avons parlé à plusieurs reprises. Produites dans la controverse, c'est-à-dire dans la friction entre des positions qui ne peuvent s'assimiler les unes aux autres, elles sont des conventions instables dont c'est justement l'instabilité qui fait la force (sans cette instabilité, elles deviendraient des normes figées). En outre, le processus à partir duquel elles sont mises au point, parce qu'il suppose des échanges contradictoires[9], vient alimenter la coopération entre acteurs. À terme, le mouvement ici décrit débouche sur un cercle vertueux qui produit simultanément les procédures et la coopération, dans

9. C'est-à-dire qu'il ne se trouve pas, avant même d'avoir commencé, clos par le simple jeu de mécanismes symboliques conduisant à ce qu'il y ait à chaque fois « deux poids deux mesures » dans la prise en compte des points de vue de chacun.

une logique sans fin puisque les premières ne sont jamais que provisoires, soumises qu'elles sont à un ajustement permanent des opinions sur la qualification du juste travail entre acteurs qui, par nature, demeurent différents (dans leurs fonctions, métiers, statuts, hiérarchie, etc.). La dynamique-qualité, sa pérennisation, sa valorisation se nichent dans cette tension qui conduit les deux dimensions à se nourrir réciproquement dans une course perpétuelle. Plus la coopération est installée, plus il est facile de se confronter sur les qualifications du travail et plus les procédures peuvent être rediscutées

Pour le dire encore autrement et de façon plus radicale, la pérennisation de la démarche-qualité, entendue comme la tension permanente entre procédures et coopération, n'est possible que si toutes les expressions (y compris les désaccords) sont possibles et que les personnels n'ont pas l'impression d'être sans arrêt en train de préparer une épreuve. Mais ces scènes de controverse ne sont pas si fréquentes.

Lorsque la procédure d'accréditation prévoit une auto-évaluation des personnels, avant le passage des visiteurs, nul doute qu'elle tente d'instaurer ce type de scènes au sein desquelles les professionnels peuvent se confronter et nourrir de la coopération. En appui sur les référentiels, la démarche d'accréditation leur offre l'occasion de produire ce compromis sur la qualification du travail. Mais, nous l'avons vu, ces instants ne sont que temporaires, ponctuels. Ils ne se déploient qu'à l'échelle de l'établissement sur des logiques transversales ne s'incarnant pas au niveau des services (y compris dans la V2). En outre, ils ne rassemblent, le plus souvent, qu'une minorité de salariés. Ils sont donc largement insuffisants et ne peuvent alimenter cette tension entre procédures et coopération. En dehors de l'existence de ces groupes, l'hôpital nous semble manquer cruellement de ces scènes et espaces où la controverse vient alimenter ce mécanisme de connaissance et reconnaissance entre professionnels et avec lui la réflexion sur les pratiques professionnelles et leur mise en forme textuelle. En effet, à l'échelle des établissements, les groupes de confrontation existants se limitent soit aux instances officielles du jeu des relations professionnelles (CA, CTE, CHSCT, CME...), soit à des regroupements intra-statutaires – l'équipe de direction, l'assemblée des cadres... Bien sûr, à l'échelle des services, les réunions d'équipes sont potentiellement des espaces que l'on pourrait considérer comme des lieux permettant d'attacher la réflexion sur les pratiques, les procédures et la coopération, mais rares sont les unités qui rendent possible ce type de fonctionnement, rattrapées qu'elles sont par la quotidienneté et la dimension pratique des questions soulevées. Comment créer dès lors ces scènes manquantes ? Sur quel principe ?

Pour multiplier les occasions et les scènes de controverse, nous défendons l'idée de la latéralité ou encore le principe de ne pas prendre comme seul support de discussion l'objet-qualité lui-même. En effet, là où la dynamique qualité nous est apparue installée, la coopération entre personnels nous semblait ne plus être tournée vers le souci exclusif de production de procédures mais s'ouvrait à d'autres dimensions : les projets de service et d'équipe, les formations individuelles et collectives, la controverse sur l'usage des techniques et le recours aux innovations, la nature des relations aux patients et leur mode de participation à la définition des progrès de leur prise en charge, les contacts avec l'extérieur (du service), c'est-à-dire au sein de la totalité de l'établissement mais aussi au travers de réseaux de soins et plus généralement de réseaux de santé. Cette dynamique de la discussion, de la controverse, autour des pratiques professionnelles entendues au sens large, a pour vocation de produire, outre des échanges autour de la qualification du « juste » travail, une connaissance et une reconnaissance réciproque de tous les acteurs du soin, malades compris. C'est là que résident sans doute certaines des conditions d'une véritable coopération.

Dans un contexte où l'institution-hôpital est frappée de plein fouet par le « déclin du programme institutionnel » selon la formule de F. Dubet (2002), tout ce qui peut provoquer le recul de la tendance au repli frileux sur l'intra-groupal, tout ce qui nourrit l'articulation à l'autre (l'autre équipe, l'autre profession, l'autre service...) et la coopération, faisant ainsi refluer une conception fractionnée et cloisonnée de l'identité, participe des conditions favorables à l'organisation de la tension entre procédures et coopération. Paradoxalement et contrairement à une position fréquemment avancée, tout appel à se recentrer sur le métier, pour donner du sens aux activités, pourrait alors se comprendre, au bout du compte, comme une invitation à renforcer les cloisonnements et à rendre bien difficile la conception que nous avons développée de la coopération. Le fractionnement est plus propice aux querelles de chapelles, aux mouvements de défense des forteresses, qu'à l'échange, à la discussion, à la confrontation qui sont autant de passages obligés pour fabriquer du commun, rendre possible de l'agir ensemble et au final produire de la reconnaissance mutuelle.

Nous l'avons dit, cette reconnaissance mutuelle, qui est au fondement de la coopération, ne s'obtient pas à coups d'incantations managériales favorables aux rapprochements. Les acteurs sont différents et ont de bonnes raisons de tenir à ces différences ; il n'est pas souhaitable de vouloir « javelliser » lesdites différences au prétexte que ce serait la condition d'une coopération améliorée. Ce qu'il convient plutôt de mettre en place, ce sont des occasions de provoquer des confrontations ; celles-ci portent en elles-mêmes le processus de reconnaissance mutuelle. Se connaître d'abord, pour se reconnaître ensuite. Bien sûr, la question de la qualité et l'opportunité que constitue la mise en débat de procédures qualifiant les bonnes pratiques, offre une occasion de provoquer ce type de confrontations, mais il n'est pas certain que cela soit la seule, voire la meilleure voie qui soit. En effet, les rencontres entre protagonistes de l'hôpital peuvent être suscitées à tout propos et avoir toujours le même objectif : dissoudre les frontières qui interdisent la coopération véritable. Par exemple, les actions de culture à l'hôpital (qu'il ne s'agit pas de confondre avec les animations culturelles dans les services ou encore l'art-thérapie), lorsqu'elles font de la scène hospitalière un espace artistique (un film, un concert, une conférence) et qu'elles rendent possible que cohabitent, dans un atelier d'écriture ou chorégraphique, un malade, un professionnel, un artiste... offrent ces espaces de rencontre et de confrontations-découvertes (G. Herreros, 2004).

Lorsque nous avons commencé à avancer ce type de constats lors de nos restitutions du rapport intermédiaire, ceux-ci ont parfois suscité des réactions négatives. Ici, un médecin nous a reproché d'encourager à la disparition de « la culture du travail » en louant les mérites des actions qui installent le loisir dans l'espace organisationnel ; là, un membre du conseil scientifique de la HAS a estimé le propos « hors-sujet »... Nous persistons et signons pourtant : là où sont offertes des possibilités d'ajustements réciproques entre acteurs, que ceux-ci portent sur des procédures ou sur un projet, sur un article ou sur une opinion exprimée à propos d'une initiative artistique, d'une œuvre, c'est aux conditions d'une connaissance et reconnaissance réciproques que l'on travaille, c'est-à-dire aux conditions de l'agir-ensemble.

Prenons un autre exemple. Lorsque dans un établissement hospitalier se met en place l'expérimentation de la nouvelle gouvernance et que, dans ce cadre, des médecins se rencontrent avec des directeurs d'établissements, des cadres de santé, des IDE, etc. pour définir ce que pourraient être les contours d'un pôle – dès lors évidemment que celui-ci est conçu comme autre chose qu'un simple découpage bureaucratique formel de plus (Herreros-Milly, 2004) –, ne s'agit-il pas aussi de démarche-qualité ? Des médecins qui refusent la nouvelle gouvernance et se déclarent candidats pour être élus au conseil exécutif afin, disaient-ils, de bloquer « la logique financière et les mauvais coups qu'elle porte à l'hôpital public », nous ont déclaré, après quelques mois de fonctionnement, avoir découvert les directeurs en travaillant avec eux et ne plus percevoir la situation comme auparavant. Les opportunités de rencontre dans l'espace de travail, quel que soit l'objet-support, peuvent susciter de nouveaux regards, une autre relation à l'autre et, au bout du compte, de nouveaux collectifs. Ce sont eux qui portent la dynamique de la coopération et avec elle les possibilités d'une tension entre celle-ci et la mise en travail de nouvelles pratiques professionnelles.

Nous sommes ici au cœur de ce que nous appelons la latéralité. Pour pérenniser les démarches-qualité, il n'est pas certain que les seules voies possibles soient celles de la mobilisation directe et frontale (ce à quoi correspond plutôt la démarche d'accréditation). Si celles-ci peuvent s'avérer utiles, voire indispensables, dans leur effet déclencheur, il convient de les relayer par d'autres approches toutes entières tournées vers le développement de nouveaux collectifs. De la connaissance et reconnaissance de leurs membres dépend leur capacité à construire des communs dont la qualification des « justes pratiques » est une illustration.

« Défaitichiser » et détotémiser la démarche-qualité

La discussion engagée à propos du modèle invitant à penser la question de la pérennisation-valorisation de la qualité comme résultant d'une mise en tension entre les logiques de la procédure et de la coopération, conduit aussi à considérer comme obstacle majeur au développement de cette dynamique tout ce qui freine le « débat » sur la qualité en même temps que toute focalisation excessive sur cette question. En effet, tout au long de notre recherche, nous avons été confrontés, de la part de professionnels engagés dans « le combat » de la qualité, à une forme d'engagement militant qui, à force de s'exprimer dans la radicalité, finissait par transformer leur conviction en une sorte de « totem » et avec lui, son tabou : la critique de la qualité.

Dans la tradition anthropologique, voire psychanalytique, le totem est un objet sacré, aux vertus symboliques magiques. Le vénérer, se prosterner devant lui, correspond à une forme d'allégeance dont on attend qu'elle fournisse un certain nombre d'avantages. Toute atteinte au totem est répréhensible et passible de sanction ; on ne s'attaque pas impunément à ce qui est sacré. Ce type de comportement, B. Latour (1996) s'est employé à le montrer, n'est pas l'apanage des seules communautés « archaïques ou primitives ». Il n'y a pas que les « non-modernes » qui vénèrent les objets sacrés. En effet, ceux-là même qui s'auto-désignent sous le vocable de « modernes » (entendant, par-là, marquer le fait que, contrairement aux « primitifs », eux croient en la raison et aux « faits scientifiques ») ont également tendance à sur-investir certains « objets », certains « faits » et tout particulièrement dans le champ technique ou dans celui de l'expertise. Ainsi, les « modernes » (parmi lesquels on trouve toutes sortes d'experts dont les spécialistes en matière organisationnelle) accordent-ils souvent aux objets qu'ils ont fabriqués (à l'instar des primitifs se prosternant devant les totems confectionnés de leurs propres mains) des vertus considérables, des potentialités hors du commun. Que ne sauraient résoudre les sciences ou les machines ? Faits techniques et scientifiques, ces objets aux forces parfois telluriques finissent par fonctionner comme des « faitiches ». Il est attendu de leur utilisation, des résultats, de l'efficacité, du rendement, du progrès... de la qualité. Dès lors, parés de ces vertueuses potentialités, les « faitiches » ne souffrent guère la contestation, ni la critique. Quiconque s'engage sur les sentiers de la mise en question des potentialités sacrées d'un « faitiche » attente au totem, transgresse le tabou. Les « modernes » développent à l'égard de leurs « faitiches » la même foi que n'importe quel membre d'une communauté de croyants. Au nom de la « cause », ils s'engagent dans une activité prosélyte et ne souffrent guère que leur engagement fidéiste soit contrarié. Depuis une telle perspective, toute forme de contestation, de doute, de critique est perçue, au mieux, comme une incompréhension, au pire comme une hérésie. Fort logiquement, il leur faut alors convaincre et/ou réduire la dissonance traitée comme une dissidence.

Question

Dégagez les idées principales. Argumentez-les en vous référant à votre expérience.

CORRIGÉ

1. Comprendre la consigne

Dans cette consigne : le candidat doit d'abord faire une synthèse du texte en retenant les idées principales et ensuite donner son point de vue sur ces idées en argumentant avec son expérience.

2. Lire le texte

Auteurs : Gilles Herreros (enseignant-chercheur en sociologie) ; Bruno Milly (sociologue, professeur des universités, directeur du centre Max Weber, enseignant-chercheur).
Ouvrage : *La Qualité à l'hôpital. Un regard sociologique.* Publié à Paris : L'Harmattan, en 2011, p. 116-124.
Titre : « Inscrire la dialectique entre procédures et coopérations au cœur de l'organisation » donne le ton et la problématique du texte.
Chapô : introduction des auteurs qui donne le contexte de l'affirmation des auteurs (« La qualité ne s'obtient que si la mise en procédure des tâches repose sur la coopération professionnelle »). Pour démontrer cette affirmation, ils vont aborder successivement trois axes principaux.
Sous-titres : au nombre de trois. Ils synthétisent les axes principaux de la démonstration des auteurs.
Registre : analytique, interrogatif et démonstratif.

3. Relever les idées principales du texte et les analyser

Chapô du texte

Relire le chapô plusieurs fois : il donne l'hypothèse et les arguments qui vont être utilisés par les auteurs.

Idées principales du texte	Analyse
La qualité est un processus continu à inscrire au cœur même de l'organisation.	**La qualité ne s'obtient que si la mise en procédure des tâches repose sur la coopération professionnelle.**
La qualité ne s'obtient pas qu'avec des procédures.	
La qualité ne peut être possible que grâce à la seule cohésion intra-groupale des équipes réunies sur la base de leurs appartenances professionnelles.	
« C'est au travers d'un mouvement attachant ensemble ces deux dimensions que naît, selon nous, la dynamique qui permet de faire de la qualité une affaire collective permanente. »	**Affirmation des auteurs. Elle représente l'hypothèse que posent les auteurs.**

Pour démontrer leur hypothèse, les auteurs vont appuyer leur raisonnement en abordant trois arguments : ce sont les trois parties du texte que nous allons traiter.

Première partie : « Déclinaisons des notions de procédure et de coopération »

Idées principales du texte	Analyse et argumentation des auteurs	Analyse
Qu'est-ce que recouvre la mise en procédures du travail ? « La mise en procédures du travail [...] n'est pas une mode managériale récente. »	Approche sociologique : les auteurs appuient leur argumentation en citant l'exemple de l'OST : « Le souci de faire disparaître l'incertitude à propos de la valeur des produits existants sur le marché, tout comme l'intention de standardiser et de rationaliser les processus de fabrication conduisirent à l'idée de standardisation des productions ». « La démarche-qualité, incarnée par la mise en place de normes et la formule désormais classique "Écrivez ce que vous faites et faites ce que vous écrivez", n'est, dès lors, que le prolongement contemporain d'un mouvement qui est aussi ancien que les organisations modernes. »	Pour être professionnel, il faut obéir à la mise en normes et à la traçabilité.

Idées principales du texte	Analyse et argumentation des auteurs	Analyse
« Le mouvement contemporain pour la qualité, qui valorise l'idée que la normalisation est une garantie pour tous (producteurs et clients) ne serait qu'un prolongement, une radicalisation de "la modernité" décrite par Weber et Parsons, une sorte d'hyper-modernité (N. Aubert, 2004). »	La normalisation et la scripturalité se sont peu à peu imposées. Disparition de la forme traditionnelle incarnée par le charisme du chef et passage à la forme organisée, sociétaire.	
« [...] la norme, qui dit la bonne pratique, est considérée comme nécessaire dans son principe et inutile dans sa forme car dégagée de toute prise en compte des conditions réelles de son application. »	La procédure devient une contrainte bureaucratique si elle n'est pas adaptée à ce que le professionnel estime être la situation de travail. « Quand elle n'est pas travaillée par le collectif, offrant à chacun la possibilité de la mettre à sa main, alors la procédure est jugée largement inutile. »	La procédure doit s'adapter au contexte dans lequel elle doit être mise en application.
« Comment la "juste" qualification du travail peut-elle avoir assez de force pour faire loi auprès des professionnels ? »		Transition des auteurs qui permet d'aborder la notion de coopération.
Qu'est-ce que signifie la notion de coopération professionnelle ?		La coopération dans les organisations est un modèle ancien dans les relations professionnelles.
La notion de coopération	Approche sociologique : le modèle de la coopération désigne alors une configuration, nommée également coopérative, au sein de laquelle la division du travail revêt un caractère aussi égalitaire que possible.	La coopération = division du travail + unicité de chacun dans la chaîne.
Un « espace citoyen où, dans l'échange de tous avec tous, se construit l'intérêt commun au sein de l'organisation ».		À l'hôpital : **la connaissance et la reconnaissance** mutuelle des professionnels est une condition indispensable de la production d'un commun.
« La force de l'organisation réside alors dans la reconnaissance mutuelle que tous s'accordent. »		

<table>
<tr><th>Idées principales du texte</th><th>Analyse et argumentation des auteurs</th><th>Analyse</th></tr>
<tr><td>« Coopérer, ce serait plutôt se connaître (dans et au travers de son activité), se reconnaître et penser les articulations au travail non sur le mode de l'interdépendance mais sur celui de l'interaction où chacun occupe, dans sa fonction, une position essentielle à la production commune. Pour ce faire, il n'est pas besoin que chacun s'efforce de ressembler à l'autre, de gommer ce qui le spécifie ; il suffit que tous s'accordent sur l'idée qu'ils ont une égale compétence au “jugement” (ce qui ne veut pas dire que tous les “jugements” se valent), c'est-à-dire la capacité à qualifier “le juste”, doit être reconnue à tous. »</td><td>Les auteurs donnent leur définition de la coopération et s'appuient sur la théorie de L. Boltanski et L. Thévenot :

« La notion de coopération inclut donc l'idée que celle-ci résulte d'interactions dont les caractéristiques sont d'être tournées vers la quête “d'accords et de compromis” sur ce qui vaut, sur ce qui est “juste”, et se différencie donc nettement de l'idée que le ciment de “l'agir ensemble” se trouve exclusivement dans la contrainte ou dans l'habitude ».</td><td>L'agir ensemble n'est fonctionnel que s'il y a :
– altérité entre tous (reconnaître que l'autre est un autre soi-même) ;
– capacité de passer un accord ou un compromis avec les autres.

Ces éléments permettent de trouver « la juste décision ou juste attitude ».</td></tr>
<tr><td colspan="2">« À partir d'une telle appréhension de ce terme, autant évoquer sans détour un de nos constats majeurs : les organisations hospitalières ne paraissent pas exceller en matière de coopération. »</td><td>Le cloisonnement hospitalier peut freiner la coopération.

Les procédures peuvent unir mais elles peuvent également differencier, créant ainsi des tentatives de distinction.</td></tr>
<tr><td colspan="2">« Ayant défini les termes de notre modèle, il est désormais possible de s'interroger sur ce qui peut mettre en tension ces deux dimensions. Comment attacher ensemble les procédures et la coopération ? »</td><td>Transition des auteurs pour aborder la notion de lien entre procédures et coopération.</td></tr>
</table>

Deuxième partie : « L'attachement des procédures et des coopérations : les mérites de la controverse et de la latéralité »

<table>
<tr><th>Idées principales du texte</th><th>Analyse et argumentation des auteurs</th><th>Analyse</th></tr>
<tr><td colspan="2">« Le débat sur la pérennisation et la valorisation de la qualité à l'hôpital conduit à analyser les processus à partir desquels peuvent s'ajuster entre elles les différentes conceptions de ce que les professionnels estiment être les "justes" pratiques. »</td><td rowspan="2">Cette analyse est rendue difficile du fait de la pluralité des métiers, des points de vue et des enjeux de chacun.</td></tr>
<tr><td colspan="2">« Rappelons que le "compromis" sur les valeurs de la qualité, sur ce qui est considéré comme étant la "juste" façon de penser le travail, procède nécessairement d'une confrontation entre la pluralité des principes de justice que les professionnels peuvent mobiliser. »</td></tr>
<tr><td colspan="2">« Si la procédure n'est pas l'expression continue d'un mélange de ces conceptions, elle ne sera pas légitime. »</td><td>Peu d'espaces où les professionnels peuvent se confronter pour analyser leurs pratiques. Il y a des temps réglementaires instaurés par la certification lors de l'autoévaluation mais elle ne réunit pas la majorité des utilisateurs ; ou encore les temps lors des instances institutionnelles.</td></tr>
<tr><td colspan="3">« Comment créer dès lors ces scènes manquantes ? Sur quel principe ? »</td></tr>
</table>

Troisième partie : « "Défaitichiser" et détotémiser la démarche-qualité »

Idées principales du texte	Analyse et argumentation des auteurs	Analyse
« La discussion engagée à propos du modèle invitant à penser la question de la pérennisation-valorisation de la qualité comme résultant d'une mise en tension entre les logiques de la procédure et de la coopération, conduit aussi à considérer comme obstacle majeur au développement de cette dynamique tout ce qui freine le « débat » sur la qualité en même temps que toute focalisation excessive sur cette question. »		Les partisans de la qualité : la conviction devient « totem ». La critique de la qualité devient taboue. Il faut donc initier la latéralité ; accepter de considérer les enjeux de la qualité et non pas la qualité. Le partisan de la qualité utilise la qualité comme un « fait », « un totem ». Pour pérenniser la démarche-qualité, il est indispensable de « dé-faitichiser » et « détotémiser » la démarche-qualité.

Proposition de synthèse

Ce chapitre « Inscrire la dialectique entre procédures et coopérations au cœur de l'organisation » est extrait de l'ouvrage *Les Voies de la qualité à l'hôpital : entre procédures et coopération*, publié en 2011 par Gilles Herreros et Bruno Milly (tous deux enseignants-chercheurs en sociologie). Les auteurs, par le biais d'une analyse sociologique, analysent les conditions de pérennisation et de valorisation de la démarche qualité en milieu hospitalier.
(Hypothèse) Ils posent l'hypothèse que cette amélioration de la qualité nécessite une mise en tension entre l'élaboration et l'application des procédures et entre une coopération interprofessionnelle.
(Annonce du plan) Afin de démontrer leur point de vue, les auteurs interrogent successivement les notions de procédures et de coopération ; ils dégagent les liens ou controverses qui peuvent s'y créer et enfin ils préconisent deux principes inéluctables à la démarche qualité, la « défaitichisation » et la « détotémisation ».

La procédurisation du travail n'est pas un phénomène nouveau : l'organisation scientifique du travail l'a initiée au travers de la normalisation et de la traçabilité. Toutefois, la mise en procédure doit tenir compte du contexte de son utilisateur. Elle doit être discutée par le collectif professionnel de l'organisation. En effet, ces derniers reconnaissent le principe de la mise en place des procédures mais ils revendiquent à participer à la définition de ce qui est « juste » dans toute procédure. Ce dernier point renvoie à s'interroger sur la coopération entre les acteurs de l'hôpital.

La coopération interprofessionnelle nécessite une connaissance et une reconnaissance mutuelle des professionnels entre eux. Ils doivent penser *« les articulations au travail non sur le mode de l'interdépendance mais sur celui de l'interaction où chacun occupe, dans sa fonction, une position essentielle à la production commune »*. Tous doivent reconnaître à tout un chacun la capacité à juger de ce qui est juste et *« la possibilité de s'entendre – fût-ce* a minima *sous la forme d'un "compromis" – et donc d'"agir-ensemble" »*. Mais à l'hôpital, les diverses organisations (services, pôles, secteurs...) ne sont pas propices à la coopération. Certains professionnels vont appliquer les procédures pour se démarquer des autres ; d'autres vont s'opposer aux procédures pour revendiquer des points de vue ou pratiques différents.

Mais comment pouvons-nous attacher ensemble les procédures et la coopération ?

Malgré la diversité des conceptions de la qualité chez les professionnels, il se manifeste des points d'accord : l'objectif d'une amélioration du soin au patient, l'idée que cette amélioration passe par une mise en tension entre l'élaboration de procédures et leur application d'une part et une meilleure coopération interprofessionnelle d'autre part.

C'est ainsi que, par la mise en commun de visions professionnelles cloisonnées, naît la coopération. En effet, le processus d'échanges contradictoires crée la coopération entre les acteurs. La démarche de certification devient également un levier dans les dynamiques de la qualité, notamment par l'exercice de la coopération initié par l'auto-évaluation, même si parfois les professionnels peuvent user de cet espace pour transmettre leurs revendications.

Pour prévenir les effets contre-dynamiques de la démarche qualité et initier la latéralité, il est indispensable :
- d'entretenir la tension entre procédures et coopération, en évitant que le balancier ne se bloque sur l'un ou l'autre des pôles de l'organisation ;
- d'ouvrir des espaces de coopération pour permettre l'expression des controverses et des points de vue, avec une vision globale qui ne soit pas centrée que sur la qualité.

Encore faut-il que la qualité défendue par le « faitiche » puisse être discutée et non pas instituée au rang de totem sur lequel la critique devient taboue.

Proposition de commentaire personnel

Dans cette partie, vous devez reprendre les idées principales du texte et les confronter à votre expérience professionnelle.
Il faut rédiger un commentaire construit, avec une introduction, un développement et une conclusion.

(Introduction)

(Accroche) « Écrivez ce que vous dites et faites ce que vous écrivez ». La traçabilité, obligation réglementaire, est devenue une règle incontournable à l'hôpital. Son mode d'application s'est modifié progressivement depuis les années 1990, passant d'une écriture manuelle sur un support papier à une saisie sur un système informatique. Ce changement de mode de traçabilité a été nécessité par une volonté de maîtrise du pilotage de la production de soins à l'optimisation des moyens engagés. L'hôpital doit être en capacité de rendre compte de l'activité et d'identifier les potentiels d'amélioration et d'efficience. Peu à peu, le système d'information devient comme une pièce maîtresse du système de soins. Toutefois, son appropriation et son utilisation quotidienne par les professionnels de la santé ne se font pas sans difficultés.

Après avoir rappelé le cadre réglementaire de la traçabilité en établissement de santé, nous identifierons les difficultés rencontrées auprès des professionnels et enfin nous évoquerons des pistes de réflexion qui peuvent concourir à lever ces obstacles.

(Développement)

(Première partie : cadre réglementaire de la traçabilité dans les établissements de santé)
C'est la loi du 31 juillet 1991 qui va évoquer la mise en œuvre de systèmes d'information au sein des hôpitaux à des fins d'évaluation de l'activité et d'optimisation de l'offre de soins. Le PMSI (programme de médicalisation du système d'information), rendu obligatoire pour tous les établissements de santé (publics et privés) aura pour objectif de collecter et enregistrer des informations relatives aux activités médicales des établissements, pour ensuite les traiter à travers la constitution des GHM (groupements homogènes de malades), l'établissement du nombre de points ISA (indice synthétique d'activité), la comparaison entre les hôpitaux, etc., et les diffuser.

(Deuxième partie : les difficultés de mises en application dans les services de soins)

- Problèmes d'intercommunicabilité entre les systèmes informatiques au sein de l'établissement *(exemple : problème d'interface entre le logiciel administratif et le logiciel dossier patient médicalisé...).*

• Le manque de temps est également mis en avant par les acteurs de santé *(exemple : le médecin effectue sa visite médicale auprès du patient dans la chambre et il doit ensuite aller sur le poste informatique pour saisir ses observations...).*
• Le manque de formation chez les professionnels est un autre facteur de difficulté *(exemple : certains aides-soignants ne vont pas saisir leurs observations par crainte de faire dysfonctionner le système, ou encore par crainte d'écrire avec des fautes d'orthographe...).*
• Le fait que la saisie des actes et soins effectués auprès des patients ne paraît pas prioritaire dans la prise en charge du patient *(exemple : certains corps paramédicaux défendront la nécessité de passer du temps auprès du patient plutôt que derrière un portable à saisir des données...).*
• Les pannes du système informatique, même si aujourd'hui les établissements de santé doivent prévoir un plan de continuité d'activités en cas de dysfonctionnement de leur système informatique (relais d'un dossier médical papier pour assurer la continuité des soins...).

(Troisième partie : les pistes de réflexion)
• Avant toute mise en place d'un dossier patient informatisé, les acteurs de santé utilisateurs du système informatique doivent être intégrés dans la réflexion pour la définition d'un dossier patient informatisé.
• C'est à partir de leurs pratiques que le logiciel devra s'amorcer. Ce ne sont pas les professionnels qui doivent s'adapter au logiciel. Généralement, la réflexion part des habitudes professionnelles pour les analyser et en dégager les procédures de soins et de prise en charge.
• Le patient devra rester au centre du système d'information. En effet, c'est le patient qui reçoit les soins et c'est autour de lui que les processus doivent se mettre en place.
• Le cadre de santé, garant de la qualité de soins au patient, sera le chef d'orchestre de ces échanges pour définir avec l'équipe le logiciel qui respectera l'éthique du soin.
• Le cadre de santé accompagnera les équipes progressivement dans l'appropriation de ce nouveau support de travail. Il faut laisser le temps aux acteurs de progresser dans la compréhension et l'acquisition d'une aisance par rapport à ce nouvel outil.
• La dimension démarche-qualité a toute sa place dans cette réflexion : en effet, c'est par la procédurisation des pratiques professionnelles que les acteurs identifieront les bonnes pratiques ou celles qui permettent d'optimiser leur outil de travail.

(Conclusion)

Le candidat devra se positionner et donner son point de vue concernant les éléments présentés dans son commentaire.
Une ouverture vers une thématique similaire aux notions abordées dans le commentaire sera un critère de réflexion : ainsi, les idées développées ouvrent la voie à une autre discussion.

SUJET N° 8| IFCS ÎLE-DE-FRANCE (SAINTE-ANNE), MARS 2015

SUJET

La relation de proximité du cadre de santé, quel impact sur la santé et la reconnaissance au travail ?

Le monde de l'information évolue de plus en plus vite. Et quand une catastrophe est annoncée dans les médias, le premier exercice politique, médiatique ou sociétal consiste souvent à rechercher une responsabilité avant de s'être penché sur l'affect qui peut toucher le public ou l'entourage face à un drame. On tend à scinder les êtres par des dispositifs de remédiation comme s'il fallait répondre à l'immédiateté de la charge émotionnelle collective par une recherche de « fautif(s) » avant même de s'être recueilli et tout simplement de s'être ému.

On retrouve à l'hôpital le même constat quand « arguant de l'intérêt suprême de la vie et de sa qualité, on tend à réduire le hasard à néant, sans autre projet que de le réduire à néant » [1]. Dans ce contexte, le management organisationnel et gestionnaire a souvent pris le pas sur l'accompagnement et la « relation » avec les équipes issues aujourd'hui des pôles hospitaliers, des territoires de santé ou il est souvent plus aisé de glisser vers toujours plus de rationalisation des moyens et des coûts. Alors se pose la question des cadres de proximité dans ces entités à gérer. De quelle proximité parle-t-on ? Pour répondre, cela implique d'abord *« de sortir des visions technicistes du management centrées sur la maîtrise et la force des outils et qui laisseraient accroire à la possibilité d'un management uniquement à distance, coupé de la situation »* [2].

Cet article tente d'argumenter combien la tentation actuelle de conduire le cadre vers de plus en plus de management à distance est un risque politique et éthique pour l'hôpital de demain.

Cadre de proximité ou cadre à distance

Historiquement, le surveillant, apparu en 1922, avait à charge un service et une équipe dont il était issu et suffisamment proche pour identifier la demande qui émanait des patients ; ainsi pouvait-il impulser une culture des soins dispensés dans ce contexte à taille humaine et donner du sens aux problèmes par la relation avec les soignants. Mais le surveillant manquait bien souvent de formation pour gérer des situations complexes ou de crise. En 1975, il a alors laissé la place au cadre infirmier puis, en 1995, au cadre de santé.

Ces changements se sont accompagnés d'une formation des cadres à la fonction et ont ouvert de nombreux débats sur les contours de cette fonction à la fois managériale et clinique [3]. Le choix s'est alors posé pour le cadre de santé d'exercer dans un service de soins, médico-technique ou de rééducation. La nouvelle gouvernance initiant une organisation en pôles a occasionné un bouleversement dans l'encadrement créant des collaborateurs de pôles. Or, si ces derniers se sont vus piloter plusieurs services, ils ont aussi pour mission d'animer une équipe de cadres de proximité. Aujourd'hui, les difficultés économiques ont favorisé les regroupements managériaux d'unités encourageant ainsi une rationalisation des postes dans l'encadrement.

Les travaux d'Ivan Sainsaulieu, en 2006 et 2008, révèlent l'incontournable nécessité d'une force relationnelle du cadre de santé de proximité qui justifie chez ce dernier, d'être « *juste, à l'écoute, actif et disponible avec l'équipe, sorte de capitaine ou de chef d'orchestre, à la fois discret et présent* » [4]. La dimension singulière et subtile de la proximité est considérée comme un atout, même si le cadre doit surfer avec ce paradoxe d'une nécessaire proximité et d'une « juste » distance avec les soignants. Les professionnels, interpellés dans l'enquête menée sous la direction de Sainsaulieu, confirment à la fois leur besoin de sécurité traduit par la proximité du cadre et leur besoin d'un espace pour exercer leur autonomie. Ainsi la proximité est un subtil dosage d'implication et de distanciation.

Ces travaux peuvent être mis en corollaire avec une recherche réalisée en 2011 par Mathieu Detchessahar[1], du laboratoire d'économie et de management Nantes-Atlantique. La recherche effectuée révèle deux phénomènes :

- **la mauvaise qualité de vie au travail ne serait pas causée par une omniprésence des cadres**, en raison du développement des nouvelles formes de management, mais au contraire par l'absence des cadres de proximité auprès des équipes. Cette situation génère de la lassitude voire de l'épuisement des équipes quand il s'agit de délibérer des solutions ou d'arrêter des arbitrages sans médiation de l'encadrant ;
- **le cadre doit partager, avec le groupe, une commune professionnalité,** gage à la fois de sa légitimité, de sa capacité à saisir les problèmes et de la qualité des délibérations.

Ces études rigoureuses et récentes montrent les difficultés qui peuvent surgir suite à une non-reconnaissance des besoins des équipes. Elles justifient que l'on s'interroge sur le « management » de proximité tant il est un art et un besoin. Nous dirions même qu'il est le garant de l'œuvre créée par et avec le cadre.

1. Programme de recherche financé par l'Agence nationale de la recherche, conduit par un collectif de chercheurs de différentes disciplines et ayant réuni une vingtaine d'organisations, 2011.

Le cadre à proximité ou de proximité ?

Arrêtons-nous sur cette notion de proximité dont la subjectivité est bien souvent fonction des représentations de chacun. Sur un plan étymologique, le terme vient du latin *proximitas* dont le sens premier est le voisinage d'une chose à l'égard d'une autre : avoir une chose à sa proximité, à proximité. À cette notion d'espace, s'est adjointe une proximité de temps : celle d'une date puis celle de liens entre des personnes : le degré de proximité. Avec les termes anglais *closeness* et *proximity*, la proximité se définit comme ce qui est proche dans le temps et dans l'espace. À cela, il faut ajouter la notion de distance qui questionne « la bonne distance » proximale.

Le cadre de santé, quand il prend ses fonctions, tente d'abord de délimiter un espace à proximité : cet espace sera-t-il entrouvert ou fermé ? Sera-t-il identifié ou aux contours flous ? Sera-t-il central ou à la marge ? La manière dont il prendra naissance, participera ou pas à l'échange et aux liens. Avec son expertise, le cadre de santé devra aussi inventer une proximité temporelle pour se situer comme cadre de proximité garant de la continuité et de la cohérence d'une histoire humaine au cœur des problématiques de soins et de leurs spécificités.

Le cadre à proximité renvoie donc à une notion d'espace et peut être défini comme celui qui est disponible pour accompagner une aide ponctuelle parfois improvisée, sorte de référent matériel, organisationnel et logistique. La proximité se caractérise alors, au cœur du mouvement, de la cadence et de l'emballement de l'unité, comme un contenant rassurant pour les agents parce qu'ils ont besoin de savoir que le « capitaine » tient la barre et entend leurs préoccupations et leurs difficultés. Il pilote une part d'imprévisible et *« fondamentalement chaotique du cours de l'action de travail »* [5].

Le cadre de proximité est davantage situé du côté de l'instituant[2] c'est-à-dire celui qui investit une relation à l'autre dans une temporalité et au sein d'un collectif. Ainsi porte-t-il les valeurs de ce collectif incarnées dans un dispositif de soins dont il assume le rôle clinique. Il instaure ou restaure, dans une fonction de médiateur, des espaces de confrontation entre les soignants. Il gère alors le contre-transfert institutionnel par la concertation pour prévenir les passages à l'acte et se prémunir de ne devoir être qu'un mandataire des crises. *« Il s'agit ici d'une institutionnalisation des espaces de la discussion qui peut prendre différentes formes et s'incarner dans différents dispositifs »* [6]. Ces espaces sont vitaux pour redonner du sens au travail, construire les projets, prendre de la distance avec le soin, retrouver la motivation et l'intérêt du métier dans le quotidien aliéné par le poids des exigences et de la charge du travail.

---

2. Beteille L, *Le Paysage dialogique du cadre : entre encadrement et management, Quelle fonction pour la clinique ?* Mémoire de master 1, Université Aix-Marseille (sous la direction de Revillot JM).

De la proximité à la reconnaissance

De nombreux travaux de recherche, d'études sur la santé au travail [7-9] démontrent combien la reconnaissance au travail joue comme un facteur de prévention des risques psychosociaux. Celle-ci se situe comme un besoin de tout être humain dans la hiérarchisation des cinq niveaux évoquée par Maslow [10]. La reconnaissance passe d'abord par la restitution de la manière dont les problèmes relatés ont été accueillis, compris et réfléchis par le cadre ; ainsi les agents se sentent entendus, soutenus, légitimés dans leur besoin d'éclairage ; ils perçoivent la reconnaissance de leur existence.

Il se vit souvent un écart entre les pratiques de reconnaissance du cadre et le sentiment de non-reconnaissance des agents[3]. Une reconnaissance inadéquate sera vécue comme une non-reconnaissance majeure alors qu'un petit signe de reconnaissance peut paraître inaperçu. Certains cadres sont généreux dans le don de reconnaissance et d'autres plus mal à l'aise. L'agent n'est pas toujours prêt à l'accueillir ou à la demander. La notion de reconnaissance renvoie à soi et àa l'autre. Elle est un trait d'union de la relation partenariale. Deux approches de la reconnaissance peuvent être caractérisées :

- **la reconnaissance comme devoir[4] ;**
- **la reconnaissance comme éthique.**

La reconnaissance comme devoir

Tout être humain ne sait vivre qu'à partir de l'opinion des autres dont il attend le « jugement », seule manière pour lui d'exister. Ainsi Axel Honneth [11] rend lisible cette notion de reconnaissance à partir d'une traduction conditionnelle : l'approbation sociale. « Je » te reconnais ou « je » te confirme légitime dans un rôle spécifique. Ce niveau de reconnaissance s'accommode volontiers de critères [12] comme la sincérité, la réactivité ou la variabilité. Mais ce qui est important alors, c'est que le soignant se sente exister aux yeux d'autrui comme être légitime, digne de respect et d'attention. La reconnaissance comme devoir peut devenir un modèle managérial dans le sens où elle est conditionnée par la réponse des acteurs. Je reconnais l'autre avec la ferme volonté qu'ainsi il produira « mieux » ou « plus ». La reconnaissance peut même devenir

3. Alberti T., *Des pratiques de reconnaissance du cadre hospitalier aux sentiments de non-reconnaissance des agents : lecture à la lumière des économies de grandeur.* Mémoire de master 1, Université Aix-Marseille (sous la direction de Revillot JM, 2010).
4. Farissier A., *De la connaissance à la reconnaissance, un pas vers le bien-être au travail.* Mémoire de master 1, Université Aix-Marseille (sous la direction de Revillot JM, 2010).

« une sorte de fardeau social indispensable pour construire la rationalité individuelle » [13]. La reconnaissance comme devoir vise l'efficacité du travail.

La reconnaissance comme éthique

La reconnaissance comme éthique est à relier aux actions que l'être réalise à partir de ses capacités. Nous parlerons de reconnaissance de responsabilité [14] qui s'accommode d'une reconnaissance « d'estime de soi » dans la décision et de « sollicitude de l'autre » pour faciliter l'ancrage de sa décision. Le mouvement de la reconnaissance est toujours en boucle entre reconnaître et être reconnu. *« L'éthique pour autrui doit comprendre le besoin fondamental pour chaque sujet humain d'être reconnu, au sens hégélien du terme, c'est-à-dire reconnu comme sujet humain par un autre sujet humain »* [15]. La reconnaissance rappelle le caractère irremplaçable de chacun des professionnels, *« l'un n'est pas l'autre ; on échange des dons mais non des places »* [16]. Ainsi ne peut-elle s'incarner que dans la relation et la pratique réflexive pour devenir une activité centrale du cadre de santé de proximité.

Deux étapes de la reconnaissance sont incontournables : la reconnaissance de soi et celle de l'autre sans lesquelles la décision éthique vacille ou devient morale. La reconnaissance de soi à la fois dans sa permanence et sa création, dans sa capacité à se désigner comme l'auteur de son dire et de son faire, requiert d'abord un sujet capable de dire *« je »*, pour éprouver l'expérience de la confrontation avec l'autre. Paul Ricœur [17] fait l'éloge de l'estime de soi, comme *« cellule mélodique »* de l'éthique. Mais *« l'estime de soi »* donne lieu aux controverses, à la rivalité et au conflit des interprétations. La sollicitude est pour Ricœur la deuxième composante de la visée éthique où chacun aime l'autre en tant que ce qu'il est. En retour de la sollicitude sur l'estime de soi, le soi s'aperçoit lui-même comme un autre parmi les autres.

Nous pouvons aisément convoquer la reconnaissance éthique entre les sujets dans l'unité où le cadre est le chef d'orchestre : il s'agit pour le cadre de proximité d'accroître le mieux-être des patients. Les visées éducatives du milieu hospitalier, impulsées par le cadre, seraient alors de faciliter l'émergence de l'œuvre institutionnelle caractérisée par l'hétérogénéité des potentiels soignants et des processus d'altération [18][5] qui se jouent. Ceci nécessite de travailler l'ambiance et la relation dans l'unité de soins pour favoriser l'expression et le développement de projets de soins singuliers et collectifs.

5. Au sens de Jacques Ardoino (1983), c'est-à-dire transformer le discours de l'autre pour le rendre cohérent avec soi.

Conclusion

Ainsi l'encadrement ne peut être dissocié de la relation qui s'opère entre soi et l'Autre, et qui exige de développer des compétences dans sa disponibilité à être là avec l'autre. Le cadre est tour à tour dans une fonction de manager, de praticien soignant, d'éducateur, de formateur, confronté à lui-même avec ses traumatismes professionnels qui le limitent et qui, en même temps, nourrissent son humanité. Il est ainsi amené à délimiter et à animer un espace collectif, à prendre en compte la place de chacun au sein de l'équipe dans une fonction d'accompagnement, se situant comme auteur c'est-à-dire fondateur, créateur. « Le biologique s'associe à l'éthique, l'autorisation devient le fait de s'autoriser, l'intention et la capacité de devenir soi-même, son propre coauteur, de vouloir se situer explicitement à l'origine de ses actes en tant que sujet » [19]. Cependant le cadre auteur se doit d'être reconnu et légitimé par son équipe et par ses supérieurs. C'est là que prend sens la proximité dans ce qu'elle nourrit et stimule cette œuvre collective.

Jean-Marie Revillot, doctorat en sciences de l'éducation, Université Aix-Marseille,
formateur consultant Grieps (Lyon),
extrait de *Soins Cadres* – Supplément au n° 86 (mai 2013)

Références

[1] Velut S. *L'illusoire perfection du soin, Essai sur un système*. Condé-sur-Noireau : L'Harmattan ; 2004. p. 14.
[2] Detchessahar M. *La santé au travail*. Revue française de gestion 2011 ; 214(5) : 89-105/100.
[3] Revillot JM. *Pour une visée éthique du métier de cadre de santé*. Rueil-Malmaison : Lamarre ; 2010.
[4] Sainsaulieu I. (sous la dir. de). *Les cadres hospitaliers : représentations et pratiques*. Rueil-Malmaison : Lamarre ; 2008.
[5] Detchessahar M. *La santé au travail*. Revue française de gestion 2011 ; 214(5) : 100.
[6] Detchessahar M. *La santé au travail*. Revue française de gestion 2011 ; 214(5) : 101.
[7] Dejours C. *Travail, usure mentale : de la psychopathologie à la psychodynamique du travail*. Paris : Bayard ; 1993.
[8] Ehrenberg A. *Le culte de la performance*. Paris : Hachette ; 2011. (coll. Pluriel).
[9] Lachmann H, Larose C, Penicaud M. *Rapport sur le bien-être et efficacité au travail*. Paris : ministère du Travail, de l'Emploi, de la Formation professionnelle et du Dialogue social ; 2010.
[10] Maslow A. *Vers une psychologie de l'être*. Paris : Fayard ; 1972.
[11] Honneth A. *La société du mépris*. Paris : La découverte ; 2008.

[12] Brun JP. *La reconnaissance au travail*, 2008. http://www.scienceshumaines.com/la-reconnaissance-au-travail_fr_22737.html
[13] Sainsaulieu R. *L'identité au travail*. Paris : Presses de Sciences Politiques ; 1996.
[14] Ricoeur P. *Parcours de la reconnaissance*. Paris : Stock ; 2004.
[15] Morin E. *Éthique*. Paris : Éditions du Seuil ; 2004.
[16] Ricoeur P. *Parcours de la reconnaissance*. Paris : Stock ; 2004. p. 376.
[17] Ricoeur P. *Les paradoxes de l'identité*. L'information psychiatrique ; 1996 ; 3 : 201-6.
[18] Ardoino J. *Dialogue à plusieurs voies, à propos du sujet*. Pratiques de formation-analyse ; 1983 ; 23 : 5-11.
[19] Ardoino J. *L'approche multi référentielle (plurielle) des situations éducatives et formatives*. Pratiques de formation-analyse ; 1993 ; 25/26 : 16-34.

Question

Dégagez les idées principales. Argumentez-les en vous référant à votre expérience.

CORRIGÉ

1. Comprendre la consigne

Dans cette consigne : le candidat doit d'abord faire une synthèse du texte en retenant les idées principales et ensuite donner son point de vue sur ces idées en argumentant avec son expérience.

2. Lire le texte

Auteur : Jean-Marie Revillot, doctorat en sciences de l'éducation, Université Aix-Marseille, formateur-consultant Grieps (Lyon).
Revue : *Soins Cadres* – Supplément au n° 86 (mai 2013).
Titre : « La relation de proximité du cadre de santé, quel impact sur la santé et la reconnaissance au travail ? » : donne le ton et la problématique qui va y être abordée.
Chapô : donne le contexte et la problématique soulevée par l'auteur : dans un monde où la rationalisation et l'efficience sont les facteurs de qualité, où la place du relationnel est assimilée à de la futilité ; les auteurs se posent la question de la proximité du cadre de santé auprès des équipes. Cette « proximité » existe-t-elle ? A-t-elle encore sa place ou est-elle possible ? L'auteur pose l'hypothèse que « la tentation actuelle de conduire le cadre vers de plus en plus de management à distance est un risque politique et éthique pour l'hôpital de demain ».

Sous-titres : au nombre de trois, donnent les différentes étapes de démonstration de l'auteur.
Conclusion : elle permet de synthétiser les idées avancées par l'auteur.
Registre : analytique, interrogatif et démonstratif.

3. Relever les idées principales du texte et les analyser

Chapô du texte

Bien relire le chapô : il donne la construction de l'analyse et de la démonstration des auteurs.

Première partie : « Cadre de proximité ou cadre à distance »

L'auteur interroge la notion d'espace : la proximité ou la distance.

Idées principales du texte	Analyse
Historique de la création du titre de cadre de santé (surveillant, cadre infirmier et cadre de santé).	Permet de situer historiquement le changement de terminologie pour désigner le cadre. Met l'accent sur la formation reçue par le professionnel pour assumer ses deux principales fonctions : managériale et clinique.
« La nouvelle gouvernance initiant une organisation en pôles a occasionné un bouleversement dans l'encadrement créant des collaborateurs de pôles. »	On passe d'un cadre de service à un cadre de pôle : rationalisation des postes dans l'encadrement.
L'auteur s'appuie sur deux travaux : celui de Yvan Sainsaulieu et celui de Mathieu Detchessahar.	**Pour le premier :** trouver le juste milieu pour le cadre. Ainsi, la proximité est un subtil dosage d'implication et de distanciation : être présent tout en laissant de la distance avec les équipes pour les autonomiser, ce que nommerait Sainsaulieu : « d'être juste, à l'écoute, actif et disponible avec l'équipe, sorte de capitaine ou de chef d'orchestre, à la fois discret et présent ».
	Pour le second : il met en évidence deux points : - c'est l'absence du cadre qui crée un malaise chez les équipes du fait d'attendre des réponses à des problèmes du quotidien. - le cadre doit prioriser « la commune professionnalité » : légitimité, équité.
Analyse : ces deux travaux pointent les effets de la non-prise en compte des besoins des équipes.	

Deuxième partie : « Le cadre à proximité ou de proximité ? »

Dans cette partie, l'auteur interroge les dimensions de la notion de proximité : à proximité ou de proximité ?

Idées principales du texte	Analyse
« Sur un plan étymologique, le terme vient du latin *proximitas* dont le sens premier est le voisinage d'une chose à l'égard d'une autre [...]. À cette notion d'espace, s'est adjointe une proximité de temps : celle d'une date puis celle de liens entre des personnes : le degré de proximité. »	Analyse sémiologique du mot « proximité » : la proximité renvoie à une dimension d'espace, de temps et de lien de personnes.
« Le cadre de santé, quand il prend ses fonctions, tente d'abord de délimiter un espace à proximité. »	L'auteur rappelle les différentes étapes de prise de poste du cadre de santé : le professionnel fera le choix de définir ou pas : • un espace de proximité spatiale, comme *« un contenant rassurant pour les agents »* : le chef d'orchestre est là et prêt à intervenir en cas de « fausses notes » ; • un espace temporel où le cadre de santé institue des espaces d'échanges pour « redonner du sens au travail, construire les projets, prendre de la distance avec le soin, retrouver la motivation et l'intérêt du métier dans le quotidien aliéné par le poids des exigences et de la charge du travail ». En un mot, un lieu de confrontation pour permettre à chacun d'être reconnu.

Troisième partie : « De la proximité à la reconnaissance »

Idées principales du texte	Analyse
« Écart entre les pratiques de reconnaissance du cadre et le sentiment de non-reconnaissance des agents. »	Pour analyser cet écart des pratiques de reconnaissance du cadre et le sentiment de non-reconnaissance des équipes, l'auteur va identifier deux approches de reconnaissance : • **par devoir :** c'est par le jugement de l'autre que j'existe. L'autre est le reflet de mon miroir. Mais cette reconnaissance doit sous-entendre du reconnaissant de la sincérité, de la réactivité ou de la variabilité. C'est en fonction de la reconnaissance du cadre que l'agent va améliorer son travail. « La reconnaissance comme devoir vise l'efficacité du travail » ; • **par éthique :** c'est-à-dire qu'elle est reliée aux actions réalisées par l'agent. Elle ne se traduit que dans la relation avec autrui et la capacité à initier une démarche réflexive. Chacun est différent. Pour se reconnaître et reconnaître autrui, il est indispensable que le sujet pense en tant que « je ».
« Ceci nécessite de travailler l'ambiance et la relation dans l'unité de soins pour favoriser l'expression et le développement de projets de soins singuliers et collectifs. »	C'est en mettant en avant les potentiels des équipes, et en instaurant un climat de confiance et d'échanges, que naîtront les innovations personnelles et singulières des sujets de l'équipe.

Conclusion

L'encadrement prend en compte la relation avec soi et avec l'autre. Il sous-entend la disponibilité à être avec l'autre.

Le cadre incarne à tour de rôle ses fonctions en tenant compte du contexte, de la situation. Ces changements de « casquettes » nourrissent son humilité.

Le cadre crée des espaces collectifs où chacun est reconnu dans sa singularité.

Toutefois, le cadre devra également être reconnu par ses équipes et sa hiérarchie, élément fondamental de la construction de la proximité impulsatrice du travail du collectif.

Proposition de synthèse

Cet article « La relation de proximité du cadre de santé, quel impact sur la santé et la reconnaissance au travail ? » est extrait de la revue *Soins Cadres*, publiée en mai 2013 par Jean-Marie Revillot, doctorant en sciences de l'éducation et formateur-consultant. Partant d'un constat actuel dans les établissements de santé, où la recherche d'optimisation et d'efficience des coûts et des soins dans les établissements de santé prime sur la dimension relationnelle, l'auteur va interroger la notion de proximité chez le cadre de santé. Il pose l'hypothèse que la tentation actuelle de conduire le cadre vers de plus en plus de management à distance présente un risque politique et éthique pour l'hôpital de demain. Pour soutenir son argumentation, il va d'abord comparer la notion de proximité, tout en avançant l'idée d'une reconnaissance essentielle de soi et de l'autre, il va extraire les bases fondamentales de la reconnaissance pour créer la proximité du cadre au sein des équipes.

Partant du fait que le cadre de santé incarne d'une part une fonction managériale et d'autre part une fonction clinique, il est de ce fait au centre des relations humaines. Cette interactivité avec l'humain interroge « *l'incontournable nécessité d'une force relationnelle du cadre de santé de proximité qui justifie chez ce dernier, d'être "juste, à l'écoute, actif et disponible avec l'équipe, sorte de capitaine ou de chef d'orchestre, à la fois discret et présent"* » (Yvan Sainsaulieu). En effet, les travaux menés par Y. Sainsaulieu démontrent que la proximité du cadre renvoie à deux concepts essentiels : celui de la proximité d'implication pour agir face à toute situation, et celui de la juste distanciation pour permettre aux équipes de recouvrir leur autonomie. Pour reprendre ces deux concepts clés, Mathieu Detchessahar menant une recherche sur la qualité de vie au travail, révèle que c'est l'absence du cadre qui engendre une mauvaise qualité de travail chez les équipes. Le cadre devant à la fois reconnaître une « commune professionnalité » pour initier un véritable management de proximité. Mais dans ce cas, devons-nous parler de cadre de proximité ou de cadre à proximité ?

La proximité reflète trois dimensions : la notion d'espace, la notion de temps et celle de lien avec autrui. Ces éléments peuvent être analysés au niveau du cadre de santé. En effet, ce dernier, lors de sa prise de poste, va progressivement se construire ces trois dimensions : le type de configuration de l'espace, l'orientation de la temporalité et la place du lien avec l'autre, ceci concourant à « *redonner du sens au travail, construire les projets, prendre de la distance avec le soin, retrouver la motivation et l'intérêt du métier* ». Toutefois, comment cette proximité permet-elle d'intégrer la notion de reconnaissance ?

La reconnaissance, facteur de motivation et d'implication des personnes, va être un facteur déterminant dans la relation du cadre de santé avec les équipes. Cette reconnaissance « *trait d'union de la relation partenariale* » et élément indispensable pour exister, revêt deux caractéristiques : la reconnaissance comme devoir (légitimité et respect accordés à l'autre) et la reconnaissance comme éthique (estime de soi et sollicitude de l'autre dans le processus de décision). La construction de cette reconnaissance reste subordonnée à la capacité du sujet d'être acteur de son point de vue.

Les fonctions du cadre de santé, à la fois manager et praticien soignant, ne peuvent se réaliser sans la dimension relationnelle : la capacité à reconnaître l'autre dans sa singularité et à être disponible pour l'autre. Toutefois le cadre de santé devra obtenir la reconnaissance et la légitimité de la part de sa hiérarchie et de la part de ses équipes. Ce sont ces deux leviers qui feront naître la proximité et ses effets sur l'individuel et le collectif.

Proposition de commentaire personnel

Dans cette partie, vous devez reprendre les idées principales du texte et les confronter à votre expérience professionnelle.
Il faut rédiger un commentaire personnel construit, avec une introduction, un développement et une conclusion.

(Introduction)

(Accroche) Le cadre de santé, interface à l'hôpital pour tous les professionnels entourant le patient, dispose d'une place spécifique dans les unités de soins. Après avoir rappelé les différentes fonctions du cadre de santé, nous nous demanderons quels sont les rôles qu'il peut tenir auprès des équipes, et comment sa présence peut influencer la qualité de vie au travail des agents.

(Développement)

(Première partie : les fonctions du cadre de santé)
Organisation et coordination de l'activité paramédicale :
- organise avec l'équipe les activités du service ;
- définit avec l'équipe la répartition des tâches par plage horaire ;
- détermine les priorités et répartit les activités de soins et contrôle leur réalisation ;
- évalue la charge de travail et détermine le ratio personnel/lit ;
- définit et accompagne les projets de service en cohérence avec le projet institutionnel.

Clinique :

• en partenariat avec l'équipe de soins et l'équipe médicale, identifie les problèmes de santé des patients accueillis ;

• met en place des lieux d'échanges avec l'équipe pour associer le patient et son entourage au projet de soins (réunion interdisciplinaire en soins palliatifs, synthèse clinique de patient...) ;

• aide l'équipe à l'analyse des problématiques de prise en charge de patients ;

• travaille avec le service social et le réseau ville pour organiser le retour à domicile des patients et ainsi assurer la continuité et la qualité des soins ;

• encourage et aide l'équipe à la recherche de soins innovants.

Qualité et gestion des risques :

• évalue la qualité des soins (audits, questionnaire de satisfaction de la patientèle) ;

• impulse une culture du risque chez les soignants et du signalement des événements indésirables ;

• participe à la gestion des risques des soins en contribuant à la cartographie des risques *a priori* et *a posteriori* (analyse des événements indésirables) ;

• conçoit, formalise et adapte des procédures/protocoles/modes opératoires/consignes relatifs à son domaine de compétence.

Management, animation et communication :

• diffuse les informations institutionnelles et s'assure de leur compréhension par l'équipe ;

• gère les situations de conflits dans l'équipe et définit avec celle-ci les valeurs professionnelles de l'unité ;

• recrute le personnel paramédical ;

• assure l'accueil des nouveaux agents et met en place des supports d'aide à l'intégration ;

• met en place des lieux d'expression pour le personnel au sein du service (temps dédié aux échanges entre équipe et cadre de santé) et aussi dans les instances hospitalières (comité de lutte contre la douleur, comité d'éthique...) ;

• crée des supports de communication et d'information en intra (journal interne) et extra hospitalier (participation du personnel à des colloques ou forum des métiers).

Formation et pédagogie :

• assure les évaluations professionnelles du personnel paramédical ;

• réalise et propose des programmes de formation interne en fonction des besoins du personnel ;

• assure la veille documentaire pour permettre à l'équipe paramédicale d'actualiser ses connaissances (Actu soins, Hospimédia, Haute Autorité de santé, Agence nationale de l'évaluation sociale et médico-sociale...) ;

- met en place des supports pour l'intégration des stagiaires et pour l'acquisition de compétences ;
- organise des séances de formation du personnel aux nouvelles technologies et au nouveau matériel acquis (contact de représentants de laboratoire pour former sur des nouveaux outils, comme le Patient Controlled Analgesia : antalgie autocontrôlée) ;
- participe à la définition du plan de formation du personnel du service.

Gestion des ressources matérielles et financières :
- assure la commande de matériel et la gestion des stocks en fonction de la dotation définie ;
- veille et contrôle l'entretien des locaux du service ;
- effectue le bilan annuel d'activités du service ;
- fait participer l'équipe dans le choix des équipements ;
- effectue des tableaux de bord sur l'évolution de l'activité du service et des coûts.

(Deuxième partie : les rôles du cadre auprès des équipes)
En vous appuyant sur la théorie d'Henry Mintzberg avec les 10 rôles du cadre, illustrez par des exemples tirés de votre expérience professionnelle.

- Rôle de symbole *(exemple)*
- Rôle d'agent de liaison *(exemple)*
- Rôle de leader *(exemple)*
- Rôle d'observateur actif *(exemple)*
- Rôle de diffuseur *(exemple)*
- Rôle de porte-parole *(exemple)*
- Rôle d'entrepreneur *(exemple)*
- Rôle de régulateur *(exemple)*
- Rôle de répartiteur de ressources *(exemple)*
- Rôle de négociateur *(exemple)*

Le cadre de santé dans l'unité de soins incarne en fonction des situations des rôles différents. Cependant, sa présence doit être réfléchie et mesurée. Une omniprésence risque de ralentir l'autonomie des équipes *(exemple)* ou de créer un phénomène de dépendance des agents au cadre de santé pour toutes les situations qu'ils peuvent rencontrer *(exemple)*.

(Troisième partie : comment sa présence peut-elle influencer la qualité de vie au travail des équipes ?)

C'est par la reconnaissance. En vous appuyant sur le concept de reconnaissance, introduisez des théories qui ont donné une définition de la reconnaissance. Vous illustrerez par des exemples tirés de votre expérience professionnelle.

- Pour C. Dejours : la reconnaissance est un vecteur de l'identité *(exemple)*.
- Pour Morin, elle constitue le sens du travail *(exemple)*.
- Pour Boursier et Palobart, elle est source de motivation *(exemple)*.
- Pour Applebaum et Kamal, elle influence positivement la productivité et la performance, en contribuant à la satisfaction au travail des personnes *(exemple)*.

(Conclusion)

Le candidat devra se positionner et donner son point de vue concernant les éléments présentés dans son commentaire.

Une ouverture vers une thématique similaire aux notions abordées dans le commentaire sera un critère de réflexion : ainsi les idées développées ouvrent la voie à une autre discussion.

SUJET N° 9| IFCS ÎLE-DE-FRANCE (MONTSOURIS), MARS 2015

SUJET

Le don de soi au travail

Au-delà de la logique gestionnaire, il existe, dans le travail accompli à l'hôpital, une part invisible qui ne pourra jamais être que librement donnée, constituée par l'engagement, l'effort et l'ingéniosité, déployés et nécessaires. Il est fondamental que le travail réel et tout ce qu'il a supposé soient vus et pris en compte. Les cadres doivent y veiller en créant notamment des espaces de dialogue.

De nombreux travaux sur le management des établissements de santé ont mis en évidence la situation d'extrême contrainte dans laquelle se déroule aujourd'hui le travail des soignants et, peut-être plus encore, des cadres de santé, du fait de ce qui est appelé le « tournant gestionnaire ». La tarification à l'activité (T2A), les multiples évaluations internes et externes, les démarches qualité, la certification, les normes d'hygiène et de sécurité, la traçabilité, le contrôle des coûts, les sous-effectifs récurrents conjugués une intensification de l'activité, sans oublier le développement durable et, bien sûr, le bien-être des patients : le poids des exigences est lourd à porter dans le quotidien du travail des équipes soignantes. Pendant ce temps, la « gestion » s'emploie à outiller cette quête continuelle de perfection, avec ses indicateurs, ses tableaux de bords, ses systèmes d'informations et ses outils en tous genres, jusqu'à en étouffer le travail.

Pourtant, malgré la volonté de rationaliser et d'optimiser tous les processus, la logique gestionnaire ne semble pas parvenir à se saisir de ce qui fait l'essentiel du travail. L'explosion des études sur les risques psychosociaux témoigne bien de ce malaise, que l'on diagnostique désormais relativement bien sans pour autant savoir le soigner. Serait-on passé à côté de quelque chose ? Nos cadres conceptuels seraient-ils inappropriés pour comprendre le travail et ses maux ? Pourquoi le management se trouve-t-il ainsi démuni ?

L'engagement dans le travail, un don à reconnaître

Le sociologue Norbert Alter [1] a mis en évidence une incompréhension fondamentale : les salariés ne cesseraient de donner tandis que le manager ne serait capable que de prendre. La logique gestionnaire, en effet, ne sait voir que ce qui se compte et ce qui apparaît dans le résultat final du travail. Elle se révèle démunie face à ce qui lui est invisible : l'effort et l'ingéniosité déployés pour y arriver, le travail d'organisation face aux imprévus, les multiples contradictions qu'il y a eu à résoudre, les arrangements qu'il a été nécessaire de faire avec les règles au risque d'être sanctionné, l'engagement dans la coopération et tout ce qu'il a coûté, bref, tout ce qu'il a fallu donner de soi.

Le travail ne se réduit pas à la simple exécution des procédures et les sciences humaines et sociales l'ont mis en évidence depuis longtemps. La grève du zèle en est l'exemple le plus flagrant : se cantonner à la stricte exécution des règles sans y mettre de soi risque de bloquer l'organisation. C'est ce que souligne l'ergonomie en distinguant le « travail prescrit » du « travail réel ». La sociologie s'intéresse également à cet écart, à ce *« travail d'organisation »* [2] ou de *« régulation »* [3], à ce que chacun doit ajouter aux règles pour exécuter le travail face aux imprévus et aux contradictions lorsqu'il est confronté à la situation concrète.

L'analyse de Norbert Alter a pour intérêt de souligner que ce travail d'organisation, à base d'ingéniosité, d'engagement dans la coopération, relève du registre du don et non pas de l'échange marchand. Voilà pourquoi le travail de régulation échappe si souvent à la logique gestionnaire. Le travail comporte une dimension de don, invisible, toujours incertaine, inexigible, mais absolument indispensable au bon déroulement de l'activité. Or la part du travail invisible, de l'incessant travail d'organisation que nécessite l'activité, ne cesse d'augmenter. C'est ce qu'ont mis en évidence des recherches-interventions conduites au laboratoire d'économie et de management de Nantes-Atlantique [4] dans deux établissements de santé confrontés à des problèmes de mal-être an travail et de dégradation du climat social, on plus d'une centaine de salariés ont été interviewés et observes dans leur travail [5,6].

Appeler don cette part d'engagement de soi dans le travail ou dans la coopération vise à souligner qu'elle ne peut s'acheter, s'exiger comme un dû. Elle ne relève pas du contrat. Pour autant, le travail n'est pas nécessairement gratuit ou relevant de l'altruisme et c'est là le paradoxe. L'engagement est indispensable à la performance mais toujours incertain, jamais maîtrisable. Le travail comporte inévitablement une part qui ne pourra jamais être que librement donnée. Un don ne se commande pas. Il est toujours un geste libre, spontané, qui échappe au calcul et aux règles. Il est une invitation à la relation, sans savoir s'il existera un retour. Il est l'expression de la gratuité et, en même temps, s'il est refusé ou pris comme un dû, il est susceptible de susciter un sentiment de trahison, une blessure. Un don appelle à être reconnu. Une telle affirmation n'est pas sans conséquence pour le management.

Le malaise actuel pourrait bien être l'expression du manque de reconnaissance de cette part du travail qui ne peut relever que d'un engagement libre de soi-même. De nombreuses études sur les risques psychosociaux ont d'ailleurs démontré le lien entre la reconnaissance et la santé au travail. À force de se donner, de donner de soi sans que cela ne soit jamais reconnu, l'engagement s'épuise, le travail en pâtit et le malaise s'accroît.

C'est précisément ce que des recherches-interventions dans deux établissements de santé privés ont mis en évidence. Tout d'abord, il est fondamental que le travail réel et tout ce qu'il a supposé soient vus et reconnus. Les expressions qui en témoignent sont nombreuses. Ainsi, une aide-soignante se confie : « *Les gens ont l'impression que nous n'avons pas conscience du travail qu'ils réalisent et des efforts qu'ils fournissent !* » ; « *C'était à se demander pourquoi s'évertuer à faire ce boulot de dingue ? Pourquoi courir dans tous les sens pour faire en sorte que tout aille bien, alors que, quand tout va bien, ils ne se rendent même pas compte qu'on court dans tous les sens !* », se désole une infirmière[1]. L'appel à une plus grande présence des cadres de proximité est apparu comme une constante dans le discours des équipes. En effet, précisément, au moment où le travail s'intensifie et se complexifie, où l'activité exige d'arbitrer dans le cours de l'action entre de multiples injonctions contradictoires, le management de proximité est de moins en moins présent sur la scène du travail.

Que se passe-t-il donc ? Accaparés par des taches gestionnaires toujours plus nombreuses, les cadres sont de plus en plus, avec la direction, occupés par des enjeux économiques externes. Ils passent un temps croissant à alimenter les outils de gestion, au point où les équipes finissent par se demander si leurs responsables connaissent encore le travail de terrain. Non qu'elles doutent de leurs compétences, mais du fait que le cadre, censé être de proximité, ait véritablement vu les contraintes, l'effort et l'ingéniosité qu'il a fallu déployer. « *On ne voit jamais la cadre en salle, elle réalise nos évaluations mais ne sait pas trop comment nous travaillons* », commente une infirmière. Bref, le cadre est désormais occupé par le travail prescrit et de plus en plus loin du travail réel. Lorsque le travail réalisé n'est ni vu ni reconnu, la personne perd le sentiment d'exister, avec l'impression de n'être qu'un « pion ». Les discours de mobilisation de la direction ne sont alors plus crédibles car, dans les faits, l'éloignement du management a, pour les équipes, le goût amer de l'ingratitude et de la trahison. Une aide-soignante constate : « *On aimerait un merci de temps en temps [...] une reconnaissance du travail fait, et pas quelque chose de littéraire dans lequel on sent qu'il n'y a pas de sentiment* ». De manière générale, les équipes ont l'impression que ce qu'elles donnent ne suscite pas la réciprocité espérée. « *On a l'impression, nous, toujours, de donner, donner, donner, donner, donner plus, et de ne rien avoir en retour* » ; « *Il y a quelque chose qui cloche, j'ai l'impression qu'on se fait avoir* ».

1. Les citations sont extraites des entretiens menés dans le cadre de l'étude.

L'invisible travail d'organisation des cadres

Ce sentiment de manque de reconnaissance n'est en rien le propre des équipes soignantes. Il est exprimé à tous les niveaux de la hiérarchie, jusqu'au sommet. La direction elle-même fait la douloureuse expérience que, tant du côté du personnel que de celui des actionnaires ou membres du conseil d'administration, personne ne semble mesurer tout le travail qu'elle réalise.
Si toutefois il est un échelon dont le travail est particulièrement invisible, c'est bien celui des cadres intermédiaires. « *Vous vous êtes décarcassé pour que chacun puisse assurer son programme, mais il ne le voit pas !* », relève un responsable d'unité au plateau technique. Une aide-soignante témoigne : « *Je me demande qu'est-ce qu'elles peuvent faire, c'est phénoménal ! Elles doivent avoir du boulot pour agir ainsi, c'est sûr, ça se voit, mais alors lequel ?* »
De plus, le travail de l'encadrement, non directement productif, n'est ni gratifiant, ni valorisé, qualifié de « *paperasserie* », de réajustements permanents, un « *sale boulot* ». Une cadre avoue amèrement : « *Ce qui me frustre aussi, c'est de me dire qu'on ne traite que les soucis. Et il est rare que je rentre chez moi en disant "aujourd'hui j'ai fait quelque chose de bien". Non, je n'ai fait que régler les problèmes !* ».

Les caractéristiques typiques du don inhérent au travail sont observables : un invisible travail d'organisation, requérant un engagement de tous les instants, indispensable mais jamais reconnu. Le travail des cadres de proximité - comme celui des cadres supérieurs ou dirigeants - est tout entier tissé de don. Le cadre exerce un rôle primordial dans les dynamiques de don : il est celui qui assure sa mise en visibilité, l'engagement de chacun, et qui a pour rôle la manifestation de sa reconnaissance.

Le rôle des cadres dans le soutien des dynamiques de don

Si tout travail nécessite un engagement, un don de soi, ce dernier appelle à être vu, reconnu comme tel. Il s'agit bien là de voir le travail de ses propres yeux, d'être présent sur le terrain, dans une véritable proximité, afin de pouvoir ensuite lors, par exemple, d'une réunion d'équipe ou d'un entretien d'évaluation, mettre en évidence les compétences, les contributions de chacun, tout ce que chacun a donné de lui.
Voir, c'est porter un regard direct et attentif, non pas scruter à distance à travers des outils, aussi élaborés soient-ils.
La reconnaissance suppose la connaissance directe. Seule une présence effective et régulière sur le terrain de l'activité permet de voir la part invisible du travail - celle qui, peut-être, n'est pas avouable -, de connaître véritablement ce qu'il en a coûté, les difficultés traversées, les arrangements que le travail a supposés.

C'est bien le travail invisible, le travail de régulation locale, de jeu avec les règles, tout ce qui ne se saisit pas dans les indicateurs, qu'il s'agit de reconnaître et de soumettre à la discussion du collectif. Car c'est précisément de la discussion sur le travail réel qu'émergeront des solutions nouvelles et que les aléas pourront être pris en charge collectivement de manière toujours plus sûre et efficace.

Cette discussion sur le travail est cependant loin d'être évidente à obtenir dans les équipes. Plusieurs conditions sont, en effet, nécessaires. Tout d'abord, pour que le cadre ait vu le travail, il faut bien sûr qu'il ait pu être disponible. Mais soyons clairs : il ne suffit pas d'expliquer aux cadres qu'ils devraient savoir mieux gérer leur temps et leurs priorités si, par ailleurs, on leur confie toujours plus de missions transversales ou plusieurs équipes à encadrer, parfois sur des étages différents. Le cadre n'est pas, en premier lieu, au service des outils de gestion mais du travail et de l'accompagnement de son équipe. Il est de la responsabilité des directions de faire en sorte que soient redonnés à l'encadrement de proximité le temps et les moyens d'une réelle disponibilité pour sa mission première, le management du travail et des personnes. Disposer des moyens pour jouer son rôle signifie également avoir la capacité de répondre aux questions, une marge d'autonomie suffisante pour ne pas être réduit à simplement remonter systématiquement les requêtes. Enfin, mettre en place un dialogue sur le travail suppose un climat de confiance et de dialogue, ce qui ne peut se construire que dans le temps, à force d'attention et de relations.

Les cadres de proximité doivent manifester, auprès de leurs équipes, de la reconnaissance et de la gratitude. Ce sont eux qui ont vu et eux seuls sont en mesure de dire ce qu'ils ont vu. Rien n'est moins simple, cependant, quand on sait que le don est un jeu subtil de dits et de non-dits, de regards et d'émotions, dont la seule règle est justement de ne pas rendre trop explicite le don au risque de le transformer en échange utilitariste. Et pourtant, il est nécessaire que soit exprimée la reconnaissance, personnellement et parfois publiquement, au moment juste et dans le cadre approprié.

Que pourraient être des espaces de reconnaissance de la dimension de don dans le travail ? Des outils aussi simples qu'une réunion d'équipe peuvent devenir espaces de reconnaissance. Encore faut-il que la réunion ait lieu régulièrement pour évoquer le travail réel et ses difficultés concrètes. Il s'agit déjà en soi d'un défi pour des équipes de soin. Pour que puissent y être abordées les questions concrètes qui font problème, il est nécessaire enfin que règne un climat de dialogue et de confiance, patiemment construit dans le temps a force de proximité. Un entretien d'évaluation constitue également un espace de reconnaissance essentiel pour mettre en valeur la contribution de chacun. Finalement, l'ensemble des outils du management peuvent ainsi être revisités pour en faire des espaces de reconnaissance de ce qui a été librement donné, de manière à nourrir les dynamiques de don dans l'organisation.

Certes, encore faut-il, bien sûr, que ce que le cadre donne, lui aussi, soit reconnu de la même manière par sa hiérarchie, afin qu'il ne s'épuise pas et continue d'éprouver dans son travail le plaisir du don. Et pourtant, quoi qu'il arrive, il lui reste toujours la possibilité de trouver du sens en donnant de la reconnaissance. Il expérimentera alors probablement que le don appelle le don, la réciprocité vient en donnant. Et le don le plus susceptible de créer la communauté est peut-être justement l'accueil de l'autre comme un don.

Anouk Grevin, maître de conférences a l'université de Nantes,
Laboratoire d'économie et de management de Nantes-Atlantique,
École polytechnique de l'université de Nantes

Références

[1] Alter N. *Donner et prendre, la coopération en entreprise.* Paris : Éditions La Découverte/ Mauss ; 2009.

[2] Terssac (de) G (sous la dir. de). *Travail d'organisation et travail de régulation.* In : Reynaud JD. La théorie de la régulation sociale. Débats et prolongements. Paris : Éditions La Découverte ; 2003.

[3] Reynaud JD. *Les règles du jeu. L'action collective et la régulation sociale.* Paris : Éditions Armand Colin/Masson ; l997.

[4] Grevin A. *Les transformations du management dans les établissements de santé et leur impact sur la santé au travail : l'enjeu de la reconnaissance des dynamiques de don. Étude d'un centre de soins de suite et d'une clinique privée malades de « gestionnite ».* Thèse de doctorat en sciences de gestion. Nantes : Université de Nantes ; 2011.

[5] Detchessahar M, Grevin A, *Un organisme de santé... malade de « gestionnite ».* Gérer et comprendre 2009 ; 98 ; 27-37.

[6] Grevin A. *Pour un réalisme de la recherche et du management : reconnaître le don au cœur du travail.* Économies et sociétés, Série K « Économie de l'entreprise » 2013 ; 22 : 33-62.

Question

Dégagez les idées principales. Argumentez-les en vous référant à votre expérience.

CORRIGÉ

1. Comprendre la consigne

Dans cette consigne : le candidat doit d'abord faire une synthèse du texte en retenant les idées principales et ensuite donner son point de vue sur ces idées en argumentant avec son expérience.

2. Lire le texte

Auteur : Anouk Grevin, maître de conférences à l'université de Nantes
Revue : *Soins Cadres* n° 89, publié en février 2014
Titre : « Le don de soi au travail » donne le thème du texte.
Chapô : identifie la problématique soulevée par l'auteur : tous les éléments non palpables du travail (engagement, effort, ingéniosité) doivent être mis en lumière. Pour y arriver, les cadres de santé doivent investir des espaces d'échanges.
Introduction : elle permet de situer la problématique dans le contexte actuel « de tournant gestionnaire ».
Sous-titre : au nombre de trois. Ils abordent les arguments et axes analysés par l'auteur pour construire son argumentation.
Registre : analytique, interrogatif et démonstratif.

3. Relever les idées principales du texte et les analyser

Chapô du texte

Idées principales du texte	Analyse
Invisibilité de tous les constituants du travail	Le travail réel doit être révélé ainsi que toutes les compétences mises en œuvre pour y arriver. Pour le mettre en lumière, les cadres de santé doivent y veiller en organisant des espaces d'échanges.

Introduction

Idées principales du texte	Analyse
En partant de la conjoncture actuelle face aux enjeux politiques, financiers, sanitaires.	Tous ces éléments actuels créent une lourde charge sur le travail des soignants et en particulier sur les managers.
Pourtant, malgré la rationalisation des processus, la logique gestionnaire ne permet pas d'exhaustiver le travail.	C'est là que l'auteur pose la problématique de son article : pourquoi le travail réel n'est pas visible ? Le cadre conceptuel ou de référence ne permet pas de le mettre en évidence ? Pourquoi le management s'en trouve démuni ?
Les travaux menés sur les risques psychosociaux démontrent bien l'existence d'un malaise.	

Première partie : « L'engagement dans le travail, un don à reconnaître »

Idées principales du texte	Analyse
Le salarié ne cesse de donner et le manager se contente de seulement prendre.	En s'appuyant sur Norbert Alter, sociologue, l'auteur interroge la notion de don de soi. L'axe gestionnaire ne voit que ce qui se compte et le résultat final du calcul. La fonction gestionnaire n'a donc pas les moyens de mesurer le travail réel. C'est-à-dire tout ce qui permet que le travail se réalise correctement.
Le travail ne se réduit pas à la simple exécution des procédures. Relève du registre du don et non pas de l'échange marchand.	Exécuter des règles écrites sans donner de soi, risque de faire dysfonctionner l'organisation. **C'est l'ergonomie du travail réel et du travail prescrit.** **La sociologie analyse l'écart entre le travail prescrit et le travail réel :** la compétence d'organisation, d'anticipation et d'adaptation va permettre de réaliser correctement le travail. Norber Alter démontre que l'ingéniosité, la régulation et l'organisation mis en œuvre par la personne est un véritable don de soi. C'est pourquoi la logique gestionnaire ne peut pas mesurer cette faculté. Face au travail prescrit, le travail invisible s'accroît car les agents doivent donner plus d'eux-mêmes pour réguler, anticiper, prévenir, créant une dégradation du climat de travail.

Idées principales du texte	Analyse
« Appeler don cette part d'engagement de soi dans le travail [...] vise à souligner qu'elle ne peut s'acheter, s'exiger comme un dû. Elle ne relève pas du contrat. »	Contradiction entre le don de soi et le travail prescrit. Dans tout travail, l'engagement est indispensable à la performance. Mais le don de soi c'est un geste relationnel, de sa personnalité qui est gratuit. S'il est pris comme un dû, il instaure la trahison, la blessure.
	Le don doit donc être reconnu. Il pose de ce fait une problématique pour le management.
« Le malaise actuel pourrait être bien l'expression du manque de reconnaissance de cette part du travail qui ne peut relever que d'un engagement libre de soi-même. »	**La reconnaissance est un facteur qui va influencer la santé au travail.** Plus la personne donne d'elle-même et s'engage, plus elle s'épuise et plus le produit de son travail en pâtit (démontrés par les recherches-interventions dans deux établissements de santé privés). **De plus, face à une organisation qui se complexifie, où l'engagement personnel des équipes se multiplie, l'absence du cadre est de plus en plus systématique.**
« Que se passe-t-il ? »	Le cadre de santé est pris par des tâches de gestion, d'optimisation des tableaux de bord, et s'éloigne de plus en plus du terrain. **Le cadre se concentre plus sur le travail prescrit que le travail réel.**
	Face à cet éloignement du cadre, il y a une non-reconnaissance du travail réel effectué par les équipes, des efforts qu'elles ont réalisés au quotidien : elles se sentent trahies. Le don qu'elles ont donné n'est pas reconnu et elles n'ont pas le retour tant espéré.

Deuxième partie : « L'invisible travail d'organisation des cadres »

L'auteur reprend ce concept de reconnaissance pour le cadre.

Idées principales du texte	Analyse
« Ce sentiment de manque de reconnaissance n'est en rien le propre des équipes soignantes. »	L'auteur reprend ce concept de reconnaissance pour le cadre. Le manque de reconnaissance existe sur toutes les échelles de la hiérarchie. Mais chez les cadres intermédiaires, le travail invisible est encore plus présent. Ce travail d'encadrement, ni productif, ni gratifiant, ni valorisé, qualifié d'administratif, s'assimile à du « sale boulot ». Le travail des cadres est un travail de résolution de problèmes.
« Les caractéristiques typiques du don inhérent au travail sont observables. »	Le travail du cadre : organisation, engagement, est du registre du don. C'est lui qui exerce un rôle central dans la dynamique du don car c'est lui qui va révéler le don et l'engagement des agents : c'est à lui que revient la manifestation de la reconnaissance.

Troisième partie : « Le rôle des cadres dans le soutien des dynamiques de don »

Idées principales du texte	Analyse
« Si tout travail nécessite un engagement, un don de soi, ce dernier appelle à être vu, reconnu comme tel. »	Pour y arriver, le cadre doit être présent auprès des équipes pour le visualiser et ainsi œuvrer collectivement à trouver des solutions.
« Cette discussion sur le travail est cependant loin d'être évidente à obtenir dans les équipes. »	Pour visualiser le travail réel des équipes, le cadre doit : • être disponible sur le terrain (management du travail et des personnes) ; • être autonome en ayant des moyens pour agir ; • mettre en place un climat de confiance et de dialogue mais qui ne sont possibles que par l'attention et le temps.

Idées principales du texte	Analyse
« Les cadres de proximité doivent manifester auprès de leurs équipes, de la reconnaissance et de la gratitude. »	Reconnaissance du don des agents par le cadre personnellement et publiquement.
« Que pourraient être des espaces de reconnaissance de la dimension de don dans le travail ? »	Des exemples d'espaces possibles pour y manifester la reconnaissance : • réunions d'équipes ; • entretiens d'évaluation.
« Certes encore faut-il, bien-sûr, que ce que le cadre donne, lui aussi, soit reconnu. »	Pour y arriver le cadre doit également à son tour, être reconnu par sa hiérarchie pour qu'il puisse impulser cette dynamique du don.

Proposition de synthèse

Cet article « Le don de soi au travail », extrait de la revue *Soins Cadres* n° 89, publié en février 2014, est écrit par Anouk Grevin, maître de conférences à l'université de Nantes et diplômée de l'École polytechnique de l'université de Nantes.

L'auteure, en s'intéressant aux deux dimensions du travail, c'est-à-dire le travail prescrit et le travail réel, met en évidence la spécificité du travail réel. En effet, le travail réel rendu possible par l'ingéniosité, l'effort et l'engagement de la personne appartient au registre du don de soi.

À l'hôpital, où les enjeux politiques, sanitaires et économiques font peser une lourde contrainte sur le travail des soignants et en particulier des managers, ce don de soi tend à s'essouffler, créant une altération permanente du climat de travail. En partant de ce contexte, Grevin va analyser les composants de cette sphère du don de soi. Pour cela, tout en questionnant les notions de l'engagement dans le travail et de la reconnaissance du don de soi, elle va dégager les critères d'appréciation du don de soi chez les équipes par le manager ainsi que les pistes indispensables pour soutenir la dynamique du don de soi.

L'engagement dans le travail incarné par l'ingéniosité et l'effort mobilisés par toute personne, doit être une aptitude reconnue par l'organisation. L'application à la lettre des procédures ne suffit pas à garantir un travail de qualité. C'est ainsi que Norbert Alter, sociologue, a mis en évidence une incompréhension fondamentale dans les relations au travail : les salariés donnent en permanence et le management se contente de prendre sans qu'il existe un retour d'appréciation quelconque. Il en conclut que le travail d'organisation n'est pas du domaine de *« l'échange marchand mais bien du don de soi »*. Le don appartient donc à la sphère personnelle : ce sont ces qualités personnelles dont le sujet va user pour accomplir avec ténacité et implication la tâche confiée. Toutefois qui dit « don » ne dit pas une gratuité ou encore un dû. C'est pour cela que le don doit être reconnu et cadré pour ne pas sombrer dans un rapport de dépendance où tout manquement serait interprété comme *« un sentiment de trahison, de blessure »*.

Le cadre de santé, véritable acteur de l'organisation, mobilise les fondements du don de soi au travers de l'implication et de l'ingéniosité dans toutes les actions du quotidien. Il est au premier plan pour estimer les manifestations du don de soi. Toutefois, pour reconnaître ce don des équipes, le cadre de santé doit pouvoir l'observer pour savoir l'apprécier. Cela questionne la place du cadre de santé au sein de l'organisation et sa proximité auprès des équipes. Actuellement, les fonctions du cadre de santé, orientées vers la logique administrative et gestionnaire, l'éloignent progressivement du terrain où les équipes apprivoisent seules le prendre soin. Toutefois cette présence du cadre de santé auprès des équipes est-elle suffisante ?

Par son expertise, le cadre met en lumière la visibilité des efforts des équipes et manifeste la reconnaissance tant espérée et légitimée par chacun. Sa présence et son positionnement semblent indispensables pour insuffler et maintenir la dynamique du don de soi chez les équipes. Mais il est entendu que cette dynamique du don de soi ne peut se réaliser qu'à condition que le cadre de santé soit disponible et autonome avec une marge de manœuvre prédéfinie. Ces interactions humaines baignant dans un climat de confiance où la reconnaissance et la gratitude de chacun seront exprimées par le manager. Ce manager, par le plaisir du don, se rendra compte que *« le don le plus susceptible de créer la communauté est peut-être justement l'accueil de l'autre comme un don »*.

Proposition de commentaire personnel

Dans cette partie, vous devez reprendre les idées principales du texte et les confronter à votre expérience professionnelle.
Il faut rédiger un commentaire personnel construit avec une introduction, un développement et une conclusion.

(Introduction)

(Phrase d'accroche) L'ergonomie analyse les deux dénominations du travail : le travail prescrit et le travail réel. Après avoir donné une définition de ces deux appellations, nous nous arrêterons sur le travail réel pour analyser ce qu'il fait mobiliser à la personne pour le réaliser et enfin, nous nous intéresserons aux pratiques soignantes pour évoquer quelques prérogatives indispensables au manager pour mieux appréhender le travail réel des équipes.

(Développement)

(Première partie : définition du travail prescrit et du travail réel)
Travail prescrit : c'est la tâche, c'est ce qui est demandé de faire à l'agent. (Donner un exemple)
Travail réel : c'est l'activité, c'est ce que l'agent va mettre en œuvre pour exécuter la tâche demandée. (Donner un exemple)

(Deuxième partie : le travail réel)
Lorsque l'individu est questionné sur les éléments qu'il mobilise pour effectuer le travail demandé, il se trouve en difficulté. En effet les savoir-faire sont intériorisés et oubliés. Pour les mettre en évidence, la personne doit se concentrer pour visualiser et ensuite décrire ce processus qui lui permet de réaliser le travail prescrit. (Donner un exemple tiré de votre expérience professionnelle : par exemple, lorsque vous demandez à un agent d'encadrer un nouvel agent arrivant dans le service souvent le nouveau va questionner par son regard extérieur certains gestes effectués que l'ancien ne perçoit plus.)
Pour reprendre le cas de l'industrie, la procédurisation de la chaîne de production a été précédée d'une étude menée par des ingénieurs spécialisés qui ont observé le travail et qui l'ont pensé pour les utilisateurs. L'agent se contentant de suivre les instructions strictes données par la chaîne de production, devenant ainsi un automate incapable de penser.
(Phrase de transition) Qu'en est-il du milieu hospitalier ? Comment les managers identifient-ils le travail réel des équipes ?

(Troisième partie : prérogatives indispensables au manager pour mieux appréhender le travail réel des équipes)
À l'hôpital, l'objet du travail de la personne est l'humain. De ce fait, l'objet du travail se complexifie et met l'exécutant en difficulté. (Donner des exemples)
• Permettre aux agents de verbaliser leur expertise pour pouvoir agir sur l'imprévu. L'agent doit retrouver le pouvoir d'agir pour ainsi comprendre ce qui le fait souffrir dans le travail : est-ce le fait de ne pas accepter que ce travail soit fait de cette façon ?
• Par l'entretien d'explicitation, le manager permettra à la personne de mettre des mots sur les gestes-réflexes déployés pour chaque tâche. Il pourra ainsi décrire les obstacles ou les freins qui lui font percevoir que ce travail se fait difficilement...
• Créer des espaces de réflexion sur le travail pour que puisse s'exprimer l'amertume, la souffrance du « sale boulot ». (Donner des exemples)

(Conclusion)

La réflexion sur le travail réel permet de décrire toutes les dimensions de l'activité réelle c'est-à-dire l'ingéniosité et les efforts mis en jeu. Sans cette mise en mots de l'activité réelle, l'agent sera confronté à la souffrance au travail et tout ce qu'elle englobe (démotivation, routine, *burn-out*).
Le candidat devra se positionner et donner son point de vue concernant les éléments présentés dans son commentaire.
Une ouverture vers une thématique similaire aux notions abordées dans le commentaire sera un critère de réflexion : ainsi les idées développées ouvrent la voie à une autre discussion.

SUJET N° 10| IFCS CROIX-ROUGE, MARS 2014

■ SUJET

Réinventer le travail

Le travail reste central dans la vie des Européens, mais sa signification a changé. Le réinventer, en France et en Europe, consisterait à prendre vraiment au sérieux les attentes exprimées.

Depuis l'Antiquité, le travail a peu à peu occupé une position de plus en plus centrale dans les sociétés. Si les activités proches de l'art ont depuis toujours été associées à l'idée d'épanouissement, le travail a été longtemps assimilé à une activité difficile - un devoir - et justifié par sa dimension « instrumentale », c'est-à-dire qu'il était un moyen au service d'autres fins : du lien social, de la production, de l'acquisition d'un revenu individuel ? Aujourd'hui, le travail est un puissant intégrateur dans la société. Il donne des places, des devoirs et des droits, et distribue les individus sur une échelle de prestige social. Il est un élément clé dans les processus d'inclusion/exclusion au sein des sociétés. Cependant, sur une longue période, la signification du travail a changé, de même que ses conditions objectives et, paradoxalement, dans des directions pas toujours convergentes.

Du devoir à l'épanouissement

L'idée que le travail est une activité à travers laquelle les êtres humains peuvent transformer le monde, le faire à leur image et trouver dans ce processus un des principaux moyens de participer à la vie sociale et d'exprimer leur personnalité est récente et éminemment moderne. Notre concept de travail plonge ses racines dans plusieurs strates de signification, parfois contradictoires, qui se sont ajoutées au fil des siècles. C'est au XVIIIe siècle que les économistes vont définir le travail comme un facteur de production procurant un revenu. À cette époque, il continue néanmoins d'être considéré comme une punition, un sacrifice, une « désutilité ».

Le XIXe siècle vient ensuite poser le travail comme l'essence de l'homme, c'est-à-dire une activité humaine qui lui permet de s'exprimer et de transformer le monde. Cette seconde signification est radicalement différente de la première ; le travail est considéré comme l'expression de la liberté créatrice de l'homme. Le XXe siècle fait du travail un système de distribution de revenus, de droits et de protections à travers le développement de la société salariale. Le travail devient également un emploi et il va être apprécié non seulement pour le revenu qu'il procure ou pour l'expression de soi qu'il permet, mais aussi pour les droits auxquels il donne accès.

Le retournement en faveur d'une éthique de l'épanouissement s'opère dans les faits à partir de la seconde moitié du xxe siècle, lorsque des conditions concrètes vont être réunies. À cette période, deux événements essentiels vont permettre la transition d'une éthique du devoir à une éthique de l'épanouissement : d'une part, le développement de l'État social et de l'idée qu'il incombe à celui-ci de garantir aux citoyens le bien-être ; d'autre part - et surtout -, l'explosion des taux de croissance qui soudain rend réalisable et accessible ce qui n'apparaissait jusqu'alors que comme une utopie : faire du travail-devoir un plaisir, transformer l'activité pénible en instrument de réalisation et d'expression de soi. La société est désormais mise au service de l'individu et de son épanouissement individuel, alors que l'individu se réalisait auparavant en menant à bien la mission que lui avait confiée la société.

Une centralité relative

Aujourd'hui, trois types d'attentes sont associées au travail : des attentes instrumentales (une sécurité d'emploi et un revenu correct), des attentes en termes de relations sociales (du lien social et des relations humaines de qualité) et des attentes dites « expressives » (le développement personnel, l'épanouissement dans l'activité, l'intérêt pour le contenu du travail, le sentiment de réussite, le sens et l'utilité sociale). Les attentes expressives, en forte croissance, ne se substituent pas aux autres mais s'y ajoutent. La part prise par ces besoins expressifs est liée à la fois à une relative sécurité économique et à l'accroissement des niveaux d'éducation. En 2011, en France, 43 % des 25-34 ans sont détenteurs d'une formation supérieure, c'est 22 % de plus que chez les 45-64 ans (enquête sur les forces de travail). La tendance est similaire dans la plupart des pays européens.

Si le travail reste central dans la vie des individus, il n'occupe plus une place hégémonique. C'est d'abord à travers la famille que les individus se définissent. Cependant, lorsqu'il vient à manquer, le travail retrouve cette position centrale. L'enquête « Travail et modes de vie » menée en France montrait bien comment le travail reprend la première place parmi les ingrédients du bonheur lorsqu'il est incertain (CDD) ou absent (chômage).

Il ressort des enquêtes européennes sur les valeurs que le travail reste toujours important dans la vie des Européens : seule une minorité de personnes interrogées – moins de 20 % dans quasiment tous les pays – déclarent que le travail n'est « pas très important » ou « pas important du tout » dans leur vie. Toujours selon les mêmes enquêtes, les Français sont ceux qui accordent le plus d'importance au travail, mais ils sont également les premiers à souhaiter que la place du travail soit moins importante dans leur vie.

Cette singularité française n'est pas atypique. Il s'agit d'une tendance qui s'exprime peut-être plus fortement en France mais qui concerne également les autres pays. Deux types d'explications peuvent être avancés. D'une part, une évolution vers une conception plus polycentrique de l'existence, dans laquelle le travail reste très important mais en même temps que d'autres choses, et en premier lieu la famille. On observe de plus en plus un souhait de préserver les autres sphères de réalisation de soi et d'identité d'un envahissement excessif par le travail. D'autre part, il y a un décalage entre des attentes fortes et diversifiées à l'égard du travail et une évolution des conditions objectives de travail et d'emploi qui rencontre de moins en moins ces attentes.

Des attentes insatisfaites

Le sens donné au travail et l'engagement des individus dans le travail sont intrinsèquement liés aux expériences singulières d'un monde du travail qui, au cours des trois dernières décennies, a connu de profondes transformations. Le développement des nouvelles formes d'organisation du travail s'est accompagné de la mise en place de dispositifs arrimés à la transformation des attentes à l'égard du travail - principalement la montée des attentes expressives -, par exemple à travers l'autonomie dans le travail, le travail par projet, la participation des salariés, etc. Ces dispositifs n'ont néanmoins répondu que très partiellement aux besoins de réalisation de soi, qui continuaient à être soutenus par la croissance des niveaux d'éducation et l'arrivée massive et durable des femmes sur le marché du travail.

Les nouvelles formes d'organisation du travail ont de ce fait généré de nouvelles fractures dans le travail, à la fois par rapport au statut dans l'emploi et en fonction des possibilités d'épanouissement. Une insécurité économique s'est installée durablement, en particulier pour certains groupes dont les jeunes et les moins qualifiés, et le mal-être s'est amplifié, révélateur d'une insatisfaction et de dysfonctionnements dans les organisations comme le montre la vague 2010 de l'enquête européenne sur les conditions de travail.
Les pays étudiés sont ceux qui faisaient partie d'une recherche comparative européenne à la base de l'ouvrage *Réinventer le travail*, dont s'inspire cet article[1]. Selon la même enquête, la proportion de travailleurs insatisfaits de leurs conditions de travail est de 21 %. De plus, 16 % des Européens déclarent craindre de perdre leur emploi dans les six prochains mois. Un sentiment de frustration peut ainsi naître : le travail est jugé intéressant, mais l'organisation en vigueur le rend pénible, fatigant, trop intense et l'insécurité s'installe.

1. Dominique Méda et Patricia Vendramin, *Réinventer le travail*, PUF, 2013.

Un travail qui ait du sens

À partir de son regard d'économiste et de gestionnaire, Pierre-Yves Gomez tire une conclusion similaire dans son dernier ouvrage, *Le travail invisible*. L'économie et la gestion ne voient plus le travail tel qu'il se réalise au quotidien avec des travailleurs qui demandent à être reconnus comme des sujets et non comme de simples opérateurs. Il plaide pour une économie du travail vivant, aujourd'hui occultée par une masse d'indicateurs et de tableaux de bord sophistiqués dont le lien avec la réalité du « vrai travail » est de plus en plus distendu.

Réinventer le travail, en France et en Europe, consisterait dès lors à prendre vraiment au sérieux les attentes aujourd'hui massivement exprimées par les Européens, notamment par les jeunes et les femmes : attentes d'un travail faisant sens, d'un travail permettant d'exprimer son individualité, mais également de fabriquer une production socialement utile ; un travail décent intégré dans le reste de la vie et permettant aux travailleurs de déployer pleinement leurs autres rôles de citoyens, parents et amis ; un travail civilisé bien réparti entre les membres de la société.

Patricia Vendramin, directrice de recherche à la Fondation travail-université
et professeur à l'Université catholique de Louvain,
extrait de *Alternatives Economiques* n° 99, janvier 2014

Question

Dégagez les idées principales. Argumentez-les en vous référant à votre expérience.

■ CORRIGÉ

1. Comprendre la consigne

Dans cette consigne : le candidat doit d'abord faire une synthèse du texte en retenant les idées principales et ensuite donner son point de vue sur ces idées en argumentant avec son expérience.

2. Lire le texte

Auteur : Patricia Vendramin, professeur à l'Université catholique de Louvain et directrice de recherches à la Fondation travail-université.
Revue : *Alternatives Economiques* n° 99, janvier 2014.

Titre : « Réinventer le travail » donne le ton et la problématique du texte.
Sous-titre : donne le contexte et la problématique : le travail, tout en étant central chez les Européens, a changé de signification. Le redéfinir en France et en Europe permettrait de répondre aux véritables attentes des travailleurs.
Registre : analytique, interrogatif et démonstratif.

3. Relever les idées principales du texte et les analyser

Première partie du texte : « du devoir à l'épanouissement »

L'auteur précise que le travail comme axe d'épanouissement est un fait contemporain. Il retrace l'origine historique du travail d'abord au XVIIIe siècle où il est un « facteur de production » tout en étant considéré comme « une punition, un sacrifice ». Ensuite le XIXe siècle où le travail devient l'expression de l'essence de l'homme, il est ce par quoi l'homme agit sur son environnement. Enfin le XXe siècle où le travail permet d'avoir des droits, des revenus, un statut et de s'exprimer. Néanmoins, il faudra attendre la moitié du XXe siècle pour que le travail soit cadré par un principe d'éthique d'épanouissement : tout en travaillant l'homme doit se sentir bien au travail. Ce sont l'État social (garant du bien-être au travail) et l'inflation de la croissance qui vont permettre l'épanouissement au travail : c'est la fin du travail-devoir et la naissance du travail-épanouissement. L'individu n'est plus au service de la société, mais c'est cette dernière qui a le devoir de lui attribuer un épanouissement au travail.

Deuxième partie du texte : « une centralité relative »

Aujourd'hui, le travail doit répondre à trois types d'attentes :
- matérielles (sécurité de l'emploi) ;
- sociales (lien social et aspect relationnel) ;
- « expressives » (épanouissement, utilité, réussite). Ce dernier type d'attente est essentiellement dû aux progrès industriels et à l'accroissement du niveau d'éducation.

Le travail a une place centrale lorsqu'il vient à disparaître : en effet, c'est en période de perte d'emploi, que ce dernier retrouve sa place centrale dans la vie de l'individu. En Europe tout comme en France, le travail occupe une place importante dans la vie de l'individu même s'il demande à ce que le travail n'envahisse pas sa vie car la famille est le premier niveau dans l'existence de l'individu.

Troisième partie du texte : « des attentes insatisfaites »

Depuis 30 ans, « le sens donné au travail et l'engagement des individus » ont changé suite à la réorganisation du travail par la mise en place de nouveaux dispositifs qui ont permis de répondre aux attentes « expressives » : autonomie dans le travail, prise d'initiative, innovation, management participatif. Mais ces nouvelles formes d'organisation n'ont pas permis de créer plus d'emplois et des possibilités d'épanouissement au travail : les jeunes et les moins qualifiés en sont les victimes avec un mal-être reconnu et une insatisfaction personnelle comme l'a mis en évidence l'enquête européenne de 2010, basée sur une recherche comparative entre les pays de l'Europe, sur les conditions de travail.

Quatrième partie du texte, conclusion : « un travail qui ait du sens »

En partant de l'analyse de Pierre-Yves Gomez dans son ouvrage *Le travail invisible*, Patricia Vendramin admet que la société en créant une organisation du travail cadrée par des attentes statistiques en matière de rendement et de production, oublie l'humanisation du travail et la reconnaissance de l'épanouissement du salarié au travail. Pour reprendre le principe kantien, il faut utiliser l'homme comme une fin en soi et non comme un objet.
Réinventer le travail en France et en Europe, c'est le définir selon les attentes expressives, c'est-à-dire un travail qui, tout en donnant du sens à l'individu, permet de dévoiler sa singularité mais également participe à l'application des valeurs de la Cité que sont la citoyenneté, la fraternité et le partage.

Proposition de synthèse

Le concept de travail comme axe d'épanouissement pour l'individu est contemporain. En effet, au fil des siècles, le travail a été assimilé d'abord à « une punition, un sacrifice », puis comme l'expression de l'essence de l'homme : il est ce par quoi l'homme agit sur son environnement ; enfin, le travail octroie des droits, des revenus, un statut, en un mot il permet de s'exprimer. Néanmoins, il faut attendre la moitié du xxe siècle pour que soit abordé le principe d'éthique d'épanouissement au travail : tout en travaillant, l'homme doit se sentir bien au travail. L'État social (garant du bien-être au travail) et l'inflation de la croissance ont amorcé cette idée de l'épanouissement au travail : en effet, c'est la fin du travail-devoir et les prémices du travail-épanouissement. L'individu n'est plus au service de la société, mais c'est cette dernière qui a le devoir de lui attribuer un travail tout en lui permettant l'épanouissement dans ses tâches.

Mais quelle place tient le travail dans l'existence de l'individu ? Le travail quand il existe, est occulté, mais il reprend une place centrale dès lors qu'il vient à disparaître. En effet, c'est en période de perte d'emploi, que ce dernier retrouve sa place au premier plan dans la vie de l'individu. En Europe tout comme en France, le travail a une place aussi importante dans la vie de la personne que la famille.

Aujourd'hui, le travail doit répondre à trois types d'attentes :
- matérielles (sécurité de l'emploi) ;
- sociales (besoin de lien social et relationnel) ;
- « expressives » c'est-à-dire l'épanouissement, l'utilité et la réussite. Cette catégorie d'attente est essentiellement due aux progrès industriels et à l'accroissement du niveau d'éducation de la société.

Mais ces attentes sont-elles réellement satisfaites ? Depuis 30 ans, « le sens donné au travail et l'engagement des individus » a changé suite à la réorganisation du travail avec la mise en place de nouveaux dispositifs qui ont permis de pallier les attentes dites « expressives » : autonomie dans le travail, prise d'initiative, innovation, management participatif. Toutefois, ces nouvelles formes d'organisation, faute d'avoir créé de l'épanouissement au travail, ont engendré chez les jeunes et les moins qualifiés un mal-être reconnu et une insatisfaction personnelle. C'est ce qu'a mis en évidence l'enquête de recherche comparative européenne de 2010 sur les conditions de travail entre les pays de l'Europe.

Pour reprendre l'analyse de Pierre-Yves Gomez dans son ouvrage *Le travail invisible*, la société en créant une organisation du travail cadrée par des attentes statistiques en matière de rendement et de production, gomme l'humanisation du travail et la reconnaissance de l'épanouissement du salarié au travail. Réinventer le travail en France et en Europe, c'est le définir selon les attentes expressives c'est-à-dire un travail qui, tout en donnant du sens à l'individu, permet de dévoiler sa singularité mais également participe à l'application des valeurs de la Cité que sont la citoyenneté, la fraternité et le partage.

Commentaire personnel

Nous vous donnons quelques pistes de réflexion pour développer votre commentaire personnel. Il n'y a pas de commentaire type : selon votre expérience et vos domaines d'expertise, vous êtes invité à les mettre en évidence pour argumenter votre point de vue en lien avec les idées directrices du texte. Gardez à l'esprit que ce qui se passe dans votre service n'est qu'un exemple singulier et que vous devez interroger vos pratiques.

1. Mobilisation des connaissances et des arguments tirés de l'expérience

La méthode du QQOQCP ou la méthode du *brainstorming* avec les mots-clés du texte : réinventer le travail, épanouissement au travail, travail-devoir, attentes expressives, bien-être.

2. Construction du plan

- Première partie : définition et théories du concept de l'épanouissement au travail.
- Deuxième partie : le management participatif utilisé par le cadre de santé peut-il contribuer à l'épanouissement au travail de l'équipe ?

Proposition de commentaire personnel

(Introduction)

(Accroche) « Choisissez un travail que vous aimez et vous n'aurez pas à travailler un seul jour de votre vie » disait jadis Confucius. Cette citation soulignait déjà la place centrale que devait avoir l'épanouissement de l'individu au travail.
(Annonce du plan) Après avoir défini ce que sous-entend l'épanouissement au travail, nous en donnerons les principales théories. Et enfin nous nous demanderons comment le management participatif utilisé par le cadre de santé peut contribuer à l'épanouissement de l'équipe dans l'unité.

(Développement)

(Première partie) L'épanouissement au travail n'a pas de définition officielle. Il renvoie souvent à la notion de bien-être au travail. Ce bien-être est cité par l'Organisation mondiale de la santé qui, tout en donnant une définition de la Santé comme « une absence de maladie », ajoute qu'elle est également « un état complet de bien-être physique, mental et social ». Serait-ce donc cela l'épanouissement au travail : se sentir bien physiquement, psychiquement et socialement ? La philosophie a abordé plusieurs théories comme, par exemple, celle de Platon qui considérait que le but du travail est d'être utilitaire pour l'homme : c'est ce qui lui permet de répondre à sa vie matérielle. Diderot, lui, suggère que le travail est ce qui permet de lutter contre l'ennui. Hegel est le pionnier du principe de la réalisation de soi par le travail : il affirme que « le travail est la seule façon pour l'homme de réaliser son essence, c'est-à-dire d'accéder à la plus haute liberté ». Au fur et à mesure des siècles, les théories vont s'enchaîner jusqu'à la fin du XXe siècle où la psychanalyse apparaît et introduit la notion d'épanouissement et de plaisir au travail.

(Phrase de liaison) La place et la signification du travail dans la vie de l'individu a été explicitée et démontrée au fil du temps par les innombrables théories de philosophes. Ces pensées philosophiques laissent la place aujourd'hui aux psychanalystes qui recommandent que l'épanouissement au travail soit un élément fondamental dans le parcours professionnel de l'individu. À l'hôpital, le management participatif peut-il contribuer à l'épanouissement de l'équipe dans l'unité ?

(Deuxième partie) Dans cette partie, vous allez donner plusieurs exemples tirés de votre expérience professionnelle. Ces exemples doivent être analysés pour apporter de la matière à votre exposé. Le jury n'attend pas de vous que vous lui apportiez un témoignage, mais que vous meniez une réflexion.
Dans ce corrigé, nous prenons comme exemple le management participatif : notre analyse va donc consister à se demander, comment le management participatif peut-il aider à l'épanouissement de l'équipe ?

Avant de questionner la place du management participatif dans le processus d'épanouissement au travail, il faut le définir. Le management participatif, comme son nom l'indique, renvoie à l'idée de « participation », il signifie que l'encadrant, ici le cadre de santé, va encadrer l'équipe tout en la laissant participer à la vie de l'unité. En tant que cadre de santé et garant de la qualité et de la sécurité des soins, le cadre doit d'abord vérifier que l'équipe, à qui il va déléguer une prise de décision ou d'initiative, est en capacité de l'exécuter à savoir qu'elle possède toutes les compétences nécessaires pour la réaliser.
Pour évaluer ces compétences, le cadre va mettre en situation l'équipe et l'observer en action. C'est cette compétence en situation qui encouragera le cadre à laisser faire l'équipe. Tout en laissant faire cette équipe, il sera contraint toutefois de mettre en place un cadre d'action : c'est ce qu'on appelle les procédures, les modes opératoires. Ces supports serviront de garde-fous pour protéger l'équipe, mais également pour garantir l'efficacité du dispositif. *(Donner des exemples tirés de votre expérience : procédure d'alerte en cas de fugue de patient...)*
Le management participatif consisterait donc à laisser faire l'équipe tout en l'observant et en lui donnant un périmètre d'action. Ce type de management permettrait-il ainsi l'épanouissement de l'équipe ? Cela reviendrait donc à dire que l'épanouissement au travail résiderait dans le sentiment de sécurité de l'équipe. Ce point de vue pourrait être celui du cadre de santé. Mais il est indispensable de questionner ce qu'est réellement le principe d'épanouissement au travail pour un agent. Nous avons tous le souvenir de soignants qui avouent, lors d'une pause-café, d'une réunion de service..., que leur bien-être dépendrait du fait qu'ils puissent être entendus, reconnus et qu'on leur fasse confiance. Cette reconnaissance tant réclamée par le salarié serait-elle la solution à l'épanouissement du travailleur ?

La reconnaissance est un terme souvent revendiqué par toutes les catégories socioprofessionnelles. En effet, à chaque palier d'une pyramide hiérarchique, la personne va toujours chercher une reconnaissance auprès de son supérieur direct. Cette reconnaissance peut se manifester par un échange entre les deux protagonistes lors de l'entretien annuel d'évaluation où le savoir-faire et le savoir être de l'agent vont être évalués, lors de réunions de service où le chef de service félicite l'équipe du travail effectué auprès des patients. *(Donner des exemples tirés de votre expérience professionnelle).* Dans certains cas, cela peut se manifester par une gratification salariale, mais ce type de dispositif doit être le plus transparent possible vis-à-vis du groupe pour éviter les dérives et les conflits.

(Phrase de transition) La reconnaissance peut concourir à atteindre l'épanouissement du sujet au travail. Toutefois, elle n'est qu'un élément dans le prendre-soin du bien-être du salarié : elle doit être assujettie à la mise en place de conditions de travail favorables à l'épanouissement de l'individu, d'espaces d'échanges et de paroles.

(Conclusion)

L'épanouissement au travail est un concept de la fin du XXe siècle : certains philosophes ont mis en évidence sa place essentielle dans la vie professionnelle de l'homme, mais c'est la psychologie du travail qui a souligné la place prépondérante de l'épanouissement de l'individu au travail. L'épanouissement au travail concourant ainsi à la préservation de la santé de la personne.

SUJET N° 11 | IFCS ÎLE-DE-FRANCE (MONTSOURIS), MARS 2014

SUJET

Les paradoxes entre management et encadrement dans les fonctions du cadre de santé

Dans ses fonctions, le cadre de santé est souvent écartelé entre différents paradoxes associant le management et l'encadrement. Comment tenter de les relier afin de promouvoir une posture éthique du cadre de santé dans les établissements de santé ?

L'hôpital évolue dans un contexte de crise qui favorise une perte de confiance d'où découle une souffrance au travail. Les cadres de santé, auxquels on demande de prendre des décisions rapides et efficaces dans une fonction managériale, vivent des désenchantements, voire des souffrances, des décalages entre leurs valeurs professionnelles et ce qu'ils rencontrent dans leur pratique. Ils sont issus des professions de soins, et bien souvent, ils les ont choisies parce que leur sensibilité et leur humanisme éveillaient ce désir de venir en aide à des individus en détresse, fragilisés par la maladie ou le handicap. Aussi pour le cadre de santé, avoir le souci de l'Autre, savoir dire, savoir faire sans porter atteinte à son intégrité, nécessite qu'il prenne soin des équipes par la relation éducative dans une fonction d'encadrement.

Des professionnels agents et acteurs

Les établissements de santé se caractérisent historiquement par leur dimension humaine au cœur du travail, à l'interstice de plusieurs systèmes complexes : l'individu, la famille et la société. Ils ont longtemps été « protégés » des impératifs du management qui inspiraient une certaine méfiance chez les professionnels du soin. En effet, les intentions du management, *« ses ambitions de maîtrise... sa quête... d'homogénéité »* le situaient parfois du côté d'une idéologie[1]. Pourtant, originairement, le management est plutôt fondé sur les sciences de la gestion sous-tendues par des valeurs économiques et des modèles de pensée tayloriens et systémiques.

En 1911, le taylorisme s'est attaché à rechercher la meilleure méthode pour réaliser une tâche en sélectionnant l'individu le mieux à même de l'accomplir. La critique majeure de cette approche est

1. Ardoino J., *Management ou commandement.* Paris : Fayard, 1970.

une conception limitative de l'homme au travail considéré comme agent[2], c'est-à-dire celui qui reste essentiellement agi par des objectifs précis et contraint par la structure dans laquelle il travaille. Son pouvoir de décision est alors limité.

La pensée systémique, à partir des travaux de Michel Crozier et Erhard Friedberg[3] notamment, met l'accent sur l'action collective comme « construit social » fondé sur la nécessité de coopération et par lequel les hommes tentent de résoudre les problèmes qui se posent au groupe. Il est question ici d'acteur, avec un degré d'intentionnalité propre et une marge de liberté. Reconnu comme coproducteur de sens, l'acteur joue et interprète une partition ; il y ajoute du sens mais n'y est pas à l'origine.

Dans une fonction managériale, le cadre de santé soutient les pratiques avec un souci constant d'opérationnalité et d'objectivité. Il se situe alors comme un « technicien de la relation » parce qu'il ajuste et adapte les modalités de ses actions aux besoins et aux possibilités identifiées chez l'autre. La relation est différente d'un modèle de management à l'autre :

- **hiérarchisée et sécurisante** dans le management directif, persuasif, voire délégatif ;
- **médiatrice entre le monde social et l'individu** dans le management participatif ;
- **tactique et adaptative** dans le management situationnel ;
- **humaine et stratégique** dans le management intuitif.

Le management au quotidien ou le management du quotidien ?

Aucun modèle de management ne pourra éliminer l'incertitude, même si sa finalité est de la réduire à partir d'une démarche rationnelle et linéaire construite par étapes successives : diagnostic de la situation, plan d'action, évaluation et gestion des capacités des acteurs concernés. Des dispositifs mis en place tentent de guider, de gouverner les hommes vers le bien[4] avec le risque de développer un processus de « désubjectivation », c'est-à-dire de séparer les êtres vivants des stratégies de management.

Illustrons ce propos de quelques situations vécues par des cadres de santé conduisant des dispositifs dans une fonction managériale. Le cadre gère le quotidien avec ses multiples demandes : panne de matériel, produits manquants, soin complexe, accueil d'une famille inquiète, arrêt

2. Ardoino J., « L'approche multiréférentielle (plurielle) des situations éducatives et formatives ». *Pratiques de formation-Analyses*, 1993 ; 25-26 : 16-34.
3. Crozier M., Friedberg E., *L'acteur et le système*. Paris : Le Seuil, 1977.
4. Agamben G., [traduit de l'italien par Rueff M.] *Qu'est-ce qu'un dispositif ?* Paris : Rivages, 2007 : 30.

maladie d'un membre de l'équipe, accueil d'un stagiaire, conflit dans l'équipe, commandes, interrogations à propos d'un nouveau protocole, information à donner... Cette gestion pourrait envahir toute sa fonction, l'obligeant à répondre tour à tour sur une pluralité de demandes qui parfois se télescopent et touchent des horizons aussi divers que le matériel, les protocoles ou l'humain. S'il se contente de manager, de montrer qu'il sait répondre et qu'il maîtrise, il risque souvent d'être centré sur la résolution de problème et, tel un pompier, il « éteindra les incendies » avant qu'ils n'embrasent tout le service. Il va surtout diriger en éclaireur, conseiller en indiquant quoi faire et guider en s'opposant à ce qui pourrait faire obstacle.

Manager pour quelle décision ?

Il ne s'agit pas ici de diaboliser le management mais d'en préciser les contours, les limites et les intérêts par ailleurs. En effet, en privilégiant les prises de décisions logiques et stratégiques à partir de pensées par objectifs ou de méthodes de résolution de problèmes, le cadre dirige, pilote, initie. Et nous savons combien cela s'avère important, sécurisant et incontournable.

Pourtant, ce qui le fait agir est fonction de principes déontologiques, de lois, de normes, de valeurs économiques, d'orientations politiques et institutionnelles qui imposent une décision du dehors et contraignent. On est proche du devoir comme principe moral[5].

Ainsi faut-il comprendre que le management sous-tendu par des valeurs humaines pour une finalité clinique demeure un art indissociable d'une autre fonction du cadre de santé, celle de l'encadrement.

Pour un cadre de santé médiateur entre le réel et l'œuvre

Il est utile de préciser que nous référons l'encadrement dans une double articulation :
- **un moyen de protection temporelle**, nécessaire besoin de sécurité dans la construction du cadre institutionnel qu'il s'agit pour le cadre de santé de tenir, de réinterroger, de confronter, de reconnaître, de rappeler... ;
- **une mise en valeur esthétique** qui pourrait être articulée à une promotion des possibles des professionnels du tableau à la frontière entre l'œuvre et le réel. *« Un cadre, c'est un élément diacritique qui sépare l'œuvre du réel. Il peut être plus ou moins enluminé, selon les styles,*

5. Kant E. [traduit par Delbos V.] *Fondements de la métaphysique des mœurs,* 1re et 2e sections. Paris : Delagrave, 1907 (1re éd. 1785).

pourvu qu'il garde sa fonction de mise au premier plan de ce qui est le "lieu de la médiation" »[6]. La fonction d'encadrement révèle ainsi de manière continue et médiatrice les réalisations et des potentialités soignantes. Le cadre représente en ce sens celui qui donne une dimension éthique au cœur du travail. Il va renforcer la structure du tableau pour qu'il dure dans le temps et que le travail tende vers l'œuvre. Il a *« la responsabilité de la direction à prendre »* mais il est aussi celui qui va faire vivre les valeurs dans les pratiques professionnelles et dynamiser les projets. Alors, *« il conduit beaucoup plus qu'il ne commande »*[7].

L'encadrement par la relation éducative

Ainsi l'encadrement s'inscrit dans la pensée finaliste (Aristote) qui ne peut être dissociée de la relation éducative qui s'opère entre soi et l'Autre et qui exige de développer des compétences dans sa disponibilité à être là avec l'Autre. Le cadre est tour à tour dans une fonction de manager, de praticien soignant, d'éducateur, de formateur, confronté à lui-même avec ses traumatismes professionnels qui le limitent et en même temps nourrissent son humanité. Il est donc amené à délimiter et à animer un espace collectif, à prendre en compte la place de chacun au sein de l'équipe dans une fonction d'accompagnement, se situant comme auteur, c'est-à-dire fondateur, créateur. *« Le biologique s'associe à l'éthique, l'autorisation devient le fait de s'autoriser, l'intention et la capacité de devenir soi-même, son propre co-auteur, de vouloir se situer explicitement à l'origine de ses actes en tant que sujet »*[8]. Pour autant, le cadre auteur se doit d'être reconnu et légitimé par son équipe.

Si le cadre tente de s'investir un peu dans une fonction d'encadrement, ce qui va lui être demandé c'est de soutenir celui qui dans l'équipe va prendre l'initiative. Il va aider à choisir une orientation en mobilisant le groupe pour qu'il décide et trouve un chemin. Il va davantage seconder pour que l'Autre grandisse et puise dans ses ressources. Alors peut-être pourra-t-il reconnaître le professionnel au point que les valeurs de ce dernier deviennent aussi sa conviction. Mais si le cadre répond à l'appel qui lui est fait par le soignant en demande ou en souffrance, il ne répond pas à tout. Il pose ses limites, surtout si la conviction du soignant se heurte trop à ce qu'il croit profondément. Ainsi peut-il aider l'Autre à se distancier, se questionner et chercher un chemin.

6. Dupuy J-M., « Magritte chez Kafka, l'imaginaire à encadrer, nécessairement ». *Les cahiers du travail social,* 2008 ; hors série : 123.
7. Thuilier O., Vial M., *L'évaluation au quotidien des cadres de santé à l'hôpital.* Rueil-Malmaison : Lamarre, 2003 : 101-104.
8. Ardoino J., *Op. cit.* 1993 ; 25-26 : 20.

L'encadrement par la pratique réflexive

Le cadre recherche en permanence la « juste distance » entre les places de chacun, à l'écoute des besoins des soignants et de leurs demandes. Cette juste distance s'ancre dans la complexité des rapports humains et dans les différents moments où elle se met au travail : lors de l'entretien d'accueil, d'évaluation, de la construction de projets, des espaces de libre échange. Le cadre, attaché à ses racines soignantes, déplace ou transpose l'accompagnement des personnes soignées vers les soignants eux-mêmes. Il prend soin d'eux, transforme leurs plaintes en opportunité, les encourage à chercher le sens de leur travail auprès des malades et à être auteur de leurs soins. Nul ne peut survivre indéfiniment dans un univers aussi difficile que l'hôpital ou le secteur social, s'il ne trouve pas du soutien, de l'écoute, de la compassion et des messages permissifs. C'est précisément là que se situe la fonction d'encadrement à une juste distance qui se vit et se travaille par la relation éducative et l'analyse réflexive. La question de la distance et des problématiques qu'elle révèle conduit le cadre à intervenir dans les conceptions de la santé et du soin[9, 10], dans l'évaluation des potentiels humains. Ainsi l'implication du cadre se traduit-elle par la reconnaissance qu'il partage du travail de l'Autre.

L'encadrement : pour quelle décision ?

La pratique réflexive suggère un travail collectif formel ou informel entre le cadre, le médecin et les professionnels paramédicaux. « *La réflexion est encore plus nettement sociale lorsqu'elle s'inscrit dans une interaction, un travail coopératif, un processus de décision, une supervision, une demande d'aide ou de conseil, un débat contradictoire, une évaluation* »[11].
La démarche est créatrice pour permettre le questionnement des difficultés et des problèmes mais elle n'est synonyme ni d'un répertoire de recettes ni proche de la morale. Nous pouvons parler d'inventivité au cœur de la professionnalisation, car cette démarche participe à la construction de la pratique et de méthodes propres avec une finalité éthique.

Le cadre réflexif se prend donc pour objet de sa réflexion et se questionne sur sa manière d'agir : à la fois critique, car il rompt avec la tentation de justification et d'autosatisfaction pour mettre à distance, et constructif, car son but est l'apprentissage par l'expérience, la construction de savoirs

9. Revillot J-M., *Pour une visée éthique du métier de cadre de santé. Rueil-Malmaison* : Lamarre, 2010.
10. Peyron-Bonjan C., *D'une situation paradoxale à une utopie salvatrice : l'éthique comme visée essentielle de la formation du cadre de santé. In* Revillot J-M. Op cit. XV-XVIII.
11. Perrenoud P., Sens du travail et travail du sens à l'école. *Cahiers pédagogiques,* 314-316 : 23-27 (repris dans Perrenoud P., *Métier d'élève et sens du travail scolaire.* Paris : ESF, 1996 : 161-70).

qui seront réinvestis dans les situations et les actions à venir[12]. Ainsi la pratique réflexive s'accommode d'un retour narratif de l'expérience grâce aux récits des pratiques où seront abordés le contexte, les intentions, les émotions, les valeurs, en fait tout ce qui participe au questionnement éthique mais aussi tout ce qui aurait pu être décidé autrement. La « mise en intrigue » du passage au récit où sont abordés une multitude d'événements contextuels à relier aux émotions, aux sentiments, aux questionnements, aux craintes, est une étape importante car elle permet la conceptualisation et le développement de compétences éthiques. Il s'agit ensuite de proposer à d'autres ces savoirs d'expériences afin de les rediscuter, de les réfléchir, de les « retricoter » dans l'intersubjectivité.

Avec la relation éducative et la pratique réflexive, l'éthique est au premier plan, car, loin d'être extérieure à la personne, elle entre au contraire *« en résonance profonde avec son vécu intérieur »*[13] son identité, ses décisions au cœur d'une herméneutique du soi[14].

Conclusion

Deux fonctions viennent d'être développées, le management et l'encadrement, comme deux pièces d'un puzzle, deux colonnes de l'édifice hospitalier, deux couleurs aux multiples nuances de l'œuvre. Rappelons que ces deux fonctions ont une finalité : la clinique sans laquelle le puzzle ne se révèle pas, l'édifice est bancal, l'œuvre est incomplète et manque d'une teinte chatoyante. Néanmoins, ces fonctions ne sont pas statiques, elles s'incarnent dans la posture du cadre de santé, par des mouvements non hiérarchiques, à la fois récursifs et en spirale. Il n'est pas d'éthique dans la posture du cadre de santé sans reliance[15] entre ces fonctions afin *« de poursuivre une longue, patiente course vers toujours plus de sens »*[16].

Jean-Marie Revillot, cadre de santé, docteur en sciences de l'éducation,
Université Aix-Marseille, *Soins Cadres,* n° 76 - novembre 2010

Question

Dégagez les idées principales. Argumentez-les en vous référant à votre expérience professionnelle.

12. Carlini M., *Pratiques réflexive et émotionnelle du cadre de santé : un atout dans l'accompagnement des équipes soignantes.* Mémoire de Master 1 Université Aix-Marseille, sous la dir. de J-M Revillot, 2009.
13. Buratti L., Lenhardt V., *Le coaching.* Paris : InterEditions, 2007 : 56.
14. Au sens de Ricœur (1990), c'est-à-dire en mettant au travail une pluralité de sens dans la décision en cohérence avec ses valeurs dont l'autre fait partie.
15. Bolle de Bal M., *Voyage au cœur des sciences humaines,* tome 1. Reliance et théorie, Paris : L'harmattan, 1996.
16. Pontalis J-B., *Fenêtres,* Paris, Gallimard, 2000 : 88.

CORRIGÉ

1. Comprendre la consigne :

Dans cette consigne : le candidat doit d'abord faire une synthèse du texte en retenant les idées principales et ensuite donner son point de vue sur ces idées en argumentant avec son expérience.

2. Lire le texte :

Auteur : Jean-Marie Revillot, cadre de santé, docteur en sciences de l'éducation.
Revue : *Soins cadres,* n° 76, novembre 2010.
Titre : « Les paradoxes entre management et encadrement dans les fonctions du cadre de santé » donne le ton et la problématique du texte.
Sous-titre : donne le contexte de la problématique.
Registre : analytique, interrogatif et démonstratif.

3. Relever les idées principales du texte et les analyser :

Sous-titre :
Donne le contexte de la problématique : les changements réglementaires et les directives de gestion hospitalières ont créé à l'hôpital de la souffrance et un malaise de son personnel.
La place du cadre de santé dans ce chantier de crises qui doit assumer un rôle de manager (gestion, prise de décision rapide avec des valeurs économiques empruntées au modèle systémique ou du Taylorisme) et en même temps un rôle d'encadrant (d'éducation, d'accompagnement des équipes avec des valeurs soignantes).

Première partie : « des professionnels agents et acteurs »

L'auteur explique le passage de l'homme agent (modèle Taylorisme, le salarié est identifié comme le meilleur producteur sur la chaîne avec un pouvoir de décision limité voire nul) à l'homme acteur avec la notion de travail collectif (modèle systémique de Crozier et Friedberg) où l'équipe œuvre dans un but commun avec une marge de liberté.
L'auteur aborde la fonction managériale du cadre (opérationnalité et objectivité) : le cadre est « technicien de relation » : il va adapter ses actions aux capacités et aux besoins de l'autre. Cette relation peut revêtir 4 typologies :

- soit « *hiérarchisée et sécurisante* » (management directif) ;

- soit « *médiatrice entre le monde social et l'individu* » (management participatif) ;
- soit « *tactique et adaptative* » (management situationnel) ;
- ou soit « *humaine et stratégique* » (management intuitif).

Deuxième partie : « le management au quotidien ou le management du quotidien »

La notion d'incertitude est omniprésente quel que soit le type de management conduit. Le cadre de santé œuvre quotidiennement à résoudre les problèmes qui se présentent successivement à lui : d'ordre matériel, humain, clinique, protocolaire... Si le cadre y répond d'une façon managériale, il va démontrer qu'il sait faire, qu'il maîtrise. Il est donc concentré sur la résolution de problème : il se comporte en « éclaireur, conseiller, guide ».

Troisième partie : « manager pour quelle décision ? »

L'auteur reprécise ce qu'est le management, ses intérêts et ses limites. Le management privilégie la prise de décision à partir de pensées par objectifs et la résolution de problème. Le cadre va « *diriger, piloter et initier* ». Ce qui est sécurisant et rassurant pour l'organisation. Ce management basé sur des principes déontologiques, réglementaires, économiques, institutionnels contraint le cadre à assumer moralement un devoir. Mais si ce management est fondé sur des valeurs humaines dont le but est le prendre-soin (fonction clinique), il se rapproche de l'autre fonction du cadre qui est l'encadrement.

Quatrième partie : « pour un cadre de santé médiateur entre le réel et l'œuvre »

L'auteur précise les deux articulations de l'encadrement :
- « *moyen de protection temporelle* » (besoin de sécurité d'un cadre institutionnel) ;
- « *une mise en valeur esthétique* » (métaphore du rôle du cadre qui joue le rôle de médiateur entre le « réel » (ce que réalise l'équipe) et « l'œuvre » (les potentialités de l'équipe). Par cette façon de faire, il va incarner la dimension éthique du travail en veillant à la fois à la pérennité des tâches effectuées et à l'atteinte de la perfection de ces tâches.

Cinquième partie : « l'encadrement par la relation éducative »

La relation éducative nécessite de la présence et de la disponibilité de soi à l'Autre. Le cadre doit « *délimiter et créer un espace* » où chaque agent trouvera sa place. Le cadre tout en accompagnant l'Autre, doit le laisser agir pour qu'il soit également co-auteur du projet. Ceci ne s'obtient qu'à la condition que le cadre soit reconnu légitimement par son équipe.

Cette fonction d'encadrement doit obéir à certaines règles : laisser l'Autre initier l'idée, l'accompagner dans ce chemin, l'aider à grandir, à mettre en application ses capacités et à se distancier pour réfléchir.

Sixième partie : « l'encadrement par la pratique réflexive »

« La juste distance » est souvent recherchée par le cadre de santé à chaque fois qu'il interagit avec quelqu'un. Cela est dû à la complexité des relations humaines et des moments où il est sollicité. Le cadre aura tendance à transposer cette distanciation qu'il avait auprès des patients en distanciation auprès des soignants : il va prendre soin de son équipe, transformer leurs doléances en opportunités, et les inciter à être acteurs des soins donnés. C'est cela qu'on appelle la fonction d'encadrement du cadre de santé. À la fois se mettre en scène par la démarche éducative et se questionner par la démarche réflexive.

Septième partie : « l'encadrement : pour quel type de décision ? »

La pratique réflexive est un travail interdisciplinaire (le médecin, le cadre et l'équipe) où un questionnement est posé suite à un problème ou une difficulté de prise en charge. Elle n'est pas un recueil de solutions, de recettes toutes faites ou encore de pensées moralisatrices. Le but étant de se questionner sur sa pratique, sa manière d'agir en veillant à intégrer la finalité éthique. Ce qui sera interrogé et débattu permettra de dresser une façon de faire qui pourra être transposée dans une autre situation identique ou pas. Cette nouvelle situation sera à son tour elle-même réinvestie et discutée.

Conclusion :

L'encadrement et le management ont la même finalité qui est la clinique, c'est-à-dire le prendre-soin. Ces deux fonctions sont indissociables car elles incarnent le principe éthique du cadre de santé. Ce sont leurs complémentarités qui lui permettent de donner du sens à la pratique du cadre.

Commentaire personnel

Nous vous donnons quelques pistes de réflexions pour développer votre commentaire personnel. Il n'y a pas de commentaire type : selon votre expérience et vos domaines d'expertise, vous êtes invité à les mettre en évidence pour argumenter votre point de vue en lien avec les idées directrices du texte. Gardez à l'esprit que ce qui se passe dans votre service n'est qu'un exemple singulier et que vous devez interroger vos pratiques.

1. Mobilisation des connaissances et des arguments tirés de l'expérience

La méthode du QQOQCP, ou la méthode du *brainstorming* avec les mots-clés du texte : management, encadrement, démarche réflexive, relation éducative, acteur.

2. Construction du plan

Première partie : les origines de la démarche réflexive.
Seconde partie : en quoi la démarche réflexive peut-elle aider les équipes à interroger leurs pratiques professionnelles ?

Proposition de commentaire personnel

(Introduction)

(Accroche) François Rabelais nous mettait déjà en garde au xve siècle en écrivant que « *Sciences sans conscience n'est que ruine de l'âme* ». Cette citation mettait déjà l'accent sur l'importance de la réflexion et de la pensée avant toute action humaine prudente dans le domaine de la science. À l'hôpital, nous sommes confrontés de plus en plus à des situations complexes de soin où nous hésitons et nous nous interrogeons sur la conduite à tenir face à telle ou telle situation de soins qui a déclenché à un moment donné un déclic ou une appréhension. La démarche réflexive qui invite à réfléchir au moment de l'action ou *a posteriori* de l'action, semble être une technique adaptée à l'évaluation des pratiques professionnelles.
(Annonce du plan) Après avoir évoqué les origines de la démarche réflexive, nous nous demanderons en quoi cette démarche peut aider les équipes à interroger leurs pratiques professionnelles.

(Développement)

(Première partie) C'est John Dewey (1859-1952), spécialiste en psychologie et en pédagogie, qui a initié ce courant de l'approche réflexive en introduisant le principe de la continuité de l'expérience dans l'action qui donna naissance ensuite à la doctrine « *hands-on learning* » *(« apprendre par l'action »)* ou pédagogie du projet. Il va fonder un centre de formation où le mode de pédagogie désignera l'enseignant comme un guide et l'élève comme celui qui apprend en agissant. L'élève n'est pas là pour écouter, il est là pour agir et ainsi apprendre. La pensée devient une étape de l'action, et l'expérience, le levier de l'apprentissage.

Après J. Dewey, c'est Donald A. Schön qui s'est intéressé à la relation entre le savoir scientifique et l'action professionnelle du praticien. En effet, en procédant à des observations sur le terrain, il démontra que le médecin, pour agir, ne s'appuie pas toujours sur ses acquis théoriques mais plus sur ses expériences antérieures. Les gestes déjà réalisés auparavant sont plus facilement mobilisables que les savoirs scientifiques enseignés.

(Transition) Les travaux de Dewey et Schön ont permis de souligner l'importance de l'expérience passée dans les actions futures de la personne. Les situations déjà vécues et appliquées permettent à l'acteur d'acquérir un savoir-faire. Cette notion d'expérience semble donc adaptée dans la démarche d'évaluation des pratiques professionnelles. Toutefois comment peut-elle être mobilisée par l'équipe ? Quelles sont les conditions de réussite de ce type de démarche à l'hôpital lorsqu'il s'agit de considérer des situations de soins où il est question de l'humain ?

(Deuxième partie) Dans la démarche d'évaluation des pratiques professionnelles, ce qui va être privilégié c'est ce retour sur l'action précédemment faite. Pour analyser ce retour sur situation, les protagonistes vont donc utiliser leurs savoirs (connaissances théoriques qu'ils ont apprises) et leurs expériences professionnelles. Mais quelles sont les exigences à respecter dans ce type de démarche ?

Le cadre de santé qui peut être l'animateur dans cette démarche doit définir, avec le groupe participant, un cadre de référence. Ce cadre doit permettre de déterminer :

- les modalités de la réunion (les participants ? le lieu ? la date et la fréquence des rencontres ? un compte-rendu écrit ou pas ?) ;
- les modalités d'expression (temps de parole, tour de table...) ;
- les modalités d'échanges au sein du groupe (le respect de l'autre, absence de jugement, confidentialité des échanges ?...).

Le cadre de référence va être le garde-fou de ce dispositif pour éviter ainsi tout débordement sur d'autres sujets n'ayant aucun lien avec la situation évoquée *(donner des exemples tirés de votre expérience : se mettre à discuter du matériel qui était en panne, ou encore les congés de cet été...)*. Parallèlement à ce cadre de référence, l'animateur doit être formé à ce type de démarche. Sans un animateur formé, la démarche est vouée à l'échec et va vite lasser le groupe. En effet, l'animateur doit être formé aux techniques de la reformulation, de l'explicitation. Le cadre de santé peut jouer ce rôle d'animateur. Il sera le guide qui va orienter la réflexion du groupe en le laissant suggérer lui-même les pistes de pratiques.

(Conclusion)

La pratique réflexive faisant appel à l'expérience des actions entreprises permet de questionner sa propre pratique. Cette démarche a toute sa place dans l'évaluation des pratiques professionnelles soignantes. Nous pourrions également nous demander si ce type de démarche ne pourrait pas aussi être utilisée dans la démarche éducative des patients pour les maladies chroniques.

SUJET N° 12| IFCS ÎLE-DE-FRANCE (SAINTE-ANNE), MARS 2014

SUJET

Pratique de soin et logique de gestion
Le rôle médiateur des cadres de santé

Dans un contexte où les dépenses de santé sont croissantes, différentes réformes hospitalières ont mis l'accent sur la nécessité de mettre en œuvre de nouvelles politiques de distribution et d'organisation des ressources de santé. Cela s'est traduit par une nouvelle politique de gouvernance hospitalière, par l'utilisation de nouveaux outils de gestion (répartition annuelle du budget des établissements en fonction de leurs activités), par l'apparition de nouvelles pratiques managériales (encadrement et évaluation des compétences individuelles, etc.), et par de nouvelles contraintes institutionnelles (regroupements d'établissements pour rationaliser l'offre hospitalière). Ces changements de modalités du fonctionnement hospitalier ne concernent pas uniquement la dimension économique du soin. À cette volonté d'optimisation des ressources se joint une politique d'harmonisation des pratiques qui s'effectue essentiellement par l'utilisation de référentiels communs. Or, cet objectif d'optimisation des ressources et de la qualité du soin s'est traduit par l'importation d'outils et de modèles de fonctionnement directement issus du monde traditionnel de l'entreprise. Cet objectif d'optimisation de la qualité et des ressources de santé se transforme, de façon croissante, en une obligation d'amélioration des performances économiques des établissements de santé. Les pratiques, les organisations et les institutions sont de plus en plus pensées selon les règles et les logiques de rentabilité, de compétitivité et de performance. Le « pouvoir incantatoire[1] » du terme de qualité justifie toutes les mobilisations et les réorganisations collectives[2]. Mais de quels types de qualité des soins est-il question aujourd'hui ? Quelles valeurs du soin occulte-t-on en reconfigurant la pratique soignante autour des notions de performance et de rentabilité ? L'exigence de qualité dans le domaine du soin oscille souvent entre deux logiques bien distinctes. L'accent peut être mis sur la notion de processus et de services, les résultats n'étant considérés dès lors que comme des effets de la qualité de la relation[3]. Mais la notion de qualité peut être réduite à l'efficience des résultats médicaux[4] et se rapporter à une logique de production.

1. S. Fraisse, M. Robelet, D. Vinot D, « La Qualité à l'hôpital : entre incantations managériales et traductions professionnelles », *Revue Française de Gestion*, n° 146, mai 2003, p. 155-166.
2. M. Setbon, « La Qualité des soins, nouveau paradigme de l'action collective ? », *Sociologie du travail*, vol. 42, n° 1, 2000, p. 51-68.
3. A.-P. Contandriopoulos, F. Champagne, J.-L. Denis, M.-C. Avargues, « L'Évaluation dans le domaine de la santé : concepts et méthodes », *Revue Épidémiologie et Santé Publique*, vol. 48, n° 6, 2000, p. 517-539.
4. S. Leatherman, « Utiliser les indicateurs de performance pour améliorer les systèmes de santé », in *Mesurer et améliorer la performance des systèmes de santé dans les pays de l'OCDE*, OCDE, 2001, p. 349-365.

Cette importation du modèle marchand modifie les représentations et le sens de la pratique soignante. Nous pouvons nous demander si, derrière cette exigence d'une meilleure gestion économique et d'une meilleure qualité des soins, ne se profile pas une autre finalité qui transforme et appauvrit considérablement la nature du travail soignant.

Vers une transformation de la nature du travail soignant ?

Les contraintes formelles qui pèsent sur l'organisation hospitalière des soins occupent une part croissante de l'activité des soignants et des cadres de santé. Afin de réduire l'hétérogénéité des pratiques médicales et infirmières, la construction et l'application de référentiels communs sont devenues l'une des priorités des différentes réformes hospitalières, depuis la création en 1990 de l'Agence nationale pour le développement de l'évaluation médicale (ANDEM), puis en 1996 de l'Agence nationale d'accréditation et d'évaluation en santé (ANAES), remplacée en 2004 par la Haute Autorité de santé (HAS). Tous les établissements de soins sont ainsi soumis à des procédures d'évaluation externe, et un travail d'innovation, d'évaluation et d'amélioration de la qualité des soins doit être exercé à l'initiative des établissements en coordination avec différentes commissions ciblées (comité de lutte contre la douleur, comité de lutte contre les infections nosocomiales, commission de relation avec les usagers, etc.).
Les établissements de soins doivent donc se doter d'outils homogènes permettant de rendre plus transparentes ces différentes activités, de permettre une meilleure lisibilité de l'efficacité de telle ou telle procédure de soin. Cette pression continue concernant le respect des procédures qualité est présentée comme une évolution indispensable du fait d'une plus grande technicité des soins, de la nécessité de la satisfaction de patients de plus en plus exigeants, qui se conçoivent graduellement, de leur côté, comme consommateurs de santé. Les établissements de santé doivent ainsi se plier au maillage toujours plus serré des accréditations et des encadrements en se dotant de procédures qualité, présentées comme la condition de soins conformes aux exigences d'une médecine fondée sur des preuves validées par la littérature scientifique. Par ailleurs, sous la pression des tutelles, les cadres de santé doivent mettre en place des outils de gestion qui s'inscrivent dans une volonté toujours plus grande de mesure quantitative de la qualité (outils de traçabilité de l'activité, outils de traitement de données à visé comparatiste - outils de *reporting*, de *benchmarking*, constitution de *league tables*, etc.).
Ce souci de formaliser, d'actualiser et d'évaluer les différentes procédures des pratiques de santé est une exigence qui s'inscrit pleinement dans le mode de rationalité de l'exercice médical. Dans l'univers du soin, quels que soient sa spécialité et son champ de compétence, il s'agit bien de participer à la production, à l'actualisation et à la révision des connaissances en matière de santé, et ce pour se soustraire au poids de l'habitude, pour rationaliser et perfectionner les pratiques. En ce sens, les outils d'amélioration de la qualité des soins incitent l'ensemble des soignants

à codifier et à expliciter leurs connaissances informelles pour les communiquer au mieux, et pour permettre leur intégration dans les pratiques. Mais ces procédures qualité, qui peuvent être autant d'éléments de contrôle extérieur déterminant l'allocation budgétaire des établissements, peuvent très rapidement participer à une négation des « règles de métier » ou se substituer à elles[5]. En effet, ne sommes-nous pas confrontés à une dérive qui transforme le soignant en opérateur, et les soins en autant de séries de processus formalisés et décomposables ?

Que ce soit dans l'industrie de production, de transformation ou de service, le travail au quotidien consiste en une série perpétuelle d'adaptations, d'ajustements locaux, de construction de règles locales, souvent tacites, qui permettent de trouver une cohérence entre les prescriptions imposées et les contraintes concrètes de l'action. Travailler, c'est gérer des imprévus, prévenir des accidents, des dysfonctionnements, des pannes. Les critères de qualité, uniquement conçus comme des processus de conformité avec des procédures prédéfinies, négligent ce travail d'adaptation effectué par les soignants et les cadres de santé, qui permettent une cohérence et une continuité des soins. Un travail de gestion des écarts et de contournement des injonctions prescriptives est réalisé au quotidien. L'habileté, l'intelligence ordinaire au travail[6] consiste dans la possibilité de tricher, de recomposer, de subvertir les normes imposées. Si la « protocolisation » des procédures de soins vise à une forme de standartisation des pratiques, la diversité des pathologies, la singularité de chaque patient et la variabilité des processus de prise en charge requièrent néanmoins constamment le discernement et l'autonomie des soignants, qui doivent exercer une gestion permanente des écarts par rapport aux normes prescrites. La nature de la pratique soignante appelle des efforts de rationalisation professionnelle et non des rationalisations industrielles[7].

L'un des présupposés de la logique normative actuelle est que l'application de procédures formelles engendre nécessairement de bonnes décisions et de bonnes pratiques. En rendant homogène l'ensemble des procédures du soin, on augmenterait, *de facto*, la qualité des soins. En appliquant les mêmes outils d'évaluation et de formalisation à l'ensemble des cultures du soin, on maximiserait et on mutualiserait la qualité des soins. Les items isolés sur lesquels s'effectuent les contrôles d'accréditation permettraient d'accéder à la qualité et à la réalité d'un système de soin en sélectionnant et en prélevant des éléments isolés de tout contexte clinique.

5. M. Raveyre, P. Ughetto, « Le Travail, part oubliée des restructurations hospitalières », « Recomposer l'offre hospitalière », *Revue Française des Affaires Sociales*, n° 3, juillet-septembre 2003, p. 97-119.
6. C. Dejours, *Souffrance en France. La banalisation de l'injustice sociale*, Paris, Le Seuil, 1998.
7. J. Gadrey, « La Modernisation des services professionnels. Rationalisation industrielle ou rationalisation professionnelle », *Revue Française de Sociologie*, vol. 35, 1994, p. 163-195.

L'accent est mis aujourd'hui sur la notion de performance et non de compétence ou de savoir-faire. Pourtant, il n'existe jamais de compétence en dehors d'un contexte particulier. Il n'existe pas de compétence désincarnée. Issus des filières professionnelles de la santé, les cadres de santé ont une expérience de ce travail d'ajustement et sont d'autant plus conscients de la part oubliée de ces remaniements hospitaliers. Une habileté professionnelle repose tout autant sur une connaissance corporelle et intime que sur une capacité d'oraliser et de formaliser la nature de son travail. L'intelligence du travail est aussi guidée par une intimité et une écoute du corps. Il existe beaucoup d'informulés dans une compétence, de non-communicable, d'implicite, d'intuitif, de tacite. Cet aspect semble d'autant plus important que les infirmiers travaillent d'abord sur un « corps incarné », « habité par un sujet ». Cette dimension corporelle, intuitive et vivante du travail explique l'impossibilité d'une « visibilité intégrale du travail réel ». De ce fait, il existe une relative absurdité - ou tout du moins une méprise - à n'évaluer le travail que par rapport à des mesures de performances quantitatives. Comme l'écrit Christophe Dejours, « la mesure de la performance n'est pas l'évaluation du travail parce qu'il n'y a aucune proportionnalité entre performance et travail[8] ».

Concevoir l'action de soin en termes de performance semble être l'expression d'une dérive gestionnaire de plus en plus « au service d'une occultation du réel, de ce qui résiste aux savoirs et aux savoir-faire[9] ». Si la notion de *compétence* renvoie aux capacités des personnes d'adapter leurs actions en fonction des situations, de transformer ou d'inventer des normes pour coller à la complexité de la réalité, une *performance* s'effectue toujours dans un cadre où les règles de production sont prédéterminées, où les marges d'invention et de création des acteurs sont limitées. Une performance ne se juge qu'à l'orée d'une grille quantitative qui la définit. Dans ce contexte, les acteurs disparaissent progressivement derrière leur tâche productive et seul le processus de production devient visible.

Par ailleurs, les réorganisations successives du travail ont abandonné la notion de charge de travail, c'est-à-dire ce qui désigne les résultats matériels de l'effort en termes de production. Cette focalisation sur les résultats productifs et les performances des acteurs du soin occulte l'ensemble du travail réel et invisible des soignants[10]. Ce dispositif normatif tend à réduire le soin aux actes. Le risque est grand de décomposer et de réduire le travail soignant en autant de séries d'opérations, de procédures figées.

8. C. Dejours, *L'Évaluation du travail à l'épreuve du réel*, Paris, INRA Editions, 2003, p. 30.
9. D. Lhuilier, « L'Invisibilité du travail réel et l'opacité des liens santé-travail », *Sciences Sociales et Santé*, vol. 28, n° 2, juin 2010.
10. F. Acker, *Con×gurations et recon×gurations du travail in×rmier à l'hôpital*, Rapport DREES-MiRe « Les dynamiques professionnelles dans le champ de la santé », CERMES, 2004.

La volonté d'optimiser les comportements des professionnels de la santé semble bien aujourd'hui une façon de penser leurs compétences sous la dimension de la production et de la performance. Les notions issues de discours de management, comme les critères d'évaluation du travail soignant, s'intègrent dans une démarche de quantification des pratiques et des gestes. La rationalisation et l'organisation du travail soignant fractionnent le soin en autant d'actions thérapeutiques autonomes, toujours plus exigeantes en technicité et requérant, pour ceux qui les effectuent, une optimisation du temps et des coûts (impératif de raccourcissement de la durée de séjour, d'augmentation du taux d'occupation des lits, etc.). Le soin n'est plus l'accompagnement continu d'une trajectoire singulière, mais la mise en place d'une série de processus prédéfinis, impliquant des ressources budgétaires pré-identifiées. À ce titre, les procédures d'évaluation (que ce soit les évaluations d'accréditation, les évaluations managériales sur les compétences des soignants, ou autres) semblent aujourd'hui être le moyen par lequel on amène les professionnels de santé à penser leur travail en termes de production. Dans ce contexte, on peut s'interroger sur le fait que ces outils puissent être utilisés comme autant de dispositifs pour transformer le soin en marché du soin.

Les faiblesses d'une certaine approche gestionnaire

Les différentes méthodes hospitalières ont été marquées par l'impératif de raccourcissement croissant de la durée des hospitalisations. Les centres hospitaliers, de plus en plus technicisés, spécialisés, soumis à un grand *turn-over* de patients, sont conduits à fractionner et séquencer la prise en charge. Cette organisation du travail hospitalier détermine à son tour la perception, la communication et, plus généralement, la relation entre les différents acteurs du soin et les patients. Les patients, dès l'admission, peuvent être orientés vers de nombreux sites de soins, être confrontés à une multiplicité d'acteurs aux fonctions et statuts différents, n'intervenant que très ponctuellement et ne possédant parfois que des informations limitées sur leurs histoires cliniques. Les patients doivent se repérer et s'adapter à des organisations complexes, disposant de leurs propres langages, de leurs propres temporalités, de leurs propres logiques et de leurs propres représentations. Il n'est pas non plus toujours facile pour les différents professionnels de santé d'appréhender la personne soignée dans sa globalité et son unité.

Dans ce contexte, les activités liées au codage de l'activité, à la mesure de la traçabilité des soins, à la constitution et au suivi des référentiels participent à réduire l'activité soignante à la dimension technique et factuelle, au détriment du *care*[11]. Outre le risque de produire plus de preuves de l'action que d'actions proprement dites, la multiplication des indicateurs et des critères de traçabilité de l'activité menace d'occulter une dimension fondamentale du soin. Cette dimension constitue

11. P. Molinier, S. Laugier, P. Paperman, *Qu'est-ce que le care ? Souci des autres, sensibilité, responsabilité*, Paris, Payot, 2009.

pourtant bien souvent le tissu invisible sur lequel s'exercent les procédures thérapeutiques. Le souci des soignants pour le « confort » des patients, les ajustements et l'inventivité des soins de nursing pour accroître ou maintenir le bien-être, le temps pris pour l'explication des traitements, l'écoute des éventuelles angoisses et des plaintes : toutes ces activités permettent finalement d'instaurer une continuité, une fluidité et un sens aux soins réalisés. Cette attention vis-à-vis de l'autre ne trouve cependant nulle visibilité, nulle traçabilité et nulle valorisation institutionnelle.

Pire, une certaine conception de la qualité occulte cette dimension. L'évaluation de la qualité est trop souvent réalisée à travers le prisme de concepts et d'items transversaux qui ne reflètent en rien le cœur de l'activité soignante ni les valeurs qu'elle implique. Cette importance accordée à la formalisation et à l'évaluation permanente des actions des soignants peut facilement conduire à vider les actions soignantes de leur sens et à produire des gestes déréalisés, qui s'exercent sur des corps désindividualisés. Comme si la qualité du soin ne pouvait faire l'économie d'une mise à distance de la personne malade.

S'il est indispensable, par exemple, d'utiliser des référentiels communs pour évaluer et traiter le phénomène de la douleur, il est également nécessaire d'être conscient de leurs limites. Appréhender la douleur uniquement sous forme de donnée quantitative pour affiner un dosage antalgique, c'est potentiellement appauvrir considérablement l'investigation et la relation clinique. C'est risquer de s'affranchir de toute investigation sur la souffrance. C'est risquer de renvoyer la plainte à une procédure, de rejeter la plainte hors du domaine du langage et de la relation à l'autre. Les difficultés pour exprimer et quantifier sa douleur peuvent être niées au profit d'un mode d'évaluation et de communication purement opératoire. Les phénomènes subjectifs passés au crible de la quantification et de la formalisation font insidieusement du dispositif formel le support sur lequel se déroulent l'échange et la communication entre soignant et soigné. L'analyse clinique impose une étape d'abstraction et de formalisation de la plainte du patient, mais les outils permettant cette objectivation ne doivent pas faire obstacle à la relation à l'autre.

Il existe, en effet, un danger inhérent à toutes ces logiques formelles dans le domaine du soin. Évaluer, interpréter, codifier, c'est plus que sélectionner des éléments partiaux, c'est parfois faire plier la réalité selon une logique prédéterminée. Croire que l'on peut épuiser toutes les dimensions d'une réalité clinique en y mettant un nom, une image ou un chiffre constitue une véritable violence infligée à l'autre. Combien de fois impose-t-on un langage au patient pour qu'il réponde selon des grilles prédéterminées ? Écouter les patients dans leur singularité commence parfois par la nécessité de se déprendre de la logique de son propre discours. En effet, il existe une tyrannie des normes, celles imposées aux soignants et celles imposées par les soignants aux patients. La quête systématique d'une conformité à des standards de qualité peut venir renforcer une vision du soin en tant qu'*evidence-based nursing*, la richesse de la pratique soignante pouvant alors être réduite pour correspondre à des indicateurs et à des grilles d'accréditation.

Dans la sphère du soin, le travail est pourtant loin de se résumer à l'effectuation d'un geste technique ou de ne constituer que la mise en place et l'évaluation d'une procédure. Le soin ne s'exerce pas uniquement sur ce que produit l'action, mais aussi sur ce qui l'accompagne. Il s'agit bien de mettre en place des traitements cadrés mais en les restituant dans l'expérience et l'existence subjective du malade ainsi qu'en lui donnant du sens. À ce titre, le soin conçu comme un engagement relationnel est fondamentalement traversé par l'inventivité et la plasticité des normes. L'engagement humain sur lequel repose toute relation de soin nécessite de plus une possibilité d'ajustement, de transformation et de pervertissement des normes prescrites. Il n'y a de soin que dans une relation à l'autre, et c'est cette relation qui détermine l'orientation et la qualité des actions de soin. Pour reprendre le philosophe Alexandre Jollien, « quand elle est délibérée, voulue et non nuancée, la distance thérapeutique procède ni plus ni moins de la maltraitance. À trop vouloir privilégier des compétences, on nie la singularité de la personne[12] ».

S'engager uniquement et prioritairement sur le versant de la qualité technique constitue une dérive de la pratique soignante. Le soin implique d'autres ressorts, encore invisibles aux grilles quantitatives des logiques de gestion. Aborder le soin sous cet angle, c'est finalement n'envisager la relation avec le patient que dans une extériorité abstraite. Les préoccupations du sujet ne sont plus qu'un paramètre d'infléchissement ou d'ajustement du protocole. On place entièrement la singularité du malade aux surfaces, aux périphéries du travail.

Le rôle des cadres de santé

Les cadres de santé sont aujourd'hui en première ligne des changements qui ont lieu dans les structures de soins, puisqu'ils doivent répondre à des contraintes administratives de plus en plus croissantes, appliquer ces nouvelles procédures de gestion auprès de soignants souvent très réticents qui perçoivent ces changements comme des contraintes venant parasiter la pratique soignante. Ils doivent, en outre, tenir compte des exigences de rentabilité qui peuvent aller à l'encontre de leurs valeurs de soignants. Cette dérive procédurale semble d'autant plus grande que les cadres sont toujours plus incités à ne communiquer ou à n'évaluer le travail des professionnels de santé que sur cette dimension du soin, ces éléments étant présentés comme le support sur lequel reposent la qualité et l'efficience des pratiques. Dans certains centres de soins, l'activité en flux tendu du personnel soignant, dans la confrontation à des injections de réduction des coûts et à des directives émanant d'un encadrement étranger aux règles de métier, produit de profondes frustrations et conduit à des situations de véritable maltraitance. Selon l'étude de Malika Litim et Katia Kostulski, qui analysent les dysfonctionnements du travail soignant dans un centre de

12. A. Jollien, « Assumer sa singularité, c'est construire sa vie comme une œuvre d'art », *Libération*, 10 janvier 2004.

gériatrie, certaines maltraitances seraient moins un problème de responsabilité individuelle qu'un phénomène collectif et organisationnel. Ce sont l'organisation et la conception du travail soignant qui produisent la maltraitance, et « si les patients sont maltraités, c'est parce que l'on maltraite le métier[13] ».

Les soignants connaissent les dangers de l'appauvrissement de la relation de soin dû à sa réduction à la technicité, à l'usage d'outils d'évaluation, de dépistage, d'information, de formalisation, etc. Les cadres de santé ont aujourd'hui un rôle de médiateurs et de traducteurs entre différentes logiques de soin, entre différentes rationalités, entre différentes cultures de gestion et d'organisation du travail. Au carrefour entre les contraintes administratives, les référentiels scientifiques et les règles de métier, plusieurs types de finalité et de vision du soin se croisent, et dans leur travail de coordination et de médiation, les cadres de santé ont un rôle à jouer pour que chaque action s'inscrive dans une relation d'aide et d'accompagnement.
À ce titre, une réflexion sur les valeurs et le sens de l'action soignante nous semble très appauvrie si elle n'est conçue qu'en termes de discussion ou de réflexion ponctuelle, intervenant par-dessus le tressage serré d'une organisation de soins qui a placé le geste technique ou la ressource thérapeutique au centre de la relation avec le patient. La réflexion éthique devrait être continue, dans l'adaptation au quotidien des normes de soins face aux demandes et aux besoins des patients. Le champ de la réflexion éthique ne doit pas s'interdire d'interroger les limites de ces procédures thérapeutiques et de ces protocoles d'évaluation. Il s'agit de multiplier les perspectives et d'intégrer l'incertitude et l'écoute au cœur des outils d'investigation clinique et thérapeutique. La réflexion éthique peut également permettre de faire en sorte de ne pas reléguer le soin à un projet normatif.

Accepté pour publication le 14 juin 2011
Aurélien Dutier

Question

Dégagez les idées principales. Argumentez-les en vous référant à votre expérience.

13. M. Litim, K. Kostulski, « Le Diagnostic d'une activité complexe en gériatrie », *Nouvelles Revue de Psychosociologie*, n° 1, 2006/1, p. 45-54.

CORRIGÉ

1. Comprendre la consigne :

Dans cette consigne : le candidat doit d'abord faire une synthèse du texte en retenant les idées principales et ensuite donner son point de vue sur ces idées en argumentant avec son expérience.

2. Lire le texte :

Auteur : Aurélien Dutier, post-doctorant en éthique médicale au laboratoire d'éthique médicale et de médecine légale, Université Paris Descartes.
Revue : *Perspective soignante,* n° 41, septembre 2011.
Titre : « Pratique de soin et logique de gestion, le rôle médiateur des cadres de santé » donne le ton et la problématique du texte.
Registre : analytique, interrogatif et démonstratif.

3. Relever les idées principales du texte et les analyser :

Introduction :
Donne le contexte sanitaire actuel : nombreuses réformes hospitalières, les politiques de santé, la gouvernance hospitalière avec l'organisation polaire, politiques de ressources humaines (évaluation annuelle des compétences), les groupements hospitaliers dans un but de rationalisation des coûts. Mise en place de référentiels communs pour harmoniser des pratiques de soins.
Cette optimisation des soins et de la qualité a été inspirée du modèle industriel avec cette obligation de l'amélioration de la performance des établissements de santé (rentabilité, performance, compétitivité).

Problématique : Face à ce contexte de rentabilité et d'optimisation, « De quelle qualité des soins s'agit-il aujourd'hui ? Quelles valeurs du soin occulte-t-on en reconfigurant le système de soins en tenant compte de la compétitivité et de la performance ? La qualité des soins peut-elle être réduite à l'efficience des résultats médicaux et à une logique de production ? ».

Ce modèle industriel a finalement modifié les représentations et le sens de la pratique soignante.

Questionnement de l'auteur : Cette exigence d'une meilleure gestion économique et d'une meilleure qualité des soins ne va-t-elle pas transformer et déshumaniser le travail soignant ?

Première partie : « vers une transformation de la nature du travail soignant ? »

• Uniformisation des pratiques par la mise en place de référentiels communs et des procédures de certification externe dans tous les établissements de soins.
• Transparence de l'activité des soins (procédures qualités appuyées par des données scientifiques reconnues, publication des résultats d'activité, satisfaction de l'usager...).
• Outils de gestion à destination des tutelles pour mesurer et tracer l'activité.
• Formaliser, actualiser et évaluer sont devenus le mode de rationalité de l'activité médicale. Ces dispositifs permettent aux établissements de santé d'obtenir le paiement de leurs dépenses.

Mais toute cette formalisation et rationalisation de l'activité de soins ne détruit-elle pas les règles du métier de soignant ? Le soignant ne devient-il pas, comme dans l'industrie, un opérateur ? et les soins ne représentent-ils plus qu'un catalogue de processus formalisés ?

La qualité oublie le quotidien dans lequel œuvrent les soignants en mobilisant leurs capacités d'adaptation, pour gérer les imprévus, composer avec les contraintes. Car sans cette présence soignante, la continuité des soins et leur pertinence seraient absentes.
Les procédures qualités donnent des standardisations, mais ne permettent pas forcément de répondre aux différents singuliers. Ce sont les soignants qui vont faire appel à leur expérience, à leurs savoirs pour contourner et pallier cet écart. La pratique soignante appelle à une rationalisation professionnelle et non à une rationalisation industrielle. C'est ce qu'on appelle la compétence, le savoir-faire : ces notions ne sont pas prises en compte dans le système actuel de gestion hospitalière.
Les cadres de santé de filière soignante connaissent ces moments d'adaptation, de tricotage où le professionnel fait appel à ses compétences pour répondre le plus efficacement possible au patient.
Continuer à vouloir évaluer le travail par des méthodes quantitatives, c'est ignorer tout ce travail invisible du soignant qui est son travail réel. C'est faire disparaître l'acteur du soin pour ne plus apercevoir que l'opérateur dans cette chaîne de production.
L'évaluation de la charge de travail est également délétère car elle ne prend en compte que ce qui est mesurable, visible, mais tout le travail annexe n'est pas intégré.
« Vouloir optimiser les comportements des soignants, c'est penser leurs compétences sous la dimension de la performance et de la production. »
Par exemple, la durée de séjour et le taux d'occupation des lits vont dicter aux soignants la façon dont ils devront prendre en charge un patient : esprit d'optimisation et de production. Les entretiens d'évaluation de compétences vont devenir des outils qui vont suggérer aux soignants de penser leurs actes comme des éléments de production.
Tous ces outils ne conduisent-ils donc pas *in fine* à considérer un marché du soin et non plus le soin en lui-même ?

Deuxième partie : « ce que manque une certaine approche gestionnaire »

La gestion de la durée de séjour, le *turn-over* des patients ont conduit les hôpitaux à fractionner la prise en charge des patients. Ces derniers se retrouvent confus dans ce système de santé où ils ne savent plus à qui s'adresser, ne comprennent pas le jargon employé.
Les établissements de santé doivent tracer, mesurer, codifier leurs activités techniques. Tous les autres actes de soins délivrés par les soignants non « mesurables » comme l'écoute, la relation d'aide, l'information donnée, ne sont pas quant à eux intégrés. Ces nouvelles saisies techniques éloignent les professionnels progressivement du « *care* ». Cette dimension du soin est encore invisible « aux grilles quantitatives de logiques de gestion ».

Troisième partie : « le rôle des cadres de santé »

Ils sont au premier rang des bouleversements et des contraintes hospitalières. Ils doivent :
- appliquer ces procédures de gestion auprès du corps paramédical ;
- tenir compte des exigences de rentabilité qui peuvent parfois se heurter aux valeurs soignantes ;
- évaluer les compétences des soignants en tenant compte des contraintes administratives, de la réduction des coûts.

Parfois le cadre de santé issu d'une filière non soignante peut provoquer également de la frustration, de la maltraitance chez le corps soignant.
Sacrifier la dimension du soin aux critères financiers, à la technicité, aux outils d'évaluation et omettre ce que représentent la relation et l'accompagnement dans le soin.

Le cadre de santé doit incarner le médiateur, le traducteur pour orchestrer les logiques de soin avec les variantes de gestion et d'organisation du travail.

Proposition de synthèse

Les politiques successives de santé et les réformes hospitalières portant tant sur le plan de la gouvernance hospitalière qu'au niveau de la gestion des ressources humaines à l'hôpital ont une double finalité : optimiser les soins et harmoniser les pratiques de soins pour rationaliser les coûts.

Cette optimisation des soins et de la qualité inspirée du modèle industriel a conduit à une obligation de l'amélioration de la performance des établissements de santé avec trois maîtres-mots : rentabilité, performance et compétitivité.

(Problématique) Face à ce contexte de rentabilité et d'optimisation des soins : de quelle qualité des soins parle-t-on aujourd'hui ? Quelles valeurs du soin occulte-t-on en reconfigurant le système de soins en le centrant exclusivement sur la compétitivité et la performance ? La qualité des soins peut-elle être réduite à l'efficience des résultats médicaux et à une logique de production ? Cela revient globalement à se demander si cette exigence d'une meilleure gestion économique et cette recherche d'une meilleure qualité des soins ne va pas transformer et déshumaniser le travail soignant ?

En effet, la nature du travail soignant a dû se transformer. Plusieurs critères en témoignent tels que l'uniformisation des pratiques initiée par la mise en place de référentiels communs, les directives des procédures de certification externe dans tous les établissements de soins, la nécessité de transparence de l'activité de soins (procédures qualités appuyées par des données scientifiques reconnues, publication des résultats d'activité, prise en compte de la satisfaction de l'usager...), l'utilisation d'outils de gestion à destination des tutelles pour mesurer et tracer l'activité réelle. Formaliser, actualiser et évaluer sont devenus les modes de rationalité de l'activité médicale procurant ainsi aux établissements de santé le paiement de leurs dépenses.

Mais toute cette formalisation et rationalisation de l'activité de soins ne détruit-elle pas les règles du métier de soignant ? Ce dernier ne devient-il pas comme en industrie, un simple opérateur et les soins à délivrer ne représentent-ils plus qu'un catalogue de processus formalisés à appliquer en fonction de la situation ?

Le système actuel de gestion hospitalière prend en compte seulement les indicateurs chiffrés, que ce soient ceux des activités techniques ou encore ceux de la qualité. Les grilles quantitatives de logiques de gestion n'intègrent pas l'autre dimension du travail soignant que sont les compétences et le savoir-faire professionnel. Les soignants, en appliquant les procédures, vont mobiliser également leurs capacités d'adaptation à gérer les imprévus et à faire avec les contraintes de l'environnement. La pratique soignante appelle donc à une rationalisation professionnelle et non à une rationalisation strictement industrielle. Continuer à vouloir évaluer le travail par des méthodes quantitatives, c'est ignorer tout ce travail invisible soignant qui est le travail réel au quotidien. C'est gommer le véritable acteur du soin et le considérer comme un opérateur dans cette chaîne de production. N'utiliser que des outils de rationalisation de la production va conduire *in fine* non seulement à éloigner les professionnels progressivement du « *care* » mais à considérer un marché de soins et non plus le soin lui-même.
Face à ces bouleversements et à ces contraintes budgétaires, les cadres de santé sont au premier rang. Ils doivent faire appliquer ces procédures de gestion auprès du corps paramédical, encadrer ces professionnels en tenant compte des contraintes administratives et de la rationalisation des coûts qui peuvent parfois se heurter à leurs propres valeurs soignantes. La notion de travail

invisible citée précédemment fait écho aux cadres de santé issus de la filière soignante car ils connaissent ces moments d'adaptation, de tricotage où le professionnel fait appel à ses compétences pour répondre le plus efficacement possible au patient.

Les cadres de santé doivent s'interroger en permanence sur les valeurs soignantes et ce que représente le soin car sacrifier la dimension du soin aux dépens des critères financiers, à la technicité, aux outils d'évaluation, c'est omettre la place centrale qu'occupent la relation et l'accompagnement dans le soin.

Commentaire personnel

Nous vous donnons quelques pistes de réflexions pour développer votre commentaire personnel. Il n'y a pas de commentaire type : selon votre expérience et vos domaines d'expertise, vous êtes invité à les mettre en évidence pour argumenter votre point de vue en lien avec les idées directrices du texte. Gardez à l'esprit que ce qui se passe dans votre service n'est qu'un exemple singulier et que vous devez interroger vos pratiques.

1. Mobilisation des connaissances et des arguments tirés de l'expérience

La méthode du QQOQCP ou la méthode du *brainstorming* avec les mots-clés du texte : gestion, soin, travail, soignants, cadres de santé.

2. Construction du plan

- Première partie : les principales réformes hospitalières ayant modifié sensiblement le système de santé.
- Deuxième partie : les cadres de santé aujourd'hui : entre organisation des soins et contrôle de gestion.

Proposition de commentaire personnel

(Introduction)

(Accroche) Depuis 2002, le système sanitaire n'a pas cessé d'être bouleversé par de multiples réformes politiques visant à redonner à l'usager sa place dans le système, à contenir les dépenses en santé en introduisant la notion de rationalisation des coûts et d'efficience.

(Annonce du plan) Après avoir rappelé les principales réformes hospitalières ayant modifié sensiblement le système de santé, nous nous demanderons comment les cadres de santé parviennent aujourd'hui à allier leur rôle d'organisateur des soins et celui de gestionnaire financier.

(Développement)

(Première partie)

La loi du 4 mars 2002 a marqué une véritable avancée en introduisant la notion de démocratie sanitaire avec la reconnaissance des droits de l'usager dans la santé (confidentialité, consentement éclairé, accès au dossier médical), mais également participation de l'usager au système de santé (intervention des associations d'usagers aux politiques et aux organisations des établissements de santé).

La loi sur l'assurance maladie de 2004, avec trois objectifs dont le premier pointe l'amélioration de l'offre de soins et la maîtrise médicalisée des dépenses de santé en favorisant une coordination des soins effective (le dossier médical personnel, le parcours de soins coordonné), en généralisant les démarches qualités (création de la Haute Autorité de santé, accréditation des professionnels de santé et des équipes médicales), en maîtrisant les dépenses de santé (responsabilisation des patients, lutte contre les fraudes).

La loi de santé publique de 2004 avec les grands plans stratégiques et les 100 objectifs suivis au niveau national et régional : cette loi a lancé, entre autres, les groupements régionaux de santé publique (GRSP).

La nouvelle gouvernance de 2005 va introduire un changement sensible au niveau de l'organisation hospitalière où nous assistons à un changement de logique qui passe de la régulation administrée à l'autonomie. En effet, le pilotage des établissements de santé va fonctionner avec un système de pôles, avec l'autonomie de gestion des acteurs, l'introduction de la tarification à l'activité incitative, et l'état prévisionnel des recettes et des dépenses (EPRD) remplace le budget.

La loi hôpital patients santé territoire (HPST) de juillet 2009 dont l'objectif principal est de réorganiser et de moderniser l'ensemble du système de santé. Ses quatre titres consacrés respectivement à l'hôpital, à la répartition des médecins et à l'accès aux soins de villes, aux mesures de santé publique et à la prévention, ainsi qu'à la création des agences régionales de santé (ARS) chargées de coordonner dans un cadre territorial l'ensemble des politiques de santé (hôpital, médecine de ville, santé publique et prévention).

(Phrase de transition)

Les réformes de système de santé se sont enchaînées ces dernières décennies, mettant l'accent tant sur la place de l'usager dans le système de soins, que sur la notion de gestion des établissements de santé avec la maîtrise des coûts tout en garantissant une qualité des soins aux patients.

Face à ces changements du système de santé, comment les cadres de santé d'aujourd'hui concilient-ils leurs missions, liées au volet de l'organisation des soins comme à la gestion financière de ces soins ?

(Deuxième partie)

À ce jour, il n'y a pas vraiment de résultats statistiques officiels pour répondre à cette question. Toutefois Robert Coulon[14], maître de conférence en sciences de gestion, a effectué une étude de terrain pour répondre à une interrogation similaire : « Les cadres de santé sont-ils déjà très absorbés par des tâches liées aux évolutions du système de santé et relevant du contrôle de gestion (mesure et report des recettes, des dépenses, suivi de la satisfaction des patients, etc.) ou bien restent-ils essentiellement des managers de proximité centrés sur l'organisation des soins ? ». Dans son enquête, il met en évidence que le travail des cadres de santé porte essentiellement sur l'organisation des soins plus que sur le contrôle de gestion ; et que les cadres de santé, dans la grande majorité, ne sont pas impliqués dans la gestion des dépenses liées aux activités de soins. Toutefois ces cadres se mobilisent en grande majorité dans la prise en compte de la satisfaction des usagers (gestion des plaintes et réclamations).

Donnez des exemples de situations où vous avez fait le choix de prioriser l'organisation des soins plus que les indicateurs de gestion. En justifiant votre choix. Par exemple, un patient âgé isolé chez lui doit sortir car la durée moyenne de séjour est atteinte.

(Conclusion)

Les réformes de santé ont modifié progressivement le paysage sanitaire et l'organisation hospitalière. Les attentes et les directives des tutelles ont créé chez les professionnels de santé des comportements de gestionnaire, entité nouvelle dans le domaine de la santé. Les cadres de santé issus pour la plupart de la filière soignante doivent assumer une mission de gestionnaire tout en accompagnant les patients et les professionnels paramédicaux.

(Se positionner en tant que futur cadre de santé) Pour moi, en tant que professionnel issu du soin, je pense que ....

14. Étude de terrain de Robert Coulon, *« Le cadre de santé, la gestion et le soin »*, 2010. http://www.reims-ms.fr/agrh/docs/actes-agrh/pdf-des-actes/2011coulon.pdf

SUJET N° 13| IFCS TOURS, MARS 2014

SUJET

Analyse de pratiques et sens au travail

Qu'ils soient médecins, cadres de santé, infirmiers ou autres professionnels de santé, leur discours est souvent le même : *« Ce que l'on nous demande de faire n'a aucun sens, ça ne veut rien dire, ce n'est pas du tout logique, ni cohérent »*. Mais que signifient ces déclarations de non-sens ? Où se situe la perte de ce dernier ? Mettent-ils tous la même définition derrière ce mot ? Y a-t-il un sens commun, une vision collective de la pratique, un sens partagé avec une même signification de l'activité, ou purement singulier en lien avec les propres valeurs et références de chacun ? Face à la « dictature de l'urgence », a-t-on vraiment le temps aujourd'hui de réfléchir au sens que l'on donne à sa propre pratique en dehors du respect des normes, des protocoles et des procédures ? Les critères d'évaluation mis en place par la Haute Autorité de santé (HAS), dans le cadre des « bonnes pratiques ». Et si la bonne pratique était parfois, pour les soignants, autre que la pratique prescrite ?
Des espaces existent pour évoquer la pratique, particulièrement dans les unités où les soignants sont exposés plus qu'ailleurs à une charge émotionnelle intense. Les appellations sont diverses : supervision, analyse de pratiques ou coaching d'équipe. Même si les objectifs visés sont différents, il s'agit à chaque fois d'aborder la pratique de manière groupale.

Le sens est une *« raison d'être, valeur, finalité de quelque chose, ce qui le justifie et l'explique, une signification »*[1]. À quoi sert ce que je fais ? Le sens permet de se mobiliser et d'agir, donne une direction. Il constitue un réel facteur de motivation. C'est l'individu qui donne du sens à son action et non pas l'organisation qui décide pour l'individu. *« Le sens est une signification, un idéal pour lequel il est possible de se mobiliser fortement pour des considération de dignité : pour une organisation, cela est à mettre en relation avec les valeurs affirmées »*, déclare François Varillon[2]. Il peut varier à titre individuel selon la perception de chacun, les représentation de chaque professionnel, mais aussi de manière collective si les pratiques prescrites diffèrent de celles qui ont un sens pour les professionnel, (valeurs, modèles intériorisés, etc.). Le sens du travail serait *« l'effet de cohérence entre le sujet et le travail qu'il accomplit, entre ses attentes, ses valeurs et les gestes qu'il pose quotidiennement dans le milieu de travail »*[3]. En quoi ce que l'on me demande est conforme à mes valeurs ou à ma conception du soin ?

1. http://www.larousse.fr/dictionnaires/francais/sens/72087
2. Boussuge B., *Coacher : de la théorie à la pratique*. Rueil-Malmaison : Lamarre ; 2011.
3. http://www.santepsy.ulaval.ca/webdav/site/cspt/shared/pdf/Donner%20un%20sens%20au%20travail.pdf

Chaque individu a un système de représentations qui lui est propre, issu de son éducation, de sa culture, de ses formations et de ses différentes expériences. Sa représentation du monde est tout à fait singulière. Le psychologue Bernard Rimé parle « *d'univers virtuel* » créé par l'individu. Il précise, par ailleurs, que cet univers virtuel est peuplé de « *présuppositions* » sur les actions à venir. Ce dernier demeure en équilibre avec son environnement tant que ce qui survient peut être envisagé au préalable. L'individu confronte au quotidien son monde virtuel avec la réalité. Si alors, ses présuppositions ne se révèlent pas exactes, il s'expose à un paradoxe qui lui impose de se réadapter à la réalité de la situation. C'est ainsi que le paradoxe alimente la recherche de sens. Cette dernière, selon Bernard Rimé, est « *l'effort continuel en vue d'établir l'accord entre son univers de présomptions et chaque situation concrète qu'on rencontre dans la vie* »[4].

Le sens se construit par la configuration à de nouveaux savoirs, de nouvelles grilles de lecture, par le partage avec des collègues et/ou des professionnels. Ce processus de production de sens est « *une dynamique collective qui se crée et s'exprime dans les interactions entre les individus* »[5]. Le sens donné à ses pratiques dépend aussi de son évolution personnelle et de ses centres d'intérêt. Il se construit en effet, selon Lionel Garreau, « *de ses ambitions, de ses projections dans le futur* »[6]. Celui-ci rappelle également que la théorie du *sensemaking* de Karl E. Weick est la plus répandue pour traiter du concept de sens. Celle-ci consiste à « *extraire des éléments d'une situation perçue et à les relier au sein d'une représentation qui, redonnant de l'ordre, donne du sens* ». Or ce processus de création est, selon Karl E. Weick, « *continu* » et « *rétrospectif par rapport à l'action* ». Il passe donc par l'acquisition d'une posture réflexive sur sa pratique. Il semble difficile de trouver du sens simultanément à l'action ou de manière prospective. La perte de sens peut se traduire par des émotions négatives ressenties lorsqu'une action n'est pas conforme à ce qui avait été imaginé ou souhaité. Tout changement peut conduire à l'effondrement du sens et tout professionnel, quel qu'il soit, est confronté à un moment ou à un autre, à une perte de sens de sa pratique.

Une aide-soignante d'un service de soins infirmiers à domicile (SSIAD) déplore le nombre de patients pris en charge et regrette de ne pouvoir échanger plus longuement avec chacun d'entre eux. Il existe un écart entre sa conception du soin de confort, du soin relationnel et ce qu'elle peut réaliser concrètement. Le soin de confort devient agressif : « *Je réalise une toilette qui est source de souffrance pour la patiente et je pars vite sans avoir le temps d'échanger plus longuement*

4. Rimé B., *Le partage social des émotions.* Paris : PUF ; 2009. p. 315.
5. Autissier D., *Des salariés en quête de sens.* Les grands dossiers en sciences humaines 2008 ; 12 : 60-2.
6. Garreau L., « Accéder à l'opérationnalisation d'un concept complexe au travers de la théorie enracinée : le cas du concept sens ». Toulouse : Communication du XXe congrès de l'Association française de gestion des ressources humaines (AFGRH) ; 2009.

avec elle, pour la rassurer ». La perte de sens se situe dans le réel écart entre le soin idéal et celui réalisé, éloigné des valeurs de bien-traitance et du prendre soin.
Par ailleurs, il arrive assez fréquemment que des projets n'aboutissent pas. Comment un cadre de santé qui mobilise une équipe soignante sur un même projet pendant des mois sans qu'il ne se réalise – réflexion sur l'organisation d'un nouveau service qui ne voit pas le jour, préparation à l'accueil de nouveaux patients qui ne seront jamais pris en charge dans l'unité, par exemple – peut-elle redonner l'envie à son équipe de s'investir dans un nouveau projet ?
Aux urgences, dans les unités d'hospitalisation de courte durée, il arrive fréquemment que, faute de lit d'aval disponible, le patient soit renvoyé chez lui prématurément. La nécessité d'hospitalisation étant parfois bien réelle, ce patient reviendra très vite aux urgences pour une nouvelle consultation. Le parcours de soins du patient aurait dû être défini d'emblée dès la première consultation aux urgences. Rien de surprenant à ce que les personnels ressentent un sentiment de frustration face à ces situations qui se renouvellent. Ils sont conscients de ne pas répondre aux exigences d'une qualité attendue et sont en même temps impuissants. Les médecins sont touchés au premier plan. Cette insatisfaction, ce non-sens, concerne l'ensemble des professionnels qui exercent dans ces services.

Un mouvement incessant d'exigences nouvelles, de restructurations, de réglementations, de procédures et de normes oblige les professionnels à mettre en œuvre des réajustements permanents. *« Ce flux constant d'excitation contraint à l'immédiateté, inhibant tout mouvement d'appropriation subjective »*[7]. La part subjective de l'activité disparaît au profit d'une norme et d'un besoin d'efficience : tout est prévu, tout est prescrit. C'est ainsi qu'en *« objectivant à l'extrême l'activité, on lui fait perdre sa dimension subjective, on dépossède les agents de leurs compétences, de leur capacité réflexive, de tout ce qui donne de la valeur au travail »*[8].

Dans un tel contexte en mutation, les équipes soignantes perdent leurs repères. Alors, pour retrouver du sens, il est nécessaire de prendre le temps de la réflexion sur l'action, de revenir à la pratique réelle des professionnels, celle qui n'est pas « écrite » à l'avance et qui est, le plus souvent l'histoire d'une rencontre unique et singulière. L'analyse de pratiques est tout indiquée pour offrir une meilleure compréhension de ces nouvelles situations de travail et pour leur conférer un sens.

L'analyse de pratiques consiste à développer une posture réflexive. Elle ne se limite pas à un aller-retour entre la théorie et la pratique, à l'analyse des techniques et/ou des méthodes utilisées, mais

7. Gaillard G., Pinel J-P., « L'analyse de la pratique en institution ; un soutien à la professionnalité dans un contexte d'emprise gestionnaire ». *Nouvelle revue de psychosociologie* 2011 ; 11(1) : 85-103.
8. De Gaulejac V., *Travail, les raisons de la colère*. Paris : Seuil ; 2009. p. 177.

à l'identification des savoirs développés dans l'action, à la mise en évidence des interactions entre professionnels. Elle est pensée dans toute la subjectivité qui l'accompagne. Il est alors question du sujet dans sa pratique, ce sujet singulier, qui construit, au fur et à mesure des expériences, son identité professionnelle et personnelle. Selon Catherine Henri Ménassé, psychologue et psychanalyste, *« l'analyse de la pratique réinterroge en permanence et soutient la liaison de la représentation d'un soi professionnel et d'un soi identitaire plus ou moins consciemment élaboré »*[9].

L'analyse de pratiques permet d'aborder une pratique singulière et de mettre en mots les difficultés rencontrées. Elle rend possible la compréhension d'un acte, d'une relation non aboutie avec un patient, d'un mal-être inexpliqué, du non-respect d'un protocole. Il est en effet possible d'analyser, lors de ces séances, les pratiques transgressives, ce sujet pouvant être difficilement traité par ailleurs. C'est alors l'occasion de clarifier le processus de leur survenue et d'identifier en quoi ces pratiques ont quelque chose d'acceptable, en quoi également, elles peuvent faire courir des risques au patient et de quelle manière il est possible de les prévenir. Ces séances d'analyse convoquent la pratique réelle, telle qu'elle est réalisée et vécue par les professionnels.
Quel que soit le modèle utilisé, l'analyse de pratiques est toujours un *« travail sur des pratiques effectives, observées ou rapportées, toujours singulières et contextualisées »*[10]. Chaque séance d'analyse de pratiques se construit selon les étapes identiques que sont la présentation d'une pratique singulière, le questionnement de cette dernière, la formulation d'hypothèses de compréhension et d'actions par le groupe, et une phase d'éclairage théorique. La multiréférence du groupe représente une grande richesse car les grilles d'analyse sont nombreuses et variées du fait de l'expérience de chacun. Les représentations de la personne qui a vécu la situation singulière s'en trouvent ainsi modifiées. Une situation vécue comme étant insatisfaisantes peut alors être lue de manière positive.

La distance que favorise l'analyse de pratiques avec les situations vécues atténue les tensions, aide à repérer la part subjective, les responsabilités de chaque acteur, et donne une nouvelle interprétation des faits singuliers. Cette nouvelle vision en transforme le sens. Face à la difficulté, à la souffrance qui émane de tâches répétitives, les professionnels mettent en cause l'encadrement et/ou l'organisation. Il est plus facile, plus rassurant, peut-être de trouver un coupable, un bouc émissaire que de se remettre en question soi-même. Et pourtant, en analysant chaque situation, on repère vite combien la posture de chaque acteur joue un rôle dans le déroulement de l'action. L'aide-soignante, qui déplore ne pas avoir assez de temps pour échanger avec un patient à

9. Ménassé HC., *L'analyse de la pratique en institution : scènes, jeux, enjeux*. Toulouse : Érès ; 2009. p. 39.
10. Altet M., « L'analyse de pratiques, une démarche de formation professionnalisante ? », *Recherche et formation* 2000 ; 35 : 25-41.

domicile, est invitée à s'interroger sur sa conception du soin, sa propre attitude pendant la toilette, et le champ de ses responsabilités.

L'analyse de pratiques, en créant un lien entre les professionnels, construit de la professionnalité par le partage des expériences et des points de vue ; dans la réflexion engagée, le sens peut jaillir et être source de créativité. Les groupes d'analyse de pratiques organisés auprès des cadres de santé montrent l'importance de penser ensemble, d'appréhender différentes manières de procéder, d'innover en imaginant des solutions communes. Pour qu'il y ait émergence de sens pour le professionnel, il apparaît nécessaire d'interroger ses propres valeurs, ses croyances, son rapport au travail, sa conception d'une pratique idéale. Les sentiments éprouvés dans la situation vécue, les émotions diverses, gêne, peur, colère, doivent être explorés.

En effet, une analyse purement techniciste qui se rapprocherait de l'évaluation (conformité par rapport à une norme) n'est pas suffisante pour modifier le sens que l'on a de sa pratique. La mise en mots des représentations et/ou interprétations, des ressentis permet de donner du sens. La construction de sens individuel au cours de l'analyse de pratiques nécessite que la part subjective du professionnel dans la pratique soit interrogée. Lorsque des cadres participent à des séances d'analyse des pratiques, ils confrontent une vision partagée de leur fonction, et s'interrogent surtout sur la finalité de leur action. La question souvent posée est : « *Est-ce que ce que j'exige des équipes a des chances d'aboutir ou pas, et dans quels délais* » ? « *Comment présenter ce projet, quels arguments utiliser* » ? Il y a construction de sens collectif lors de l'analyse des pratiques si sont abordées les valeurs partagées, la direction de l'action envisagée. Cette mise en sens collective renforce la cohésion des équipes.

Toutefois, si l'analyse de pratiques offre des pistes de compréhension non encore explorées, elle ne peut être créatrice de sens de manière systématique, l'accessibilité à ce dernier étant propre à chaque individu. Un lâcher prise par rapport à des croyances, à des relations de pouvoir préexistantes, doit exister pour que l'individu puisse s'ouvrir à d'autres modes de penser. Ceci explique peut-être que, dans certaines conditions, les participants aient du mal à adhérer à ces séances.

À l'hôpital, comme dans la plupart des organisations, le changement est permanent, l'activité est de plus en plus soutenue. « *Le temps consacré à expliquer le comment et le pourquoi des actions entreprises n'a plus de place dans le management, et ce, parce que l'on n'a tout simplement plus de temps à consacrer à la relation et encore moins à la réflexion* »[11]. Ceci conduit à l'effondrement du sens, à une démotivation et à la souffrance des soignants. Les professionnels de santé doivent mettre en place un processus permanent de création de sens afin de continuer à s'impliquer dans leur travail. Or ce processus passe par l'acquisition d'une posture réflexive sur sa pratique. L'analyse de pratiques qui aborde, en groupe, et après coup, une pratique singulière,

11. Aubert N., « Le management à l'heure du capitalisme financier : un management hors sujet ? », *Nouvelle Revue de psychosociologie* 2012 ; 13(1) : 17-30.

participe de cette construction de sens. Depuis quelques années, elle s'impose au personnel soignant, comme si, en remettant le sujet au cœur de sa pratique, en mettant en mots son propre vécu, en retrouvant du sens, le désir de soigner était tout simplement ravivé. Claude Allione affirme, en effet, que *« ce qu'il est nécessaire de mettre au travail en permanence, c'est le désir de soigner, aussi bien individuellement, chez chaque intervenant, que collectivement, dans l'équipe, et au-delà dans tout le système »*[12].

Bernadette Roussely

Question

Commentez le texte ci-joint en enrichissant la réflexion de votre expérience professionnelle et de vos connaissances.

■ CORRIGÉ

1. Comprendre la consigne :

Dans cette consigne : le candidat doit d'abord faire une synthèse du texte en retenant les idées principales et ensuite donner son point de vue sur ces idées en argumentant avec son expérience.

2. Lire le texte :

Auteur : Bernadette Roussely, cadre supérieure de santé, formatrice consultante.
Revue : *Soins Cadres*, n° 87, août 2013.
Titre : « Analyse de pratiques et sens au travail » donne le sujet de la réflexion qui va être menée par l'auteur.
Registre : analytique, interrogatif et démonstratif.

12. Allione C., *La part du rêve dans les institutions, régulation, supervision, analyse des pratiques.* St-Just-La-Pendue : Les Belles Lettres ; 2010. p. 82.

3. Relever les idées principales du texte et les analyser :

Dans cette analyse des idées de l'auteur, nous avons mis en évidence le fractionnement de la réflexion de l'auteur pour que vous puissiez mieux comprendre sa réflexion.

Introduction

Constat : Une question que se posent tous les professionnels de santé : « *Ce que l'on nous demande de faire n'a aucun sens, ça ne veut rien dire, ce n'est pas du tout logique ni cohérent* ».

Questions de départ : Il faut donc s'interroger sur ce que signifie ce non-sens : est-il le même pour toutes les catégories de professionnels de santé ? A-t-il le même sens au niveau des pratiques de soins ? Ou bien dépend-il des valeurs et des références de chacun ?
Face à « l'urgence » des pratiques du quotidien, le soignant a-t-il le temps de réfléchir à sa pratique en dehors des normes imposées, des protocoles ou procédures définies ? La pratique est-elle la même que celles instruites par la Haute Autorité de santé avec ses recommandations de bonnes pratiques, ou bien cette pratique soignante est-elle une pratique autre que celle prescrite ?

Des espaces de réflexion de pratiques existent. Elles ont des appellations différentes avec des objectifs également différents, mais la mise en application est basée sur une réflexion groupale.

Définitions du sens :

- « *raison d'être, valeur, finalité de quelque chose, ce qui le justifie et l'explique, une signification* »
- « *une signification, un idéal pour lequel il est possible de se mobiliser fortement pour des considérations de dignité : pour une organisation, cela est à mettre en relation avec les valeurs affirmées* ».

À quoi sert ce que je fais ? Le sens est utile car il donne une direction, un réel facteur de motivation : c'est la personne qui donne un sens à son action et non l'organisation qui décide pour elle. Le sens est individuel (selon perceptions, représentations) et collectif (pratiques prescrites diffèrent avec les valeurs et modèles professionnels).

Définition du sens du travail : « *l'effet de cohérence entre le sujet et le travail qu'il accomplit, entre ses attentes, ses valeurs et les gestes qu'il pose quotidiennement dans le milieu de travail* ».

Question de recherche : « *En quoi ce que l'on me demande de faire est conforme à mes valeurs ou à ma conception du soin ?* »

Cadre conceptuel : le sens et les représentations

Les représentations sont singulières et propres à chacun. Elles dépendent du système éducatif, culturel, professionnel et de l'expérience. Le psychologue B. Rimé définit les représentations comme un « *univers virtuel* » créé par l'individu avec ses présuppositions sur les futures actions. La personne confronte son univers virtuel avec la réalité et s'il y a un écart avec ce qui était pressenti, elle va devoir se réadapter à cette réalité. C'est ainsi que se construit le sens :

- par les nouveaux savoirs, la réflexion collective ;
- par son évolution personnelle et ses centres d'intérêt.

La notion de « *sensmaking* » de Karl E. Weick : reprendre les éléments d'une situation pressentie et la relier à une représentation, permet de donner du sens. D'où la pratique de l'analyse réflexive.

Dès l'instant où le sens souhaité n'est pas visible sur l'action effectuée, le professionnel est affecté et ressent une perte de sens de sa pratique.

Première partie : La perte de sens est visible :

- **dans toutes les situations du quotidien et pour tous les professionnels sans distinction :**

- une aide-soignante en service de soins à domicile : regrette de ne pas avoir le temps d'échanger avec les patients car elle en a trop en charge. Dans ce cas, l'aide-soignante a un écart de perception sur ce qu'est le soin de confort, le soin relationnel et ce qu'elle est en capacité de réaliser concrètement. Selon elle, le soin est agressif car elle ne peut pas converser avec la patiente. La perte de sens se situe donc dans l'écart entre le soin idéal et celui qui est réalisé. Ce dernier étant en contradiction totale avec les valeurs de bientraitance et de prendre-soin,
- un cadre de santé qui mobilise toute une équipe sur un projet qui finalement ne se réalise pas. Ce même cadre de santé pourra-t-il se réinvestir avec cette même équipe sur un nouveau projet ?
- une unité d'hospitalisation de courte durée qui, faute de lit disponible en aval, décide de prononcer le retour du patient chez lui alors même que l'hospitalisation est motivée. Ce même patient reviendra, provoquant frustrations, impuissances et perte de sens pour tous les membres de l'équipe ;

- **du fait des exigences nouvelles, des restructurations perpétuelles, des normes imposées aux professionnels qui doivent s'y adapter en permanence.** L'immédiateté fait perdre l'appropriation subjective du professionnel. Ce dernier agit en fonction de ce qui est prescrit et non plus en fonction de ses compétences, de sa réflexion, de ce qui fait la base du travail soignant.

D'où la nécessité pour les professionnels de se poser pour retrouver du sens au travail, l'analyse des pratiques permet de comprendre ces nouvelles situations de travail, et de leur donner un minimum de sens.

Deuxième partie : l'analyse de pratiques :

Comment ? Elle est possible par la posture réflexive qui permet d'identifier les savoirs mobilisés lors de l'action et par les interactions entre professionnels. Le but de ce travail est d'aborder des situations factuelles, contextualisées, observées ou rapportées par les professionnels en groupe pluridisciplinaire et en respectant le schéma suivant :

- présentation d'une pratique singulière ;
- questionnement ;
- formulation d'hypothèses de compréhension et d'actions par le groupe ;
- cadre conceptuel théorique pour l'éclairage.

Elle doit prendre en considération les émotions et sentiments qui doivent être mis en mots pour ainsi donner du sens.

La notion de collectif doit être également intégrée car, tout en recherchant un sens collectif, elle permet la cohésion d'équipe.

But, le pourquoi ?

- Par une pratique singulière en mettant en mots les difficultés rencontrées : comme la compréhension d'un acte, un échec de relation avec un patient, non-respect d'un protocole, un malaise. Ainsi ces séances permettent de relativiser les situations rencontrées en mettant l'accent sur celles qui peuvent être tolérables et celles qui, en revanche, soumettent le sujet à des risques potentiels. Ces séances abordent le réel tel qu'il est vécu et réalisé par les professionnels en interrogeant ensemble les valeurs, les croyances, les rapports au travail et les conceptions du travail idéal pour chacun.
- Elle permet d'atténuer les tensions et la représentation singulière de chacun. Elle transforme le sens. Les professionnels face à ces tensions rendent coupables l'organisation et l'encadrement. L'analyse de pratiques vise à créer du lien entre les professionnels, une capacité d'innovation.

Les clés de réussite de l'analyse de pratiques :

- Pas de rapport de relation de pouvoir au sein du groupe ;
- un lâcher prise par rapport à certaines croyances sur l'analyse de pratiques.

Conclusion

À l'hôpital comme dans toute organisation, les mutations et l'adaptabilité demandée aux professionnels, empêchent le temps de la réflexion et de la relation. Il en résulte souffrance, démotivation et perte de sens pour les professionnels de santé. Pour prévenir cette perte de sens au travail, il est indispensable de réfléchir sur sa pratique en adoptant la posture réflexive. C'est ce qu'on appelle l'analyse de pratique qui en partant d'une situation singulière amène le groupe à s'interroger sur ses émotions et ses représentations pour ainsi construire un sens à sa pratique soignante.

Proposition de synthèse

Un jour ou l'autre tous les professionnels de santé arrivent à ce constat : *« Ce que l'on nous demande de faire n'a aucun sens, ça ne veut rien dire, ce n'est pas du tout logique ni cohérent »*. Cette affirmation revient donc à s'interroger sur ce que signifie ce non-sens tant dénoncé par les soignants ? Est-il commun à tous les acteurs de santé ? Possède-t-il le même sens au niveau des pratiques de soins ? Ou bien dépend-il des valeurs et des références de chacun ?
En effet, aujourd'hui face à « l'urgence » des pratiques imposées par le système sanitaire, le soignant a-t-il réellement le temps de réfléchir sur sa pratique en dehors des normes, des protocoles ou des procédures imposés ? Cette pratique se différencie-t-elle de celles définies par la Haute Autorité de santé sous la forme de recommandations de « bonnes pratiques » ? Ou bien cette pratique soignante est-elle une nouvelle pratique non prescrite ?

Effectivement dans les unités de soins où la charge émotionnelle est intense, des espaces de réflexion sont mis en place pour aborder les pratiques de soins. Elles ont des appellations diverses avec des objectifs différents, mais leur mise en application est basée sur une réflexion collective. Avant d'aborder plus en détails ce type de pratique en équipe, il est indispensable de définir ce qu'est le sens. À quoi sert ce que je fais ?
Le sens est utile car il donne une direction et représente un réel facteur de motivation : *« C'est le sujet qui donne un sens à son action et non l'organisation qui décide pour lui »*. Le sens est individuel (selon les perceptions et représentations de la personne) et en même temps collectif (selon les valeurs professionnelles et déontologiques du groupe). Le sens au travail, lui, indique *« l'effet de cohérence entre le sujet et le travail qu'il accomplit, entre ses attentes, ses valeurs et les gestes qu'il pose quotidiennement dans le milieu de travail »*. Ceci nous amène donc à nous demander : *« En quoi ce que l'on me demande de faire est conforme à mes valeurs ou à ma conception du soin ? »*

Pour répondre cette interrogation, nous allons utiliser deux concepts qui sont les représentations et le sens.
Les représentations sont singulières et propres à chacun. Elles dépendent du système éducatif, culturel et professionnel. Le psychologue B. Rimé définit les représentations comme un *« univers virtuel »* créé par l'individu avec ses présuppositions sur les actions à venir. La personne va

confronter son monde virtuel avec la réalité et au moindre écart avec ce qui était pressenti, elle va devoir se réadapter à cette réalité. C'est de cette manière que se construit le sens non seulement par les nouveaux savoirs, la réflexion collective, mais également par sa propre évolution personnelle et ses centres d'intérêt. Karl E. Weick désignera cela par le « *sensmaking* » c'est-à-dire le fait de reprendre les éléments d'une situation pressentie et de la relier à une représentation, permet de donner du sens. Dès l'instant où le sens souhaité n'est pas visible sur l'action réalisée, le professionnel est affecté et ressent une perte de sens de sa pratique.
Mais comment s'observe cette perte de sens ?

La perte de sens est visible dans toutes les situations du quotidien et pour tous les professionnels sans distinction : allant de l'aide-soignante qui, devant la charge de travail, regrette de ne pas avoir le temps d'assurer un rôle relationnel avec le patient, ou encore le cadre de santé qui mobilise toute une équipe autour d'un projet qui au final ne se réalisera pas, ou bien encore le médecin urgentiste qui est contraint de faire sortir un patient prématurément faute de place d'hospitalisation. Toutes ces situations renvoient à un point commun : la perte de sens se situe d'une part dans l'écart entre le soin idéal et le soin réalisé et d'autre part dans la contradiction totale avec les valeurs professionnelles.
De plus, face aux restructurations perpétuelles et aux normes imposées à ces professionnels, l'appropriation subjective soignante laisse la place à l'immédiateté. Ces sujets agissent en fonction de ce qui est prescrit, prévu et non plus en fonction de leurs compétences et de leurs réflexions qui sont l'essence même de la base du travail soignant.
Cependant comment redonner aux soignants cette posture réflexive ?

C'est par l'analyse de pratique fondée sur la posture réflexive que les professionnels de santé vont pouvoir comprendre ces nouvelles situations de travail, et retrouver un minimum de sens. La finalité de l'analyse de pratiques est d'aborder des situations singulières, factuelles, contextualisées, observées ou rapportées par un groupe pluridisciplinaire en respectant une méthodologie rigoureuse (présentation d'une pratique singulière, questionnement, formulation d'hypothèses de compréhension et d'actions par le groupe et cadre conceptuel théorique pour l'éclairage). Elle doit prendre en considération les émotions et sentiments qui doivent être mis en mots pour ainsi donner du sens. Ces séances abordent le réel tel qu'il est vécu et réalisé par les professionnels en interrogeant ensemble les valeurs, les croyances, les rapports au travail et les conceptions du travail idéal pour chacun. La réflexion collective est une prérogative à ce type d'exercice car, tout en recherchant un sens collectif, cela permet de créer du lien et de la cohésion d'équipe.
Les clés de la réussite de l'analyse de pratiques résident dans un lâcher prise sur les préjugés concernant ce type de réflexion et également l'absence au sein du groupe d'une relation de pouvoir.

À l'hôpital, comme dans toute organisation, les mutations du système et l'adaptabilité qui en découle empêchent les professionnels d'avoir un temps de réflexion et de relation sur ses actions. Ce climat provoque souffrance, démotivation et perte de sens pour ces professionnels de santé. Pour prévenir cette perte de sens au travail, il est indispensable de réfléchir sur sa pratique en adoptant la posture réflexive. L'analyse de pratiques va, à partir d'une situation singulière, conduire le groupe à s'interroger sur ses émotions et ses représentations pour ainsi redonner un sens à sa pratique soignante.

Commentaire personnel

Nous vous donnons quelques pistes de réflexions pour développer votre commentaire personnel. Il n'y a pas de commentaire type : selon votre expérience et vos domaines d'expertise, vous êtes invités à les mettre en évidence pour argumenter votre point de vue en lien avec les idées directrices du texte. Gardez à l'esprit que ce qui se passe dans votre service n'est qu'un exemple singulier et que vous devez interroger vos pratiques.

1. Mobilisation des connaissances et des arguments tirés de l'expérience

La méthode du QQOQCP, ou la méthode du *brainstorming* avec les mots-clés du texte : posture réflexive, analyse de pratiques, sens, représentations, valeurs, soin.

2. Construction du plan

- Première partie : les origines de l'analyse de pratiques.
- Seconde partie : l'analyse de pratiques au service des missions du cadre de santé.

Proposition de commentaire personnel

(Introduction)

(Accroche) « Il y a plus dans une idée verbalisée que dans une pensée muette. » disait le psychologue russe Lev Vygotski. Dans cette citation, nous percevons l'importance de la prise de conscience et de la verbalisation du sujet pour construire son rapport aux savoirs. C'est dans le prolongement de cette idée que l'analyse de pratiques a percé aujourd'hui dans tous les domaines professionnels.
(Annonce du plan) Après avoir évoqué les origines historiques de l'analyse de pratiques, nous nous demanderons en quoi cette démarche peut aider aux missions des cadres de santé.

(Développement)

(Première partie : origines de l'analyse de pratiques)

L'analyse de pratiques trouve sa première origine chez Sigmund Freud au travers de la « *psychanalyse de contrôle* » où le thérapeute fait appel à des mécanismes psychiques de transfert et de contre-transfert. Progressivement, cette pratique va être également observée dans les groupes BALINT, du nom de son fondateur Michael Balint, médecin et psychanalyste, qui met en place cette technique de supervision destinée aux médecins pour analyser leurs relations avec les patients et leurs maladies. Cet espace où interagissent plusieurs médecins orchestrés par un superviseur qualifié, vont aborder des situations réelles vécues pour dégager la dimension émotionnelle dans la relation médecin-patient.

La pédagogie va s'inspirer également de cette méthode avec la démarche de Jacques Lévine et son approche du « *Soutien au soutien* ». Cet espace ouvert exclusivement au corps enseignant, permet à ces derniers de s'exprimer pour évoquer leurs difficultés face aux processus d'apprentissage des élèves et également de percevoir leur mode de fonctionnement professionnel. Toutefois cette méthode va connaître un bouleversement significatif avec Carl Rogers qui va la détacher de la psychanalyse et démontrer que cette démarche peut être réalisée par toute personne dès l'instant où les quatre étapes de la méthodologie sont respectées avec d'abord l'exposition de la situation ayant posé difficulté, ensuite la clarification de la situation et du problème, puis la compréhension du problème avec suggestions d'hypothèses reliées à des apports théoriques et enfin éventuellement la phase de propositions au problème analysé.

L'autre aspect historique à l'origine de cette méthode est la pratique réflexive de Schön qui défend que l'action soit source de connaissances. C'est par l'expérience que le sujet apprend. La théorie apprise en formation est rarement mobilisée en pratique. Ce praticien en déduit que la personne solutionne les problèmes en faisant appel à des situations antérieures similaires, donc elle use de son savoir expérientiel, lié à son expérience.

(Phrase de transition) L'évolution historique, connue par la démarche de l'analyse de pratiques, a permis de mieux cadrer la méthode ainsi que son mode d'application. Elle est devenue aujourd'hui une méthode reconnue et enseignée aux professionnels de l'enseignement et de la santé. Nous pourrions nous demander en quoi cette méthode d'analyse de pratiques peut aider les cadres de santé à assurer leurs missions.

(Deuxième partie : objectifs de l'analyse de pratiques)

Les cadres de santé, professionnels issus de la filière soignante, peuvent avoir été sensibilisés à l'analyse de pratiques professionnelles pendant leur formation professionnelle. Que gardent-ils de cette méthode ? Arrivent-ils à la mettre en application dans certains domaines liés à leurs missions ?

L'analyse de pratiques peut trouver sa place dans certaines missions du cadre de santé :

- la mission clinique du cadre de santé. En effet, les équipes devant des difficultés de prises en charge de patients, ont besoin d'exprimer ces situations de soins où la souffrance et la maladie des patients deviennent ingérables. *(Donner des exemples : mise en place de réunions interdisciplinaires pour évoquer une situation de soins donnée où l'équipe s'est sentie démunie face au patient et à son entourage)*. Le cadre de santé pourra tenir le rôle d'animateur pour guider les équipes ;
- la mission de formation auprès des élèves accueillis dans le service : *(Donner des exemples : le cadre de santé est le maître de stage pour les élèves infirmiers. Son rôle est de garantir à l'élève qu'il pourra acquérir des savoir-faire sur le terrain. Le rôle du cadre est de s'assurer que les équipes seront en capacité d'encadrer l'élève tout en le laissant pratiquer et de réajuster ses actions en fonction des situations)* ;
- la mission de ressources humaines : *(Donner des exemples : lors de l'entretien annuel d'évaluation avec les agents : le cadre de santé va aider l'agent à verbaliser les compétences acquises)*. Le cadre de santé va user de certains modes d'expression : la reformulation, l'explication avec l'agent.

(Conclusion)

Au fil des années, les psychanalystes ont introduit des modèles de démarches d'analyses de pratiques dans le but de faire évoquer et verbaliser au sujet ses émotions. Balint et Schön en pointant leurs démarches sur l'action de l'individu, ont démontré que le sujet apprend de son expérience plus que des apports théoriques reçus.
Aujourd'hui, la rapidité et la formalisation des démarches de travail ne cessent de croître dans les organisations. L'analyse de pratiques appliquée selon les règles de sa méthodologie, permet de redonner au professionnel son pouvoir de réflexion et l'acquisition de nouveaux savoir-faire.

ANNEXES

BIBLIOGRAPHIE

Pour le concours de sélection

BELLENGER L., *L'Excellence à l'oral*, Paris, ESF, coll. « Formation permanente », 2005

COLLIÈRE M.-F., *Promouvoir la vie. De la pratique de femmes soignantes aux soins infirmiers*, Paris, Elsevier Masson, 1998

DEVERS G., *La Responsabilité infirmière*, Paris, ESKA, 1998

KERVASDOUE J. DE, *L'hôpital*, Paris, PUF, coll. « Que sais-je ? », 2011

HESBEEN W., *Cadre de santé de proximité : un métier au cœur du soin. Penser une éthique du quotidien des soins*, Paris, Elsevier Masson, 2011

MINTZBERG H., *Le Manager au quotidien. Les 10 rôles du cadre*, Paris, Éditions d'organisation, 2006

PALIER B., *La Réforme des systèmes de santé*, Paris, PUF, coll. « Que sais-je ? », 2011

Pour la formation de cadre de santé

BALLÉ C., *Sociologie des organisations*, Paris, PUF, coll. « Que sais-je ? », 2001

BOURRET P., *Les Cadres de santé à l'hôpital. Un travail de lien invisible*, Paris, Seli Arslan, 2006

LE BOTERF G., *Repenser la compétence*, Paris, Eyrolles, Éditions d'organisation, 2008

MINTZBERG H., *Le Manager au quotidien. Les 10 rôles du cadre*, Paris, Éditions d'organisation, 2006

MORIN E., *La Complexité humaine*, Paris Flammarion, coll. « Champs l'essentiel », 1994

VEGA A., *Soignants/Soignés. Pour une approche anthropologique des soins infirmiers*, Bruxelles, De Boeck, 2001

VEGA A., *Une ethnologue à l'hôpital. L'ambiguïté du quotidien infirmier*, Paris, Archives contemporaines, 2000

Revues professionnelles

Gestions hospitalières, *Objectif soins*, *Éducation permanente*, *Santé mentale*, *Soins cadres* (liste non exhaustive)

Quotidiens, hebdomadaires, revues...

Le Monde, *Le Quotidien du médecin*, *L'Express*, *Le Nouvel Observateur*, *Le Point*, *Alternatives économiques*, *Sciences humaines*, *Capital*, *L'Essentiel du management*, *L'Expansion*, *Courrier cadres* (liste non exhaustive)

Sites Internet

www.sante.gouv.fr (ministère de la Santé)
www.sante.fr (portail santé)
www.anap.fr (Agence nationale d'appui à la performance des établissements de santé et médico-sociaux)
www.legifrance.gouv.fr (réglementation)
www.has-sante.fr (Haute Autorité de santé)
www.cadredesante.com (forum des cadres de santé)
www.ccne-ethique.fr (Comité consultatif national d'éthique)

Il faut ajouter qu'il est important de savoir maîtriser certains outils informatiques tels que Word, Excel, Power Point.

ANNEXE I | ARRÊTÉ DU 18 AOÛT 1995 RELATIF AU DIPLÔME DE CADRE DE SANTÉ

NOR : SANP9502094A

Version consolidée au 21 janvier 2013

Le ministre de l'Éducation nationale, de l'Enseignement supérieur, de la Recherche et de l'Insertion professionnelle, le ministre de la Santé publique et de l'Assurance maladie et le secrétaire d'État à l'Enseignement supérieur,

Vu le décret n° 95-926 du 18 août 1995 portant création d'un diplôme de cadre de santé ;

Vu l'arrêté du 20 janvier 1993 relatif au diplôme d'études universitaires générales Sciences et aux licences et maîtrises du secteur Sciences ;

Vu l'arrêté du 9 février 1993 relatif au diplôme d'études universitaires générales Sciences humaines et sociales et aux licences et aux maîtrises du secteur Sciences humaines et sociales ;

Vu l'avis du Conseil supérieur des professions paramédicales en date du 22 décembre 1994,

Article 1 (abrogé)

Abrogé par Arrêté 2009-07-31 (BO santé 15 août 2009)

Article 2 (abrogé)

Abrogé par Arrêté 2009-07-31 (BO santé 15 août 2009)

Article 3 (abrogé)

Abrogé par Arrêté 2009-07-31 (BO santé 15 août 2009)

Article 4

Modifié par Arrêté du 15 mars 2010 - art. 1
Pour être admis à suivre la formation sanctionnée par le diplôme de cadre de santé, les candidats doivent :
1° Être titulaires d'un diplôme, certificat ou autre titre permettant d'exercer l'une des professions mentionnées à l'article 1er du décret du 18 août 1995 susvisé ;
2° Avoir exercé pendant au moins quatre ans à temps plein ou une durée de quatre ans d'équivalent temps plein au 31 janvier de l'année des épreuves de sélection l'une des professions mentionnées au 1° ci-dessus ;
3° Avoir subi avec succès les épreuves de sélection organisées par chaque institut sous le contrôle du directeur général de l'agence régionale de santé.

Article 5

Modifié par Arrêté du 15 mars 2010 - art.
Chaque année, sur proposition du directeur de l'institut, le directeur de l'institut fixe la date des épreuves de sélection.

Article 6

Modifié par Arrêté 1999-08-16 art. 2 JORF 27 août 1999
Pour se présenter aux épreuves de sélection, les candidats déposent entre le 2 janvier et le 15 février de l'année des épreuves de sélection, auprès de l'institut de leur choix, un dossier d'inscription comprenant les pièces suivantes :

1° Une copie certifiée conforme de leurs diplômes ;

2° Une attestation de l'employeur, ou des employeurs, justifiant des quatre années d'exercice mentionnées à l'article 4 du présent arrêté, ou, pour les candidats exerçant dans le secteur libéral, un certificat d'identification établi par la ou les caisses primaires d'assurance maladie du secteur de leur exercice et une attestation d'inscription au rôle de la patente ou de la taxe professionnelle pour la période correspondant à leur exercice, établie par les services fiscaux de leur lieu d'exercice, et tous autres documents permettant de justifier des modes d'exercice ;

3° Un certificat médical émanant d'un médecin agréé attestant l'aptitude physique et l'absence de contre-indication au suivi de la formation, et un certificat médical attestant que le candidat est à jour des vaccinations obligatoires prévues par l'article L. 10 du code de la santé publique ;

4° Une attestation de prise en charge ou de demande de prise en charge des frais de scolarité par l'employeur ou l'organisme de financement concerné, ou, à défaut, un engagement sur l'honneur du candidat de régler les frais de scolarité.

Article 7

Modifié par Arrêté du 15 mars 2010 - art. 1
Le jury des épreuves de sélection, nommé par le directeur de l'institut, comprend :
1° Le directeur de l'institut ou son représentant président ;
2° Un professionnel, issu de l'une des professions pour lesquelles l'institut de formation des cadres de santé est agréé, titulaire de l'un des titres visés au 3° de l'article 2 du présent arrêté, enseignant depuis au moins trois ans dans un institut de formation des cadres de santé ou dans tout autre établissement agréé pour la formation préparant à l'un des diplômes, certificats ou autres titres permettant d'exercer l'une des professions visées au 1° de l'article 4 du présent arrêté ;
3° Un professionnel, issu de l'une des professions pour lesquelles l'institut de formation des cadres de santé est agréé, titulaire de l'un des titres visés au 3° de l'article 2 du présent arrêté, exerçant depuis au moins trois ans des fonctions d'encadrement dans un service ;
4° Un directeur d'hôpital ;
5° Un médecin hospitalier ;
6° Un enseignant relevant du ministère chargé de l'enseignement supérieur.

Les membres du jury ne doivent pas tous exercer leurs fonctions au sein du même établissement hospitalier ou, en ce qui concerne l'Assistance publique - hôpitaux de Paris, du même hôpital ou groupe hospitalier. L'un au moins des deux professionnels mentionnés au 2° et au 3° ci-dessus doit appartenir à la même profession que le candidat.
Si le nombre de candidats le justifie, le directeur de l'institut peut augmenter le nombre des membres du jury, en respectant les proportions prévues pour le jury de base.

Article 8

Modifié par Arrêté 1999-08-16 art. 4 JORF 27 août 1999
I. - Les épreuves de sélection, organisées entre le 1er mars et le 15 juin de l'année de la rentrée dans l'institut, sont les suivantes :

1° Une épreuve d'admissibilité, écrite et anonyme ; cette épreuve, d'une durée de quatre heures, notée sur 20, consiste en un commentaire d'un ou plusieurs documents relatifs à un sujet d'ordre sanitaire ou social. Elle a pour but de tester les capacités d'analyse et de synthèse du candidat, son aptitude à développer et argumenter ses idées par écrit. Les convocations à cette épreuve sont adressées aux candidats quinze jours au moins avant la date de l'épreuve, à compter de la date limite de dépôt des dossiers de candidature. L'ensemble des membres du jury est réparti par son président en trois groupes de deux personnes, de façon à assurer une double correction ; à l'issue de celle-ci, le président du jury dresse la liste des candidats admissibles. Ne peuvent être déclarés admissibles que les candidats ayant obtenu une note égale ou supérieure à 10 sur 20.

2° Une épreuve d'admission à partir d'un dossier rédigé par le candidat ; ce dossier se compose :

a) D'un curriculum vitae, précisant le déroulement de carrière, les formations et diplômes ;
b) D'une présentation personnalisée portant sur :

- i) Son expérience et ses perspectives professionnelles, sa participation à des travaux, études, publications, groupes de réflexion, actions de formation et, éventuellement, les responsabilités exercées dans des organismes ou associations ;

- ii) Ses conceptions de la fonction de cadre et ses projets.

Cette épreuve, notée sur 20, dont l'évaluation est assurée par trois membres du jury désignés par son président comporte, outre l'examen du dossier, un exposé oral de dix minutes, au cours duquel le candidat présente son dossier, et un entretien de vingt minutes.

Les convocations à cette épreuve sont adressées aux candidats quinze jours au moins avant la date de l'épreuve, à compter du jour de publication de la liste des candidats admissibles.
L'évaluation de cette épreuve porte sur :
- le dossier ;
- l'exposé ;
- l'entretien.

II. - La note finale est la somme de la note d'admissibilité et de la note d'admission. Ne peuvent être déclarés admis que les candidats dont la note finale est égale ou supérieure à 20 sur 40, sans que la note d'admission soit inférieure à 10 sur 20.
Le jury, réuni en formation plénière, dresse la liste des candidats admis, ainsi qu'une liste complémentaire destinée à pourvoir les places vacantes en cas de désistement.

Article 8 bis

Modifié par Arrêté du 15 mars 2010 - art. 1
Les candidats domiciliés dans les départements ou territoires d'outre-mer peuvent demander à subir sur place l'épreuve d'admissibilité pour l'institut de leur choix. Cette demande est faite au directeur de l'institut choisi qui apprécie l'opportunité d'organiser sur place cette épreuve, en liaison avec le directeur général de l'agence régionale de santé ou la haute autorité territoriale concernée.

Article 8 ter

Créé par Arrêté 1997-05-27 art. 7 JORF 31 mai 1997
Les candidats domiciliés à l'étranger peuvent demander à subir sur place l'épreuve d'admissibilité pour l'institut de leur choix. Cette demande est faite au directeur de l'institut choisi qui apprécie l'opportunité d'organiser sur place cette épreuve, à la demande ou avec l'assentiment des représentants français dans le pays considéré.

Article 9

Les résultats des épreuves d'admission ne sont valables que pour la rentrée en vue de laquelle les épreuves ont été organisées. Le directeur de l'institut accorde un report de droit d'une année en cas de départ au service national, de congé de maternité, de congé d'adoption ou de congé pour garde d'un enfant de moins de quatre ans. Il accorde également un report de droit d'une année, renouvelable une fois, en cas de rejet de demande d'accès à la formation professionnelle ou à la promotion sociale, de rejet de demande de congé de formation ou de rejet de demande de mise en disponibilité.

En outre, en cas de maladie, d'accident ou si le candidat apporte la preuve de tout autre événement grave lui interdisant d'entreprendre ses études au titre de l'année en cours, un report de scolarité d'une année peut être accordé par le directeur de l'institut, après avis du conseil technique mentionné à l'article 14 du présent arrêté.

Les femmes interrompant leurs études pour un congé de maternité peuvent reprendre leurs études l'année suivante. Les enseignements théoriques et les stages déjà effectués leur restent acquis. Cette possibilité est également donnée, après avis du conseil technique, aux étudiants interrompant leurs études pour des motifs exceptionnels.

Article 9 bis

Créé par Arrêté du 15 mars 2010 - art. 1
Dans chaque institut de formation, les candidats aux épreuves d'admission présentant un handicap peuvent déposer une demande d'aménagement des épreuves. Ils adressent leur demande à l'un des médecins désignés par la commission des droits et de l'autonomie des personnes handicapées et en informent les instituts de formation.
Le directeur de l'institut met en œuvre les mesures d'aménagement préconisées.

Article 10

Modifié par Arrêté du 15 mars 2010 - art. 1
La durée totale de la formation préparatoire au diplôme de cadre de santé est de quarante-deux semaines dont une semaine de congés. La dispensation de la formation, dont le programme est constitué de modules capitalisables, peut être organisée par les instituts de formation des cadres de santé, soit de façon continue sur une année scolaire, soit de façon discontinue sur une période n'excédant pas quatre années scolaires. Dans ce dernier cas, l'étudiant doit exprimer son choix au plus tard lors de la proclamation des résultats des épreuves de sélection pour l'admission.

La formation comporte deux semaines de travail personnel, de recherche et de documentation dont le directeur fixe la date après avis du conseil technique. Le programme de la formation théorique et pratique est défini à l'annexe I du présent arrêté.

La date de rentrée est fixée chaque année par le directeur de l'institut entre le 1er et le 15 septembre.

Article 11

Les modalités d'évaluation des différents modules de formation sont définies à l'annexe II du présent arrêté.

Les évaluations des épreuves écrites et orales des modules 1, 2, 4 et 5 sont effectuées par les formateurs de l'institut et les professionnels exerçant des responsabilités d'encadrement dans le service d'accueil du stagiaire.

La soutenance du mémoire portant sur les modules 3 et 6 s'effectue devant un jury composé du directeur de mémoire, choisi par l'équipe enseignante en concertation avec l'étudiant, et d'une personne choisie en raison de sa compétence. L'un au moins des membres du jury doit appartenir à la même profession que le candidat.

Lorsque, en application de l'article 23 du présent arrêté, l'institut a conclu une convention avec une université, un enseignant relevant du ministère chargé de l'enseignement supérieur est associé aux évaluations des modules faisant l'objet du partenariat et au jury de soutenance du mémoire.

Les modules 1, 4 et 5 sont validés si les étudiants ont obtenu à chacun d'eux une note moyenne égale ou supérieure à 10 sur 20.

Le module 2 est validé si les étudiants ont obtenu à celui-ci une note égale ou supérieure à 10 sur 20.

Les modules 3 et 6 sont validés si les étudiants ont obtenu à la soutenance du mémoire une note égale ou supérieure à 10 sur 20.

Article 12

Modifié par Arrêté 1999-08-16 art. 5 JORF 27 août 1999
Ne peuvent être autorisés à soutenir leur mémoire que les étudiants ayant préalablement validé les modules 1, 2, 4 et 5.
Pour les étudiants n'ayant pas validé un ou plusieurs de ces modules, une nouvelle série d'évaluations est organisée par l'institut afin de permettre, en cas de validation, à ces étudiants de présenter leur mémoire préalablement à la date de la première réunion du jury d'attribution du diplôme de cadre de santé prévu à l'article 13 du présent arrêté.

Pour les étudiants qui ont validé les modules 1, 2, 4 et 5 mais n'ont pas validé les modules 3 et 6, l'institut organise une nouvelle soutenance de mémoire au plus tard trois mois après la proclamation des résultats du diplôme de cadre de santé.

Les étudiants qui n'ont pas validé un ou plusieurs modules à l'issue, selon le cas, des deux séries d'évaluation ou des deux soutenances de mémoire sont autorisés à suivre et valider l'année suivante les enseignements théoriques et les stages correspondant aux modules concernés. Ils conservent le bénéfice des modules précédemment validés.

Article 12-1

Créé par Arrêté du 20 août 2008 - art. 1
En vue d'obtenir le diplôme de cadre de santé, les infirmiers d'encadrement de sapeurs-pompiers professionnels titulaires du brevet d'infirmier d'encadrement de sapeurs-pompiers professionnels sont dispensés de l'enseignement théorique et des stages des modules 1, 2, 3 et 5, ainsi que des épreuves de validation de ceux-ci. Ils doivent suivre, au sein d'un institut de formation des cadres de santé autorisé, l'enseignement théorique des modules 4 et 6 et effectuer un stage de quatre semaines dans un établissement de santé. Les modalités d'évaluation des deux modules leur sont spécifiques.

Article 13

Modifié par Arrêté du 15 mars 2010 - art. 1
Le jury d'attribution du diplôme de cadre de santé, nommé par le préfet de région pour chaque institut, comprend, outre le directeur régional de la jeunesse, des sports et de la cohésion sociale ou son représentant, président :

- le directeur général de l'agence régionale de santé ou son représentant ;
- le directeur de l'institut ou son représentant ;
- les membres des différents jurys de soutenance des mémoires.

Ce jury, réuni au plus tard le 30 juin, établit la liste des étudiants admis et proclame les résultats. Sont déclarés admis les étudiants ayant validé l'ensemble des modules.
Le cas échéant, le jury se réunit une nouvelle fois à l'issue de la soutenance de mémoire prévue au dernier alinéa de l'article 12 du présent arrêté et établit la liste complémentaire des étudiants admis.
Le diplôme de cadre de santé est délivré, au vu de la liste établie par le jury, par le préfet de région.

Article 14

Dans chaque institut de formation des cadres de santé, le directeur est assisté d'un conseil technique qu'il consulte sur toutes les questions relatives à la formation.

Le directeur de l'institut soumet au conseil technique pour avis :

- le projet pédagogique et l'organisation générale des études dans le respect du programme défini par le présent arrêté ;

• les modalités de mise en œuvre de l'évaluation théorique et pratique et les modalités de validation des stages ;
• l'utilisation des locaux et du matériel pédagogique ;
• l'effectif des différentes catégories de personnels enseignants ainsi que la nature et la durée de leurs interventions ;
• le budget prévisionnel ;
• le montant des frais de scolarité et des droits d'inscription aux épreuves d'admission exigés des étudiants ;
• le règlement intérieur ;
• les reports de scolarité prévus par le deuxième alinéa de l'article 9 du présent arrêté.

Il porte à la connaissance du conseil technique :

Le bilan pédagogique de l'année écoulée ;
Les budgets approuvés ainsi que le compte administratif en fin d'exercice ;
La liste des étudiants admis et les reports de scolarité accordés.

Article 15

Modifié par Arrêté du 15 mars 2010 - art. 1
Le conseil technique comprend, outre le directeur général de l'agence régionale ou son représentant, président :
1° Le directeur de l'institut ;
2° Un représentant de l'organisme gestionnaire ;
3° Lorsque l'institut a conclu une convention avec une université, un enseignant relevant du ministère chargé de l'enseignement supérieur ;
4° Des enseignants de l'institut, intervenant à temps plein ou à temps partiel, élus par leurs pairs, à raison d'un au moins pour chacune des professions pour lesquelles l'institut est agréé, ainsi que, pour chacune de ces professions, au-delà de quarante étudiants, un membre supplémentaire par tranche de quarante étudiants ;
5° Des professionnels, désignés par le directeur de l'institut, titulaires du diplôme de cadre de santé ou de l'un des autres titres visés au 3° de l'article 2 du présent arrêté, exerçant depuis au moins trois ans des fonctions d'encadrement dans un service accueillant des étudiants en stage, en nombre égal, par profession, aux enseignants mentionnés au 4° ci-dessus ;
6° Des représentants des étudiants, élus par leurs pairs, en nombre égal, par profession, aux enseignants mentionnés au 4° ci-dessus ;
7° Une personnalité qualifiée, désignée par le directeur de l'institut.

Les membres du conseil technique sont nommés par arrêté du directeur général de l'agence régionale de santé.
La durée du mandat des membres du conseil technique est de cinq ans, à l'exception des représentants des étudiants, qui siègent pour une durée d'un an. Les membres élus du conseil technique ont un suppléant désigné dans les mêmes conditions.
En outre, selon les questions inscrites à l'ordre du jour, le président, soit seul, soit à la demande de la majorité des membres du conseil, peut inviter toute personne qualifiée susceptible d'apporter un avis au conseil technique.
Le conseil technique se réunit au moins deux fois par an sur convocation du directeur de l'institut, qui recueille préalablement l'accord du président et qui en fait assurer le secrétariat.
Le conseil technique ne peut siéger que si les deux tiers de ses membres sont présents. Si le quorum requis n'est pas atteint, la réunion est reportée. Les membres du conseil sont à nouveau convoqués pour une réunion qui se tient dans un délai maximum de huit jours. Le conseil peut alors valablement délibérer, quel que soit le nombre des membres présents.

Article 16

Le conseil technique peut être réuni, à la demande du directeur, en formation restreinte de conseil de discipline. Il émet un avis sur les fautes disciplinaires commises par les étudiants et peut proposer de prononcer à leur encontre l'une des sanctions suivantes :

1° L'avertissement ;
2° L'exclusion temporaire de l'institut ;
3° L'exclusion définitive de l'institut.
La sanction, dûment motivée, est prononcée par le directeur de l'institut. Elle est notifiée à l'étudiant.

Article 17

Modifié par Arrêté du 15 mars 2010 - art. 1
Le conseil de discipline comprend, outre le directeur général de l'agence régionale de santé ou son représentant, président :

1° Le représentant de l'organisme gestionnaire de l'institut ;
2° L'un des enseignants siégeant au conseil technique, issu de la même profession que l'étudiant traduit devant le conseil de discipline, élu par ses pairs ;

3° L'un des professionnels siégeant au conseil technique, issu de la même profession que l'étudiant traduit devant le conseil de discipline, élu par ses pairs ;
4° Deux des étudiants siégeant au conseil technique, dont au moins un issu de la même profession que l'étudiant traduit devant le conseil de discipline, élus par leurs pairs.

Article 18

Le conseil de discipline est saisi et convoqué par écrit par le directeur de l'institut, qui en fait assurer le secrétariat.

La saisine du conseil de discipline est motivée par l'exposé du ou des faits reprochés à l'étudiant. Cet exposé est adressé aux membres du conseil de discipline en même temps que la convocation, soit au moins huit jours avant la date de la réunion.
L'étudiant est informé de la saisine du conseil de discipline et invité à prendre connaissance de son dossier au minimum huit jours avant la réunion.

Le conseil ne peut siéger que si les deux tiers de ses membres sont présents. Dans le cas où le quorum requis n'est pas atteint, les membres du conseil sont convoqués pour une nouvelle réunion qui se tient dans un délai maximum de huit jours. Le conseil peut alors valablement délibérer, quel que soit le nombre de présents.

Article 19

Le directeur expose oralement devant le conseil de discipline les faits reprochés à l'étudiant. Le conseil de discipline entend l'étudiant ; celui-ci peut être assisté d'une personne de son choix. Des témoins peuvent être entendus à la demande de l'étudiant, du directeur de l'institut ou du président du conseil de discipline.

Le conseil arrête sa proposition de sanction à la suite d'un vote. Ce vote peut être effectué à bulletin secret si l'un des membres le demande.

Article 20

Modifié par Arrêté du 15 mars 2010 - art. 1
En cas d'urgence, le directeur peut suspendre la formation d'un étudiant en attendant sa comparution devant le conseil de discipline. Ce dernier est convoqué et réuni dans un délai maximum de quinze jours à compter du jour de la suspension de la scolarité de l'étudiant.

Le directeur général de l'agence régionale de santé est immédiatement informé par écrit d'une décision de suspension.

Article 21

Les membres du conseil technique sont tenus d'observer une entière discrétion à l'égard des informations dont ils ont connaissance dans le cadre des travaux du conseil.

Article 22

En sus de la capacité agréée, dans la limite de 10 % de cette capacité, les personnes titulaires d'un diplôme, certificat ou titre étranger non validés pour l'exercice en France, mais permettant dans le pays dans lequel ils ont été délivrés d'exercer une des professions visées au 1° de l'article 4 du présent arrêté, peuvent être admises dans un institut, par classement sur une liste supplémentaire distincte, après avoir subi, dans les mêmes conditions d'inscription et d'évaluation, les épreuves de sélection prévues à l'article 8 du présent arrêté.
En cas de validation de l'ensemble des modules, le préfet de région délivre à ces candidats, en fin de formation, une attestation. Cette attestation est échangée contre le diplôme de cadre de santé dès que les intéressés remplissent les conditions pour exercer en France la profession au titre de laquelle ils ont suivi la formation de cadre de santé.

Article 23

Les organismes gestionnaires des instituts de formation des cadres de santé sont habilités à établir, par convention, un partenariat avec les universités pour :
1° L'enseignement de modules du diplôme de cadre de santé, de la licence des sciences de l'éducation et de la licence des sciences sanitaires et sociales ;
2° La participation d'enseignants relevant du ministère chargé de l'enseignement supérieur aux évaluations de ces modules ;
3° La prise en compte de modules du diplôme de cadre de santé dans le cadre de la licence des sciences de l'éducation et de la licence des sciences sanitaires et sociales, et de modules de la licence des sciences de l'éducation et de la licence des sciences sanitaires et sociales dans le cadre du diplôme de cadre de santé.

Article 24

Les instituts de formation des cadres de santé sont habilités à dispenser aux personnels d'encadrement administratifs et techniques, en même temps qu'aux étudiants suivant la formation visée par le présent arrêté, tout ou partie des formations d'adaptation à l'emploi prévues par les dispositions statutaires les concernant. Ils sont également habilités à dispenser aux cadres paramédicaux des formations d'adaptation à l'emploi.

Article 25

Pour l'application du dernier alinéa de l'article 2 du décret du 18 août 1995 susvisé et des articles 2, 3 et 15 du présent arrêté ainsi que pour la participation aux jurys qu'il prévoit, les audioprothésistes, les diététiciens, les opticiens-lunetiers, les orthophonistes, les orthoptistes, les pédicures-podologues, les préparateurs en pharmacie et les psychomotriciens qui, à la date de publication du présent arrêté, justifient :

1° Soit d'une fonction d'enseignement pendant au moins cinq ans dans un établissement préparant à l'un des diplômes, certificats ou autres titres permettant l'exercice de l'une de ces professions ou dans le cadre de la formation continue ;
2° Soit d'une fonction d'encadrement pendant au moins cinq ans dans un service d'un établissement sanitaire, social ou médico-social ;
3° Soit de fonctions d'enseignement et d'encadrement telles que définies au 1° et 2° d'une durée totale d'au moins cinq ans, sont dispensés de la possession du diplôme de cadre de santé.

Ce diplôme est délivré, par équivalence, aux personnes remplissant l'une des trois conditions ci-dessus, sur leur demande, par le préfet de la région dans laquelle elles exercent leur activité professionnelle à titre principal.

Article 26

Les dispositions du présent arrêté sont applicables à compter du 1er septembre 1995, à l'exception du 2° de l'article 4 pour les professions dont la durée d'exercice requise pour l'entrée en formation était inférieure à cinq ans, du 3° de l'article 4 et des articles 5 à 8, qui ne prennent effet qu'à compter de l'organisation de la procédure d'admission en vue de la rentrée de septembre 1996. Par dérogation accordée par le ministre chargé de la santé, les instituts en ayant fait la demande peuvent être autorisés à n'appliquer l'ensemble des dispositions du présent arrêté qu'à compter de ladite procédure d'admission. Pour la rentrée de septembre 1995, l'admission est prononcée par le directeur de chaque institut après avis de son conseil technique.

Article 27

Par dérogation aux dispositions de l'article 1er du présent arrêté, seules les écoles agréées à la date de publication du présent arrêté, pour la préparation d'un ou plusieurs des certificats suivants :

Certificat de moniteur cadre d'ergothérapie ;
Certificat de cadre infirmier ;
Certificat d'aptitude aux fonctions d'infirmier cadre de santé publique ;
Certificat de cadre infirmier de secteur psychiatrique ;
Certificat de cadre de laboratoire d'analyses de biologie médicale ;
Certificat de cadre manipulateur d'électroradiologie médicale ;
Certificat de moniteur cadre de masseur-kinésithérapie, sont agréées de droit jusqu'au 1er septembre 1998 comme instituts de formation des cadres de santé, pour les professions et pour la capacité d'accueil par profession pour lesquelles cet agrément a été délivré.

Peuvent faire acte de candidature dans les instituts de formation des cadres de santé antérieurement agréés pour la formation conduisant au certificat de cadre infirmier, au certificat de cadre infirmier de secteur psychiatrique ou au certificat d'aptitude aux fonctions d'infirmier cadre de santé publique, les infirmiers diplômés d'État, les infirmiers titulaires du diplôme d'infirmier de secteur psychiatrique, ou toute autre personne habilitée à exercer en qualité d'infirmier.

Par dérogation aux dispositions des articles 2 et 3, les directeurs et les enseignants des écoles de cadres agréées de droit en tant qu'instituts de formation des cadres de santé en fonction à la date de publication du présent arrêté peuvent continuer à exercer ces fonctions même s'ils ne remplissent pas l'ensemble des conditions prévues par ces dispositions.

En outre, à titre expérimental, à compter du 1er septembre 1996 et jusqu'au 1er septembre 1998, certains de ces instituts pourront, à leur demande, transmise avant le 30 septembre 1995, et après avis de la commission permanente interprofessionnelle du Conseil supérieur des professions paramédicales rendu avant le 31 décembre 1995, être agréés pour d'autres professions, et notamment pour celles qui, antérieurement à la date de publication du présent arrêté, ne disposaient pas de formation et de certificat de cadre. Les agréments ainsi délivrés devront être renouvelés selon les modalités prévues par l'article 1er du présent arrêté.

Article 28

Une procédure de suivi et d'évaluation de la formation des cadres de santé sera mise en place dès la rentrée 1995.

Article 29

Sont abrogées les dispositions des arrêtés :
Du 22 août 1966 modifié relatif aux écoles de cadres d'infirmiers et d'infirmières ;
Du 22 juillet 1976 relatif au certificat de cadre infirmier de secteur psychiatrique ;
Du 6 septembre 1976 modifié relatif aux écoles de cadres de kinésithérapie ;
Du 6 juin 1977 relatif aux conditions d'agrément et de fonctionnement des écoles de cadres manipulateurs d'électroradiologie ;
Du 28 juin 1979 relatif aux conditions d'agrément et de fonctionnement des écoles de cadres de laboratoire d'analyses de biologie médicale ;
Du 2 janvier 1980 relatif aux écoles et aux études de moniteur cadre d'ergothérapie.

Toutefois, les étudiants ayant entrepris leurs études avant le 31 mars 1995 demeurent soumis aux dispositions en vigueur au moment de leur entrée en formation.

Article 30

Le directeur général de la santé et le directeur général des enseignements supérieurs sont chargés de l'exécution du présent arrêté, qui sera publié au *Journal officiel* de la République française.

Le ministre de la Santé publique et de l'Assurance maladie, ÉLISABETH HUBERT

Le ministre de l'Éducation nationale, de l'Enseignement supérieur, de la Recherche et de l'Insertion professionnelle, FRANÇOIS BAYROU

Le secrétaire d'État à l'Enseignement supérieur, JEAN DE BOISHUE

Source : https://www.legifrance.gouv.fr/affichTexte.do?cidTexte=JORFTEXT000000738028&dateTexte

ANNEXE II | FICHE MNÉMOTECHNIQUE N° 1 : LES FONCTIONS DU CADRE DE SANTÉ EN SECTEUR DE SOINS

6 FONCTIONS	EXEMPLES D'ACTIVITÉS DU CADRE DE SANTÉ EN SECTEUR DE SOINS
1. Organisation et coordination de l'activité paramédicale	• Organise avec l'équipe les activités du service. • Définit avec l'équipe la répartition des tâches par plage horaire. • Détermine les priorités, répartit les activités de soins et contrôle leur réalisation. • Évalue la charge de travail et détermine le ratio personnel/lit. • Définit et accompagne les projets de service en cohérence avec le projet institutionnel.
2. Qualité et gestion des risques	• Évalue la qualité des soins (audits, questionnaire de satisfaction de la patientèle). • Impulse une culture du risque chez les soignants et du signalement des événements indésirables. • Participe à la gestion des risques des soins en contribuant à la cartographie des risques *a priori* et *a posteriori* (analyse des événements indésirables). • Conçoit, formalise et adapte des procédures/protocoles/modes opératoires/consignes relatives à son domaine de compétence.
3. Management, animation et communication	• Diffuse les informations institutionnelles et s'assure de leur compréhension par l'équipe. • Gère les situations de conflits dans l'équipe et définit avec celle-ci les valeurs professionnelles de l'unité. • Recrute le personnel paramédical. • Assure l'accueil des nouveaux agents et met en place des supports d'aide à l'intégration. • Met en place des lieux d'expression pour le personnel au sein du service (temps dédié aux échanges entre équipe et cadre de santé) et aussi dans les instances hospitalières (comité de lutte contre la douleur, comité d'éthique...). • Crée des supports de communication et d'information en intra (journal interne) et extra-hospitalier (participation du personnel à des colloques ou forum des métiers).

6 FONCTIONS	EXEMPLES D'ACTIVITÉS DU CADRE DE SANTÉ EN SECTEUR DE SOINS
4. Formation et pédagogie	• Assure les évaluations professionnelles du personnel paramédical. • Réalise et propose des programmes de formation interne en fonction des besoins du personnel. • Assure la veille documentaire pour permettre à l'équipe paramédicale d'actualiser ses connaissances (Actu soins, Hospimédia, Haute Autorité de santé, Agence nationale de l'évaluation sociale et médico-sociale...). • Met en place des supports pour l'intégration des stagiaires et pour l'acquisition de compétences. • Organise des séances de formation du personnel aux nouvelles technologies et au nouveau matériel acquis (contact de représentants de laboratoire pour former sur des nouveaux outils comme les *Patient Controlled Analgesia* : antalgie autocontrôlée). • Participe à la définition du plan de formation du personnel du service.
5. Gestion des ressources matérielles et financières	• Assure la commande de matériel et la gestion des stocks en fonction de la dotation définie. • Veille et contrôle l'entretien des locaux du service. • Effectue le bilan annuel d'activités du service. • Fait participer l'équipe dans le choix des équipements. • Effectue des tableaux de bord sur l'évolution de l'activité du service et des coûts.
6. Clinique	• En partenariat avec l'équipe de soins et médicale, identifie les problèmes de santé des patients accueillis. • Met en place des lieux d'échanges avec l'équipe pour associer le patient et son entourage au projet de soins (réunion interdisciplinaire en soins palliatifs, synthèse clinique de patient...). • Aide l'équipe à l'analyse des problématiques de prise en charge de patients. • Travaille avec le service social et le réseau ville pour organiser le retour à domicile des patients et ainsi assurer la continuité et la qualité des soins. • Encourage et aide l'équipe à la recherche de soins innovants.

ANNEXE III | FICHE MNÉMOTECHNIQUE N° 1 BIS : LES FONCTIONS DU CADRE DE SANTÉ EN SECTEUR DE FORMATION

6 FONCTIONS	EXEMPLES D'ACTIVITÉS DU CADRE DE SANTÉ EN SECTEUR DE FORMATION
1. Conception et animation des cours	• Conçoit, formalise et réactualise en équipe le projet pédagogique de l'institut. • Construit les différents projets de formation. • Effectue des actions de formation initiale et continue. • Consulte des intervenants extérieurs sur les contenus de formation en tenant compte du dispositif pédagogique de l'institut. • Encadre les étudiants dans leur apprentissage. • Participe à la recherche sur l'évolution des métiers.
2. Évaluation du dispositif de formation	• Pour chaque module de formation, construit des outils et des critères d'évaluation. • Effectue les évaluations formatives des étudiants (bilan de formation avec les étudiants). • Participe avec l'équipe pédagogique à l'évaluation de la formation délivrée aux étudiants (questionnaire de fin de formation, réajustement des modules de formation en fonction des attentes des étudiants et dans le respect du décret encadrant la formation...). • Évalue les offres de stages en concertation avec les services de soins. • Guide les tuteurs des unités de soins dans l'encadrement des étudiants.
3. Communication et recherche en pédagogie	• Relaye et explique les informations de la direction et des tutelles aux étudiants. • Participation active aux réunions pédagogiques. • Met tout en œuvre pour réactualiser ses connaissances professionnelles. • Accueille et participe au tutorat des nouveaux formateurs. • Assure l'encadrement des étudiants cadres de santé. • Incite les étudiants à promouvoir leur recherche de fin de formation dans les congrès et forums. • Participe à la recherche sur la pédagogie.

6 FONCTIONS	EXEMPLES D'ACTIVITÉS DU CADRE DE SANTÉ EN SECTEUR DE FORMATION
4. Accompagnement pédagogique	• Effectue régulièrement le suivi des étudiants dans leur apprentissage. • Aide les étudiants à la réflexion sur leur conception du soin. • Aide l'étudiant à la définition d'objectifs de stage personnels. • Aide et suit l'étudiant dans son travail de recherche (définition de la problématique, choix des concepts, des outils...). • Aide les professionnels dans l'encadrement personnalisé des étudiants (définition d'une charte d'encadrement, livret d'accueil des stagiaires...).
5. Gestion et organisation	• Définit et planifie les enseignements, les stages et les évaluations. • Recrute des intervenants adaptés pour les modules d'enseignement. • Assure la gestion des absences des étudiants. • Respecte et applique les instructions financières relatives aux actions de formation. • Réalise et partage le bilan d'activité de l'année scolaire avec l'équipe pédagogique.
6. Clinique	• Effectue les exploitations de stage des étudiants. • Aide à l'analyse des situations de soins vécues par les étudiants (aide à la réflexion, au cheminement sur la conception de la profession et des définitions de la maladie, de la santé...). • Implique les professionnels de terrain à participer aux séances d'échanges avec les étudiants sur différents thèmes (soins palliatifs, fin de vie...).

ANNEXE IV| FICHE MNÉMOTECHNIQUE N° 2 : LES VERBES D'ACTION

DÉCISION	GESTION	ANIMATION/ ENCADREMENT	PRODUCTION/ CRÉATION	ORGANISATION
CHOISIR	ANTICIPER	ANIMER	AMÉLIORER	AMÉNAGER
COMPRENDRE	COLLECTER	CONDUIRE	APPLIQUER	ANTICIPER
CONCLURE	COMPTABILISER	CONFIER	CONCEVOIR	COORDONNER
DÉTERMINER	EFFECTUER	DÉLÉGUER	CONSTRUIRE	ÉTABLIR
FIXER	ÉQUILIBRER	GUIDER	EFFECTUER	ORDONNER
JUGER	EXPLOITER	IMPULSER	ÉLABORER	PLANIFIER
OPTER	OPTIMISER	MANAGER	IMAGINER	PROGRAMMER
TRANCHER	RENTABILISER	PILOTER	INNOVER	RÉPARTIR
	VEILLER		RÉALISER	STRUCTURER
			SUIVRE	
			UTILISER	

COMMUNICATION/ INFORMATION	CONTRÔLE	FORMATION	NÉGOCIATION	RECHERCHE
DIALOGUER	APPRÉCIER	ANIMER	ARBITRER	ANALYSER
DISCUTER	ENQUÊTER	APPRENDRE	ARGUMENTER	ENQUÊTER
ÉCHANGER	ÉVALUER	CONDUIRE	CONVAINCRE	ÉTUDIER
ÉCOUTER	MESURER	DÉVELOPPER	DÉMONTRER	S'INTERROGER
EXPRIMER	PROUVER	ÉDUQUER	PERSUADER	OBSERVER
INFORMER	SUIVRE	ENTRAÎNER	PROPOSER	PARTICIPER
NÉGOCIER	SUPERVISER	INCITER	SÉLECTIONNER	RECHERCHER
PARTAGER	SURVEILLER	INSTRUIRE		RÉFLÉCHIR
RELAYER	TESTER	ORIENTER		
RENSEIGNER	VALIDER	PRÉCONISER		
TRANSMETTRE	VÉRIFIER	PROPOSER		
		SENSIBILISER		

ANNEXE V| GLOSSAIRE

Arrêté : acte pris par les ministres, les préfets, les autorités exécutives des collectivités territoriales et des établissements publics.

Circulaire : texte administratif qui a pour vocation d'informer les services de la façon de mettre en application d'un texte soit législatif, soit réglementaire. Le terme d'instruction est également employé. La circulaire est censée ne rien ajouter au texte qu'elle explicite.

Coopérations entre établissements de santé : logique de complémentarité au niveau d'un territoire de santé, permettant de mettre en œuvre une stratégie commune et de gérer ensemble certaines fonctions et activités.

Coopérations entre professions de santé : nouvelle répartition de tâches existantes ou répartition de nouvelles tâches entre professionnels de santé, dont l'objectif est d'améliorer la qualité de la prise en charge des patients.

Décret : le président de la République et le Premier ministre détiennent seuls le pouvoir d'édicter des actes généraux et impersonnels appelés décrets en vertu des articles 13 et 21 de la Constitution. Il y a deux catégories : décret pris en Conseil d'État (avis requis) et décret simple.

Directive : acte d'un ministre permettant d'édicter des orientations générales.

Éducation thérapeutique : actions ayant pour but d'aider les patients et leurs proches à mieux comprendre la maladie et ses traitements, à participer aux soins de façon plus active et à favoriser un retour à une vie normale.

Gouvernance hospitalière : organisation générale dont l'objectif est de décloisonner les structures de l'hôpital public et d'associer les praticiens à la gestion de l'établissement, comme à la mise en œuvre de ses grandes orientations.

Loi : prescription établie par l'autorité souveraine de l'État, applicable à tous et définissant les droits et les devoirs de chacun : Selon la loi en vigueur.

Ordonnance : acte pris par le gouvernement, avec l'autorisation du Parlement, dans des domaines qui relèvent normalement de la loi.

Permanence des soins : organisation de l'offre de soins, libérale et hospitalière, qui permet de maintenir la continuité et l'égalité de l'accès aux soins, notamment aux heures habituelles de fermeture des cabinets médicaux.

Pôle hospitalier : regroupement de plusieurs structures hospitalières ayant des missions complémentaires.

Prévention : ensemble des moyens mis en œuvre pour empêcher l'apparition d'un trouble, d'une pathologie ou d'un symptôme, notamment par la détection précoce ou l'anticipation des complications potentielles.

Soins de premier recours : prévention, dépistage, diagnostic et traitement des maladies et des affections courantes, dispensation de médicaments, de produits et de dispositifs médicaux, orientation dans le système de soins, éducation pour la santé.

Territoire de santé : étendue géographique où la population résidente peut disposer d'une offre de soins de qualité.

Notes

34/38, rue Camille-Pelletan - 92309 Levallois-Perret cedex
Imprimerie Sepec Numérique - 01960 Péronnas - N10803201299
Imprimé en France - 4ᵉ trimestre 2020

Service éditorial : Charlotte Debroise, Benjamin Dias Pereira, Laureen Gatien, Deborah Lopez
Conception graphique : Catherine Aubin

Dépôt légal à parution
ISBN 978-2-7590-4599-0

PEFC
10-31-3532
Certifié PEFC
Ce produit est issu de forêts gérées durablement et de sources contrôlées
www.pefc-france.org